LOS ORÍGENES DE
ELISABETH ELLIOT

ELLEN VAUGHN

B&H
ESPAÑOL®
BRENTWOOD, TENNESSEE

Los orígenes de Elisabeth Elliot

B&H Publishing Group
Brentwood TN, 37027

Clasificación decimal Dewey: 266.092
Clasifíquese: ELLIOT, ELISABETH \ MISIONEROS \
MISIONES—ECUADOR

ISBN: 979-8-3845-1520-3

Impreso en EE. UU.
1 2 3 4 5 * 28 27 26 25

Y Moisés examinó toda la obra, y vio que la habían llevado a cabo. Tal como el Señor había ordenado, así la habían hecho...
Éxodo 39:43

En honor a Mincaye,
cuyo recuerdo me hace sonreír,
cuya vida representa la realidad del poder transformador de Cristo,
y la esperanza de que el amor y el perdón de Dios
fluirán a cada persona no alcanzada del planeta.

Soli Deo Gloria

Mincaye con Ellen Vaughn,
Jungla amazónica, julio de 2019

Contenido

Tercera Parte: El después

Prólogo

*E*staba acostada en la cama de un hotel a altas horas de la noche, paralizada, con las sábanas arrugadas que cubrían a medias mis miembros inútiles. Me resultaba extraño recibir en la habitación a mi heroína de la fe. Cuando se acercó a mi cama, con la Biblia pegada al pecho, la actitud imponente de Elisabeth Elliot se suavizó con su sonrisa. Yo tenía veintiséis años y estaba curtida por una década de cuadriplejia, pero, aun así, estaba sobrecogida.

Las dos hablábamos en la misma conferencia y, después de mi charla, Elisabeth pidió reunirse conmigo. Quería saber más. Me dijo: «¿Es tan extraordinario que los demás vean el "sello de Cristo" en tu vida? Si lo sentimos así, ¿qué diremos entonces del estado de la cristiandad?».

No soy tan extraordinaria, pensé mientras Elisabeth se alisaba la falda y se sentaba en la cama frente a mí. Pero su comentario fue directo al meollo de la cuestión... y eso es lo que admiraba de ella. Me encantaba su manera práctica de vivir, muriendo cada día por Cristo. Tenía una forma pragmática de ver las cosas. Simplemente, levántate por la gracia de Dios, lleva la cruz y sigue a tu Salvador por el camino ensangrentado del Calvario. Y no te quejes.

Conocí a Elisabeth Elliot en 1965, cuando, en la escuela secundaria, leí su libro *Portales de esplendor*. Me cautivó la inquietante foto de la misionera de veintinueve años en la selva con su bebé en brazos y mirando por la ventana a través de una nube de dolor. Su marido, con el que llevaba casada menos de tres años, acababa de ser salvajemente asesinado con una lanza por la misma gente primitiva a la que había intentado alcanzar para Cristo. ¿Qué la impulsó a permanecer en el campo misionero, y luego a llevar el evangelio a las mismas personas que habían asesinado a Jim y a sus colegas? ¿Valía la pena Jesús?

Tuve la oportunidad de hacerme la misma pregunta justo después de graduarme de la escuela, cuando una fractura de cuello me llevó a esos oscuros valles sobre los que escribió Elisabeth. Sentada en mi silla de ruedas y pasando las páginas con la punta de un lápiz, me abrí camino a través de su segundo libro, *La sombra del Todopoderoso*. En esta mujer, sabía que obtendría la verdad sobre Dios y el sufrimiento. Quería saber si Jesús valía la pena. Fiel a su estilo, sus escritos no se quedaban en la superficie. Descubrí que creía impávidamente que su Salvador era un éxtasis incomparable. Y después de leer más de sus libros, oí al Espíritu de Jesús susurrar en mi corazón: «Sé como ella».

Así que ahora, tener una audiencia privada con mi modelo a seguir era un tesoro increíble. En aquella habitación de hotel, hablamos de muchas cosas, pero llegamos a la satisfacción compartida de que ninguna de las dos se sentía tan extraordinaria. Éramos sencillamente seguidoras de Cristo que habían sondeado las profundidades de Su gozo al experimentar Sus aflicciones. Esas aflicciones habían abierto profundas heridas en nuestros corazones a través de los cuales la gracia y la alegría se habían derramado, extendiendo y llenando nuestras almas con la abundancia de nuestro Señor. Aquella noche, nos deleitamos con la belleza de Jesús, convencidas de que era más que digno.

Se hacía tarde. Elisabeth tenía que hablar en la conferencia a la mañana siguiente, así que se levantó y recogió sus cosas. Pero antes de irse, se volvió y dijo con la barbilla alta: «El sufrimiento nunca es en vano, Joni».

Ahora son otros tiempos. Muchos jóvenes que conozco no reconocen el nombre de Elisabeth Elliot. Viven en una cultura igualitaria donde la historia de todos es extraordinaria, tenga o no el sello de Cristo. Los líderes a los que admiran carecen de cualidades heroicas. El valor es algo raro. El buen carácter, más raro. La pureza moral parece arcana. El sufrimiento debe mitigarse a toda costa. Y si no se puede evitar, hay que bloquearlo, divorciarlo, escaparse de él o ahuyentarlo en oración.

Este libro no podría ser más oportuno. Puede que no lo sepamos, pero en una época de antihéroes, nuestras almas anhelan un testimonio auténtico. Anhelamos ver a un seguidor de Cristo que se enfrente al pecado y se mantenga firme contra los vientos de la adversidad; alguien cuyo carácter férreo no pueda ser desmantelado. Queremos ver a alguien en quien vivir por Cristo y morir por Él sean cuestiones indistinguibles. Ansiamos una historia que tenga sustento. Una historia que se eleve por encima de la media. Que remonte vuelo e inspire.

Elisabeth Elliot: Una historia de transformación es esa historia. Y nadie puede contarla mejor que mi vieja amiga Ellen Vaughn. Sobresale en la escritura de biografías: a su meticulosa capacidad de investigación se une una habilidad absolutamente inigualable para escribir. La primera vez que leí el libro que tienes en tus manos, me dejó boquiabierta, un poco como la casa que voló por los aires cuando los científicos probaron por primera vez la bomba atómica. Me asombraron su maestría con las palabras, su intelecto; aquí había una mujer —aunque con una personalidad muy diferente a la de mi heroína— que escribía y pensaba como Elisabeth Elliot.

En las páginas siguientes, conocerás a la mujer cristiana más notable del siglo pasado, aquello que forjó sus convicciones, su fe y afiló una pasión inquebrantable por ganar almas para Cristo. Para quienes la conocían bien, era Betty. Para el mundo, era Elisabeth, una capitana y no un soldado raso del ejército de Dios; un soldado entre una galería de héroes, todos ellos contentos de abandonar su hogar y su país para malgastar sus vidas en selvas y cuevas con tal de ganar almas para el reino celestial.

De ese material fuerte estaba hecha Elisabeth Elliot. Este libro es la historia de cómo llegó a ser así; el segundo volumen de Ellen continuará con el resto de su historia. Pero lo que leerás aquí muestra claramente la cualidad *ordinaria* de Elisabeth, cómo estuvo sujeta a las mismas tentaciones y distracciones que nos acosan a todos, y lo que abrazó, a través de Cristo, para llegar a ser *extraordinaria*.

Han pasado cuarenta y cinco años desde mi encuentro con Elisabeth en aquella habitación de hotel. Después de haber vivido mucho tiempo con parálisis, dolor crónico y cáncer, sigo sintiéndome atraída por su ejemplo. Por la noche, suelo centrar mi fe releyendo sus obras clásicas. Esta noche, de hecho, mi cuidadora se sentará con las piernas cruzadas en la cama de enfrente y leerá en voz alta *La sombra del Todopoderoso*. Cuando el libro esté cerrado y yo esté acostada en mi cama, con las luces apagadas, sus palabras resplandecerán en mi corazón.

Mientras lees la historia de Ellen sobre los primeros años de Elisabeth, espero que respires un nuevo sentido de la gracia de Dios y de Su absoluta realidad en un mundo débil y distraído. Espero que te convenzas de que la misma gracia que sostuvo a una joven Betty Elliot hasta convertirse en capitana del ejército de Dios susurrará a tu alma: «Sé como ella».

Joni Eareckson Tada
Joni and Friends International Disability Center
2020

PRIMERA PARTE

Los comienzos

CAPÍTULO 1

Muerte en la tarde

*E*ra el 11 de abril de 1948, en Wheaton, Illinois, cuarenta y ocho kilómetros (treinta millas) al oeste de Chicago. Jim Elliot estudiaba en Wheaton College, era un luchador estrella, estudiante de griego, poeta y bromista. Él y tres amigos —otro Jim, Walt y Hobey— reían y bromeaban mientras se amontonaban en el *Nash* de 1946 que tenía Hobey, un coche clásico americano de mediados de siglo con grandes parachoques redondeados y transmisión manual de tres velocidades. Se dirigían a un hospital local para visitar a los pacientes y hablar de Cristo a quienes quisieran oírlo.

El *Nash* llegó al cruce de ferrocarril de la calle *President*, cerca del campus de *Wheaton*. El ferrocarril de Chicago y *North Western Railway* prestaba servicio a los viajeros de la zona, además de transportar toneladas de productos del oeste a través de Chicago, la puerta de entrada al este.

Las luces de señalización parpadearon; los chicos pudieron ver que el pesado tren de mercancías estaba al menos a una manzana y media de distancia. Como cualquier veinteañero, se lanzaron a cruzar. El vigilante del tren salió corriendo de su cabaña en el cruce y bajó a las vías, gritando y haciéndoles señas para que volvieran. Hobey se detuvo en medio de las vías para evitar atropellarlo.

Al intentar salir de las vías, Hobey entró en pánico y el *Nash* quedó atascado. No conseguía embragar. Jim, Walt y Jim abrieron de golpe las puertas, saltaron y rodaron hasta ponerse a salvo, gritando a su amigo que los siguiera. Hobey intentó arrancar el coche de nuevo.

Mientras el vigilante y los chicos gritaban, se oyó el chirrido añadido de metal contra metal cuando el maquinista del tren de mercancías intentó frenar desesperadamente. En el último segundo, antes del impacto, Hobey abrió de golpe la puerta de su coche y saltó.

El enorme tren de mercancías golpeó al *Nash* en el guardabarros trasero derecho, haciendo girar el robusto coche tan rápido que volvió a golpearlo en el guardabarros delantero izquierdo, aplastándolo como a una lata de refresco. En lugar de una muerte súbita en una tarde de domingo, con su sangre manchando las vías del tren, los chicos simplemente quedaron «aturdidos y aleccionados», como Jim Elliot escribió a sus padres más tarde.

Fue una «escapada por un pelo», dijo. «Los detalles son bastante exactos en los periódicos, pero los periodistas no saben nada de los espíritus ministradores enviados por el Creador del universo» para proteger a Su pueblo.

«Me hizo reflexionar muchísimo pensar que el Señor me guardó del peligro en este caso», concluyó Jim. «*Sin duda, tiene una obra para que haga en alguna parte*».[1]

---

5 DE ENERO DE 1956

El misionero Jim Elliot, que ahora tiene veintiocho años, se sumerge hasta los tobillos en el río Curaray, en algún lugar de la misteriosa selva verde del este de Ecuador. Ha encontrado el trabajo por el que Dios le salvó la vida en las vías del tren de *Wheaton* ocho años antes.

Vestido solo con ropa interior a causa del calor, con un libro de frases en una mano, grita expresiones de amistad y buen ánimo, el equivalente a «venimos en son de paz». Los cuatro misioneros que lo acompañan —Nate, Ed, Pete y Roger— se ríen mientras Jim grita a pleno pulmón a la selva que no responde, mientras mata a manotazos a un millón de mosquitos.

Este viaje de acampada extrema es la culminación de años de oraciones, esperanzas y planificación. Cada uno de estos misioneros, que ya trabajaban con otras tribus indígenas, ha desarrollado una atracción improbable por un grupo de personas no alcanzadas conocido como los aucas, o *salvajes desnudos*, que habían vivido aislados en la Edad de Piedra durante generaciones, matando a todos los forasteros que intentaban entrar en su territorio.

Más tarde, la tribu sería conocida por su verdadero nombre, huaoranis,[2] o *el pueblo*. «Auca», utilizado hace muchos años en Ecuador, se entiende ahora como un término ofensivo[*].

---

[*]He optado por llamar «huaorani» a la tribu a lo largo de este libro, tanto en mis propios escritos como en las citas de otros de la época en que ese

Jim predicando a la jungla, enero de 1956

Estos cinco jóvenes misioneros creen que la violenta historia
de los huaoranis puede cambiar. Llevan años soñando con llevar el amor de Jesús a la tribu. Durante las últimas trece semanas, han dado a conocer sus benignas intenciones, utilizando un
ingenioso sistema de lanzamiento de cubetas para enviar regalos
desde la avioneta del piloto Nate Saint hasta un pequeño asentamiento huaorani en lo más profundo de la selva. Los huaoranis
no tardaron en responder con entusiasmo, enviando sus propios

término despectivo se utilizaba de forma rutinaria e inocente. Si fuera historiadora, antropóloga o lingüista, tal vez no habría tomado esta decisión.
Misioneros, periodistas, laicos y todo el mundo utilizaban «auca» de forma
rutinaria en las décadas de 1950 y 1960. La campaña de 1956 de alcance a
la tribu, por ejemplo, se conoció históricamente como «Operación Auca».
Llamarla «Operación Huaorani» sería un anacronismo. Pero es difícil, con
la mentalidad del siglo XXI, leer un insulto racial, étnico, relacionado con la
discapacidad o de cualquier otro tipo y no reaccionar con negatividad hacia
quienes lo pronunciaron. Si los misioneros o periodistas que he citado en este
libro y que utilizaron «auca» hace mucho tiempo lo hubieran hecho como
un insulto, de hecho habría mantenido su uso, para ser fiel a su *intención*
original. Pero lo utilizaban sin prejuicios y la mayoría de las veces, en el caso
de los misioneros, con gran amor.

regalos —cola de mono ahumada, cerámica, un loro— al avión, a través de la cubeta.

Ahora, con sus propuestas de amistad establecidas y correspondidas, los misioneros creen que ha llegado el momento de conocerse en persona.

Han establecido un campamento cerca del asentamiento huaorani, y lo han bautizado «Palm Beach» [La playa de las palmeras]. Han construido una casa en un árbol para poder dormir con seguridad. Se comunican con sus esposas que están en las estaciones misioneras por radio (en clave, ya que el canal es compartido por otros misioneros de la zona). Debido a la sensacional reputación de la violenta tribu, su misión con los huaoranis es un secreto absoluto. Por ahora.

«*¡Biti miti punimupa!*», grita Jim alegremente, con sus anchos hombros y la espalda hacia sus amigos, la cara mirando a la selva. *Nos agradan; queremos ser sus amigos.* «*¡Biti winki pungi amupa!*». *¡Queremos verlos!*

Lo que Jim no sabe es que los huaoranis son una sociedad basada en el parentesco, que no tiene una palabra para «amigo» en su singular lengua. Sus frases están corrompidas; se las enseñó un nativo huaorani que había huido de la tribu años antes. Al vivir entre los quichuas, había olvidado gran parte de su lengua materna y, sin querer, había mezclado fonética que no sería inteligible para los huaoranis.

Entonces, no hay respuesta de la jungla. Pero Jim y los demás tienen la sensación de que los huaoranis —que son maestros del disimulo— los están observando.

A unos sesenta y cinco kilómetros (cuarenta millas) al noroeste de las sentidas oraciones de Jim Elliot, su joven esposa está sentada frente a su escritorio de madera en Shandia, la estación misionera donde ella y Jim trabajan con una comunidad de indios quichuas. Elisabeth Elliot es alta, delgada y de ojos azules, con el pelo castaño claro, hoyuelos y un característico hueco entre los dientes delanteros. Su rostro rebosa de inteligencia y curiosidad. Está en el lugar adecuado, ya que en la selva hay muchas curiosidades.

Elisabeth ha aprovechado la siesta de su hija de diez meses para escribir en su pequeño diario negro. Utiliza una pluma estilográfica, y su fluida prosa fluye en brillante tinta verde azulado sobre las lisas páginas blancas.

«Jim se ha ido a los huaoranis», escribe. «Mi corazón lo anhela y lo añora. He sentido un gran abismo entre nosotros este último mes, y anhelaba tender un puente de alguna manera... Apenas puedo contenerme de demostrarle mi amor, decirle cómo lo amo y que vivo para él».[3]

Sin embargo, está entusiasmada con el proyecto huaorani, pues comparte el mismo deseo que su marido y sus compañeros misioneros de que este grupo étnico tenga la oportunidad de escuchar el evangelio. Había argumentado que ella y su hija Valerie debían acompañar a Jim, porque era mucho menos probable que la tribu atacara a una familia que a un grupo de cinco hombres.

De manera insólita, había perdido esa discusión.

Así que ahora espera, una mujer en casa.

———

VIERNES, 6 DE ENERO DE 1956

De vuelta en *Palm Beach*, Jim y compañía se preparaban para otro largo día de comunión con los insectos y sermones a los árboles, cuando dos mujeres salieron silenciosamente de la selva, en la orilla opuesta del río respecto al campamento. Estaban desnudas, con los característicos lóbulos de las orejas estirados y los cordones a la cintura que usaban los huaoranis.

Jim Elliot se zambulló en el río, las tomó de la mano y las condujo al otro lado. Nate, Ed, Roger y Pete les dieron la bienvenida con muchas inclinaciones de cabeza, sonrisas y vigorosas pantomimas alegres. Al ver que el recibimiento era acogedor, un hombre huaorani salió también del follaje.

El resto del día transcurrió en un amistoso choque de culturas. Los miembros de la tribu no tenían ni idea de lo que decían los norteamericanos, y viceversa. Pero los visitantes echaron un vistazo a las cámaras, las revistas, el avión y el equipo de los hombres, probaron un poco de repelente de insectos, comieron una hamburguesa y bebieron limonada. El hombre incluso dio una vuelta con Nate en su avioneta; mientras sobrevolaban la aldea de los huaoranis, se asomó desde el Piper, gritando y saludando a los miembros de la tribu.

Por la tarde, la joven se levantó y se dirigió bruscamente a la selva. El hombre la siguió. La mujer mayor se quedó con los misioneros, charlando. Aquella noche, durmió junto a la hoguera cuando los misioneros subieron a su casa del árbol, a diez metros del suelo.

Entusiasmados, los misioneros apenas podían dormir. Era el primer contacto amistoso con esta tribu apartada y violenta.

Oraron para que fuera el comienzo de una nueva gran frontera para el evangelio.

———

DOMINGO, 8 DE ENERO DE 1956

En su casa de Shandia, Elisabeth Elliot bañó a la pequeña Valerie y se puso a ordenar. Oró por Jim, Nate, Ed, Pete y Roger.

De vuelta en *Palm Beach*, el largo y caluroso día anterior había transcurrido sin una visita de seguimiento de los huaoranis. Pero ese domingo 8 de enero por la mañana, cuando Nate Saint sobrevolaba la selva, vio a un grupo de personas desnudas que vadeaban el río en dirección a *Palm Beach*.

Regresó zumbando al campamento. «¡Llegó la hora!», les gritó a Jim, Pete, Ed y Roger cuando aterrizó. «¡Están en camino!».

Nate informó a su mujer por radio a las 12:30. Le contó que había visto al grupo de huaoranis. «Oren por nosotros», dijo. «¡Llegó el día! Volveré a contactarte a las 4:30».

El acontecimiento que, según algunos, impulsó el movimiento misionero cristiano de la segunda mitad del siglo xx, duró menos de quince minutos. Días después, el equipo de búsqueda y recuperación encontró la masacre. Cuando pescaron el cuerpo ensangrentado de Nate del río Curaray, su reloj se había parado a las 3:12 de la tarde.

CAPÍTULO 2

Descubriendo la historia

Cuando Jim Elliot y sus compañeros de misión exhalaron su último suspiro aquel día de enero de hace tanto tiempo, nadie supo que se habían ido, salvo quienes los habían matado. Elisabeth Elliot y las demás esposas continuaron con sus tareas habituales, dando clases, manejando la radio, cuidando a los niños pequeños. Oraban fervientemente por sus hombres, sin saber que ya habían dejado de necesitar oraciones.

Hasta cinco días después del ataque, las esposas no supieron con certeza que todos sus maridos habían muerto. El resto del mundo se enteró junto con ellas. Incluso en aquella época, mucho antes de Internet, los titulares y los reportajes radiofónicos sobre los estadounidenses desaparecidos ya habían dado la vuelta al mundo, y miles de personas oraban para que los hombres fueran encontrados sanos y salvos.

Por aquel entonces, los misioneros no eran solo una rareza anacrónica tolerada al margen de la cultura. La revista *Life*, uno de los principales medios de comunicación de la época, envió a Ecuador a su mejor reportero gráfico para cubrir la noticia. Este se unió al grupo de rescate junto con las tropas del ejército estadounidense y ecuatoriano, los misioneros y los indios quichuas que se adentraron en la selva, con las armas en ristre, para buscar a los hombres desaparecidos. Los buscadores —y las esposas que esperaban en el puesto de la misión— confiaban contra toda esperanza que alguno de los hombres hubiera sobrevivido. Pero entonces, uno a uno, los cuerpos de los misioneros fueron encontrados en el río, con las lanzas que los mataron aún incrustadas en lo que quedaba de su carne. Solo se los podía identificar por sus anillos, relojes y ropas hechas pedazos.

«Id por todo el mundo», publicó la revista *Life,* citando la Biblia. «Cinco lo hacen, y mueren en el intento».[1]

Unos meses más tarde, la editorial neoyorquina *Harper & Brothers* encargó a Elisabeth Elliot, viuda reciente, que escribiera un relato de la historia de los hombres. Ella lo hizo, contra todo pronóstico, en unas seis semanas, en una habitación de hotel de Manhattan. Con los editores ansiosos respirándole en la nuca, hilvanó hábilmente los diarios y otros escritos de los misioneros con el telón de fondo de su creciente convicción de que Dios quería que establecieran contacto con una tribu conocida por su historia de matar a todos los forasteros. La historia de los planes de los hombres, sus familias y el ritmo acelerado del viaje hacia el resultado que los lectores ya conocían —los cadáveres atravesados por lanzas flotando en el río— constituyen una lectura dramática e inolvidable. Lleno de impactantes fotografías en blanco y negro, *Portales de esplendor* se disparó a los primeros puestos de las listas de los libros más vendidos, y sigue siendo conocido como uno de los libros cristianos fundamentales del siglo xx.

Elisabeth Elliot tal vez haya sido misionera, lingüista, esposa y madre, pero *Portales de esplendor* reveló que también era algo más: una poderosa escritora. Su prosa era hábil, sin sentimentalismos, fornida. Sus observaciones sonaban verdaderas. Y su claro retrato de un conjunto de individuos absolutamente entregados a obedecer a Dios, pasara lo que pasara, cautivó la imaginación de toda una generación.

Elisabeth escribiría decenas de libros a lo largo de su vida. Habló en conferencias, retiros y seminarios por todo el mundo —300 días al año—, a la vez que presentaba un programa de radio de larga duración. El *New York Times* la calificó como «tenaz misionera frente a la tragedia». Elisabeth desafió, enfureció, despertó y envalentonó a lectores y oyentes durante décadas.

Todo esto empezó en los años 50, una época en que las mujeres llevaban vestidos almidonados, horquillas y perlas. Las misioneras de la selva no eran una excepción.

Tras las muertes, Elisabeth, alta y pulcra con su vestido camisero, volvió a trabajar entre los indios quichuas, donde ella y su marido Jim habían plantado una iglesia. Elisabeth daba clases, hacía trabajos médicos y trabajaba en la traducción de la Biblia con los creyentes locales, ahora dirigidos por un pastor indígena al que Jim había discipulado. Su hija Valerie, que tenía diez meses cuando mataron a su padre, era ahora una niña que caminaba. Mientras trabajaba con los quichuas, Elisabeth elevó algunas oraciones inverosímiles. Una de ellas era más o menos así: «Señor, si quieres que haga algo —lo que sea— por los huaoranis, estoy disponible».

Un soleado día de 1957, dos mujeres huaoranis salieron de sus tierras tribales y se adentraron en una remota aldea quichua. Varios hombres quichuas caminaron hasta donde se alojaba Elisabeth, ansiosos por comunicarle este extraordinario acontecimiento. Elisabeth dejó a su hija Valerie con una amiga, se apresuró a cargar su red con provisiones y caminó seis horas hasta el asentamiento donde habían aparecido las huaoranis. Llevó a las dos mujeres huaoranis a vivir con ella. Durante varios meses, empezó a aprender su lengua. Poco a poco. Las dos mujeres se pusieron ansiosas por volver a su tribu. Finalmente, invitaron a Elisabeth y a su compañera de misión, Rachel Saint (hermana de Nate Saint), a vivir con ellas entre los huaoranis.

La mayoría de nosotros habríamos querido garantías sólidas de que el contacto entre la violenta tribu y los «extranjeros» norteamericanos iría mejor de lo que había ido en enero de 1956. No las hubo.

Después de mucha oración y muchas páginas febriles de exposición en su diario, Elisabeth Elliot creyó que Dios la estaba dirigiendo a vivir con la tribu. Así que se adentró en la selva con su hijita, que parecía un duendecillo rubio... para encontrarse con las mismísimas personas que habían asesinado a su esposo y sus amigos.

Cuando Elisabeth y Rachel fueron a vivir entre ellos, muchos de los huaoranis —y la mayoría de los hombres que habían asesinado a los misioneros— vieron una nueva forma de vivir. Vieron que Elisabeth y Rachel no querían vengarse por la muerte de sus seres queridos. Vieron que el perdón era la forma de salir del interminable ciclo de oscura violencia que había aterrorizado a su tribu. Muchos dejaron de matar; decidieron seguir a Jesús, que había sido asesinado por sus pecados, y caminar por la senda de Dios.

Yo aún no nacía en enero de 1956, pero crecí, como Elisabeth, en una familia cristiana que recibía constantemente a misioneros de tierras lejanas. Crecí hambrienta de culturas exóticas. Me encantaba cómo el Espíritu Santo atraía implacablemente a la gente hacia Jesús, más allá de su contexto o procedencia. Tenía curiosidad: ¿cómo se desarrollaban *realmente* estas historias?

Leí algunos de los libros de Elisabeth Elliot cuando era adolescente, pero no creía que pudiera adherir a las disciplinas que ella defendía. Como joven profesional, la oí hablar en *Prison Fellowship,* donde trabajaba entonces, y en mi iglesia de Washington,

D.C. Era elocuente e intelectualmente rigurosa, alta, imponente y severa. Sin ningún relleno trivial. La admiraba mucho, pero no estaba segura de que me gustara demasiado. No sabía que un día me convertiría en su biógrafa y descubriría no solo las raíces de su rigurosa autodisciplina, sino también su carácter lúdico, su ardiente amor por la naturaleza, su pasión, su exquisito sentido de la ironía y su humor profundo y esencial. Sigo admirándola, pero ahora me gusta mucho.

¿Por qué es importante contar su historia ahora?

Los lectores que ya aprecian a Elisabeth Elliot quizás descubran aquí un más profundo, más complejo y, sin embargo, más cercano modelo a seguir —un término que ella despreciaba, ya que prefería «ejemplo visible»— de lo que creían. Aquellos que la han rechazado por el «tradicionalismo» de algunos de sus puntos de vista, o aquellos que aborrecían sus libros sobre la feminidad, tal vez encuentren a alguien con quien todavía no están de acuerdo, pero cuya auténtica búsqueda espiritual pueden admirar.

¿Y qué hay de los que nunca han oído hablar de ella? En un día frío y ventoso, deambulé por el campus del Wheaton College, que solía ser la meca de todo lo evangélico y el alma mater de muchos de los líderes cristianos del siglo xx; entre ellos, Jim y Elisabeth Elliot. Me paré cerca de la residencia estudiantil de los departamentos Saint y Elliot, sorbiendo un café con leche.

«Disculpen», les decía a los estudiantes que pasaban. «Estoy haciendo una encuesta». Deseosos de ayudar, se detenían un momento.

«¿Saben quién es Elisabeth Elliot?».

La respuesta era casi siempre la misma.

«¡Oh, cielos, no, lo siento! ¿De qué año es?».

Y yo seguía: «Bueno, ¿y Jim Elliot?». (No mencionaba que estábamos delante de un edificio que llevaba su nombre). Algunos estudiantes asintieron con la cabeza, tal vez pensando en el enorme mural de su centro de estudiantes que representa a graduados de *Wheaton* como Jim, que llegaron a hacer cosas heroicas por Cristo y Su reino.

«Ah, sí, el tipo que fue alanceado, ¿verdad?».

Después de la muerte de Elisabeth en 2015, visité su casa en la rocosa costa norte de Boston. Había un objeto largo tendido a lo largo de un conducto de calefacción cerca del suelo.

Pregunté si podía recogerlo.

Una lanza, una de las muchas que mataron a Jim Elliot.

El corazón empezó a latir con fuerza. La madera lisa, el peso del asta de dos metros y medio, la punta afilada, esbelta y dentada…

fue un momento sacramental, manipular este objeto físico que me hablaba de una transacción espiritual en los cielos que no podía ni empezar a comprender.

Sabía, de pie en la casa de Elisabeth Elliot, con sus libros favoritos, su piano, sus tazas de té y el océano salvaje que amaba al otro lado de la ventana, que aquellas muertes en la selva eran solo una parte de su historia. Para Elisabeth, como para todos nosotros, los capítulos más dramáticos bien pueden ser menos significativos que la fidelidad cotidiana que traza la valiente trayectoria de una vida humana radicalmente sometida a Cristo.

He querido presentar a esta valiente mujer de fe a una generación que no la conoce. ¿Era perfecta? En absoluto. ¿Estaba decidida a vivir su vida sin reservas por Cristo, sin guardarse nada? Sí. Era curiosa, intelectualmente sincera y no tenía miedo. No solo de vivir con gente desnuda que podía matarla mientras dormía, sino que no temía que la búsqueda de la verdad la llevara a una conclusión incómoda.

No es por hablar demasiado del manido tema de los estereotipos generacionales, pero se ha dicho que muchos —no todos— los *baby boomers* son tribales, en el sentido de que tendemos a encontrar nuestro «grupo» y a ceñirnos a él. Especialmente en la subcultura cristiana, muchos de nosotros crecimos escuchando quién era doctrinalmente puro y quién no. Quién había nacido de nuevo y quién no. Una vez que una marca era aprobada por la tribu evangélica, todo iba bien. Las listas de los libros más vendidos en el apogeo de las publicaciones evangélicas estaban dominadas por hombres blancos (y unas pocas mujeres blancas) cuyos libros podían contener casi cualquier cosa. Mientras el nombre aprobado apareciera en la portada, las ventas estaban aseguradas.

Elisabeth Elliot era uno de esos nombres. Pero en realidad tiene más en común con los *millennials* y las generaciones posteriores que con los *baby boomers* que compraron sus libros por primera vez.

A diferencia de los *boomers*, los creyentes más jóvenes suelen ser más escépticos. No buscan el sello de aprobación de una figura de autoridad ni el imprimátur de una marca determinada. Evalúan el material por sus méritos, independientemente de su procedencia, y luego eligen.

Elisabeth Elliot era ese tipo de pensadora. Decía la verdad tal y como creía que Dios le había dado discernimiento para verla, totalmente dispuesta a enfadar a conservadores o progresistas. No decía lo que la audiencia quería escuchar. Viajó a Oriente Medio y escribió lo que vio allí, no lo que se suponía que tenía que ver.

Observó las culturas de los pueblos indígenas de la selva amazónica con una mirada extraordinariamente «moderna», tratando siempre de distinguir entre lo que era verdad evangélica y lo que era superposición cultural. Le molestaba el triunfalismo o el sentimentalismo exagerado de los relatos misioneros. Intentaba contar la verdad, aunque la gente no quisiera oír la versión sin adornos.

No era para nada perfecta. Cometió muchos errores, algunos privados y otros que fueron objeto de escrutinio público debido a su condición de escritora y conferenciante de renombre. Se lamentaba de sus errores, pero no caía en la trampa de un tedioso ensimismamiento.

Se lamentaba en su diario: *¡Ay, soy ridícula; que Dios me ayude!* Y luego seguía adelante, como el apóstol Pablo, que se lamentaba de lo desgraciado que era, pero no se quedaba ahí. Para Pablo, todo giraba en torno a Cristo. Lo mismo ocurría con Elisabeth Elliot.

Se sentía igual de cómoda en la inauguración de una exposición erudita en Nueva York que en una cabaña en la selva rodeada de indios desnudos, lo que equivale a decir que en ambos lugares se sentía como una forastera. Se sentía más cómoda en su propia casa y, aunque era una autora prolífica, prefería lavar las tazas de té y limpiar el polvo del salón que sentarse a escribir en su escritorio. Amaba un mundo en el que todavía había salones dignos y tazas de porcelana y lamentaba su desaparición.

Se deleitaba tanto con los escritores místicos muertos hace mucho tiempo como con los novelistas de vanguardia. Celebraba las grandes alturas de los clásicos, leyendo a Platón o Sófocles en el griego original; le encantaba el *patois* de las conversaciones escuchadas en un aeropuerto. Hábil imitadora, era capaz de reproducir acentos, cadencias, vocablos y patrones de habla de todo el mundo, desde la realeza británica hasta los taxistas de Nueva York.

Sin embargo, en los años más débiles de su vida, perdió por completo el lenguaje y se sumió en el silencio de su demencia.

Era una persona que aceptaba que el Señor da y el Señor quita con ecuanimidad. Desde la formación de su compleja personalidad, no daba mucha importancia a los sentimientos. Algunos pensaban que eso significaba que no los tenía. Sus diarios revelan lo contrario. Era dueña de emociones salvajes, apasionadas, a veces desenfrenadas. Sin embargo, sus acciones no surgían de la fluctuación de sus pasiones, sino de lo que ella creía que era la voluntad de Dios. Como estudiante en una universidad mixta, era: *Ama a este hombre... pero espera cinco años a que decida casarse contigo.*

Como viuda reciente: *Vete a la selva y vive con la tribu que mató a tu marido y a sus colegas. Y llévate a tu hijita contigo.*

Su vida transcurrió en escenarios tan variados y exóticos como una cabaña de hojas de palmera en la selva amazónica (mucho antes de que los ecoturistas lo consideraran chic) hasta fiestas formales en Manhattan. Se sentía igualmente cautivada ante una mujer desnuda de la selva que llevaba un mono de mascota en la cabeza como ante una mujer de la alta sociedad que abrazaba a un Yorkie mientras bebía champán. Su historia transmite toda la disciplina y el paciente sufrimiento por los cuales es conocida en las historias que se repiten sobre la violenta muerte de su primer marido. Pero su logro más noble no fue sobreponerse a esa dolorosa pérdida. Fue practicar —a través de los grandes dramas y los días bajos y aburridos que constituyen cualquier vida humana— la muerte a uno mismo diaria y necesaria para que el alma florezca.

Es este tema de la muerte el que da el arco narrativo de su vida. No es especialmente alegre, pero si había un elemento fortalecedor y paradójico en Elisabeth Elliot que definía su esencia era una sana disposición a morir. Una y otra vez, si Dios lo quería, creyendo siempre en Su promesa de que de cada muerte surge una vida real, robusta y estimulante.

Podemos estar o no de acuerdo con sus convicciones sobre los roles de género. Podemos estar de acuerdo o no con su personalidad, a veces fría. A algunos les molestarán las obtusas decisiones de Jim Elliot durante su noviazgo. Pero, a pesar de todo, podemos admirar la firmeza de esta mujer extraordinaria, y aprender de ella. Realmente consideraba que morir a sí misma y tomar su cruz para seguir a Jesús —a toda costa— era un mandato bíblico que debía obedecerse. Y punto.

Por eso su biografía refleja la vida y las muertes, en plural, de Elisabeth Elliot. Su presuposición —que debemos morir a nosotros mismos, y que solo muriendo encontramos la verdadera vida— informaba sus puntos de vista sobre las decisiones de la vida, la gestión del tiempo, evitar riesgos, la opinión pública... todo. Por eso era radical. Por eso su vida sigue siendo relevante hoy en día. Podemos no estar de acuerdo con algunas de sus conclusiones, pero si creemos en la Biblia, es difícil no estar de acuerdo con su motivación fundamental.

Fue una vida larga, con demasiados capítulos para digerirlos en un solo libro. Es improbable que Elisabeth viviera intencionadamente sus experiencias para alinearse con las necesidades organizativas de un biógrafo, pero sus primeras décadas de dramáticos amores y pérdidas, sus elecciones contraculturales y su convincente viaje espiritual como ser humano crean una primera historia que se sostiene por sí sola.

Así que este libro cuenta la colorida historia de cómo Elisabeth Elliot llegó a ser quien fue, a través de sus aventuras en las selvas de Ecuador. El próximo volumen contará el resto de la historia: sus últimos años de viajes y escritura, su poderosa voz en el mercado cristiano de las ideas, su voluntad de enfrentarse a la controversia, su improbable matrimonio a mitad de su vida cuya pasión y alegría la asombraron, una pérdida devastadora, su sorprendente y duradero tercer matrimonio, su atractivo mundial como conferenciante, su fuerte personalidad pública y sus vulnerables pruebas privadas, y luego su devastador viaje a través de lo que más temía, la pérdida de su extraordinaria capacidad mental.

Elisabeth conocía los retos a los que se enfrenta un biógrafo. En su poco conocida historia sobre el fundador de la Misión Latinoamericana, un hombre complejo llamado Kenneth Strachan, Elisabeth escribió:

> Es una carga impresionante la que asume el biógrafo. Todo lo que haga será un juicio; obviamente sobre el sujeto, sobre el propio biógrafo, y sobre cualquiera que haya estado relacionado con el sujeto.[2]

A quienes la invitaron a escribir la historia de Strachan les dijo que «a menos que me dieran plena libertad para escribir sobre él *tal y como yo lo veía*», no podría considerarlo.

Esta libertad le fue concedida, como me ha sido concedida en mis propios esfuerzos, menos elocuentes, para escribir sobre Elisabeth Elliot.

El proceso de escribir una biografía, por supuesto, es mucho más que tener permiso para hacerlo como a uno le parezca, sobre todo con una historia que es bien conocida por algunos y completamente desconocida para otros. Algunos no estarán de acuerdo con lo que omita sobre Elisabeth Elliot; otros no estarán contentos con lo que incluya. El biógrafo concienzudo está condenado.

Pero en esto, tomo mis órdenes de marcha de Elisabeth. En cuanto a la biografía de Strachan, dijo:

> Y así empecé, intentando *descubrir*, no construir, la verdad sobre este hombre. La forma despreocupada, y a veces azarosa, de su vida se desplegó ante mis ojos a través de sus propios escritos y de los testimonios de quienes lo conocieron. [...] Una y otra vez, me vi tentada a preguntarme qué querrían mis lectores que fuera este hombre, o qué

quería yo que fuera, o qué pensaba él mismo que era... y tuve que ignorar todas esas preguntas en favor de la única consideración relevante: ¿Es esto cierto? ¿Era realmente así? Y, por supuesto, esta es la pregunta que cualquier escritor, de cualquier tipo de literatura, tiene que hacerse todo el tiempo.[3]

Elisabeth concluye: «He intentado desnudar los hechos del caso, respondiendo a la pregunta: *¿Es así como era?*, con toda la veracidad, simpatía y claridad de las cuales dispongo».[4]

En mis esfuerzos por exponer los hechos del caso de Elisabeth Elliot, he recibido una ayuda inconmensurable de muchas personas que la conocían bien. También me ha guiado su propia voz: la mano fluida, firme y elocuente que llenó los diarios década tras década de su larga vida, relatando los acontecimientos diarios, por supuesto, pero sobre todo registrando la persona interior formada y perfeccionada por el Dios que registra todos los acontecimientos. Transmiten a una persona que ojalá el público hubiera conocido más profundamente.

Estos diarios nunca se han publicado. Son apasionados, hilarantes, atractivos, brillantes, mundanos, ingeniosos, autocríticos, sensibles, complicados y siempre... bueno, casi siempre... totalmente comprometidos y sometidos a hacer la voluntad de Dios, sin importar el alto costo. Para Elisabeth, la pregunta central no era: «¿Cómo me hace sentir esto?», sino simplemente: «¿Es verdad?». Si lo era, la siguiente pregunta era: «¿Qué tengo que hacer al respecto para obedecer a Dios?». *Bum.*

Los diarios en los que me he basado —y las observaciones de otros— completan una imagen biográfica de Elisabeth Elliot. Una biografía, sobre todo una biografía narrativa como esta, no es una serie de fotografías que capturan momentos en el tiempo. Se parece más a un retrato, que capta la verdad duradera y reconocible de un ser humano. Esta biógrafa ha buscado la verdad sobre una compañera de peregrinaje en el viaje de la vida, una que nos ha precedido, y ha intentado pintar un retrato verbal de Elisabeth Elliot tanto en sus glorias como en su humanidad. No se trata de una hagiografía, una exclusiva reveladora o un análisis de sus puntos de vista teológicos o sociales. Es una historia que he intentado contar con toda la veracidad, simpatía, claridad y caridad de las cuales dispongo.

SEGUNDA PARTE

La transformación

CAPÍTULO 3

B. F. M.

La encarnación tomó todo lo que pertenece propiamente
a nuestra humanidad y nos lo devolvió redimido. Todas
nuestras inclinaciones, apetitos, capacidades y anhelos
son purificados, recogidos y glorificados por Cristo.
Él no vino a diluir la vida humana; vino a liberarla.
Todas las danzas, los festines, los procesos, los cantos,
la construcción, la escultura, el horneado y la alegría
que nos pertenecen, y que fueron robados al servicio
de falsos dioses, nos son devueltos en el evangelio.
—Thomas Howard

Desde el nacimiento de Elisabeth, el 21 de diciembre de 1926, en Bruselas (Bélgica), su madre, Katharine Howard, anotó cuidadosamente el desarrollo de su hija en un libro de bebé de tapa dura y color celeste. Sus gruesas páginas de color crema, decoradas con una intrincada caligrafía y marcadas con precisas anotaciones a pluma estilográfica, seguían la evolución de Elisabeth. La foto pegada en una de las primeras páginas mostraba a Katharine, de veintisiete años, sentada en una cama de latón sobre un fondo de papel pintado a rayas. Su cabello oscuro y brillante caía en una espesa trenza por encima de su cintura; ella sostenía con ternura a un bebé regordete de labios sonrosados que parecía contemplar la naturaleza del universo.

Las páginas continúan registrando paseos por el parque con Philip, el hermano mayor, y fotos con la familia: la bebé envuelta en capas de volados y encaje, el abuelo envuelto en tejidos a cuadros y la abuela con un exuberante moño, un broche y unas sensatas botas acordonadas. Las páginas del libro guardan mechones de fino pelo de bebé, todavía dorado. Las primeras palabras de Elisabeth fueron a los nueve meses, caminó al año y a los dieciséis meses ya tenía «un amplio vocabulario», escribió su madre con orgullo. Era un indicio de lo que estaba por venir.

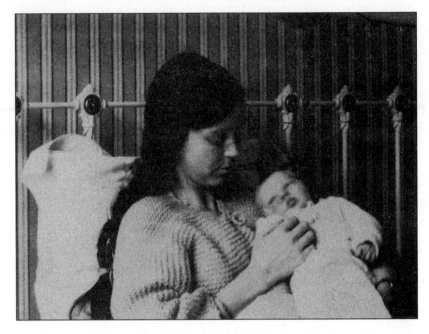

Elisabeth Howard, de siete días de edad, diciembre de 1926

Katharine y su marido, Philip Eugene Howard Jr., eran misioneros en Bruselas con la Misión Evangélica Belga. Fundada después de la Primera Guerra Mundial, la Misión había combinado la ayuda humanitaria con la evangelización entre los soldados belgas que habían regresado a casa de los horribles campos de batalla de la Gran Guerra. Más adelante, fundó una nueva organización protestante para hacer llegar la Biblia a los ciudadanos belgas. (Bélgica era entonces 99 % católica, y la gente común no tenía Biblias).

Philip y Katharine enseñaban en la escuela dominical, celebraban reuniones de evangelización en tiendas de campaña y se hacían amigos de sus vecinos. Su casa era un quinto piso sin ascensor y sin fontanería; todos los días subían agua fresca por las estrechas escaleras y luego bajaban el agua sucia. Katharine venía de un hogar donde sus padres empleaban cocineros, un mayordomo y una criada. No había pasado mucho tiempo en la cocina hasta su matrimonio y su posterior «luna de miel» al comenzar su ministerio en Bruselas. Philip, de medios más humildes, sabía cocinar solo dos cosas: café y avena.

Un día, Katharine fue al mercado a hacer la compra de la semana. Un puesto relucía con magníficos trozos de salmón en hielo, y Katharine recordó de repente lo delicioso que había estado el salmón en casa. En su vacilante francés, preguntó al pescadero cuánto costaba, y ella aceptó. El hombre se lo empaquetó y, cuando ella descubrió que había entendido mal y que el precio equivalía a todo su presupuesto semanal, se sintió demasiado avergonzada como para cancelar la venta. Katharine y Philip cenaron su suntuoso salmón aquella noche... y no comieron casi nada más el resto de la semana.

Cuando llegó Elisabeth, Katharine ya estaba más acostumbrada al francés y a su nueva vida doméstica, pues ya había tenido a su primer hijo, Phil. Los días pasaron rápidamente, y su niña —siempre conocida como «Betty» o «Bets»— creció para transformarse en una niña fuerte.

Pocos meses después del nacimiento de Betty, los Howard regresaron a su hogar en Estados Unidos para responder a una necesidad familiar en la revista *Sunday School Times*. Charley, el tío de Philip, era el editor; Philip se convertiría en editor asociado. El *Times* era un semanario laico repleto de noticias, escritos inspiradores y editoriales. Era la única revista de su clase en aquella época, y una influencia reconocida entre los protestantes de todo el mundo.

La familia vivió durante ocho o nueve años en un dúplex de un populoso barrio de Filadelfia, hasta que se mudaron a una enorme casa de tres plantas en Moorestown, Nueva Jersey. Philip tomaba todos los días el tren para ir a su oficina en Filadelfia, una figura alta y delgada que llegaba al andén con puntualidad, con su maletín de cuero lleno de artículos que había editado cuidadosamente la noche anterior.

La vida en casa transcurría con la misma puntualidad que el horario del tren. Trece meses después del nacimiento de Betty, llegó su hermano David, luego Virginia, Thomas y James. Cada mañana, Philip y Katharine se levantaban antes del amanecer para leer la Biblia. Los niños que podían se vestían y aparecían puntualmente en la mesa del desayuno cuando faltaba un minuto para las siete. La puntualidad imperaba; llegar tarde era robarle a la gente su posesión más preciada, su tiempo.

Después de la comida matutina, las devociones familiares comenzaban en el salón, donde las migas de pan no podían estropear el proceso. Cantaban un himno —con todas las estrofas—, y Philip o Katharine tocaban el piano. Luego seguía la lectura de la Biblia, una selección devocional de Charles Spurgeon o Jonathan Edwards, y luego oraciones de rodillas, y se terminaba con el Padre Nuestro. (Los devocionales vespertinos, después de la cena, seguían la misma estructura).

Más adelante, Betty recordaría este estricto régimen con admiración. Incluso «el día más emocionante del año, cuando nos íbamos de vacaciones a New Hampshire y salíamos a las cinco de la mañana, no nos saltábamos el devocional familiar. La mañana de Navidad no abríamos los regalos hasta que terminábamos de orar. Crecimos sabiendo que la Escritura era la máxima prioridad».[1]

Por la noche, los niños más pequeños eran arropados en sus camas con oraciones individuales y más lectura de la Biblia. Luego, la incansable Katharine Howard les cantaba el himno que Betty le cantaría más tarde a su propia hija, Valerie, cuando la arropaba en su pequeño colchón en su cabaña de la selva:

Óyeme, Jesús divino:
Dame hoy tu bendición;
En la noche tan oscura
Dame paz y protección.

Aunque la casa de los Howard, con seis hijos, era un lugar ajetreado, nunca fue caótica. Todas las habitaciones estaban perfectamente ordenadas. Los objetos se colocaban con cariño en estanterías o mesas con un sentido artístico e intencionalidad. Se barrían las habitaciones, se guardaba la ropa, se limpiaban los platos, se lavaban las ventanas, se quitaba el polvo de las cortinas y se lustraban los zapatos. Si querías una goma elástica, podías ir al único cajón de toda la casa destinado a las gomas, y allí estaban, bien atadas y listas para el servicio. El escritorio de Philip Howard estaba siempre despejado, con solo un bloc de papel blanco y limpio sobre su brillante superficie, y dos lápices perfectamente afilados colocados cerca; todo en ángulos perfectamente rectos. Betty abrazó esta pasión por el orden con entusiasmo para toda la vida, pero de niña, después de limpiar obedientemente el polvo del despacho de su padre, volvía a poner el bloc o los lápices ligeramente torcidos... solo para divertirse viendo a su padre enderezarlos en cuanto volvía a su escritorio esa tarde.

Si alguna vez los niños se quejaban de las rigurosas normas de pulcritud y disciplina, se les recordaba que tales normas eran necesarias para la B. F. M., o «Buena Formación Misionera». De hecho, cuatro de los seis Howard se convirtieron en misioneros, y los otros dos llegaron a ser uno escritor y profesor universitario, y el otro, pastor.

El hogar de los Howard, sin embargo, era mucho más que un campo de entrenamiento para volverse obsesivo compulsivo. Todos los niños recordaban haber reído hasta llorar cuando su padre les contaba historias sobre personajes pintorescos de su iglesia. (Como la anciana maestra de la escuela dominical cuya dentadura postiza mal ajustada chasqueaba mientras opinaba sobre Josafat y otros personajes bíblicos). Aullaban cuando su madre —que tenía la costumbre de usar MAYÚSCULAS en su discurso oral y escrito para enfatizar dramáticamente ciertos puntos— contaba historias de su infancia privilegiada.

Aunque era un hogar completamente victoriano en sus sensibilidades, Tom Howard dijo años más tarde: «No había tonterías ni pomposidad». Lo que más había, recordaba, eran «gritos con risas».[2]

Los niños sabían que se los quería, aunque no hubiera muchos mimos ni abrazos. Betty escribió que no había sido fácil para su madre aprender a expresar físicamente el amor que sentía por sus hijos. No había recibido abrazos ni besos de su propio padre, ni de su madrastra después de que su madre muriera cuando ella tenía doce años.

Cuando Tom Howard, el hermano menor de Betty, tenía más de ochenta años, miramos juntos una vieja fotografía. Era de Tom, que entonces tenía unos veintiún años, cuando sorprendió a su querida hermana Betty en Ecuador después de que mataran a Jim. La foto en blanco y negro muestra a Tom, que acababa de salir de un pequeño avión, de pie con una Betty descalza en la hierba de la selva. La boca de ella está abierta de par en par en una sonrisa enorme, sorprendida y encantada, y Tom también sonríe. Sin embargo, los hermanos no intentan abrazarse. En cambio, se agarran torpemente del antebrazo del otro, como marineros novatos aprendiendo una técnica básica de rescate.

«Ah», dijo Tom, sonriendo al recordarlo. «Es un clásico. Los Howard no se abrazan».[3]

Philip Howard, su padre, era ornitólogo aficionado. Había perdido un ojo por una indiscreción adolescente con un petardo, pero se había entrenado para ser más observador con un ojo que la mayoría de la gente con dos. Se detenía en un sendero del bosque y escuchaba, totalmente atento en la quietud, y reconocía varios cantos de pájaros, o el sutil sonido del viento en los árboles, el susurro de las hojas que anunciaba un pájaro en lo alto de una rama, y entonces descubría un chipe aliazul que nadie más podría haber encontrado. Les enseñó a sus hijos a observar. Cuando los invitados se marchaban, les preguntaba de qué color eran los calcetines que llevaba uno de los hombres o qué aspecto tenía el prendedor enjoyado que lucía la Sra. McDoogle en el pecho. Los hijos de Philip desarrollaron el hábito tanto del naturalista como del escritor de *ver* de verdad, de percibir claramente su entorno y poder describirlo con exquisita precisión.

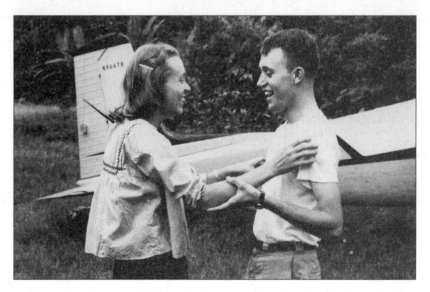

Tom Howard visitando a Betty Elliot, julio de 1958

Philip bautizó la casa familiar de Moorestown con el nombre de «Birdsong» [Canto de los pájaros]. Tenía un canto de pájaros distinto para cada uno de sus seis hijos y su esposa. El de Betty era el pibí oriental. (Parece apropiado que muchos años después, cuando vivió entre los huaoranis, la llamaran *Gikari*, o «pájaro carpintero»).

Cuando Philip llegaba a casa del trabajo, silbaba un canto de carbonero cabecinegro. Desde la cocina, Katharine respondía con su propia versión del sonido. Philip creó un periódico familiar llamado, por supuesto, *Chirps from Birdsong* [Los trinos de Birdsong], e invitó a sus hijos a contribuir con poemas, historias, noticias o caricaturas. Las primeras obras publicadas de Betty aparecieron en este distinguido periódico.

«Birdsong», 1954

Betty procedía de una larga estirpe de escritores. Además de su trabajo en el *Sunday School Times*, los ensayos de su padre Philip Howard Jr. se recopilaron en libros. El padre de él, Philip Howard Sr., escribió diversos libros e himnos, y tenía dos cuñados que eran autores. Samuel Scoville, columnista de prensa y autor de tomos de aventuras para niños con títulos como *Boy Scouts in the Wilderness* [Niños exploradores en el desierto], y su tío abuelo, Charles Gallaudet Trumbull, con un libro teológico titulado *The Life That Wins* [La vida ganadora], una exploración de la «vida cristiana victoriosa» que vendió millones de ejemplares, así como *Taking Men Alive: Studies in the Principles and Practice of Individual Soul Winning* [Cómo llevar hombres a la vida: Estudios sobre los principios y la práctica de ganar almas]. El bisabuelo de Betty, Henry Clay Trumbull, era el patriarca de este ilustre grupo. Era un hombre alto, con un sombrero de fieltro negro, una sonrisa sociable y una barba canosa que le llegaba hasta la mitad del pecho. Nacido en 1830, llegó a la fe en Cristo a los veinte años y fue ordenado clérigo en 1852. Durante la Guerra Civil, fue capellán del 10º Regimiento de Connecticut, destinado en Carolina del Norte. Fue capturado por los confederados en la batalla de *Ft. Wagner* y permaneció varios meses en una prisión sureña. Después de la guerra, fue editor del *Sunday School Times*, escribió treinta y tres libros y dio conferencias en la Universidad de Yale. Estaba casado con Alice Gallaudet, hija del célebre fundador de la Escuela Estadounidense para Sordos. Fue amigo íntimo de Dwight L. Moody, subió a plataformas con Ulysses S. Grant y viajó a Egipto y Palestina para explorar culturas antiguas y yacimientos arqueológicos bíblicos.

La hermana de Henry Trumbull era una mujer formidable llamada Annie Trumbull Slosson, autora de dieciséis libros cortos con títulos como *Fishin' Jimmy* [Jimmy el pescador] y *Puzzled Souls* [Almas consternadas], mejor descritos como historias dialectales de Nueva Inglaterra con un punto inspirador. Aparecieron por primera vez en revistas como *The Atlantic Monthly* y *Harper's Bazaar*. Annie era también una entomóloga aficionada, fascinada por el estudio de los insectos. En 1892, ayudó a fundar la Sociedad Entomológica de Nueva York, convirtiéndose en su primera miembro femenina.

Dada esta laboriosa herencia literaria, no es de extrañar que la casa de los Howard estuviera repleta de bibliotecas. Philip Howard era muy estricto con el inglés correcto, y leía en voz alta a los niños obras de prosa majestuosa como las de Charles Spurgeon y Matthew Henry. Sin embargo, grandes de la literatura como Shakespeare, Dickens, las hermanas Brontë y Tolstoi estaban ausentes de las estanterías de los Howard. Philip y Katharine no dedicaron tiempo a la gran literatura clásica, la música o la pintura. Se centraban en la teología, los himnos y los franelógrafos.

Junto a la mesa del comedor, en un lugar de honor, descansaba un enorme diccionario. Mientras la familia comentaba las observaciones del día, las últimas cuestiones teológicas del *Sunday School Times*, lo más destacado de las lecciones de los niños, los pájaros, los insectos, la naturaleza y otros temas, se esperaba que los niños buscaran las palabras que no conocían. Su vocabulario crecía en consecuencia.

Moorestown fue fundado por cuáqueros, y el habla de muchos de los vecinos y amigos de los Howard reflejaba un inglés antiguo. Dado que los himnos y las lecturas bíblicas que marcaban los días de la familia Howard también estaban llenos del habla de la versión King James de la Biblia, no es de extrañar que los diarios de Betty se dirigieran a Dios con un lenguaje un tanto anticuado, y que sus formas verbales utilizaran estructuras arcaicas durante toda su larga vida.

En Filadelfia, los Howard asistían a una iglesia episcopal reformada. A Betty le encantaba la alta liturgia eclesiástica. En

Moorestown, iban a una iglesia presbiteriana, y luego se unieron a una pequeña denominación llamada Protestante Bíblica. A los Howard no les importaba la denominación; solo querían una iglesia que expusiera fielmente la Biblia. Betty «recibió a Jesús como su Salvador» cuando tenía cuatro o cinco años, y comprometió aún más su vida al servicio de Cristo cuando tenía unos doce.

Ambas parejas de abuelos vivían cerca. Los padres de Katharine residían en una gran casa en Germantown, Pennsylvania, e invitaban a los Howard a cenar cada dos domingos. Era un asunto formal, con una criada vestida de uniforme blanco; a los niños se les hacía entender que cuanto antes desaparecieran en el patio trasero después de comer, mejor. Betty no recordaba haber oído a su abuelo materno dirigir un comentario a alguno de los niños. Ella lo llamaba «el abuelo que nunca sonreía».

En cambio, los abuelos Howard eran cálidos, cariñosos, abiertos y estaban encantados de ver a los niños siempre que podían venir. El padre de Betty bromeaba sobre la disparidad entre su humilde hogar de origen y el de su esposa. Decía: «Mientras tu madre comía un rosbif jugoso, yo comía huevos [revueltos], pescado frito y gelatina». Aunque los Howard no nadaban en recursos económicos, sí tenían un rico patrimonio intelectual y espiritual. Philip fue a la Universidad de Pensilvania y obtuvo la llave *Phi Beta Kappa*. Mientras tanto, a los diecisiete años, Katharine —que no fue a la universidad— se paseaba por la ciudad en un deportivo Buick roadster rojo, ataviada con un atractivo sombrero de castor y un abrigo de mapache, todos ellos regalos de su padre.

La vida en el hogar estaba marcada por el rendimiento, pero había seguridad. A medida que Betty crecía, se mostraba tímida con los extraños, aunque esto solía interpretarse como antipatía. Siempre fue alta para su edad. De adulta, solía recordar un incidente ocurrido en el vestíbulo de un elegante hotel de Atlantic City, cuando una niña corrió por la gran sala para preguntarle a Betty cuántos años tenía... y luego volvió, gritando: «¡Abuelita, abuelita, esa niña tan grande de ahí solo tiene siete años!». Con el paso de los años, la imagen que Betty tenía de sí misma no mejoró al visitar la oficina de su padre en Filadelfia.

«Vaya, cómo has crecido», decían todas las simpáticas señoras de la oficina. «¡Pronto serás igual que tu padre!».

Philip Howard medía más de 1.90 metros (6'3").

Según Dave, el hermano de Betty (trece meses menor), ella canalizaba su frustración utilizando su altura en detrimento de él, arrinconándolo contra la pared y gruñendo: «Eres tan... ¡PEQUEÑO!».

A los once años, Betty ya tenía la costumbre de plasmar sus pensamientos en papel. Su primer diario fue un pequeño libro negro de tapa dura, «una página al día durante 1938». Escrito en mayúsculas en la parte superior de la primera página, había una advertencia en lápiz: «ESTE DIARIO ES ABSOLUTAMENTE PRIVADO PARA TODOS LOS NIÑOS. LAS MUJERES, LAS NIÑAS Y LOS HOMBRES PUEDEN LEERLO».

Las privilegiadas páginas que siguen anotan obedientemente el clima de cada día y están llenas de relatos de peleas de bolas de nieve, juegos de las escondidas, la rayuela, patear la lata, clases de música y proyectos escolares. Para el Domingo de Pascua de 1938, Betty informó con rigidez que llevaba sus nuevos zapatos de cabritilla y sombrero de paja azul, guantes blancos y un traje azul «adornado con cerezas sintéticas». En otra entrada, vuelve a parecer una niña: «¡Adivinen qué! ¡Fuimos a ver *Blancanieves y los siete enanitos*! Nunca había visto una película tan buena. Además, era a todo color. Fue una maravilla».

Unos meses después, interiorizó un acontecimiento mucho más grave que una matiné de Disney. O, como ella misma dijo después de hacerse adulta: «Vislumbré lo que puede suponer el discipulado».

CAPÍTULO 4

Cueste lo que cueste

Si muero aquí en Glasgow, me comerán los gusanos;
si puedo vivir y morir sirviendo al Señor Jesús,
me dará igual que me coman los caníbales o los gusanos;
porque en el Gran Día, mi cuerpo resucitado
se levantará tan hermoso como el de ustedes
a semejanza de nuestro Redentor resucitado.
—John Gibson Paton

*D*ebido al trabajo de Philip Howard en el *Sunday School Times*, los misioneros visitantes que se encontraban en Estados Unidos con permiso de ausencia solían cenar en casa de los Howard. Betty se sentaba embelesada a la mesa, y escuchaba al Sr. L. L. Legters hablar de sus años en México traduciendo la Biblia para las tribus. Y a la señorita Helen Yost, una «encantadora pelirroja» que trabajó sola durante décadas con los nativos americanos de Arizona. A Betty le encantaba Sir Alexander Clark, nombrado caballero por la reina Isabel por su trabajo en África, y que contaba su poco distinguida huida hacia un árbol cuando fue embestido por un enorme búfalo del Cabo. En el libro de visitas de su familia, figuraban visitantes de cuarenta y dos países diferentes. Sus historias cautivaron la imaginación de la pequeña y se fundieron con los relatos que había leído sobre Mary Slessor y David Livingstone, que trabajaban para el Señor en la parte más profunda de África. Cuando Betty pensaba en la posibilidad de ser ella misma misionera, la imagen que le venía a la mente era siempre la de una cabaña con techo de paja; una cabaña, en algún lugar de las tierras salvajes de África.

Una misionera que visitó a la familia Howard a principios de la década de 1930 fue Betty Scott. Tenía unos veinte años, la piel clara, el pelo oscuro y brillante y unas gafas negras redondas como los ojos de un búho. Los Howard conocían a su padre, un veterano misionero llamado Charles Earnest Scott. Betty Scott había crecido en China y regresó a Estados Unidos a los diecisiete años para asistir al Instituto Bíblico Moody. Se había enamorado de un compañero de estudios llamado John Stam... pero regresó al campo misionero sin él, ya que él tenía más estudios que completar y ella aún no sabía si Dios los estaba guiando al matrimonio. Comenzó a trabajar en China en 1931, llena de promesas, resolución, pasión y compromiso.

Al año siguiente, John se embarcó también para China, y él y Betty se casaron en octubre de 1933. Vivieron en Anhui, una pequeña provincia montañosa del este de China, trabajando con aldeanos pobres, ayudándoles y hablándoles de Jesús. Los Stam eran apolíticos, por supuesto, pero en el otoño de 1934, se vieron envueltos en una de las muchas revoluciones partidistas de la difícil historia de China. Se llamó La Larga Marcha, y fue una retirada militar masiva del Ejército Rojo del Partido Comunista, donde lograron escapar 9000 km (5600 millas) de las fuerzas consolidadas del Partido Nacionalista Chino. La Larga Marcha facilitó el ascenso al poder de Mao Zedong, que finalmente se apoderó con sangre de toda China.

Los soldados comunistas invadieron el pueblo de los Stam y detuvieron a John y Betty. Saquearon sus posesiones, incluido el dinero que los misioneros habían reunido para aliviar la pobreza. Les dijeron que pedirían un rescate por el equivalente a 20 000 dólares y los obligaron —con su hija de tres meses, Helen Priscilla, a cuestas— a marchar diecinueve kilómetros (doce millas) hasta otro pueblo, donde pasaron la noche en casa de un comerciante local que había huido.

A la mañana siguiente, antes de que los soldados los sacaran de la casa, Betty escondió a Helen entre un montón de mantas. Los comunistas no se dieron cuenta de que faltaba la bebé. Despojaron a John y Betty de sus ropas exteriores, les ataron las manos a la espalda y marcharon hacia el centro del pueblo. Los Stam comprendieron que se dirigían hacia la muerte.

Los aldeanos, burlones, observaban la procesión. Un valiente tendero cristiano corrió hacia los Stam, suplicando a los soldados que los perdonaran. Le apuntaron a la cabeza con una pistola y lo ataron a él también. John suplicó por la vida del hombre. El líder comunista, furioso, ordenó bruscamente a John que se arrodillara, lo decapitó y empujó a Betty al suelo, decapitándola con la misma espada ensangrentada.

Un pastor chino local descubrió a la pequeña Helen treinta horas después. Estaba mojada y hambrienta, pero a salvo. Llevaba dinero en la ropa. Era lo justo para ponerla a salvo. Finalmente, fue llevada a Estados Unidos y criada por sus abuelos.

Los creyentes chinos recogieron los cuerpos de John y Betty, los envolvieron en telas blancas y los enterraron. La lápida que finalmente marcó la tumba de Betty decía:

Betty Scott Stam, 22 de febrero de 1906
«Pues para mí, el vivir es Cristo y el morir es ganancia».
Filipenses 1:21

8 de diciembre de 1934, Miaosheo, Anhui
«Sé fiel hasta la muerte,
y yo te daré la corona de la vida». Apocalipsis 2:10

La muerte de los Stam causó un enorme impacto en los cristianos de todo Estados Unidos. Betty Howard solo tenía ocho o nueve años cuando la terrible noticia llegó a Nueva Jersey. A los pocos años, había interiorizado la historia de la valiente joven que había sido invitada a cenar a la casa de los Howard. Copió minuciosamente la oración radical que Betty Scott Stam había hecho desde que estudiaba en el Instituto Bíblico Moody, una oración que el padre de Betty había compartido con los Howard. Betty la pegó en su desgastada Biblia.

> *«Señor:*
> *Te entrego todos mis planes y propósitos,*
> *Todos mis deseos y esperanzas,*
> *Y acepto tu voluntad para mi vida.*
> *Me entrego a mí misma, mi vida, mi todo,*
> *¡Todo a ti, para ser tuya para siempre!*
> *Lléname y séllame con tu santo Espíritu.*
> *Úsame como quieras,*
> *Envíame donde quieras,*
> *Y obra en mi vida toda tu voluntad,*
> *¡Cueste lo que cueste, ahora y para siempre!»*

Era una oración que se transformaría en la de Betty.

CAPÍTULO 5

Cortando diamantes

Amigo mío, la verdad siempre es inverosímil, ¿lo sabías?
Para hacer la verdad más verosímil, es absolutamente
necesario mezclar un poco de falsedad con ella.
La gente siempre lo ha hecho.
—Fyodor Dostoevsky

*L*a Academia *Hampden DuBose* [HDA], un internado cristiano de Florida invitó a Charley, el tío de Betty, a hablar en una de sus asambleas a principios de la década de 1940. Él llevó una copia del anuario de la HDA a casa de los Howard y Betty se puso a mirar las fotos de palmeras, playas de arena blanca, lagos azules, chicas con vestidos de etiqueta, muchachos con trajes blancos y pequeñas clases de estudiantes sentados en un frondoso césped con sus jóvenes y guapas profesoras. Betty había sido un poco solitaria durante su primer año en el instituto de Moorestown, aunque había aparecido en el periódico local cuando su poema «Mi madre» ganó el primer premio de un concurso. Incluía versos un poco exagerados como:

> Cuando miro a mi madre pienso
> En los ángeles.
> Su cabello es como seda hilada.
> Sus ojos superan
> La belleza de los límpidos lagos.
> Sus manos, aunque desgastadas por el trabajo,
> Son como los lirios.

Dejando a un lado la poesía, en su escuela pública Betty no tenía niños cristianos en sus clases, tenía pocos amigos y ningún servicio de capilla, té de la tarde ni brisas cálidas. Se imaginaba asistiendo a la Academia *Hampden DuBose*, con un amplio vestido largo, tomando el té en una taza de porcelana, rodeada de azaleas color bermellón. No rogó —Betty nunca se caracterizó por mendigar—, pero les hizo saber a sus padres su profundo deseo de asistir a aquel encantador internado.

Entonces, el tío Charley falleció, y el padre de Betty quedó como el editor del *Sunday School Times*. Su nuevo salario, más elevado, le permitía pagar los trescientos extravagantes dólares para cubrir el alojamiento, la manutención y la matrícula anual en HDA. Betty estaba encantada, aunque la experiencia sería dura. Estaría sola durante nueve meses: no volvería a casa para Acción de Gracias, Navidad ni Pascua. Nada de llamadas telefónicas a casa: eran un lujo solo para los ricos o los que se encontraban en las emergencias más graves.

Así fue como, en septiembre de 1941, Betty Howard, de catorce años, subió al tren en la estación de la calle 30 de Filadelfia. Era el *Tamiami Champion,* un tren de pasajeros aerodinámico, rojo y blanco, con vagón restaurante, vagón de observación, taberna y dormitorios.

Mientras tanto, el mundo estaba al borde del abismo. Adolf Hitler se había convertido en canciller de Alemania en enero de 1933. Su primer campo de concentración para presos políticos, Dachau, abrió sus puertas en marzo de ese mismo año. Mussolini se pavoneaba por su Italia fascista, promulgando leyes antijudías y alineándose con los objetivos expansionistas de la Alemania nazi. El emperador Hirohito, al que muchos de sus súbditos consideraban divino, ocupó el Trono del Crisantemo de Japón. Su Japón Imperial había invadido China, Manchuria, Mongolia, el sudeste asiático y las zonas de producción petrolífera del Pacífico.

Aunque Betty tal vez no siguiera los últimos titulares de los periódicos ni los reportajes radiofónicos sobre estas potencias del Eje que amenazaban desde Oriente y Occidente, sin duda era consciente del efecto de estas luchas geopolíticas en su mundo cristiano. Misioneros en toda Asia huyeron del avance de las tropas; algunos fueron internados en campos de prisioneros o sometidos a arresto domiciliario; entre ellos, varios de los amigos más íntimos de su familia.

En agosto, el presidente Roosevelt y el primer ministro británico Winston Churchill se habían reunido a bordo de un buque de guerra estadounidense frente a la costa de Terranova. En medio de los ataques de Alemania, Gran Bretaña temía que el Japón imperial aprovechara la situación para apoderarse de territorios británicos, franceses y holandeses en el sudeste asiático. Gran Bretaña necesitaba desesperadamente que Estados Unidos entrara en la guerra.

Roosevelt afirmó públicamente la solidaridad entre Estados Unidos y Gran Bretaña contra la agresión del Eje; él y Churchill compartían una visión común del (inevitable) mundo de posguerra. Pero el presidente se vio limitado por la opinión pública nacional: la mayoría de los estadounidenses se oponían a la intervención de Estados Unidos en la guerra.

Esto cambiaría, por supuesto, el 7 de diciembre de 1941, cuando Japón ejecutara su ataque no provocado contra la Marina estadounidense en Pearl Harbor. Trescientos cincuenta y tres aviones imperiales japoneses surcarían los cielos azules de Hawái aquella tranquila mañana de domingo, lanzando bombas y matando a 2403 miembros e infantes de marina, soldados y civiles.

Pero en septiembre de 1941, aún faltaban tres meses para esa vorágine unificadora nacional, y es poco probable que las tensiones internacionales estuvieran en el primer plano de la mente adolescente de Betty Howard. Tenía catorce años y soñaba con vivir entre las azaleas de Florida. Miraba por las ventanillas del tren, viendo pasar ciudades, campos y vacas, entusiasmada con su nueva aventura lejos de casa.

Llegó a tiempo a la estación de ferrocarril de Orlando; una chica alta, tímida y rubia que llevaba un sombrero de fieltro beige apropiado para Nueva Jersey, un vestido de lana azul y zapatos de tacón de cabritilla marrón. Sudaba profusamente en la humedad de Florida. Cuando salió del tren, y mientras observaba el mar de rostros que había en la estación, se le acercó una mujer delgada de ojos oscuros, vestida adecuadamente con un ligero vestido de verano.

«¡Hola! Eres Betty Howard y yo soy la señorita Andy. ¡Nos alegramos mucho de que estés aquí!».

La señorita Andy tomó la maleta de Betty, la condujo a una furgoneta con paneles de madera y la llevó a su nuevo hogar académico en Zellwood, a unos cuarenta kilómetros (veinticinco millas) al noroeste de Orlando.

La Academia *Hampden DuBose* fue fundada en 1934 por Pierre Wilds DuBose, hijo de misioneros en China. De adulto, sintió empatía por los niños separados de sus padres y enviados a un internado a una edad temprana. Él y su esposa, una mujer formidable llamada Gwen Peyton DuBose, crearon un entorno en el que los niños cristianos pudieran crecer en su fe, recibir una educación en artes liberales y aprender las normas sociales del sur. El

Dr. DuBose dio a su escuela el nombre de su padre, un personaje activista llamado Hampden Coit DuBose.[1]

La escuela de los DuBose contaba con amplias y hospitalarias habitaciones, un pasadizo subterráneo, una piscina, un lago, establos, una bolera, lavandería, canchas de tenis y jardines formales. Las salas públicas estaban decoradas con valiosas antigüedades procedentes de China. Las habitaciones de los alumnos tenían cortinas fruncidas y colchas blancas... que algunos estudiantes adornaban con tesoros de sus hogares en el campo de misión, como pieles de tigre en el suelo o lanzas africanas en las paredes.

La escuela, al igual que la casa de Betty en Moorestown, era una encrucijada para misioneros con permiso de ausencia, oradores cristianos de fama internacional y pastores que pasaban por la ciudad para visitar a sus hijos. Líderes cristianos como Billy Graham enviaban a sus hijos a la HDA. Había vísperas (servicios de oración vespertinos) todas las noches, un servicio religioso privado para la escuela los domingos por la mañana y un servicio abierto al público los domingos por la tarde. Los estudiantes se comprometían a abstenerse del alcohol, el tabaco, las cartas, el baile, el teatro y el cine. En cambio, debían pasar mucho tiempo nadando y haciendo canotaje en el lago Margaret, haciendo picnics, jugando al tenis, al baloncesto y otros deportes, y retozando en juegos al aire libre bajo las palmeras reales.

Los cien alumnos de la HDA en 1941 se dividían en partes iguales entre HM (hijos de misioneros), HP (hijos de predicadores) y NC (niños comunes). Los profesores, como la señorita Andy, vivían en el dormitorio con las chicas. No tenían salario y no solo enseñaban, sino que también hacían recados, planificaban los menús y colaboraban cuando y como era necesario. Del mismo modo, a las alumnas se les asignaban trabajos atendiendo mesas, lavando platos, limpiando y planchando. La alumna más selecta tenía el honor de lavar a mano la ropa interior de la Sra. DuBose y su enorme variedad de fajas, así como de servirle el desayuno cada mañana en una bandeja de plata con un mantel individual de lino blanco almidonado y una servilleta delicadamente bordada.

Gwen DuBose era alta y bien dotada, una antigua cantante de ópera cuya escultural silueta solía estar envuelta en pañuelos. A menudo, llevaba consigo un abanico de seda y marfil pintado a mano, que abría como una emperatriz Ming si tenía que hacer algún pronunciamiento.

Sin embargo, el lema de la escuela no era chino, sino latino. *Esse Quam Videri: ser más que parecer.* Esta autenticidad integral del carácter que se había modelado en la casa de Betty en Moorestown ahora cobraba todo su sentido para ella en la HDA.

«No andes por ahí con una Biblia bajo el brazo si no has barrido debajo de la cama», le gustaba decir a la señora DuBose. La joven Betty, ya formada como ama de casa meticulosa, unió aún más el polvo con el pecado. «Lo que eres ahora es lo que eres», continuaba la Sra. DuBose. «Son esas pequeñas cosas de tu vida las que, si no las corriges ahora, te destrozarán cuando salgas de esta escuela». El polvo debajo de la cama ya era malo, pero lo que representaba —la pereza en la vida espiritual— podía ser mortal si no se controlaba.

La Sra. DuBose animó a Betty a escribir: poesías para ocasiones especiales, artículos para el periódico y el anuario escolares, discursos. Se esperaba que las alumnas fueran cultas, desenvueltas y correctas. Mientras que los anuarios de otros institutos muestran filas de estudiantes torpes en poses acartonadas para las fotos del club, Hampden DuBose tiene a los chicos y chicas dispuestos artísticamente en grupos coreografiados, charlando entre ellos como si estuvieran en el set de una película de Hollywood. Uno casi esperaría que los estudiantes masculinos encendieran galantemente los cigarrillos de las estudiantes femeninas en boquillas de plata, si no se tratara de una institución *cristiana*.

En Hampden DuBose, Betty aprendió a colocar las flores en un jarrón de cristal veneciano, a servir el café en delicadas tacitas después de la cena, a colocar los relucientes tenedores de plata para ensalada en los ángulos exactos sobre manteles blancos almidonados que ella misma había planchado. También aprendió a desplumar y preparar correctamente un pollo recién matado. La HDA no producía debutantes, sino misioneros y líderes cristianos capaces de aportar tanto cultura como competencias prácticas al entorno extranjero más exótico.

La Sra. DuBose tenía sus favoritas. Se fijaba en estudiantes como Betty Howard, jóvenes capaces de sobresalir en compromiso espiritual, educación, trabajo, estudio, atletismo, música, oratoria y apreciación de la literatura. Les insistía sin cesar en privado y en público, exhortándolas a dar lo mejor de sí mismas al servicio de Dios.

«Estamos tallando diamantes a mano», explicaba la Sra. DuBose. Evidentemente, sus herramientas para lograrlo eran la disciplina implacable, la presión, el legalismo y el dolor social. Aunque amaba a Betty, la corregía y la criticaba. De vez en cuando, llamaba a los alumnos descarriados a su dormitorio; el alumno se quedaba de pie, con la cabeza inclinada, al final de la gran cama blanca de la Sra. DuBose, con su intrincada cabecera de águila tallada. Reclinada allí y ataviada con una bata de satén rosa, la señora DuBose repasaba los pecados del alumno. Los niños las llamaban «Sesiones del Águila Blanca». Años más tarde, Betty recordaría estar tan estresada durante una de las pequeñas reseñas de la señora DuBose que se orinó encima. (Esto no impidió que una Betty mayor criticara de vez en cuando la postura, los modales, el peso y los hábitos de sus seres queridos).

Los servicios de vísperas de los domingos por la noche no eran solo cantos de himnos de adoración; a menudo incluían momentos de confesión. La Sra. DuBose entraba en la habitación, se despojaba de sus diversos pañuelos y esperaba a que los alumnos confesaran sus defectos. Si un alumno había tomado prestado el sello de un compañero de habitación sin pedir permiso, había mentido o había dejado una tarea sin hacer, se esperaba que reconociera el pecado. Si no había confesiones, estas reuniones podían durar horas mientras la Sra. DuBose esperaba que se presentaran los culpables.

Años más tarde, cuando Ginny, la hermana menor de Betty, se graduó de la HDA, Betty, de veinticuatro años, escribió en su diario: «Sería imposible expresar lo que siento en este lugar. La HDA es para mí el escenario de los mayores deleites, emocionales, sensuales. Es también el escenario de agonizantes conflictos de espíritu, de temores devastadores. [...] Es un mundo aparte. [...] Mi corazón se vuelca, casi dolorido, a estos <u>queridos</u> niños. Amo a mi hermana como nunca antes. Estoy orgullosa de ella, y casi temo por ella, excepto que <u>confío en Su amor</u> por ella».

Después de la graduación de Betty en 1944, los estudiantes que regresaron recordaban la escuela con una combinación de horror y cariño. Algunos dicen que tardaron años en curarse del legalismo y la vergüenza infligidos en nombre de Cristo. Otros recuerdan el amor y el compañerismo entre los estudiantes, y a los grandes líderes que hablaban en los servicios de capilla. Algunos cuestionan la salud mental de los dirigentes; la propia Betty la calificó de «dictadura».[2] A lo largo de los años, la HDA floreció, se tambaleó, se deterioró, vendió terrenos y se reinventó. Gwen DuBose, como todos nosotros, era una mezcla de virtudes y defectos.

En cualquier caso, al igual que el ambiente de su hogar de origen, el disciplinado estilo de vida de la HDA y su énfasis en el decoro y la belleza moldearon a la joven Betty. Sus primeros diarios del internado se han perdido, pero su diario de los años académicos de 1942 y 1943 muestran a una joven seria e inmadura que se asentaba con entusiasmo en su pequeño y seguro estanque de estudios, trabajo, culto y una activa vida social centrada en un estudiante de último año en particular.

«Estoy muy contenta de estar aquí», escribió al comenzar su penúltimo año». Pero me siento muy mal. Paul se va con Nona. Me gusta tanto... Lo admiro profundamente porque es un cristiano maravilloso. Oraré para que el Señor me ayude a superarlo».

Después de este oscuro comienzo, hubo signos de esperanza. «Herbie [...] dice que a Paul no le gusta para nada Nona. Me alegro mucho». «Anoche, Paul y yo ayudamos a la Sra. DuBose a desempacar ropa [...]. Paul es demasiado maravilloso para mí». «Probablemente piensa que soy engreída y tonta».

Los informes de Paul fueron interrumpidos por una nota sobre la creciente colección de plata de los DuBose: «Hoy es el aniversario de Doc y la Sra. DuBose. [La escuela] les regaló una copa de plata. Ya tienen seis».

Luego las páginas volvían a todo lo relacionado con Paul. «[Él] fue muy dulce conmigo [...]. Tal vez tengo algo de esperanza». «Paul es tan dulce y <u>real</u>. Dirige los cantos muchas veces aunque no sabe cantar. Demuestra que está dispuesto a intentarlo. Me hace mucha gracia cuando me sonríe».

A medida que avanzaba el otoño, los sentimientos de Betty también iban en aumento. «Tuve una larga charla esta noche con Ethel [...]. He sentido que soy una farsa y eso me hace sentir fatal, así que hablamos y lloramos y oramos al respecto mucho tiempo. Ciertamente, soy indigna de P».

«Ojalá me invitara al banquete. Moriré si alguien más lo hace». No se murió. «¡Paul me invitó!».

Inusualmente, Betty incluso se deshacía de las restricciones de la buena gramática para delirar sobre Paul. «[Él] hablaba de la luna y yo ganas tenía de morir».

«Paul está enfadado conmigo, y aunque no puedo decir que lo culpe, me siento muy mal por ello. Realmente soy horrible con él, y él es tan bueno conmigo». «Esta noche, Paul y yo nos quedamos en la cocina limpiando hasta las dos de la madrugada. Comimos mucha crema batida».

«¡<u>Banquete</u> esta noche! [...] absolutamente maravilloso. Oh, qué bueno es el Señor». Y al día siguiente: «Me costó mucho volver a estudiar... no pensaba en otra cosa que en anoche... ¡qué bien lo pasé!».

7 de diciembre de 1942: «Hoy hace 365 días que [los japoneses] comenzaron la guerra [...]. Paul es tan dulce [...]. Se está poniendo tan serio... la forma en que me mira me hace sentir mariposas en

el estómago. No sé si deberíamos romper o no [...]. Es realmente estupendo [...]. Sé que soy tonta; supongo que cuando sea mayor me reiré de esto».

Sin embargo, el diario no está totalmente centrado en Paul. Hay notas sobre amigos, el personal, los estudios, los debates, solos musicales y otras actividades. «Holly es un encanto, de verdad la quiero. Willy Jean está totalmente loco. Ethel sin duda está cerca del Señor. La adoro. Wenger y Carol son unos pícaros. Son divertidos, ¡y Sarah también! Me encanta Joyce». «La Sra. DuBose ha dado en el clavo en sus charlas vespertinas últimamente. Es maravillosa». «La Sra. DuBose me animó tanto en mi lección de música de hoy. Es tan dulce».

«Fui elegida presidente de la clase. Es un privilegio maravilloso, pero mucha responsabilidad. No me siento lo suficientemente buena, pero con el Señor, puedo sostenerlo».

«¡Jugamos un acalorado partido de baloncesto después de la escuela!». También había partidos de fútbol, natación, observación de las estrellas y la luna, juegos como *Patea la lata* y *La escapada*, fogones, cantos de himnos y fiestas en el jardín, todo con comentarios como «¡El Señor nos ayudó maravillosamente! ¡Cuánto nos divertimos en Él!».

También había mucho trabajo: pulir la plata, planchar la ropa blanca, cortar nabos, trocear piñas, limpiar alfombras y cortinas y sábanas y platos. Y el entusiasmo por el día de reposo: «Me encantan los domingos. El Señor es tan maravilloso conmigo».

De vez en cuando, había discordia en el paraíso. El diario registra que dos estudiantes se enzarzaron en una discusión por maldecir, con el resultado de que un miembro del personal los reprendió por pelearse. Otro conflicto mereció una breve mención de Betty: «Esta noche Holly y la Sra. D. se pelearon en la oficina. Las dos gritaban y lloraban».

Casi al final del año escolar, en medio de menciones al pasar sobre apagones y escasez de alimentos, aparecen pistas sobre el mundo exterior y su guerra... «Puede que no vuelva a ver a Paul. Cuando pienso en que [Phil] y Paul tienen que ir al ejército, me dan ganas de llorar». A esto le sigue, de forma bastante incongruente, la despreocupada conclusión: «*¡C'est la guerre!*».

«¿Cómo será cuando Paul esté en el ejército?». «¡¡¡Paul recibió una carta del Departamento de Guerra en Washington diciendo que había obtenido una calificación lo suficientemente alta en su prueba de coeficiente intelectual para darle el entrenamiento especializado de candidato a oficial!!! Qué maravillosa noticia. ¡Qué grandes oportunidades tendrá de testificar para el Señor!».

A finales de mayo, Betty escribió: «¡Paul me regaló un precioso ramillete de rosas rojas! Me acompañó a casa y me dijo que este año había sido todo lo que él quería. Que yo era todo para él. Subí y lloré en el balcón».

El pequeño y desgastado diario negro con la escritura microscópica termina con el último día del tercer año de escuela secundaria de Betty. 1 de junio de 1943. «La graduación es esta noche: Paul tuvo una mención de honor, y obtuvo el premio a la excelencia general. Yo obtuve los premios de música y debate [...] nuestra última noche juntos... me dijo que me amaba».

Pocos de nosotros querríamos que se publicaran nuestros diarios de la adolescencia. Y para los aficionados de larga data de Elisabeth Elliot, es un poco difícil imaginar que la autora de *Pasión y pureza* austera, resuelta y que amaba a Jim Elliot fue una vez una adolescente entusiasmada por un romance de instituto. A Elisabeth Elliot también le costaba imaginárselo. Tenía recuerdos erróneos de partes de su propia juventud y recordaba a su yo más joven como alguien tímido y antisocial que NO había tenido ningún interés ni atención por el sexo opuesto. Cuando releía sus propios diarios mucho más tarde en su larga vida, de vez en cuando anotaba cosas en los márgenes, como «¡No recordaba haber salido con tantos muchachos!».

Sin embargo, el efecto más duradero de los años formativos de la HDA no provino de un romance, sino de la heroica misionera y escritora irlandesa Amy Carmichael.

La Sra. DuBose citaba a menudo los libros de Carmichael en sus charlas dominicales vespertinas. Betty quedó cautivada y la Sra. DuBose le prestaba los libros. Atraían a Betty con un magnetismo espiritual; la audaz vida de Amy daba un peso radical a sus palabras.

«Era una mística realista cuyos hermosos escritos cautivaron mi imaginación», dijo Betty muchos años después. «Me atrajo la declaración inclaudicable a favor de Cristo y el costo del discipulado. Me atrajo poderosamente el mensaje de la cruz, la entrega incondicional y el discipulado. [...] Hay tantas cosas insípidas [...], pero había algo tan limpio y puro como el acero en la determinación de Amy Carmichael de ser obediente».[3]

Betty sentía que le debía a Amy Carmichael lo que C. S. Lewis dijo una vez que le debía al escritor George MacDonald: una deuda tan grande como uno puede tener con otro. «Fue mi primera madre espiritual. Me mostró la forma de la piedad».[4]

Betty había conocido la cruz de Cristo y cantado grandes himnos sobre su teología durante toda su vida. Pero ahora veía que estar crucificada con Cristo, como dice la Escritura, no era morboso, sino la puerta de entrada a la vida misma. Veía atisbos de un mundo invisible que instintivamente reconocía como mucho más *real* que el entorno cotidiano en el que vivía su adolescencia.

En Amy Carmichael, Betty había encontrado una visión del mundo, así como una vida radical que demostraba sus convicciones. Amy Carmichael vivía lo que creía. Sus escritos tenían un sentido profundo, contrario a la expectativa lógica y profundamente intuitivo para Betty, y se convirtieron tanto en un marco de evaluación para sus propias percepciones de los acontecimientos externos, como en una brida interior para domar sus pensamientos y sentimientos. Estas dos cosas estaban arraigadas en la concepción contracultural de Amy sobre la vida en esta tierra, que Betty se tomó muy a pecho:

> «Todo lo que aflige es solo por un momento;
> Todo lo que agrada es solo por un momento;
> Solo lo eterno es importante».

Amy Carmichael nació en una familia acomodada de Irlanda del Norte en 1867. Sus padres eran cristianos sinceros que enseñaron a Amy el amor de Dios. Cuando era adolescente, Amy decidió seguir a Cristo. Leer la Escritura le inspiró una compasión que la llevó primero a trabajar con las «shawlies», chicas pobres que trabajaban en las fábricas catorce horas al día y eran rechazadas por la sociedad educada. Llevó a muchas de ellas a Cristo y estableció un Salón de Bienvenida donde podían reunirse y crecer en su comprensión de Jesús.

Cuando Amy tenía veinte años, escuchó a Hudson Taylor, fundador de la China Inland Mission, hablar de difundir la verdad sobre Jesús por todo el mundo. Con el tiempo, Amy llegó al campo misionero de Japón. Allí, en su pequeña habitación, escribió dos palabras en la pared de papel: «Sí, Señor».

Enfermó gravemente y tuvo que abandonar Japón. Se recuperó en Inglaterra, navegó a Ceilán y finalmente a India, donde pudo soportar mejor el clima. (Sufría de neuralgia, que le causaba un dolor debilitante en las articulaciones). En India, como en Japón, se opuso a las tendencias misioneras convencionales de su época. Vestía ropa india, comía lo que comían los indios y viajaba como viajaban los indios. Vivía con mujeres indias que habían venido a Cristo y estaban amenazadas por sus familias hindúes. Sufría lo mismo que ellas.

Al tiempo, conoció a Preena, una niña que había sufrido uno de los grandes males sociales de la época. La madre viuda de Preena la había entregado a un templo hindú, donde estaba «casada con el dios» y servía como prostituta en el templo. Preena había intentado huir, pero la atraparon y la marcaron con un atizador al rojo vivo. De algún modo, llegó hasta Amy Carmichael, la cual la acogió... y a la siguiente niña, y a la siguiente. La necesidad de rescate y restauración era enorme.

En 1901, Amy creó un centro de acogida para niños, que primero acogió a niñas y luego también a varones. Lo llamó Dohnavur.

Esta labor de rescate y amor no fue fácil. Amy escribió:

> Nunca instaría a nadie a [evangelizar entre aquellos que no conocen a Cristo] a menos que sintiera la carga por las almas y el llamado del Maestro, pero ¡oh! Me sorprende que tan pocos lo hagan. Sí que cuesta. Satanás es diez veces más real para mí hoy de lo que era en Inglaterra, y esa horrible añoranza del hogar a veces lo atraviesa a uno por completo; pero hay una extraña y profunda alegría al estar aquí con Jesús. Alabar es lo que más ayuda. A veces, la tentación es ceder y pasar por un período regular de nostalgia y no serle útil a nadie. Entonces, sientes las oraciones del hogar, y te ayudan a empezar directamente a cantar: «Gloria, gloria, aleluya», y descubres que tu copa está lista para rebosar de nuevo después de todo.[5]

Hoy en día, la Dohnavur Fellowship continúa. Dirigida y atendida por líderes indígenas, su sitio web y su página de Facebook rinden homenaje a Amy Carmichael y a la convicción que escribió en su pared durante su primer destino misionero en Japón, hace más de cien años:

Sí, Señor.

Ella siguió obedeciendo, aunque al principio tuvo que enfrentarse a mucha oposición y peligro. [...] A medida que se enteraba de la situación de los niños inocentes, su corazón ardía con el amor y la indignación de Dios, y escribió palabras que animaron a otros a unirse a ella. [...] Desde el principio fue una familia, nunca una institución. Amy era la madre, cariñosa y querida por todos. Las guarderías de bebés dieron paso a casas de campo, escuelas para todas las edades, desde niños pequeños hasta adolescentes, una granja lechera, arrozales, huertos de frutas y verduras, departamentos de sastrería, cocinas, lavanderías, talleres y oficinas de construcción con equipos de albañiles, carpinteros y electricistas.[6]

Amy Carmichael escribió casi cuarenta libros y vivió en India sin permiso de ausencia durante cincuenta y cinco años. Murió allí en 1951, a los ochenta y tres años. A petición suya, su tumba no tiene lápida, solo una bañera para pájaros con la sencilla inscripción «*Amma*», «madre» en lengua tamil. (El año de la muerte de Carmichael, Betty ya estaba camino al campo misionero, armada de coraje y moldeada por la vida de su heroína).

A lo largo de los años, Carmichael recibió muchas cartas de jóvenes que estaban considerando la posibilidad de ir a las misiones. Una joven le preguntó: «¿Cómo es la vida misionera?».

La concisa respuesta de Carmichael no fue especialmente alentadora: «La vida misionera es simplemente una oportunidad para morir».

Esas palabras resonaron en la joven e idealista Betty Howard cuando las leyó por primera vez en el internado. Y ciertamente sabía, por su amor a Betty Scott Stam, que la vida misionera podía acabar en la muerte.

Pero lo que Betty no sabía cuando era adolescente era que las palabras de Amy Carmichael también serían *literalmente* ciertas en su propia vida.

CAPÍTULO 6

Una rana pequeñita

*Estoy harto de recibir una educación solo de un libro
de texto. Lo que necesitamos es empezar a pensar
de vez en cuando en lugar de memorizar.*
—Betty Howard

*B*etty se graduó como mejor estudiante de su generación.

«Ah, sí», diría de este gran logro años más tarde. «Éramos *diez* en mi clase».

La siguiente parada, como la de tantos HM, HP y NC cristianos de la época, fue Wheaton College.

«Yo era una rana pequeñita en un charco muy grande», dijo Betty sobre Wheaton. Estrictamente hablando, no era un gran charco, con un alumnado de menos de mil estudiantes cuando ella empezó las clases en el otoño de 1944. Pero al igual que la HDA, Wheaton College era un charco que producía una cantidad desproporcionada de líderes cristianos en relación con su tamaño.

Wheaton fue fundado por abolicionistas cristianos en 1860 como una institución comprometida con el crecimiento intelectual riguroso y una fe profunda basada en la Biblia. La escuela era una parada en el Ferrocarril Subterráneo, y graduó a uno de los primeros universitarios afroamericanos de Illinois.

El lema de Wheaton, «*Por Cristo y Su reino*», captó la atención y las intenciones de por vida de estudiantes como Billy Graham, Ruth Bell Graham, Carl F. H. Henry, John Piper y, por supuesto, los futuros misioneros Ed McCully, Nate Saint, Jim Elliot y una tal Betty Howard.

A medida que la Segunda Guerra Mundial avanzaba en el otoño de 1944, Betty escribió fielmente a sus amigos varones en el servicio: su amor de la escuela secundaria, Paul, y un compañero de la HDA llamado George Griebenow que había sido reclutado en el ejército mientras estudiaba el primer año en Wheaton. Las cartas de Betty a su familia transmitían las noticias de los soldados de la guerra en Europa: «Paul está ahora en Cherburgo; es todo lo que podía decir».

Betty estaba más preocupada por los asuntos locales. «Aquí está la cuenta de mi colegiatura», escribió a su madre, horrorizada. «¡Doscientos veinticinco dólares y treinta y cinco centavos por el semestre!».

«Te quiero mucho y confío en que no te agobies con [ello]. Tengo que dejar de preocuparme por eso; la verdad, casi me desmayo cuando lo vi... todavía no he recibido mi asignación de trabajo, pero espero poder conseguir un buen empleo y un sueldo decente. Es posible trabajar por hasta 65 centavos la hora. ¡Nada mal!».[1]

Betty necesitaba el dinero, pero también estaba haciendo caso a una carta enviada a los estudiantes de primer año por el presidente Edman de Wheaton: «En tiempos de guerra es especialmente patriótico cooperar trabajando a tiempo parcial. Habrá muchos trabajos disponibles en el campus en los que podrás servir tanto a la universidad como al país».[2]

«Había estado orando sobre los gastos y no podía soportar decírtelo, pero después de todo, el Señor me envió aquí, creo, y Él ciertamente puede proveer», le dijo Betty a su madre. «Él "sabe lo que ustedes necesitan". Tuve que pedirle perdón por mi preocupación y mis dudas».[3]

Aparte de sus preocupaciones económicas, Betty se adaptó a la vida en Wheaton: «Creo que me especializaré en inglés o filosofía [...] los chicos de aquí son muy amables y lo pasamos bien [...] las cosas van muy bien. Acabo de desayunar; la cafetería está en el sótano de mi residencia y es muy limpia y agradable. Sillas y mesas de arce con flores. No hay mantelería, por supuesto, pero las mesas están enceradas y pulidas. Tomé café, jugo de frutas, tostadas con conservas y un huevo».[4]

Las cosas estaban un poco menos ordenadas en su residencia estudiantil. Debido a la cantidad de jóvenes que volvían a la universidad después de la guerra, el alojamiento para mujeres era limitado. Betty y su compañera vivían en una habitación individual; tenían dos camas, pero solo una cómoda y un armario. El padre de la compañera tenía unos grandes almacenes y ella tenía lo mejor que los años cuarenta tenían para ofrecer: vestidos de verano de algodón a rayas, faldas largas, jerseys de cuadros escoceses, zapatos de montar, mocasines, faldas con volantes, docenas de vestidos de algodón floreados, jerseys alegres, perlas, ropa formal y accesorios de todo tipo.

«Hacía falta un gran esfuerzo para colgar un vestido o sacar algo del armario», recordó Betty años después. «Con todas tus fuerzas, tenías que empujar las cosas, y yo tenía unos diez centímetros del armario y ella el resto. No era nada divertido».[5]

Apenas unas semanas después de que comenzaran las clases, Betty escribió a sus padres sobre una gran reunión en el gimnasio de exalumnos de Wheaton: «La hora de la capilla dominical, patrocinada por Torrey Johnson, el hombre que fundó *Youth for Christ* en Chicago [...], diría que había por lo menos 2000 personas ahí [...] un buen número subió a dedicar sus vidas y creo que algunos se salvaron. [...] [Youth for Christ] ha reservado el Estadio Municipal de Chicago para el 21 de octubre y quieren que 1000 chicos de Wheaton se ofrezcan como voluntarios para cantar en un coro de 2500 personas. El estadio tiene capacidad para unos 60 000 espectadores. ¡Es emocionante! ¡¡Qué testimonio para el Señor!! ¡No veo la hora! Por favor, oren por todas las reuniones de jóvenes... ¡ya han tenido cientos de almas y tendrán cientos más si oramos!».[6]

Aunque Wheaton ofrecía el tipo de oportunidades espirituales a las que Betty estaba acostumbrada, también comenzó a abrirla al mundo de la literatura más allá de los clásicos cristianos que había leído en casa.

Cartas del primer año muestran a Betty radiante ante el famoso «Prefacio» de William Wordsworth a sus baladas líricas, escrito en 1800. La prosa de Wordsworth —abundante en frases abrumadoras de una longitud asombrosa, separadas por miles de comas— resonaba en Betty.

> ¿Qué es un poeta? ¿A quién se dirige?, y ¿qué lenguaje cabe esperar de él?... Es un hombre que habla a los hombres: un hombre, es verdad, dotado de una sensibilidad más viva, de más entusiasmo y ternura, que tiene un mayor conocimiento de la naturaleza humana, y un alma más amplia de lo que se supone común entre la humanidad; un hombre complacido con sus propias pasiones y voliciones, y que se regocija más que los demás hombres en el espíritu de vida que hay en él; deleitándose en contemplar voliciones y pasiones similares tal como se manifiestan en el devenir del universo, y habitualmente impulsado a crearlas donde no las encuentra. A estas cualidades ha añadido una disposición

para ser afectado más que otros hombres por cosas ausentes como si estuvieran presentes; una habilidad de conjurar en sí mismo pasiones, que están ciertamente lejos de ser las mismas que las producidas por acontecimientos reales, sin embargo (especialmente en aquellas partes de la simpatía general que son agradables y deliciosas); se parecen más a las pasiones producidas por acontecimientos reales que cualquier cosa que, por las mociones de sus propias mentes meramente, otros hombres están acostumbrados a sentir en sí mismos: de donde, y por la práctica, ha adquirido una mayor prontitud y poder para expresar lo que piensa y siente, y especialmente aquellos pensamientos y sentimientos que, por su propia elección, o por la estructura de su propia mente, surgen en él sin entusiasmo externo inmediato.[7]

Embelesada por la prosa turgente de Wordsworth, Betty escribió a su madre que era «positivamente de otro planeta» [...]. «¡Imagina poder expresarte como él!».[8]

Evidentemente, hubo cierta resistencia en casa.

«Me preguntaste [...] si Wordsworth no era panteísta», respondió Betty a su madre con cierto aire de superioridad. «Tienes la misma idea equivocada que mucha gente tiene al leer sus poemas. Algunos de sus poemas tienden al panteísmo, pero cuando se estudian sus motivaciones, ideales y circunstancias, se descubre que definitivamente no era panteísta. ¡Es una historia demasiado larga como para describirla aquí!».[9]

Katharine Howard debe haber escrito con más preocupaciones después de que Betty anunció que podría especializarse en inglés. Betty la regañó. Educadamente.

«Madre, parece que te has estado preocupando por mi carrera de inglés. Bueno, permíteme aclararte que [un libro que había leído sobre un líder no cristiano] no tenía ninguna relación con el inglés. Era [...] para historia [...]. Lo único que tenemos que leer para inglés es *El progreso del peregrino* y una obra de Shakespeare. ¿Algo malo con eso?

»Y también me sugeriste especializarme en Biblia. Hay una dificultad primordial ahí: no te prepara para nada específico. ¿Para qué ir a la universidad si vas a salir sin preparación para ganarte la vida? Si fuera a estudiar solo Biblia y cursos relativos, debería ir a la escuela bíblica. Los chicos que se especializan en Biblia están planeando ir al campo misionero y nada más. Creo que, a menos que el Señor haya llamado definitivamente a una persona al campo misionero, deberíamos estar preparados para encontrarnos con el <u>mundo</u> en su propio terreno. Pero, fundamentalmente, el Señor me ha guiado a elegir inglés. Tal vez vuelva a hacerme cambiar de opinión, pero hasta entonces, seguiré por el camino que Él me ha marcado».[10]

Cuando no estaba aclarándole las cosas a su madre, Betty estaba ocupada con el equipo del periódico escolar, el coro, los debates, las clases de canto, además de sus horarios académicos y laborales. De nuevo, había advertencias desde casa.

«Madre, no debes preocuparte de que esté involucrada en demasiadas actividades. He orado mucho al respecto».[11]

«Madre, no entiendo por qué crees que debo eliminar alguna de estas actividades... de todas las cosas, ¡el <u>debate</u>! No tienes ni idea de lo divertido que es y de la maravillosa gente que hay en el equipo. Detestaría renunciar a ello. [...] Claro que podría abandonar cualquier esperanza de ir al coro o a clases de canto. Pero detesto <u>dejar</u> cosas en las que ya estoy comprometida».[12]

Betty y su madre intercambiaron miles de cartas a lo largo de sus vidas. Un paciente investigador ha identificado 1355 cartas de Betty a su «queridísima madre», con un total de casi 3000 páginas, a lo largo de 32 años.[13]

Como la de muchas madres e hijas, su relación era compleja. Betty podía ser crítica y tremendamente insensible, así como cariñosa y agradecida con su madre, a la que siempre llamaba «madre», mientras que Philip Howard era «papá» o «papi».

Katharine Howard, una madre helicóptero adelantada a su época, se lamentaba cuando se sentía excluida —incluso en lo más mínimo— de la vida de sus hijos. Comentaba sobre cuántas cartas recibía o dejaba de recibir. Cuando su hijo mayor, Phil, estaba en el ejército, le escribía notas como «Phil, querido: Intenta escribir por correo aéreo. Hace mucho tiempo que no recibo cartas tuyas ¡y el silencio <u>no</u> es "<u>oro</u>"! Estoy hambrienta de noticias tuyas».

Contaba cuántas cartas había enviado Phil a su novia y cuántas había escrito a casa. Viendo la necesidad de su madre, Phil había aconsejado a Betty sobre el tema cuando la joven aún estaba en el internado:

«Quiero citarte un fragmento de una de las cartas que me escribió mamá, y luego te lo explicaré»,[14] le escribió a su hermana. Continuó citando unas líneas que su madre le había escrito sobre una noticia que Betty no había decidido compartir con ella.

«Betty [...] no me lo dijo; me enteré por casualidad. Me dolió un poco que no me lo dijera, ya que anhelo participar en las alegrías y penas de mis hijos. Pero de alguna manera parece que fallo... al menos, en lo que concierne a Bets. Es tan reticente. Sin embargo, la quiero mucho, tal como es».

«Tal vez ya veas adónde quiero llegar», continuó Phil en su carta a Betty. Su madre anhelaba «que los hijos le cuenten todo. Ya me he dado cuenta de ello, y le cuento prácticamente todo, mis alegrías y mis penas. Sé que quieres a mamá [...] esta es una forma <u>práctica</u> de demostrarle tu amor, así que cuéntaselo <u>todo</u>».

Phil concluyó: «No te estoy criticando... Te he escrito esto como una exhortación, en un espíritu de amor cristiano, para la gloria de nuestro Señor Jesús, y la felicidad de tu querida madre, y el bien de tu vida como hija de Dios [...]. Después de todo, ¿qué mejor amigo en la tierra tiene cualquier hombre o mujer que su madre?».[15]

Cualquiera que haya oído alguna vez a un hermano decir que ha hecho daño a su madre «solo un poquito» puede sentir las emociones comprimidas entre las líneas prolijamente expresadas de esta misiva. Pero los Howard no hablaban de emociones; se exhortaban unos a otros para gloria de Dios.

Aun así, Betty se sintió fatal después de haber tratado mal a su madre, como revela una muestra de sus cartas.

«Eres maravillosa para mí, madre. ¡Cómo sigues adelante como lo haces y con un espíritu tan hermoso a pesar de todas tus pruebas, que son <u>muchas</u>! Por lo menos, una hija como yo debería bastar para volverte loca. Pero has aguantado mucho y eres mucho más dulce por ello. Tus niños oramos por ti (tus hijos, quiero decir) y sé que hay otros amigos que también lo hacen. Me alegro de que tengas un carácter tranquilo y del equilibrio que traes a la familia. También te estoy agradecida por millones de otras cosas, pero... ¡más que nada, por <u>ti</u>!».[16]

«Quiero agradecerte de nuevo todo lo que has hecho, no solo en lo material, sino también espiritualmente y en todos los sentidos. Siento mucho que mi continuo antagonismo y mi espíritu discutidor te hayan causado tanta pena este verano. Sé que lo digo todos los años, y todos los veranos actúo de la misma manera. Pero te agradezco que tengas un espíritu tan dulce e indulgente. Nunca entendí cómo podías tolerarme. Pero el Señor es muy real en tu vida, como cualquiera podría ver, y te quiero, ¡de verdad te quiero!».[17]

«¡No, no sería un <u>alivio</u> que dejaras de escribir, Madre! [...] Y me encanta oír hablar de todos ustedes, aun si rara vez menciono tus cartas».[18]

Las anotaciones en el diario muestran la brecha entre las intenciones y el comportamiento de Betty. «Me duele el corazón por cómo he tratado a mi querida madre. Esta tarde lloré porque la echo tanto de menos y me arrepentí de no haberle demostrado mi amor. Algún día, me iré [lejos], y tal vez no la vea más. ¿Por qué no la valoro cuando estoy con ella?».

CAPÍTULO 7

«No permitas que me hunda donde la lumbre no ilumina»

La humildad es la perfecta quietud de corazón. Es no esperar
nada, no asombrarse de nada de lo que me hacen, no sentir
nada de lo que hacen contra mí. Es estar tranquilo cuando
nadie me alaba, y cuando me culpan o me desprecian. Es tener
un hogar bendito en el Señor, donde puedo entrar y cerrar
la puerta, y arrodillarme ante mi Padre en secreto,
y estar en paz como en un profundo mar de calma,
cuando todo alrededor y arriba es problema.
—Andrew Murray

*L*a Segunda Guerra Mundial siempre estuvo como telón del fondo
de la vida universitaria de Betty. Las cartas eran un salvavidas para
los jóvenes que servían en el extranjero, y a principios de 1945,
Betty recibió una joya de un conocido que se sentía un poco solo:
el soldado Albert Somebody, a quien había conocido en la HDA.

«Mi querida Betty grande, verás, también conozco a una Betty
pequeña e intento no confundirme. ¿Has crecido aún más? No sé
por qué te escribo a ti de entre todas las personas, pero se dice
que no debes olvidar las viejas amistades... o tal vez te escribo
porque me siento solo y acabo de cumplir diecinueve años ayer.
En cualquier caso, no hay nada peor que pudiera estar haciendo».[1]

Albert continuó pidiéndole a la «Betty grande» su foto y tal
vez un par de instantáneas de «solo tu cara —un desperdicio de
película, lo sé— y otra de tu metro ochenta. Te lo pido porque

creo que podrías enviármelas después de esta bonita carta que te he escrito y de todo el tiempo que le he dedicado. Con cariño, Al».[2]

A este entrañable pensamiento, Al le agregó una posdata de tres páginas en la que describía las actividades de las tropas en el Pacífico —redactado por el censor del ejército— y cerraba su súplica por una carta de Betty. «No te enfades conmigo. Espero que hayas crecido lo suficiente como para haber superado esas niñerías. Una vieja llama apagada, Al».[3]

Betty se aseguró de escribir a sus padres sobre todos los dramáticos acontecimientos de la primavera de 1945. El cuatro veces presidente Franklin Delano Roosevelt falleció en abril: «¿No fue impactante la muerte del presidente? Lo oí quince minutos después de su muerte y no lo podía creer. Me encantó que Truman declarara el día de ayer día de oración y pidiera a los periodistas que sabían cómo hacerlo que oraran por él. Un buen comienzo... quizás no sea tan malo después de todo. [Un profesor] acababa de decir el lunes pasado que no se le ocurría nada peor que pudiera ocurrirle a EE. UU. que si Truman hubiera sido elegido. ¡Y ahora esto! Nunca sabemos cómo lo utilizará Dios».[4]

A finales de abril de 1945, escribió que su amigo George Griebenow estaba «con el Tercer Ejército de Patton en Alemania. Dice que apenas recuerda cómo es la ropa limpia, llevan tanto tiempo marchando y tomando ciudades».[5]

Por la misma época, Paul, un viejo amigo de Betty, le envió un perfume desde París. George le envió un poema desde Alemania. Expresaba «mucho... más de lo que nosotros, los civiles, podemos llegar a saber».

El 8 de mayo de 1945, la Alemania nazi se rindió a las fuerzas aliadas. Aunque la guerra en el Pacífico se prolongaba, el horrible conflicto en Europa había terminado. Betty llevó su radio de transistores a su clase de francés y todos se agolparon para escuchar el discurso del presidente Truman sobre la rendición. «Me emocionó muchísimo oír cómo reconocía la mano de Dios en la victoria. Tocaron la campana de la torre [...]. En la capilla, cantamos la *Doxología*, *Castillo fuerte es nuestro Dios* y el himno nacional, y la mayoría de nosotros nos quedamos sentados y lloramos. Fue increíble, pero piensa en la [guerra en el Pacífico]... solo podemos orar para que el Señor acelere la victoria allí».

Al comienzo de su segundo año, en otoño de 1945, Betty conoció a Katherine Cumming, su tutora y nueva profesora de la escuela dominical. La cálida, burbujeante y sureña Katherine era muy diferente a la reservada Betty, criada en la costa este. Cuando Katherine decidió seguir a Jesús, perdió el favor de su familia rica, la cual la desheredó. Era mucho mayor que los estudiantes, soltera, algo regordeta y con una presencia enormemente reconfortante y desafiante —una «madre espiritual»— en la vida de Betty Howard en Wheaton.

Años después, Betty recordó el profundo acento sureño de su mentora: «[Tenía] un pecho muy amplio y siempre se estaba sujetando el pecho y diciendo: «Car-iiiiño, car-iiiiño».[6] (Digamos que si había algo a lo que Betty Howard *no* estaba acostumbrada como muestra de afecto era a que la llamaran «Cariño»). Pero además de sus cálidos abrazos y su suave acento, la amable Srta. Cumming tenía percepciones agudas y claras sobre esta complicada niña, y era capaz de comunicarlas de un modo que Betty, que a veces era un poco quisquillosa, aceptaba.

«Está completamente entregada al Señor y rebosa de la alegría del Señor y de un genuino amor del Calvario por Sus hijos», escribió Betty a sus padres.[7]

Mientras tanto, había campañas evangelísticas regulares en Wheaton. Betty escribió a sus padres pidiendo sus oraciones: «¡Por favor, oren para que Dios haga un milagro y reviva Wheaton College! Ciertamente lo necesitamos y sé que Él quiere hacerlo».[8] Betty señaló que aunque algunos estudiantes habían criticado al orador —«Wheaton criticaría a cualquiera», escribió en su diario—, «el Señor derramó Su Espíritu de manera poderosa en este campus, y no tengo idea de cuántas decisiones hubo para consagración y salvación. Es maravilloso ver pasar al frente a personas que uno no sabía que no eran salvas. La chica que estaba al otro lado de la sala se salvó la semana pasada. ¡El Señor ha sido maravilloso conmigo también!».[9]

Continuó describiendo el concierto de la noche anterior en el que escuchó cantar a George Beverly Shea. Shea se convertiría en un nombre familiar entre los cristianos debido a sus muchas décadas de solos en las cruzadas de Billy Graham.

«El Sr. Shea es tan genuino, no uno de esos solistas evangelistas que se exaltan a sí mismos, sino sincero y lleno del Espíritu. Se necesita mucho para impresionar a los wheatonitas, pero los niños realmente lo disfrutaron».[10]

Aparte de las actividades espirituales, si había una actividad universitaria que encajara con los dones de Betty, esa era el debate. Durante su segundo año, se destacó con entusiasmo en su puesto en el equipo de debate de Wheaton. Su hermano menor, Dave, también estaba en el equipo y estudiaron temas apasionantes como: «Resuelto: que el trabajo debe tener una participación definida en la gestión de la industria» o «Resuelto: que la ONU debe convertirse inmediatamente en un superestado».[11]

«Vaya», comentó Betty a sus padres. «¡Esto sí que te agota! No conozco ejercicio físico y mental más agotador que debatir. ¡Lo admito! ¡Quedé <u>muerta</u>!».[12]

En un viaje de debate a Bloomington, Illinois, describió a sus compañeros de las escuelas laicas. «La mayoría de los hombres acaban de salir del servicio [...] las chicas que debaten parecen saber vestirse con gran elegancia, llevan los labios pintados de rojo, la mayoría fuma, llevan el pelo prolijo y arreglado. Por supuesto, así es la típica chica universitaria, ¡pero las gafas de colores y el cabello alisado parecen ser una peculiaridad de las que debaten! ¡Siempre me resulta gracioso estar en un campus lleno de colillas de cigarrillo y sentarnos a cenar con ceniceros delante!».

Además de estudiar y prepararse para los debates, Betty leía constantemente libros que le servían de estímulo. «He estado leyendo el libro *Cartas del diablo a su sobrino*. [...] Es muy claro, y realmente nos da una idea de las sutiles artimañas de Satanás. ¡Qué conocimiento tiene [C. S. Lewis] de la naturaleza humana! [...] El Señor ha sido maravilloso conmigo últimamente. ¡Qué paciencia tiene! No entiendo cómo puede perdonarme tantas veces cuando soy tan terca, perezosa, necia y desobediente. Tengo sobre mi escritorio un ejemplar de *La humildad*, de Andrew Murray. Cuán orgullosos y vanidosos somos, me doy cuenta al leerlo».

«En nuestro grupo de oración [...] hemos tenido momentos preciosos. Tengo a seis de las chicas más populares del campus en el mío, y siento tan profundamente mi necesidad del Señor Jesús, en una responsabilidad muy grande. Soy tan completamente opuesta en personalidad y constitución a estas chicas, y a veces, es una tarea muy difícil para mí corregirlas como se supone que debo hacerlo con respecto a cosas tales como estar en los baños después de horas, dejar las radios encendidas, hablar en voz alta, etc. Me encuentro tan pecadora, y con tantas vigas en mi propio ojo, que es muy difícil vivir coherentemente ante ellas».

Luego vino al campus un conferenciante de *Wycliffe Bible Translators*. Habló sobre los misioneros «pioneros»; aquellos que tratan de llegar a personas que ni siquiera han oído el nombre de Jesús.

«Dio el mensaje más inusual y desafiante sobre el pionerismo que jamás haya escuchado», escribió Betty. Aunque trabajar con grupos de personas no alcanzadas era duro, el orador desafió a los wheatonitas a tomar este camino más difícil, en lugar de optar por estaciones misioneras ya establecidas o florecientes. «Que el

Señor mantenga ante mí Su propósito para mi vida, y que nunca me desanime ni me desvíe de ninguna manera», escribió Betty. «Cómo me gusta esto de Amy Carmichael:

> Dame el amor que el camino ha de marcar,
> La fe que nada puede desalentar,
> La esperanza que ninguna desilusión puede cansar,
> La pasión que como un fuego habrá de abrasar,
> No permitas que me hunda donde la lumbre no ilumina,
> ¡Aviva el fuego en mí, oh llama divina!».[13]

En el penúltimo año de la universidad, varios temas clave en la vida de Betty empezaron a cuajar. Había empezado a estudiar griego y descubrió que se destacaba en esa asignatura. Había sentido una atracción continua hacia el campo de la misión, quizás en el trabajo de traducción. Había aprendido más sobre sus profundos anhelos de belleza y de una comprensión profunda del alma en cualquier relación romántica. Dudaba que pudiera encontrar un hombre así. También se dio cuenta de lo tímida y distante que podía ser con los demás. Y conoció, en su clase de griego, a un cordial compañero llamado Jim Elliot.

CAPÍTULO 8

Una rosa refrigerada

*La gente no puede llegar a ser perfecta a fuerza de
oír o leer sobre la perfección. Lo principal no es
escucharse a uno mismo, sino escuchar en silencio a
Dios. Habla poco y haz mucho, sin preocuparte de que
te vean. Dios te enseñará más que cualquier persona
experimentada o libro espiritual. Ya sabes mucho más
de lo que practicas. No necesitas tanto adquirir nuevos
conocimientos como poner en práctica los que ya posees.*
—François de la Mothe-Fénelon

*P*ero Jim Elliot aún estaba en su futuro durante el verano de 1946,
cuando Betty volvió a conectarse con su compañero de clase de
la HDA, George Griebenow. George medía dos metros de altura
(6'6''), tenía los pómulos altos y el pelo grueso y oscuro. Su estatura era superior a la de Betty, lo cual le resultaba agradable, ya que
a menudo se sentía incómoda con su estatura. George había servido
durante la Segunda Guerra Mundial con gran distinción y regresó
a casa como un héroe condecorado. Había vivido experiencias que
pocos no veteranos podían comprender, y provocaba reacciones en
Betty que *ella* no podía entender. Tal vez representaba una tierra
de nadie en la que ella no se atrevía a entrar. Fuera lo que fuese,
Betty, con toda su presteza intelectual, no supo bien qué hacer,
dejando a George confundido durante el resto de aquel año escolar.

Pero ahora, en el verano de 1946, todo iba de maravilla. Una
cálida noche de junio, George pasó la velada en casa de los padres
de Betty, ya que sus familias eran amigas. Fue «celestial verlo»,
escribió ella en su diario. A George también le debió parecer
«celestial»: «Quiso besarme».

Con el paso de las semanas, George le envió fotos suyas, dirigiendo su carta a «Mi queridísima Betty». Ella le contestó, «Una tarea muy agradable». Siguieron más cartas. «Me gustaría verlo pronto», escribió Betty en su diario. «Es un encanto».

Betty llegó a Wheaton para su tercer año a mediados de septiembre. Enseguida le escribió a su madre.

«Bueno, cuando volví de la ciudad, me encontré con que había recibido una llamada de "un hombre" que no dejó ningún mensaje. Más tarde apareció —George, en persona— y pidió dos o tres citas ahí mismo. Consiguió una. Con eso me despedí y él se largó».[1]

El 20 de septiembre, Betty escribió a su madre: «¡Te exasperó que no te diera detalles de mi cita! No pretendo ser críptica; simplemente no era un asunto que me interesara, de ahí mi negligencia. Solo fuimos a la iglesia, ¡y después me deshice de él a las ocho y veinte! Me temo que ya se está desanimando».[2]

El 22 de septiembre, escribió en su diario: «Vi a Geo esta tarde. Me llamó esta noche para una cita. No lo soporto, pero no sé cómo dejarlo con gracia».

16 de octubre: «Cuanto más veo sobre los hombres, más sé que todavía no he conocido a nadie con quien me gustaría casarme. Phil [su hermano mayor] es un ideal para mí, y parece que no hay más de su tipo».

Unos días después, cantó en el coro de la iglesia bíblica de Wheaton: «Geo vino... y, por supuesto, me clavó la mirada». Un estudiante llamado Don entró en la sala de ensayo de Betty y cantó con ella. «Es simpático», escribió. «¡Pero todo un donjuán!».

En medio de toda esta intriga romántica, Betty estaba tomando su primera clase de griego. Le cambiaría la vida.

«Estoy muy interesada en el idioma, ¡aunque afronto el curso con cierta aprensión! Me senté junto a una chica que ha sido aceptada como traductora de la Biblia en Perú, y asistió a Wyclif [sic] el verano pasado. Ahora está en el último año y dice que sentía que necesitaba el griego desesperadamente. Pero me aconseja que asista a Wyclif [sic] el próximo verano en lugar de quedarme aquí para el segundo año de griego, ya que dos años es realmente todo lo que necesitaría como base para la traducción».

Por esa misma época, la querida tutora de Betty, Katherine Cumming, le permitió vislumbrar su futuro, algo que Betty compartió con su madre. «Sé que te alegrarás conmigo cuando te cuente algo que me ha dicho hoy la señorita Cumming. Solo te lo digo porque es por la misericordia del Señor, y no me siento en absoluto digna de tal comentario».[3]

Betty había dirigido los devocionales sobre Hebreos 12:12 durante su clase de la escuela dominical. Después, la señorita Cumming le dijo: «Betty, creo que deberías dedicarte a algún tipo de trabajo cristiano público. Expresas cosas muy profundas de manera poderosa y concisa. Eres una verdadera bendición para mí». La señora Evans [otra tutora] le dijo a Edna que yo era una de las chicas más espirituales de la escuela. Madre, tú sabes tan bien como yo que esto podría no ser cierto, pero quiero que ores conmigo para que esto sea cada vez más cierto, para que yo sea solo "para alabanza de Su gloria". Qué cosa tan diabólica es el orgullo espiritual, y que el Señor me guarde de él».[4]

Por esa misma época, mientras leía la Biblia en sus devociones diarias, llegó a Isaías 42:6. «Yo soy el Señor, en justicia te he llamado», leyó Betty en su desgastada Biblia. «Te sostendré por la mano y por ti velaré, y te pondré como pacto para el pueblo, como luz para las naciones». Sintió que Dios la llamaba específicamente a ella, Betty Howard, a la labor de traducir la Biblia para personas que aún no habían tenido acceso a ella.

«Me dio una nueva emoción darme cuenta de que estoy comisionada como embajadora del Rey de reyes, y una nueva seriedad de propósito aquí en la escuela, porque después de todo, no tenemos el mañana para servirlo, ¡solo el hoy! Como persona joven, a menudo es difícil evitar vivir en el futuro, con la idea de que las cosas no han empezado todavía, de que aún tenemos toda una vida por delante. Tal vez, pero el Señor nos da un momento a la vez, y confía en que lo invirtamos para la eternidad».

Ese llamado eterno coincidió con llamados más comunes y corrientes.

«El lunes me llamó George y quería una cita para el 19 de octubre, ¡y otra para el 26! ¡Él sí que cree en hacer su oferta con tiempo! Rechacé ambas fechas, diciendo que era demasiado pronto para hacer planes para entonces. [...] Le dijo a Sarah [...] que literalmente se estaba arrojando a mis pies, y se dejaba pisotear. El problema es que nunca me dice personalmente cómo se siente, (cosa que detesto), así que no tengo forma de decirle cuál es la situación. No quiero aplastarlo si de verdad le gusto, pero quisiera saber cómo dejarlo con elegancia. Y definitivamente no quiero que me «emparejen» con él en el campus, ¡como hacen automáticamente los chicos si te ven dos veces con alguien! Hay otros con los que me gustaría salir y que nunca me preguntarían si pensaran que estoy con Geo».[5]

Décadas más tarde, Betty habría olvidado toda esta actividad frenética de citas. Cuando el archivero de Wheaton le preguntó a mediados de los ochenta sobre cómo era una «cita típica» en Wheaton en los años cuarenta, ella respondió que «una cita típica en Wheaton no era conmigo, eso seguro. Era muy tímida. [...] Había ciertas chicas en la residencia que siempre [...] tenían citas, y yo era la que nunca salía, nunca tenía citas con nadie».[6]

El 1 de diciembre de 1946, Betty escribió a su madre, que había apodado «pobre George» a su decidido amigo.[7]

«Tuve una cita con George. Me regaló un ramillete de exquisitas rosas talismán [té], así que me puse mi traje de etiqueta de tafetán azul. La señorita Cumming se sentó justo detrás de nosotros en el concierto, y me dijo ayer que pensaba que había algo "inusualmente fino" en él y que cree que nos vemos "encantadores juntos". ¡La mayoría de las chicas de por aquí piensan que es absolutamente maravilloso y no pueden entender cómo yo no estoy completamente deslumbrada! [...] Él se puso un esmoquin, para mi asombro, pues nunca pensé que pudiera conseguir uno lo suficientemente grande».

Betty continuó describiendo el concierto... una familia que cantaba «junta con absoluta belleza [...] Tienen caras muy bellas, que retratan un carácter fuerte y vidas puras. Todos tienen una afinación perfecta, una cualidad poco común».[8]

¿Sus nombres?

La familia von Trapp, liderada por la baronesa María von Trapp, que cantó en Wheaton diecinueve años antes de que la película *La novicia rebelde* los consagrara para siempre en la cultura estadounidense.

Fue quizás una noche irónica para el joven George Griebenow. El capitán von Trapp se negó a cooperar con los nazis. George había tenido una experiencia personal con un austriaco de menos principios, que había vendido su país *a* los nazis. Su nombre era Ernst Kaltenbrunner.

Kaltenbrunner medía 1.90 m (6'4'') y tenía una red de cicatrices en su rostro anguloso. Un antisemita rabioso, era jefe de las SS y había dirigido campos de concentración nazis en toda Europa. Tras el suicidio de Hitler, Kaltenbrunner fue nombrado jefe de todas las fuerzas nazis en el sur de Europa. Se había escondido en una cabaña remota en una ladera austríaca, donde George Griebenow había sido uno de los jóvenes soldados estadounidenses que lo capturaron en mayo de 1945.

Kaltenbrunner fue juzgado por el Tribunal Militar Internacional de Nuremberg, declarado culpable de crímenes de guerra y ejecutado en octubre de 1946.

Mientras Kaltenbrunner era ahorcado, George se encontraba a salvo en el Wheaton College, asistiendo a clases y conciertos, pero los viejos recuerdos nazis le inundaban la mente.

Este chico al que la madre de Betty Howard se refería como el «pobre George» era en realidad un hombre polifacético que había capeado los horrores de la guerra. Había sido condecorado por el ejército por la captura de Kaltenbrunner. Recibió la Estrella de Bronce por arrastrar a un camarada fuera del fuego enemigo durante un ataque con ametralladoras en Alemania, y el Corazón Púrpura por las heridas que recibió al cruzar el Rin.

Lo que George llevaba en su interior seguía siendo un misterio —o un obstáculo— en su relación con Betty Howard. Ella rara vez se refería al servicio de George en tiempos de guerra en cartas o entradas de su diario, pero durante todo el invierno de 1946 y la primavera de 1947, tuvo una lucha interior respecto a su relación con George Griebenow.

2 de diciembre: «Vi a Geo. Justo antes de la capilla. Me hizo gracia. Vino esta noche y quería esa foto nuestra junto a su avión. Se niega a enseñarme la mía que llevó consigo durante toda la guerra».

20 de diciembre: «De camino a casa para las vacaciones de Navidad, en el tren "Trailblazer". Monty nos llevó a la estación. Tuve que sentarme junto a Geo en el tren. Primero me enojé, pero ahora nos estamos divirtiendo».

Betty —un alma vieja, pero todavía una mujer joven e inmadura— cumplió veinte años al día siguiente.

En enero, el mismo ciclo de indecisión de Betty continuó. Salía con George y luego se preguntaba por qué. Se preguntaba si debía «pedir una confrontación» o «dejar que él lo solucione». El 12 de enero, escribió en su diario: «No he visto a Geo. G. desde hace una semana el viernes, ni siquiera para hablar. Me alegro de no tenerlo cerca. Oh, caramba... desearía conocer al hombre con el que me voy a casar, si es que el Señor quiere que me case».

Para el 26 de enero, George la invitó a patinar. «Tuve que decir que sí, aunque no tenía ganas. ¡No quiero volver a rechazarlo! No estoy muy segura de que me guste patinar».

Al día siguiente, practicaron esta cuestionable actividad. «George me llevó a una fiesta de patinaje. Yo marqué la pauta de cómo patinaríamos y conseguí mantenerlo al margen. La verdad es que no me gusta nada estar con él. Mientras volvíamos, hablamos muy poco, y sé que fui grosera. Lo contradije. En el vestíbulo, intentó rodearme con el brazo. Me pone furiosa».

La mayoría de nosotros no pensaría en la pista de patinaje como un semillero de pasión, pero Betty era muy particular en cuanto al contacto físico, incluso a la hora de patinar con un brazo alrededor de un compañero. Había escrito a sus padres: «He descubierto que hay pocas chicas por aquí que se den cuenta de la importancia de la castidad en cada fase de nuestras vidas. Nadie que yo conozca, hasta ahora, siente exactamente lo mismo que yo respecto a cuestiones como tomarse de la mano, besarse, etc. Me consideran bastante singular y, por decirlo claramente, ¡un "caso triste"! Pero no me preocupa, y estoy agradecida por las cosas que el Señor me ha enseñado».[9]

Finalmente, en abril de 1947, Betty escribió en su diario que ella y George dieron un largo paseo, «y le dije que tendríamos que dejar de salir juntos. Me contó que sentía que nunca podría haber nadie más, y que sus intenciones respecto a mí eran muy serias. Luego se le llenaron los ojos de lágrimas y se le quebró la voz cuando intentó decirme lo mucho que había significado para él. Ahora me siento fatal, no me había dado cuenta de que le dolería».

Al día siguiente se sentía un poco mejor, aunque todavía bastante inconsciente. «Supongo que estoy superando lo de George poco a poco. Aún tengo muchas ganas de hablar con él para expresarle mi agradecimiento por todos los cientos de cosas maravillosas que ha hecho por mí». Betty le devolvió las medallas y los demás regalos que le había hecho.

George seguiría adelante. En dos años, se comprometió, luego se casó y fue pastor de la Alianza Cristiana y Misionera, para acabar dirigiendo la Administración de Pequeñas Empresas en Minnesota. Su vida de servicio a los demás fue reconocida décadas más tarde, cuando su gobernador proclamó el 1 de marzo de 1987 el Día de George Griebenow en Minnesota.

Cuando este drama romántico se calmó en Wheaton, la madre de Betty se arriesgó a ser sincera con ella. Con gentileza, expuso algunas cuestiones amuralladas de Betty que la relación con George había revelado.

«Tuve una larga y maravillosa charla con la Srta. Cumming sobre George, principalmente. Ella analiza mi personalidad de forma asombrosa. Se dio cuenta de mis motivaciones para regañar a George y cree que no debería haberlo hecho. Está segura de que él me ama profundamente. También cree que, debido a mi actitud distante, puede que me pierda al hombre que debería tener».

Betty no reflexionó más, al menos en su diario, sobre la «actitud distante» que la Srta. Cumming veía con tanta claridad. Ese sentido de reserva o distanciamiento fue una parte orgánica de su personalidad durante toda su vida. Por ello, algunos la tachaban de engreída, beata o fría. Aunque su personalidad no tenía ninguno de esos atributos, su comportamiento brusco a veces les comunicaba esto a los demás.

Una explicación de este desapego surgió cuando Betty estudiaba las teorías junguianas de la personalidad. «El otro día, en clase de psicología, hablamos de las trece características de los introvertidos. Me parece que once de ellas son <u>muy</u> ciertas en mi caso. Es bastante desalentador estudiar psicología. Espero que no exacerbe mi introversión. El Señor puede cambiar eso en mí, lo sé, porque ciertamente es algo malo ser introvertido».

¿Por qué Betty veía la introversión como algo malo? En un entorno universitario, sobre todo en la década de 1940, los líderes reconocidos solían ser extrovertidos. Estas personas entusiastas y llenas de energía son amables y habladoras, cualidades que llaman la atención y atraen a los demás más que la tendencia de los introvertidos a recargar energías pasando tiempo a solas. Los introvertidos típicos no son tímidos, pero pueden parecerlo. Les gusta la gente y no se sienten intimidados por los demás, pero pueden agotarse en las grandes fiestas y reuniones, los escenarios donde el extrovertido se encuentra en su elemento. Necesitan tiempo para recargar las pilas.

Hoy en día, se comprende y se celebra más la diversidad de los distintos tipos de personalidad. La gente estudia detenidamente los resultados de sus análisis de Myers Briggs y publica los resultados de sus pruebas de eneagrama. De todos modos, muchos de nosotros probablemente nos clasificamos como ambivertidos, combinando, al menos en nuestra mente, las mejores cualidades de ambos tipos de personalidad.

Pero en la época universitaria de Betty Howard, ser introvertida le parecía «algo malo», y su falta de energía y sus silencios abruptos con los demás, de hecho, alejaban a la gente. En años posteriores, cuando se presentaba con confianza en conferencias por todo el mundo o impartía seminarios de varios días a miles de personas, muchos oyentes esperaban que Elisabeth Elliot fuera una persona sociable. Pero, como podrían atestiguar algunos de los que esperaban en las largas filas para firmar libros, en persona, solía mostrarse brusca o inexplicablemente grosera.

Su desapego innato a menudo ocultaba que realmente amaba a la gente y admiraba profundamente sus talentos y dones. Se lamentaba humildemente de sus errores y sus defectos. Durante la universidad, invitaba constantemente a las personas que podían sentirse solas o excluidas a ir a casa con ella durante las vacaciones. Amaba a sus amigos y miraba a los extraños con fascinación y curiosidad.

Por un lado, tenía la capacidad de amar con profunda pasión y sin reservas. Por otro lado, sus emociones corrían como un río controlado a través de orillas firmes y profundamente encauzadas, construidas por una disciplina que se fortalecía cada año. La chica que se había abierto paso por la HDA entre lágrimas ya se había vuelto más reservada en Wheaton College. Cuando llevara unos años en el campo misionero y se enfrentara a su pérdida más profunda, sus lágrimas serían escasas y esporádicas.

A medida que fue creciendo, daba poca importancia a sus propias emociones, por lo que a veces parecía insensible a las de los demás. Pero eso no significaba que no las sintiera.

Mientras tanto, sus pasiones —su profunda respuesta a las bellezas de la naturaleza, por ejemplo, o su futuro amor por Jim Elliot— no eran para ella «solo sentimientos», sino una combinación de respuestas intelectuales, espirituales y sensuales a sus convicciones sobre las verdades que percibía a su alrededor.

A menudo escribía que se sentía «enferma de amor» ante la luna llena o una brillante puesta de sol. El arte la conmovía profundamente. Escribió en su diario: «Cuando oigo una gran composición —poesía o música— me conmueve profundamente la pasión de su autor, el patetismo, y el amor me parece algo demasiado elevado y glorioso para pensar en él en relación con cualquier hombre que haya conocido. Me pregunto si el Señor tiene a alguien para mí». A los veinte años, Elisabeth Howard había llevado una vida disciplinada, trabajadora y espiritualmente rigurosa. Amaba la naturaleza, la música, la poesía, los libros y los juegos de palabras. Había desarrollado normas sobre las citas amorosas y el afecto físico que eran únicas en su universidad cristiana. Había vivido exclusivamente entre otros creyentes. Mantenía horarios meticulosos con franjas horarias para todo, desde su devocional hasta el estudio, pasando por el trabajo y el ejercicio, de 7 de la mañana a 11:30 de la noche, excepto los días que se levantaba más temprano.

Admiraba al profesor que anunció el primer día de clase: «No habrá trabajo de recuperación de ningún tipo, por ningún motivo. La enfermedad es una pérdida económica». Apreciaba al entrenador de debates que no felicitaba a nadie por un trabajo bien hecho: «Nos enseñaron más o menos que, cuando hacíamos todo, seguíamos siendo siervos inútiles, lo cual es una actitud muy saludable».[10] Cuidaba mucho su dinero, y escribió sobre un viaje en tren para visitar a unos amigos: «Podría permitirme ir... pero la cuestión es si sería correcto gastar tanto en un mero placer. Todavía no estoy segura de lo que el Señor quiere que haga».

Respetaba a sus padres y a otras autoridades, pero también percibía las debilidades de ellos, y confiaba más en su propio análisis de cuál era la voluntad de Dios para ella. Su carácter estaba influenciado por mujeres piadosas —aunque imperfectas— a las que admiraba. Su madre, organizada y sacrificada. La martirizada amiga de la familia y misionera Betty Scott Stam. La formidable pero culta Sra. DuBose. La visionaria e iconoclasta Amy Carmichael. Y la dulce tutora sureña acorazada por la gracia, Katherine Cumming.

Aunque Betty dudaba sinceramente de que llegara a suceder, anhelaba una relación profunda con un hombre que fuera su alma gemela, y quería casarse. Había elaborado una lista de once puntos de su «hombre ideal», que abarcaba todo, desde su fuerte mandíbula hasta su amor por la poesía, la música, la literatura y la naturaleza, pasando por su «inmenso intelecto». Su característica número uno: «Profundidad de espiritualidad como nunca he explorado. Misionero».

Además, mientras reflexionaba sobre la boda de su hermano mayor Phil, que tendría lugar a finales de la primavera de 1947, Betty escribió: «[Una amiga] me habló hoy otra vez del amor. Hay diferentes niveles en los que los individuos aman; yo estaría satisfecha con nada menos que una completa y hermosa unión de _almas_, ¡un amor del cual el tiempo nunca podría aumentar la certeza ni disminuir la maravilla!».

Anhelaba maravillas, anhelaba una verdadera unión de almas, le irritaba lo que era tonto y menos que satisfactorio... Betty, a sus veinte años, era como una rosa talismán en el frigorífico de una floristería, fría, aún sin abrir y sin desprender fragancia. Tal vez eso llegaría. La entrada de su diario del día siguiente decía de manera práctica:

23 de abril de 1947. «Tuve una buena charla con Jim Elliot, un muchacho maravilloso. Ambos nos negamos a aceptar la "vida y la cosmovisión [convencionales] cristianas". Que el Señor nos conceda sabiduría».

CAPÍTULO 9

Un eunuco para Cristo

Nuestros jóvenes se dedican al campo profesional porque no «se sienten llamados» al campo misionero. No necesitamos un llamado; necesitamos un empujón. Debemos empezar a pensar en términos de «salir», y dejar de llorar porque «no quieren entrar». ¿Quién quiere entrar en un iglú? Las tumbas mismas no son más frías que las iglesias. Que Dios nos envíe afuera.
—Jim Elliot

*B*etty conocía a Jim Elliot, estudiante de segundo año y un año por detrás de ella en los estudios, porque era compañero de habitación de su hermano menor Dave. Al igual que Betty, Jim había decidido estudiar griego para profundizar en su propio estudio del Nuevo Testamento. También creía que saber griego le ayudaría a traducir el Nuevo Testamento a lenguas que hasta entonces no se habían escrito. Jim y Betty compartían clases impronunciables como Tucídides, Heródoto, la Septuaginta y otras. Ahora, ella lo miraba con nuevo interés, fijándose en sus ojos de un azul grisáceo, su físico atlético, su pulcro, aunque desgastado, jersey, su chaqueta y pantalones grises de lanilla.

Betty no se había dado cuenta entonces, pero Jim tenía fama en el campus de ser demasiado espiritual. Durante su primer año en *Wheaton*, desconcertó a muchos estudiantes al preguntarles con insistencia qué habían aprendido en sus devociones matutinas o cuál era su «versículo para hoy». Más adelante en su carrera universitaria, sintió que había sido demasiado extremista; sin perder su absoluta devoción a Cristo, se hizo mucho más divertido y popular. Inusualmente intencional, Jim veía la universidad como un privilegio, pero uno que sería desperdiciado a menos que lo usara para fortalecer su alma, mente y cuerpo, todo para la gloria de Dios.

Dadas las diversas referencias del Nuevo Testamento a la lucha libre como metáfora espiritual, no fue ninguna sorpresa que Jim se convirtiera en un destacado miembro del talentoso equipo de lucha libre de *Wheaton*. El hermano de Betty, Dave Howard, lo describió así:

En nuestro primer partido del primer año, nos enfrentamos a la Universidad de Illinois. Jim tuvo la desgracia de encontrarse con el campeón nacional en su categoría de peso. Como nunca había luchado antes, estaba algo desconcertado. El campeón le aplicó a Jim todas las llaves que se le ocurrieron, pero no pudo ponerlo boca arriba e inmovilizarlo. ¡Descubrimos que Jim tenía doble articulación! No importaba el agarre que intentara el campeón, no funcionaba con Jim, ya que sus extremidades se doblaban más allá de lo imaginable pero no lo daban vuelta. A partir de ese día, lo llamamos el *Hombre de Goma*.[1]

El Hombre de Goma estaba decidido a eliminar de su vida todo lo que no fuera esencial. Se consideraba a sí mismo —a menos que Dios decidiera otra cosa— un «eunuco» para Cristo, como dice Mateo 19:12. Podía servir mejor al Señor sin las distracciones y responsabilidades de una esposa, una familia, hijos y un hogar. Veía estas cuestiones como una trampa gradual que podía comprometer la plena concentración en las cosas de Dios.

Cuando eran estudiantes, Dave vivió con Jim en el dormitorio de Wheaton que tiempo después llevaría su nombre: Elliot Hall.

«Yo salía con Phyllis, quien más tarde se convirtió en mi esposa», escribió Dave muchos años después. «Cuando volvía a la residencia después de una cita, a menudo lo encontraba sentado leyendo su Biblia u orando. Me miraba de reojo con desconfianza y me decía: "¿Has vuelto a salir con Phyllis?". Cuando le respondía que sí, me daba la espalda sacudiendo la cabeza, dándome a entender que, una vez más, estaba perdiendo el tiempo.

«Una de sus firmes convicciones (¡al menos él *pensaba* que era firme!) era que el celibato era el más alto llamado divino en la vida. Era mejor no tener esposa ni familia y, por tanto, ser libre para servir al Señor con total abandono».[2]

Los animados —y más tarde, famosos— diarios de Jim lo confirman.

«Últimamente he estado reflexionando sobre los peligrosísimos efectos acumulativos de las cosas terrenales», escribió después de la universidad. Pensaba que comprometerse con una esposa conllevaría inevitable parafernalia, como «una casa; una casa a su vez requiere cortinas, alfombras, lavadoras, etcétera. Una casa con esas cosas pronto se convierte en un hogar, y los hijos son el resultado previsto. Las necesidades se multiplican a medida que se satisfacen: un coche exige un garaje; un garaje, tierra; tierra, un jardín; un jardín, herramientas; y las herramientas necesitan afilarse. Ay, ay, ay del hombre que quiera vivir una vida desenredada en mi siglo, si insiste en tener una esposa. Aprendo de esto que la vida más sabia es la más sencilla, la que se vive cumpliendo solo los requisitos básicos de la vida: techo, comida, cobijo y cama. E incluso estas cosas pueden producir otras necesidades si uno no presta atención. ¡Ten cuidado, alma mía, de no complicar tu entorno al punto de no tener tiempo ni espacio para crecer!».[3]

Parte del atractivo de Jim Elliot para algunos —y de su repulsión para otros— tenía que ver con esta inclinación contracultural, a veces articulada de formas poco reflexivas. Detestaba la superficialidad de una vida religiosa que se basaba en el estilo estadounidense, en lugar de en el llamado radical de Jesús.

Jim anhelaba predicar un evangelio puro, neotestamentario, no uno que mezclara sutilmente las enseñanzas de Jesús con los valores convencionales de comodidad y prosperidad. Después de su primer año en la universidad, escribió en su diario: «Ha sido un año provechoso, en el cual me he acercado más a mi Salvador y descubierto joyas en Su Palabra. Qué maravilloso es saber que el cristianismo es algo más que un banco acolchado o una oscura catedral, sino que es una experiencia real, viva y diaria que va de gracia en gracia».[4]

Jim procedía de una tradición de los Hermanos de *Plymouth* que evitaba la estructura y la jerarquía denominacionales, ya que trataba de adherirse al modelo neotestamentario de la iglesia primitiva. Su padre, Fred, era un maestro y evangelista «encomendado» o reconocido de los Hermanos. El grupo no creía en el clero ordenado.

La fe antisistema de Jim lo había motivado a registrarse como objetor de conciencia, una idea contracultural en la patriótica época de la Segunda Guerra Mundial. Pero Jim era un iconoclasta al que le gustaba sacudir el barco del conformismo. Desde la escuela secundaria, llevaba una Biblia prácticamente a todas partes. Su conocimiento del contenido de la Escritura era profundo y amplio. Hablaba abiertamente de su fe. Sus opiniones sobre la devoción absoluta a Dios no eran para los débiles de corazón.

Para que no pensemos que Jim era simplemente molesto o «de otro mundo», es bueno recordar su gran sonrisa, su voz enérgica y su personalidad efervescente. Durante la última parte de la universidad, experimentó un autodenominado «Renacimiento» en el que rebosaba ingenio, poesía, canciones y chistes; le encantaba gastar bromas a sus amigos e ir a fiestas. Amaba la naturaleza, el senderismo, la pesca, observar las estrellas, escalar y nadar. Tenía una cualidad vigorizante, como si quisiera empaparse de cada momento y vivirlo plenamente. Jim Elliot no pasaba pasivamente sus días; los *vivía*.

Dave Howard invitó a su amigo a pasar las vacaciones de Navidad de 1947 en la casa familiar de Nueva Jersey.

La familia Howard, Navidad de 1947
Phil, su esposa Margaret, Philip, Jimmy, Katharine, Betty, Tom;
Dave y Ginny en la fila de atrás.

Betty escribió muchos años después: «Mi familia estaba encantada con Jim. Éramos serios y formales, criados en el este, y nos parecía refrescante su repentina y amplia sonrisa y su fuerte apretón de manos, su completa ingenuidad. Arreglaba todo lo que necesitaba arreglo. Limpiaba los platos en lugar de una ancianita que entonces ayudaba a mi madre en la cocina. Se sabía cientos de himnos de memoria y no tenía reparo alguno en soltar en cualquier momento su barítono vigoroso y sin modulaciones».

Jim iba en trineo y patinaba sobre hielo con los niños, y paleaba la nieve para Philip Howard. Por la noche, cuando el resto de la familia se había acostado, se quedaba hablando con Betty. Los temas iban desde los principios del Nuevo Testamento en relación con la iglesia, la poesía, las mujeres y «muchos otros temas en los que sus puntos de vista eran, en mi opinión, fuera de lo común. Disfrutaba de estas sesiones en parte porque en aquella época no estaba de acuerdo con él en muchas cosas. En cualquier caso, decidí que Jim Elliot era un "personaje", y me caía bien».[5]

Aunque Betty no lo sabía entonces, el sentimiento era mutuo.

A principios de 1948, Jim Elliot empezó a pasar cada vez más tiempo estudiando griego con Betty Howard. Quizás porque ella aprendía griego con más facilidad que él. Tal vez porque su interés, despertado durante aquella visita navideña a Nueva Jersey, iba en aumento.

Durante aquellas vacaciones de Navidad, Betty había escrito sombríamente en su diario: «Aquí estoy, con 21 años y sin perspectivas de matrimonio».

Sin embargo, como pocos veinteañeros, pensaba en términos drásticamente bíblicos. Veía su vida como un sacrificio que debía ser puesto en el altar de Dios, consumido para Sus propósitos. «Mi vida está en tu altar, Señor, para que la consumas. Enciende el fuego, Padre. Átame con cuerdas de amor al altar. Sujétame allí. Déjame recordar la cruz».

En la boda primaveral de dos amigos íntimos, sintió «la serena seguridad de que no voy a casarme. Doy gracias a mi Señor por haber obtenido la victoria en ese terreno».

En marzo aclaró: «No quiero decir que vea todo el plan para mi vida. Dios puede cambiarlo todo. Solo le doy gracias por la alegría de descansar en Él, y confiar en Él para cada paso».

Unas semanas después de que Betty escribiera eso, el 30 de abril de 1948, ella y Jim tuvieron una cita convencional... aunque, por supuesto, era para asistir a una gran conferencia cristiana en el centro de Chicago. Ambos salieron entusiasmados con los informes y desafíos de una variedad de misioneros de todo el mundo. «Fue una reunión bendecida y alentadora», escribió Betty. La movían dos emociones fuertes, pero muy diferentes: una profunda preocupación por aquellos que nunca tuvieron la oportunidad de escuchar el evangelio, y un profundo respeto por su buen compañero (como deja claro la revuelta anotación de su diario).

«Pero, ¡oh, esas 100 000 almas que hoy perecieron en la "la oscuridad de las tinieblas para siempre"! ¿Qué estoy haciendo al respecto? ¡Dios me dé amor! Jim es, sin excepción, el mejor hombre que he conocido».

Como Jim y Betty eran escritores prolíficos, el desarrollo de sus sentimientos mutuos —y, lo que era más importante para ellos, sus convicciones sobre Dios— han quedado bien documentados en los libros de Elisabeth *La sombra del Todopoderoso* y *Pasión y pureza*, así como en la hábil recopilación de sus diarios y cartas de amor que hizo su hija Valerie Shepard, *Devotedly* [Con devoción].

Basta decir que dos almas muy diferentes, pero sorprendentemente similares, se habían encontrado. Dos personas intensas, elocuentes y poco convencionales, que se veían a sí mismas perpetuamente solteras, sirviendo a Dios en el campo de las misiones, se encontraron hirviendo a fuego lento y sin dormir, rebosantes de un amor que habían pensado que nunca conocerían. Sus torrentes individuales de prosa y poesía rebosan de las mismas imágenes bíblicas: altares, cruces, sacrificios por la gloria de Dios. Eran personas fuertes y obstinadas que compartían una sumisión radical e intencionada a Cristo. Aturdidos por el amor, ambos estaban decididos, si Dios quería, a sacrificarlo por Él.

Ciertamente, otras parejas cristianas que conocían estaban dispuestas a sacrificar cualquier cosa por Cristo, como los otros misioneros con los que Jim y Betty servirían más tarde en Ecuador. Pero pocos —aparte de los místicos del siglo XVII que ambos amaban— articularon su mentalidad de sacrificio con tanto detalle, pasión, intensidad y lucha como Jim y Betty. Todos podemos alegrarnos de que se encontraran.

«A menudo nos sorprendemos —escribió Betty—, de que nuestras ideas coincidan tan perfectamente, cosas que ninguno de los dos había discutido antes con nadie».

Cuando Jim y Betty empezaron a reconocer realmente sus sentimientos, lo hicieron en privado. Para cuando los demás se enteraron, a algunos no les hizo mucha gracia enterarse de las emociones que bullían en el «eunuco por Cristo».

Dave Howard —el mejor amigo de Jim, compañero de habitación y, por supuesto, hermano menor de Betty— encabezaba esa lista. Muchas décadas después, le espetó a un entrevistador: «Salió con ella [Betty] todas las noches durante dos semanas, y no se atrevió a admitírmelo. No se atrevía a admitir que él, el gran célibe, se sentía atraído por una chica».

Era algo hipócrita, decía Dave, el cual quería a su amigo, pero no quería que los demás lo pusieran en un pedestal tras su muerte. «Jim nos hacía sentir a todos los demás como ciudadanos de segunda clase por mirar a una chica, [o por] tener citas [...] pero [...] en ese mismo período de tiempo, cuando empezó a enamorarse de Betty, escribió en su diario algunas de las cosas más atrevidas sobre su imaginación».[6]

El 9 de junio de 1948, Jim y Betty dieron un paseo, serpenteando al sur del campus de Wheaton. Pasaron cerca del lugar donde Jim había estado a punto de perder la vida ocho semanas antes en las vías del tren. Era una dulce tarde de principios de verano, que anunciaba el calor que se avecinaba. Ahora sabían que se querían profundamente. Sabían que todo lo que amaban en esta vida debía ser puesto en el altar, entregado a Dios, ya que Su voluntad era suprema.

Convenientemente, atravesaron la puerta de un cementerio, probablemente el cementerio de San Miguel, a dos kilómetros y medio (una milla y media) del campus.

Según describió Betty, se sentaron sobre una losa. «Jim me dijo que me había encomendado a Dios, como Abraham había hecho con su hijo Isaac. Fue casi un shock, pues era exactamente lo que había pensado durante varios días mientras reflexionaba sobre nuestra relación. Estábamos de acuerdo en que Dios dirigía. Nuestras vidas le pertenecían por entero, y si Él decidía aceptar el «sacrificio» y consumirlo, estábamos decididos a no poner una mano sobre él para recuperarlo por nuestra cuenta.

«Nos sentamos en silencio. De pronto fuimos conscientes de que la luna, que había salido detrás de nosotros, proyectaba entre nosotros la sombra de una gran cruz de piedra».[7]

A veces, este tipo de escenas se iluminan de significado solo *después* de acontecimientos posteriores. No fue así en este caso. Esa noche, Betty escribió en su diario: «Esta noche, caminamos hasta el cementerio y por casualidad (¿?) nos sentamos bajo una gran cruz. ¡Qué simbólico me pareció! Revelé la decisión de ayer. Hubo una gran lucha en el corazón de ambos. Largos espacios de silencio, pero comunión. "¿Qué hacer con las cenizas?" El corte es muy profundo, por eso no nos atrevemos a tocarlo. ¡Oh, amor inexorable!».

Jim Elliot representó la misma escena en su propio diario: «Anoche entendí algo en la cruz con Betty. Parecía que el Señor me hacía pensar en ello como si pusiera un sacrificio sobre el altar. Ella ha puesto su vida allí, y casi sentí como si quisiera poner una mano sobre ella, para recuperarla para mí, pero no es mía:

es enteramente de Dios. Él pagó por ella y es digno de hacer con ella lo que quiera. Toma el sacrificio y quémalo a tu gusto, Señor, y que tu fuego caiga también sobre mí».[8]

Ambos eran lo bastante perspicaces como para notar la sombra de la cruz. Lo que no sabían era qué forma particular adoptarían sus cruces.

CAPÍTULO 10

Paciencia en Alberta

*El amor es espontáneo, pero debe mantenerse
mediante la disciplina.*
—Oswald Chambers

Betty pasó el verano de 1948 en la Universidad de Oklahoma. Allí, en el Instituto Lingüístico de Verano, bajo los auspicios de *Wycliffe Bible Translators*, estudió estructura lingüística, sintaxis, fonética y otros conocimientos que necesitaría para traducir el Nuevo Testamento a lenguas tribales aún no escritas.

Como muchos recién licenciados pueden imaginar, a menudo se sentía aislada, y echaba de menos el calor, el bullicio y la comunidad de la vida universitaria. Además, se sentía un poco fortuita; quizás había imaginado una línea recta, ordenada y eficiente desde Wheaton College hasta el campo misionero. Como la mayoría de nosotros, la vida de Betty se desarrolló en capítulos que a veces parecían no estar relacionados con sus objetivos más elevados. Como escribió desde la perspectiva de unas décadas más tarde:

«La verdad es que ninguno de nosotros conoce la voluntad de Dios para su vida. Digo *para su vida*, pues la promesa es: "A medida que avances, paso a paso, abriré el camino ante ti". Él nos da suficiente luz para hoy, suficiente fuerza para un día a la vez, suficiente maná, nuestro pan "de cada día"».

Continuó describiendo la multitud de pasos prosaicos y anodinos en el largo viaje de los hijos de Israel hacia la tierra prometida. «Las etapas de su viaje, aburridas y sin acontecimientos en su mayoría, eran partes necesarias del movimiento hacia la culminación de la promesa».[1]

Este fue tediosamente el caso mientras estudiaba lingüística en el campus de la Universidad de Oklahoma después de graduarse en *Wheaton*. En las tardes de verano, subía a lo alto de las gradas del estadio de fútbol vacío. Allí leía y oraba, una figura alta y solitaria que leía la Biblia con detenimiento y se daba cuenta de que pasaba demasiado tiempo «pensando en J.», pero anhelando «esa pasión ardiente ¡cuyo único objeto es Cristo!».

Era a la vez un consuelo y una burla para ella que Bert, el hermano de Jim, también estuviera estudiando lingüística ese verano. Pasaban tanto tiempo juntos que la gente empezó a suponer que eran pareja. Betty, incapaz de hacerle saber a Bert sus verdaderos sentimientos por su hermano, disfrutaba de su parecido físico con Jim. (Mientras tanto, irónicamente, Jim estaba fuera dando charlas en campus universitarios del Medio Oeste con Dave Howard, el hermano de Betty).

La correspondencia de Betty con Jim Elliot exploraba, al ritmo lento de un sello de correos, el intrincado funcionamiento interno de sus mentes y espíritus, cavilaciones metafísicas, su pasión física no correspondida y su meticulosa búsqueda de la voluntad de Dios respecto al matrimonio o la soltería. Fue un noviazgo sobre el que quizás sea casi tan insoportable leer como soportarlo, aunque los que lo soportaron en tiempo real fueron santificados en el camino, y no estoy seguro de que eso sea cierto para el resto de nosotros.

Betty y Jim pasaron unos pocos días juntos a finales del verano de 1948, mientras ella se dirigía al Instituto Bíblico Prairie. Jim le dijo que la amaba, lo que para ambos no era una simple declaración de emoción, sino una declaración destinada a allanar el camino para el matrimonio. Pero ambos sabían también que la intención más profunda de Jim era ir al campo misionero como soltero.

Jim era un año más joven que Betty y, al finalizar el verano, regresó a *Wheaton* para cursar el último año. Volvió a la universidad entusiasmado por vivir al máximo la experiencia universitaria. Lamentaba las «pequeñas leyes mojigatas por las que solía regir mi conducta [...]. Experimentó un nuevo compañerismo, una nueva libertad, un nuevo disfrute».[2]

Había reflexionado sobre 1 Timoteo 6:17: «"[Dios] nos da abundantemente todas las cosas para que las disfrutemos", [... y] se dio cuenta de que había muchas cosas de la vida que Dios nos había dado gratuitamente y que él no estaba disfrutando».

Dave Howard dijo más tarde: «Se dio cuenta de que su restringida actitud "santurrona" los estaba privando a él y a sus amigos de un montón de diversión. Así que el péndulo osciló hacia el otro extremo y Jim empezó a hacer todo lo posible por disfrutar de la vida al máximo. Escribió en su diario: "Estés donde estés, está allí al máximo. Vive al máximo cada situación que creas que es la voluntad de Dios"».[3]

Así que Jim estudió la Biblia con todo su corazón, alma y mente. Se sumergió en el mundo académico y se licenció en griego, graduándose *summa cum laude*. Se dedicó de lleno a la lucha libre y ganó muchas medallas. Amaba a sus amigos, iba a fiestas y gastaba bromas. En cuanto a esto último, a veces no sabía cuándo parar. (En su correspondencia, Betty, que se había enterado de algunas de sus aventuras, le hizo algunas observaciones sobre esta tendencia).

Durante su último año, Jim fue presidente de la Hermandad Estudiantil de Misiones Extranjeras. Hizo una tabla de oración dividida en segmentos de quince minutos; los estudiantes podían inscribirse para orar por el campus de Wheaton College, pidiendo a Dios que impulsara a los hombres y mujeres de allí a comprometerse con las misiones extranjeras.

Un resultado tangible de ese esfuerzo de oración informó Dave Howard, fue que «en los 150 años de historia del Wheaton College, más estudiantes de las clases de finales de la década de 1940 y principios de la de 1950 fueron al campo misionero que en cualquier otro período».[4]

Jim también reclutaba de maneras más directas. Su amigo Ed McCully era jugador de fútbol americano y estrella del atletismo, alto, guapo, presidente de su promoción y ganador del campeonato nacional de oratoria universitaria en su último año. Pensaba estudiar derecho.

Un día, cuando Jim y Dave estaban en los vestuarios después de un entrenamiento, vieron a Ed. Jim lo agarró por el cuello y le dijo:

«¡Eh, McCully! Ganaste el campeonato nacional, ¿verdad? Muy bien, McCully. Tienes mucho talento, ¿no? Sabes quién te dio ese talento, ¿verdad? ¿Y qué vas a hacer con él? ¿Pasarte la vida ganando dinero para ti mismo? No tienes por qué hacerlo. Deberías ser misionero, y mi oración es que Dios te convierta en uno».[5]

El determinado Ed estudió derecho durante un año... pero luego creyó que Dios lo llamaba a ser misionero a tiempo completo. Dejó la facultad de derecho para estudiar misiones, y finalmente se fue a Ecuador... donde serviría —y moriría— con su amigo Jim Elliot.

Mientras Jim se afanaba en su ajetreado año en Wheaton, Betty llegó al Instituto Bíblico Prairie. Por aquel entonces, era un austero conjunto de edificios de madera en una sombría pradera de Three Hills, Alberta. Una tarde se sentía desplazada y sola, cuando llamaron a su puerta. Al abrir, se encontró con una hermosa mujer de mejillas sonrosadas, con el rostro enmarcado por el cabello blanco; evidentemente, era una tutora de alguna clase. Le dijo con un encantador tono escocés:

«Tú no me conoces, pero yo te conozco. He estado *orando* por ti, Betty *querida*. Soy la Sra. Cunningham. Si alguna vez te apetece una taza de té y un bollo escocés, ven a mi pequeño *apartamento*».[6]

Betty pasó muchas tardes de invierno en el acogedor espacio de la señora Cunningham. La señora mayor servía té y Betty desahogaba su alma. El rostro sonrosado de la Sra. Cunningham mostraba simpatía, amor y comprensión mientras escuchaba. Sorbía tranquilamente su té, asintiendo con la cabeza. Luego oraba, levantaba la vista y fortalecía a Betty no con opiniones, sino con palabras fuertes, tomadas directamente de la Escritura.

La Sra. Cunningham siguió siendo un estímulo y un modelo para Betty el resto de su vida. Esto no se debía solo a que tuviera cosas sabias que decir. Se debía a *lo que era*. «Por encima de todo, ella misma era el mensaje».[7] (Betty reflexionaría más adelante que ser misionera, por ejemplo, no era cuestión de *declarar* un mensaje. Se trataba de *ser* el evangelio encarnado, como la «Sra. C.» había hecho con Betty).

Durante la universidad, la anterior mentora de Betty, la Srta. Cumming, le había advertido sobre su «actitud distante», y cómo sus maneras distantes le habían hecho daño involuntariamente a George Griebenow. Ahora, en Canadá, la madre de Betty le escribió sobre el mismo tema. Katharine Howard se sentía rechazada y aislada porque Betty compartía tan poco con ella, y se preguntaba si este distanciamiento era culpa suya.

«No me has fallado en nada», le escribió Betty a su madre. Cualquier distancia entre ellas era culpa de Betty. Pidió perdón... y luego, con valentía, reveló cosas sobre sí misma que nunca había expresado por escrito.

«Debes darte cuenta de que mi naturaleza es reservada, mis sentimientos casi siempre reprimidos. Soy una hipócrita de primera; durante mucho tiempo en mi vida, me enorgullecí de que nadie supiera lo que sentía o lo que pensaba. Demasiado a menudo no revelaba mis verdaderos sentimientos para que la gente me considerara... quizás más sabia o más madura de lo que realmente era.

»A menudo, yo misma me avergonzaba un poco de que las cosas me afectaran emocionalmente, de ahí que no lo admitiera. Consideraba que mostrar sentimientos o revelar pensamientos era pura debilidad, ¡y yo deseo tanto ser fuerte!».[8]

Por supuesto, ella no creía que hubiera que divulgarlo todo de golpe a todo el mundo. Pero había llevado demasiado lejos su propia reserva. Jim le había dicho el septiembre anterior que daría lo que fuera por verla llorar. «Ya ves que sabe algo de lo que sientes», consoló Betty a su madre. «Nunca he derramado una lágrima en su presencia».[9]

Habiendo abierto así una ventana a su corazón, Betty continuó, y ahora se abrieron las compuertas. Sus sentimientos sobre Jim se desbordaron. «Lo amo como nunca pensé que podría amar a nadie», le confesó a su madre. No podía pensar en él sin anhelar casarse. Si no se casaba con Jim, no se casaría con nadie. Pensaba que lo segundo era mucho más probable. «Nunca le he dicho a Jim que lo amo; de hecho, nunca se lo he dicho a nadie, ni siquiera a mi diario. No es fácil seguir en semejante oscuridad, amándolo y contemplando el futuro sin él».[10]

A continuación, pidió a su madre que orara para no dejarse debilitar por «el sentimentalismo y las vanas imaginaciones».[11]

Después de su período académico en el Instituto Bíblico Prairie, Betty se fue a trabajar en el campo. Vivía en un remolque desvencijado en una granja del pequeño pueblo de Patience [Paciencia], Alberta. Los gallos la despertaban a las 4:30 de la mañana; iba en bicicleta por caminos polvorientos para invitar a los campesinos a las reuniones de la escuela dominical. Los lugareños eran pobres, sin educación, y encontraban alivio a sus duras vidas en el alcohol, las peleas y los chismes. Betty a veces lloraba mientras iba en bicicleta. Una tarde, el viento de la pradera era tan fuerte que apenas podía pedalear; volvió «a casa, a mi oscura casita, con frío y muy cansada. Sin más recompensa que la de saber que hago tu voluntad». Abrumada, se consoló con las palabras del ícono misionero Hudson Taylor: «No es lo que nos proponemos hacer lo que realmente nos bendice, sino lo que Él hace a través de nosotros cuando menos lo esperamos, si tan solo estamos en comunión permanente con Él».

Al final de su lúgubre estancia en Patience, uno de los rudos granjeros se había encariñado con ella: «Pasé la mañana empacando y limpiando el remolque. Fue lastimoso ver al pobre Sr. K. despedirse de mí. Fue amable y educado, pero intentó disculparse por cualquier cosa "mala" que había dicho... Los niños lloraron y lloraron cuando nos fuimos. ¡Y yo también!».

CAPÍTULO 11

«Causaste una impresión completamente horrible...»

No importa cuán grande sea la presión.
Lo que realmente importa es dónde se encuentra
la presión: si se interpone entre tú y Dios,
o si te presiona más cerca de Su corazón.
—Hudson Taylor

A lo largo de sus impacientes meses en Patience, Betty recibió prodigiosas, tiernas, reflexivas e impactantes cartas de Jim Elliot. Citaba sus lecturas de Freud, Nietzsche, Nehemías, Hebreos, Efesios y todo lo demás. Ella se disciplinó para contestarle con moderación. También era una escritora prolífica; podría haberle dedicado tomos de prosa a Jim. Pero se contuvo. No quería ir más rápido que él.

Escribió en su diario: «Supongo, en realidad, que estoy escribiendo este diario en cierto sentido, para él. No ha sido consciente, pero tal vez estoy registrando algunas de las cosas que desearía poder decirle en mis cartas, pero no puedo. ¿Por qué no puedo decírselas por carta? Porque (no estoy segura de que esto sea cierto, es decir, no estoy segura de que sea toda la razón, o la <u>verdadera</u> razón) no estamos comprometidos... Pero ahora lo amo, lo amo. Y es algo fuerte, constante y puro. No puedo decirle estas cosas a nadie. Así que siento que debo <u>escribir</u>».

Jim también utilizaba sus diarios para verter sus pasiones más profundas, apuntando algunas de sus oraciones profundas y proféticas en anotaciones que se hicieron famosas tras su muerte.

Muchos de los escritos de Jim, hilvanados a lo largo de los años, muestran una atracción magnética y mística hacia la idea de morir al servicio de Cristo. Jim se habría hecho eco de la famosa afirmación de Dietrich Bonhoeffer, el valiente pastor alemán que fue ahorcado por los nazis mientras Jim estaba en la universidad: «Cuando Cristo llama a un hombre, le ordena que venga y muera».[*]

Muerte a uno mismo, sí. Pero, como Bonhoeffer, Jim estaba dispuesto a morir si Dios quería:

«Dios, te ruego, enciende estos palos ociosos de mi vida y que ardan por ti. Consume mi vida, Dios mío, porque es tuya. No busco una vida larga, sino una vida plena como la tuya, Señor Jesús».[1]

«Me animó mucho pensar en una vida de piedad a la luz de una muerte temprana».[2]

«Hoy hice una oración extraña. Hice un pacto con mi Padre y le pedí que hiciera una de dos cosas: glorificarse al máximo en mí, o matarme. Por Su gracia, no me conformaré con la segunda mejor opción. Él me escuchó, creo, de modo que ahora no tengo nada que esperar sino una vida de filiación sacrificada... o el cielo pronto. Tal vez mañana. ¡Qué perspectiva!».[3]

«No debo pensar que es extraño si Dios toma en la juventud a aquellos que yo habría mantenido en la tierra hasta que fueran mayores. Dios está poblando la eternidad, y no debo restringirlo a hombres y mujeres viejos».[4]

«Cuando llegue el momento de morir, asegúrate de que lo único que tengas que hacer sea morir».[5]

La cita más famosa de Jim de este tipo, una que ha inspirado e impulsado a miles de jóvenes hacia el servicio de Cristo, proviene de su diario del 28 de octubre de 1949.

En ese momento, el joven de veinticinco años probablemente había estado leyendo selecciones de Matthew Henry, el conocido

---

[*]«La cruz recae sobre todo cristiano. El primer sufrimiento de Cristo que todo hombre debe experimentar es el llamado a abandonar los apegos de este mundo. La muerte del hombre viejo es el resultado de su encuentro con Cristo. Al iniciar el discipulado, nos entregamos a Cristo en unión con Su muerte: entregamos nuestra vida a la muerte. Así comienza; la cruz no es el final terrible de una vida por lo demás temerosa de Dios y feliz, sino que nos sale al encuentro al principio de nuestra comunión con Cristo. Cuando Cristo llama a un hombre, le pide que venga y muera». De Dietrich Bonhoeffer, *The Cost of Discipleship* (1937; reimp. Nueva York: Touchstone, 1995).

comentarista y predicador de la Biblia. En 1699, el reverendo Henry escribió con cariño sobre su padre, Philip, que a menudo decía: «No es necio aquel que se desprende de lo que no puede conservar, cuando está seguro de ser recompensado con lo que no puede perder».[6]

Pero la versión de Jim Elliot era más contundente. Anotó en su diario: «No es un necio aquel que da lo que no puede conservar para ganar lo que no puede perder».[7]

La mayor parte de los conocidos escritos elocuentes y apasionados de Jim surgieron de su época universitaria y posuniversitaria y de su trabajo misionero prematrimonial en Ecuador. Durante ese tiempo, se permitía el lujo de reflexionar, de pasar largas veladas en soledad con la Biblia y el diario a la luz de la lámpara.

Cuando Jim y Betty se casaron por fin y vivieron en una tienda agujereada en la selva tropical, el rastro de papel se diluyó. La conversación sustituyó a la correspondencia. Y había menos tiempo para reflexionar en el diario sobre la posible voluntad de Dios. Cuando tienes Su obra delante de ti, la haces. Le pones la inyección al indio moribundo. Enseñas a los niños en la escuela indígena. Y cuando tienes tu propio bebé, no hay misterios sobre la voluntad de Dios para su cuidado. Lo alimentas, lo bañas, lo vistes y lo consuelas; no dudas si estás en el camino correcto o no.

Está fuera de nuestro alcance intentar comprender todo lo que ocurría en el interior de Jim Elliot a finales de la década de 1940 y principios de la de 1950. Claramente, era un joven decidido a subsumir todo vestigio de sí mismo en el ardiente servicio a Dios. Las anotaciones de su diario y sus cartas, bien documentadas en otros lugares, hervían de pasión física. (En los últimos años, al menos un bloguero decidido ha afirmado que las profundas amistades de Jim con otros hombres indican que se sentía atraído sexualmente por ellos, y que su indecisión sobre Betty era el subproducto de una represión homoerótica. Quizás, si eres un revisionista con un martillo, todo parezca un clavo).

Veinte años después de la muerte de Jim, Elisabeth Elliot —si bien no era la analista más objetiva— escribió: «Estaba decidido a demostrar que la fuerza y la gracia de Dios eran suficientes para superar la debilidad ordinaria de la carne de un hombre. Era consciente de su propia gran atracción por las mujeres. Pero también estaba decidido a servir al Señor sin enredos. Sin embargo, cuando llegó el momento en que el matrimonio fue para él una orden clara, supo entonces que era un don, concedido por el mismo Dador que concede a algunos el don especial de ser solteros».[8]

Jim Elliot tardó bastante tiempo en ver que Dios, diseñador del matrimonio, le sonreía para que entrara a Su invento.*

Pocos de nosotros hubiéramos tenido la paciencia de Betty Howard. Su propia confianza en la guía de Dios, pasara lo que pasara, reforzó su resistencia. Aguantó un noviazgo de cinco años no apto para los débiles de corazón.

Pudo resistir porque depositó todas sus preocupaciones en Dios. Le entregó las mayores esperanzas de su vida y los más pequeños detalles de su agenda. Si era cautelosa en su relación con Jim Elliot, o reservada con otros, no lo era con Dios. Se abría a Él de todo corazón, sin restricciones.

En esta tendencia, Betty Howard era lo contrario de aquellos de nosotros que nos hemos abierto completamente a personas que pueden o no ser dignas de confianza, pero que hemos mantenido a Dios, el mismísimo Amante de nuestras almas, a una discreta y desapasionada distancia.

Estaba decidida a no hacer lo que era fácil, sino a esperar la guía de Dios, fuera cual fuera. Como escribió muchos años después: «Esperar en Dios requiere la voluntad de soportar la incertidumbre, de llevar dentro de uno mismo la pregunta sin respuesta, elevando el corazón a Dios al respecto cada vez que se entromete en nuestros pensamientos. Es más fácil convencerse a uno mismo de una decisión que no tiene permanencia, que esperar pacientemente».[9]

Ciertamente, su amor por Jim Elliot le hacía albergar la esperanza de que pudieran unirse y consumar su relación algún tiempo antes de que ambos alcanzaran la edad de jubilación. Pero su amor por Dios la hacía estar dispuesta a renunciar a esa esperanza, si Él se lo pedía.

A finales del verano de 1949, Betty aceptó la invitación de los padres de Jim para visitar la casa familiar en Portland, Oregón, durante el fin de semana del Día del Trabajo.

---

*Décadas más tarde, cuando escribió *Déjame ser mujer*, Elisabeth Elliot le citaría a Martín Lutero a su joven marido, fallecido hacía tiempo, dándole un pequeño giro: «... Se dice que hace falta un hombre audaz para aventurarse a tomar una esposa», escribió Lutero. «Entonces, lo que necesitas por encima de todo es que te animen, te amonesten, te insten, te inciten y te infundan valor. ¿Por qué debería retrasarlo, mi querido y reverendo señor, y seguir sopesando el asunto en su mente? [...]. Deja de pensar en ello y entrégate a ello alegremente. Tu cuerpo te lo pide, Dios lo dispone y te impulsa a ello [...]. Lo mejor es obedecer a todos nuestros sentidos lo antes posible y entregarnos a la Palabra de Dios y obrar en lo que Él desee que hagamos». Elisabeth Elliot, *Let Me Be a Woman*, 27.

¿Quién podía imaginar que aquella visita tan esperada, emocionante y tierna sería, en términos humanos, un desastre absoluto? Empezó bien. Jim y Betty hicieron picnics, remaron en canoa, exploraron islas y contemplaron la salida de la luna sobre el río Columbia. Nadaron en el océano helado, excavaron bajo las rocas, encontraron anémonas de mar, encendieron un fogón y contemplaron la puesta de sol. Recorrieron a pie el sendero Timberline Trail, ocho kilómetros (cinco millas) por el monte Hood hasta Alpine Meadow, cruzando glaciares y maravillándose con las flores silvestres. Adoraron a Dios con la asamblea de los Hermanos de Plymouth donde asistía Jim, comieron con su familia, cantaron y tocaron el piano.

Ambos lloraron mientras Jim llevaba a Betty a la estación de autobuses, y él le dio paquetes de fruta y bocadillos para el maratón de noventa y ocho horas que la llevó desde Oregón a través de California, Denver, Kansas y, finalmente, a Nueva Jersey.

Poco después de llegar a casa, Betty recibió una carta de Jim que la dejó boquiabierta. Evidentemente, el debate familiar tras la visita de Betty no había sido muy positivo. Jim no le escatimó nada al relatar los comentarios de su familia.

«Causaste una impresión completamente horrible», escribió. «No podría haber sido peor... Mi madre concluyó seriamente que invitarte aquí había sido "un fracaso"».[10]

«Piensa que eres poco comunicativa, poseedora de un "espíritu tierno y sereno", pero que te cuesta hacer amigos, y, por lo tanto, no tienes buenas perspectivas como misionera».

«Ella trató de añadir calidez a la conversación. Tu respuesta de que no te importaba estar sola "la congeló por dentro"».

«Mamá preguntó: "¿Sabes coser?". Tu respuesta: "No lo hago si puedo evitarlo... mi madre siempre lo ha hecho". Por lo tanto, para la [Sra. Elliot] sigues siendo una inmadura "niña de institución", que tristemente carece de cualquier sentido de responsabilidad hogareña y que posee poca adaptabilidad doméstica...».

Mientras tanto, el padre de Jim no solo criticó el carácter de Betty, sino también su aspecto. «"No veo nada en ella que me atraiga: ni cara, ni forma, una enjuta soñadora que astutamente te ha tendido carnada, y tú has picado"».

A pesar de esto, Jim le dijo a Betty con seriedad que su padre había llegado a aceptar el destino fatal de su hijo. «Aunque no puede entender nuestra atracción en absoluto», estaba dispuesto a confiar el sombrío destino de su hijo al Señor. Si Dios quería que Jim acabara con esta «enjuta soñadora», que así fuera.

La hermana menor, Jane, «nunca te vio leer la Biblia ni tomar la iniciativa en una conversación espiritual. El resultado: decepción».

Otros dos miembros de la familia fueron más caritativos, diciendo solamente: «La admiro por no montar un espectáculo para nosotros» y «Esta gente callada siente más profundamente que los que decimos demasiado».

Jim conocía bien la personalidad de su amada. Dijo que había soportado las críticas «casi siempre en silencio, diciendo solo lo que *sé* que eres conmigo». Instó a su familia a ponerse en el lugar de Betty, a pensar en lo intimidante que debía ser para ella saber que estaban evaluando cada una de sus conversaciones.

Pero concluyó: «No sé por qué tengo que defenderte de acusaciones como la falta de comunicación», dijo. «No voy a defenderte más. Ahora que conoces la predisposición de ellos hacia ti, debes hacer el resto».[11]

Uno se debate entre darse por vencido respecto a Jim Elliot y considerarlo un idiota insensible y despistado, y querer saber cómo respondió Betty. Muchos de nosotros hubiéramos suspendido todo contacto, llorando a mares, o nos habríamos ido al puesto de misión más lejano, sin dejar ninguna dirección y dando un portazo.

Betty meditó en todo. «Apenas podía creer lo que leía», escribió en su diario. «... quedé totalmente devastada por ello. Oh, de verdad, soy un caso inmejorable e irreparable. ¡*Ayúdame*, Señor!».

¿Eran estas las consecuencias de la «actitud distante», de las cuales la Srta. Cumming le había advertido en la universidad? Su introversión y su habitual reserva se habían visto tan mal como era posible en la expresiva y espontánea casa de los Elliot.

Le escribió a Jim con humildad, pero con arrojo, mostrando sus dotes de polemista.

«Esperaba que hablaran de "lo peor" de mí cuando me fuera, pero no anticipaba un relato detallado de las críticas... no temas haber "traicionado" a tus padres; percibí sus sentimientos por mí cuando llevaba allí más o menos un día.

» Las críticas que me has hecho son justas. Tengo que aprender a abrirme para conocer nuevos amigos. Pero, ay, Jim, si supieras el desaliento que me invadió cuando me di cuenta de esto tan dolorosamente en tu casa, porque parecía que Dios había ganado tantas batallas para mí en este mismo aspecto este verano... Él me dio una entrada tan maravillosa a los corazones y un amor tan abrumador por la gente de Patience... ¿por qué Su amor no fluyó con libertad en Portland?».[12]

Aunque se dolía de sus propios defectos, también le hizo saber a Jim que no entendía por qué sus padres le decían tan libremente sus críticas. «Creo que, si mis padres *odiaran* a una persona, no dirían esas cosas de ella a quien supuestamente la quiere. Es más, no me imagino a tus padres hablando así de nadie.

» Las acusaciones que me citaste son cosas que dijiste que esperabas que me ayudaran al final. Revísalas, Jim. Ninguna tiene remedio... Dijiste que me corresponde a mí hacer el resto. No hay nada que pueda hacer. He sellado mi imagen en sus mentes, incluso si mejoro, lo cual por la gracia de Dios tengo el propósito de hacer. Las cartas no servirían de nada ahora; yo soy la farsante que escribe cartas altisonantes y en realidad es otra persona. De todas formas, no creo que tu madre vuelva a escribirme».[13]

La respuesta de Jim tranquilizó a Betty diciéndole que había hablado largo y tendido con su madre y que ella había comentado: «Bueno, debemos invitarla otra vez, la he juzgado mal».[14]

Continuó recordándole a Betty que sus familias eran muy diferentes. Por ejemplo, aunque ambos practicaban la devoción familiar por las tardes, los Howard lo hacían en su perfecto salón, después de que los platos de la cena estuvieran bien limpios y guardados. Los Elliot se limitaban a apartar los platos sobre el mantel de plástico, limpiar las migas y sacar la Biblia. Mientras los Howard observaban los acontecimientos en silencio y contemplaban sus reacciones, los Elliot «soltaban sus sentimientos en la mesa». Jim también le hizo saber a Betty —aunque no fuera de mucho consuelo— que, a pesar de cualquier objeción, «si decidiera seguir adelante y casarme contigo, ellos estarían allí para ayudar».[15]

El drama continuó cuando Dave, el hermano de Betty, escribió una dura carta a su mejor amigo y antiguo compañero de habitación. Advertía a Jim de que arruinaría a Betty si no tenía cuidado, y que dejara de darle falsas esperanzas al escribirle si no tenía intención de casarse con ella.

Betty les contestó a los dos que no era una tímida florecilla y que, por favor, dejaran de tratarla como a una niña indefensa. «Hablas de *tu* libertad, de *tus* elecciones (por ejemplo, "Si decido casarme contigo..."), de *tus* decisiones. Ten por seguro, Jim, que mi consentimiento para corresponder se basó en la libertad que el Señor me dio *a mí*. No te preocupes por si puedo "resistir". Esta es una proposición bilateral. Si tú puedes, yo puedo. No soy tan frágil como tú y Dave quieren pensar».[16]

A lo largo de los años, algunos han cuestionado la búsqueda de la voluntad de Dios por parte de Jim Elliot, preguntándose si tal vez la voluntad de Dios cambió convenientemente cuando el Hombre de Goma llegó a ciertos puntos en su propio desarrollo. Como escribió un historiador, «para Elliot, los detalles de la voluntad de Dios parecían ser un blanco móvil, que a menudo se reducía a sus convicciones internas en un momento dado».[17]

Es una crítica comprensible cuando nosotros, desde afuera, examinamos el voluminoso rastro de cartas y anotaciones en el diario que empapelan el camino de los cinco años de noviazgo de Betty y Jim. Muchos de nosotros hubiéramos salido corriendo después del primer año.

Pero como biógrafa de Betty, irritada por los atormentados días, semanas y meses de espera de un desenlace que parecía maduro para la cosecha desde hacía mucho tiempo, plenamente dentro de la aprobación divina, trato de recordar que es difícil determinar cómo nos guía Dios a *cualquiera* de nosotros. Dentro de la sabiduría revelada de las riberas de la Escritura, la guía particular del Espíritu a veces puede ser difícil de explicar a otra persona. El hecho clave, y la gran verdad transferible que se desprende de estas personas a veces desesperantes, es este: Betty y Jim estaban decididos a obedecer la guía de Dios tal como la discernían, costara lo que costara.

En algún momento de su travesía, Betty había determinado que Jim Elliot era único, y estaba dispuesta a esperarlo. Tal vez se acordaba de una entrada en su diario idealista de Wheaton, cuando anhelaba «nada menos que una completa y hermosa unión de almas». Ahora estaba descubriendo que vivir esa unidad en tiempo real, en una relación real, no era gloriosamente etéreo, sino bien difícil. «Jim es incorregible», escribió en su diario. «¡Pobrecito!».

Continuó: «Además, es inimitable. Nunca antes me habían tratado así, ¡especialmente un hombre! Lo que me preocupa es que parece que *prospero* ante este trato. Podría sentarme y contestar esta noche. Pero debo esperar un poco. Oh disciplina... eres una joya, pero engorrosa».

CAPÍTULO 12

Estar quietos

*La búsqueda de uno mismo es la puerta por la que
un alma se aleja de la paz; y el abandono total a la
voluntad de Dios, aquella por la cual regresa.*
—Madame Guyon

*E*n 1951, Betty vivía en su casa de Moorestown. Había pasado los meses anteriores enseñando oratoria en la Academia *Hampden DuBose*, donde todavía florecían montones de azaleas, el musgo español se mecía ligeramente con la brisa y los estudiantes seguían puliendo plata y confesando sus pecados cuando era necesario. Ahora, en Nueva Jersey, Betty daba clases particulares a chicas de la escuela secundaria, dirigía la escuela dominical infantil y clubes bíblicos vespertinos, y trabajaba en una gran tienda de departamentos para mujeres en Filadelfia.

Betty sabía que ninguna de estas actividades era la vocación de su vida. ¿Dónde quería Dios que sirviera? Les daba vueltas a las posibilidades en su mente. Pensó en personas cuyos pasos parecían adoquines, cada uno alumbrado por el Señor como un camino iluminado, personas que experimentaron «milagros», «sorpresas», «puertas abiertas» y otras indicaciones claras de que la voluntad de Dios se desarrollaba en una secuencia ordenada.

La tentación, según ella, era esperar que Dios la guiara como guiaba a otras personas que conocía. Pero la Biblia «abunda con ejemplos de cómo Él guía a Sus ovejas de maneras diferentes. En mi caso, Él no ha elegido dar señales que puedan mostrarse a otros. No ha guiado de ninguna manera espectacular, o por pasos que podrían ser probados a otro. Más bien, mi Padre ha abierto silenciosamente el camino, a menudo después de mucho "estar quieta" por parte de Su hija; repetidas decepciones; "esperanza que se demora"; y finalmente, una revelación de algún plan que no encaja en absoluto con mis expectativas».

Mientras Betty esperaba el plan de Dios, se sintió despojada de las cosas que le daban propósito y sentido. Escribió en su diario: «Creo sinceramente que llega un momento en el progreso del alma que en verdad desea ser conforme a la imagen de Cristo, en que Dios la despoja no solo de los apoyos terrenales en forma de amigos, posesiones, talentos o lo que sea que pueda tener fuera de Dios, sino también un momento en que el Padre omnisapiente y que es todo amor despoja a esa alma incluso de Sus propias bendiciones y dones conscientes y evidentes».

Estos incluyen cuestiones como la alegría, la percepción de la cercanía de Dios, los frutos del ministerio personal... pero cuando uno es despojado de todas las evidencias externas de las bendiciones de Dios, hay un consuelo más profundo. «El alma que ama a Dios solo por lo que Él es, aparte de Sus dones, conoce una paz indescriptible».

Tal vez Betty había estado leyendo a Jonathan Edwards, quien dio en el clavo con el mismo pensamiento en sus famosas distinciones entre varias formas de gratitud. O tal vez no, y el Espíritu Santo la llevó a la misma conclusión que el gran predicador.

Edwards escribió en su obra *Los afectos religiosos* que la mayoría de los seres humanos reflexivos sienten gratitud por los dones de Dios: la vida, la salud, un día fresco y de cielo despejado. Le llamaba a esto gratitud *natural*. Esto, aunque es un bien común, no basta para despertar en nosotros un amor verdadero y profundo por el Dador. Si la gente ama a Dios solo por lo que Él da, Edwards señala que «incluso un perro amará a su amo que es amable con él».[1]

Como escribió Betty Howard, hay un sentido del agradecimiento más profundo, más misterioso y más duradero: la gratitud a Dios no por lo que da, sino por lo que es. Edwards denominó a esto gratitud *sobrenatural*, y dijo que es la marca del Espíritu Santo en la vida del creyente. Esta gratitud radical y llena de gracia puede prosperar incluso en medio de tiempos de dolor, problemas y angustia. Es relacional, más que condicional, y lleva al ser humano que conoce a Dios a una intimidad más estrecha con Él.

Incluso con poco más de veinte años, Betty Howard practicaba esta forma radical de gratitud.[2] En los años de su relación epistolar con Jim Elliot, su aislamiento en Oklahoma, su perseverancia en Patience, su incursión en Florida y su agotador trabajo en Nueva Jersey, tenía cimientos más fuertes que sus emociones.

El principio de 1951 encontró a Jim Elliot en una pequeña ciudad llamada Chester, a orillas del río Misisipi, no muy lejos de San Luis. Él y su compañero de Wheaton, Ed McCully, estaban compartiendo un apartamento de dos habitaciones por cuarenta dólares al mes y lanzando un ministerio de radio y enseñanza, mientras viajaban y hablaban en varias iglesias. Jim había estado considerando la posibilidad de trabajar como misionero en la India y le habían ofrecido un trabajo como profesor de séptimo y octavo año en Canadá. Pero también había mantenido correspondencia con un misionero británico en Ecuador, Wilfred Tidmarsh. El Dr. Tidmarsh procedía de los Hermanos de Plymouth, como Jim y Ed. El doctorado de Tidmarsh era en filosofía, no en medicina, aunque tenía formación en homeopatía. Buscaba jóvenes dedicados y competentes que pudieran continuar su trabajo entre los indios quichuas cuando él se jubilara.

Sin embargo, Ed no estaba preparado para esta vida de soltero. Durante sus conferencias, conoció a una joven brillante llamada Marilou en una iglesia de Michigan. Ed y ella se comprometieron y se casaron ese verano.

Betty no iba a disfrutar de tanta prontitud. Seguía en casa de sus padres, en Nueva Jersey, y pasaba mucho tiempo sola.

Su diario de 1951 representa una especie de transición. Sus primeras anotaciones muestran una conversación casi constante con Dios, ofreciéndole en forma sostenida su devoción y alabanza. Reflexionaba largamente sobre la redención de la naturaleza y la característica cotidiana de la fe. Veía el desarrollo de la voluntad de Dios como un «"thriller de misterio" (aunque mucho mejor) [...]. Uno no tiene idea de lo que puede suceder a continuación, y tiene algo del espíritu aventurero, aunque, a diferencia de la connotación de "aventura", no hay ningún elemento de incertidumbre. La propia palabra "fe" excluye la posibilidad de duda».

Citó varias verdades extraídas de su lectura constante y a menudo arcana, como la biografía de Frances Ridley Havergal, escritora británica de himnos del siglo xix. «Hizo lo que otras biografías cristianas han hecho: profundizar mi hambre de conocer a Cristo en Su plenitud, de vivir enteramente "para Aquel que murió por nosotros"».

Absorbió libros como *La vida de Madame Guyón*, *Las máximas de los santos*, de Fénelon, y un libro del siglo xvii titulado *La vida de Dios en el alma del hombre*, de Henry Scougal. Leyó a Dostoievski y a Thomas Mann. Reflexionó sobre la gran influencia de la vida y los escritos de Amy Carmichael cuando esta falleció a principios de año.

Esa primavera «siguió al Señor en las aguas del bautismo. Oh, cuán dulce fue». Oraba a menudo por su hermano mayor, Phil, que atravesaba una especie de crisis espiritual. Contempló la posibilidad de ir a un campo misionero en el Pacífico Sur.

Luego, hacia la mitad de 1951, Betty cambió de tono.

Su diario sigue siendo espiritualmente serio, por supuesto, y relata una vida comprometida con Cristo por encima de todo. Su autora sigue siendo poderosamente cerebral en sus reflexiones personales. Pero el tono es distinto. Las páginas muestran menos un cristianismo cuidadoso y más el latido del corazón de un ser humano de carne y hueso, enamorado de Jesús... y de Jim Elliot. «Mi corazón está en paz, más de lo que he conocido, con respecto a Jim. Lo amo con todo mi corazón, y parece que Dios nos ha guiado una vez más a cada uno correctamente».

Unos meses antes, los Elliot habían visitado a la familia Howard, y las abrasadoras reservas que habían tenido sobre Betty durante su desastrosa visita a Portland parecían haberse calmado. Jim lamentaba totalmente su crueldad al revelar las críticas de ellos a Betty: «Realmente me asombro de mí mismo, de ser capaz de escribir así».[3]

A principios de octubre de 1951, Jim y su amigo Pete Fleming viajaron a la Costa Este. Pete, también de la tradición de los Hermanos de Plymouth, era un viejo amigo de Jim de Oregón; sus familias se conocían. Pete había estudiado literatura en la universidad, había obtenido un máster y planeaba doctorarse y enseñar en la universidad. Luego, pensó seriamente en ir al seminario. Ahora, la influencia de Jim lo empujaba hacia el campo misionero. Junto con Jim, habían hablado largo y tendido con el Dr. Tidmarsh cuando el veterano misionero había visitado el noroeste del Pacífico, y ahora creían que Dios los llamaba a trabajar con Tidmarsh entre los indios quichuas de Ecuador. Al igual que a Jim, a Pete también le intrigaba la idea de llegar a tribus que nunca habían oído hablar de Jesús, como los violentos huaoranis de la selva amazónica.

Betty, Jim, Pete y Phil y Margaret (el hermano mayor de Betty y su esposa) pasaron un tiempo «glorioso» haciendo senderismo y escalando montañas en New Hampshire.

Después de la excursión, Betty escribió: «El disfrute de la naturaleza —toda la belleza que nuestro Padre ha creado con Sus manos— es doblemente enriquecedora al compartirla con Jim. Nuestras mentes siguen patrones muy parecidos, se complementan, encajan y se encuentran [...]. Solo estar con él es paz, paz».

» Ya no hay duda en mi corazón: lo amo. Lo amo como nunca pensé que podría amar a nadie. La idea de seguir sin él casi me da escalofríos».

Pero.

» Jim está seguro de que Dios lo quiere en el campo [misionero] como hombre soltero. Que el Dios de toda paz le conceda la gran gracia que necesitará, la fuerza para resistir las tentaciones que abundan en tal fortaleza de Satanás».

Después de la partida de Jim, Betty escribió: «Sola. Jim se ha ido... Me siento absolutamente vacía, hueca, dolorida por la soledad. Quiero a Jim. Lo amo fuertemente, profundamente, poderosamente. Es mi vida. Nuestras pasiones y afectos naturales son despertados, vivificados, canalizados por el amor de Dios».

Aunque Jim había hablado con Betty de la posibilidad de comprometerse, pero sabía que «todavía no era el tiempo del Señor», también reflexionaba desconcertado en su diario sobre «saltar todas las viejas barreras que he levantado contra el matrimonio. ¿Tendré, después de todo, la vida convencional de alfombras, electrodomésticos y bebés? ¿Está fuera de mi alcance el ejemplo de intensidad de soltería de Pablo [el apóstol]? ¿No soy entonces uno de los que se hacen eunucos por el reino?».[4]

«No tengo nada decidido», escribió el desdichado Jim, «aunque creo firmemente que, por mi propia estabilidad, por la tranquilidad de Betty y por la lengua de la mayoría de la gente, debería comprar un anillo».

«Señor, ¿por dónde? [...] ¿Qué diré a toda la libertad que se me ha dado para predicar la adhesión al método paulino, incluso a los solteros que trabajan en el campo y lo ilustran desde la intención de Pete y la mía propia? Más bien, ¿qué pensarían los hombres que me han oído decir: "Voy soltero, por voluntad de Dios" cuando, si estuviera realmente comprometido, mis planes serían otros? Pues bien, está en manos de Dios. Él me indicó hablar de esa manera. Y después de todo, un hombre comprometido sigue siendo soltero, pero con el propósito de casarse. Y Pablo me querría libre de preocupaciones... ¿acaso habrá amado alguna vez a una mujer?

»Hoy la deseo más que ningún otro día desde que la dejé. La necesito para purificar mis deseos, para elevarme por encima de la lujuria. Necesito su consejo, su actitud, su fuerza, sus dedos, su frente y sus pechos. Dios mío del cielo, ¡cómo estoy hecho! Oh, si tan solo jamás hubiera probado a la mujer, si la sed de ella no fuera tan intensa ahora, al recordarla. No es bueno que el hombre esté solo, y menos este».[5]

CAPÍTULO 13

«No me siento como una misionera»

El secreto es Cristo en mí,
no yo en un conjunto diferente de circunstancias.
—Elisabeth Elliot

*I*ncluso mientras Jim luchaba con su desdichada comprensión de que él no era el apóstol Pablo, sus planes de ministerio iban tomando forma. Él y Pete Fleming zarparían pronto hacia Ecuador para empezar a estudiar español y poder trabajar con su corresponsal, el Dr. Tidmarsh, entre los indios quichuas.

Al mismo tiempo, el corazón de Betty se dirigía también hacia el ministerio latinoamericano. Y en el otoño de 1951, la comunidad hispanohablante de los Hermanos de Plymouth en Brooklyn, Nueva York, la invitó a vivir en la ciudad, aprender español y trabajar en la oficina del ministerio allí.

A medida que su relación con Jim Elliot había ido creciendo, también lo había hecho la exposición de Betty a su tradición de los Hermanos de Plymouth.* Los Hermanos surgieron en Gran Bretaña

---

*Betty Howard no era una persona especialmente dada a las denominaciones. Como había crecido en el contexto del trabajo de su padre con el *Sunday School Times*, se había relacionado con misioneros y líderes laicos de muchos sabores dentro del amplio contexto del evangelicalismo.

«Evangelicalismo» es una palabra que hoy en día no tiene tanta vigencia ni significado como a mediados del siglo XX y antes. En términos generales, entonces connotaba a los cristianos que se adherían a una visión elevada de la exposición de la Biblia, y que veían la Escritura como el modelo autorizado para la teología y la vida fiel como seguidor de Cristo. Los evangélicos

a principios del siglo XIX como pequeños grupos que celebraban su culto en los hogares y trataban de imitar la pureza de la iglesia primitiva del primer siglo. Se consideraban simplemente cristianos y rechazaban las estructuras y divisiones denominacionales.

Aunque Betty conoció a los Hermanos a través de Jim, en 1951 ya había adoptado la tradición como propia. «Me persuadió la verdad que presentaba [...] la idea de que era un intento literal de imitar a la iglesia del Nuevo Testamento», le dijo a un entrevistador muchos años después. «Leí *La iglesia peregrina,* de E. H. Broadbent, y quedé convencida de que me gustaba el fuerte énfasis bíblico y de que los Hermanos de Plymouth conocían sus Biblias al derecho y al revés, incluso mejor que yo. [...]. Eso me impresionó».[1]

Más tarde, escribió en una carta a una amiga: «Carol, apenas puedes imaginar la diferencia entre las asambleas [las reuniones

---

tenían sus raíces en los avivamientos de Charles y John Wesley, George Whitefield y Jonathan Edwards, y daban prioridad a la evangelización, con gran entusiasmo tanto por las misiones mundiales como por un testimonio personal del evangelio.

Algunos evangélicos, como los de la tradición fundamentalista, se apartaban del resto del mundo, evitando beber, fumar, ir al cine, bailar u otras actividades «mundanas». Otros se comprometieron con la cultura, tratando de aplicar el evangelio a cuestiones de justicia social, como en la fundación del Wheaton College por abolicionistas temerosos de Dios, y la acogida de estudiantes negros y mujeres en el siglo XIX.

En el siglo XX, el movimiento se dividió un poco, ya que muchos evangélicos desconfiaban del «activismo social» de los modernistas que rechazaban las creencias bíblicas ortodoxas. Muchos evangélicos, ciertamente no todos, se volvieron hacia adentro, creando bastiones de pureza dentro de una cultura en decadencia. Y luego, en las décadas de 1970 y 1980, algunos depositaron sus esperanzas en revitalizar la cultura a través del proceso político. Con un resurgimiento de esto en los últimos años, la palabra «evangélico» es hoy asociada por muchos secularistas como sinónimo de seguidores rabiosos de un partido político o candidato en particular.

La primera idea que Betty Howard tuvo de la vida cristiana no procedía solo de sus padres y del enfoque de su ordenado hogar temeroso de Dios, sino del libro de 1912 de su tío Charley Trumbull, *Taking Men Alive.* Sus temas se centran en la «vida cristiana victoriosa», centrada en crucificar la carne y encontrar una nueva vida en Cristo resucitado. El temprano amor de Betty por Amy Carmichael reforzó estos mismos refranes, especialmente la visión de Carmichael de que la vida misionera consistía en «una oportunidad de morir», algo que Betty usó más tarde como título de la biografía de su heroína.

de los Hermanos] y la "iglesia" denominacional o fundamental promedio. Especialmente bendecida es la reunión del partimiento del pan el domingo por la mañana. Es un servicio puramente de adoración, contrario a todo lo que conozco. Vamos a dar, no a «recibir una bendición». Es solo para derramar nuestros corazones en alabanza a Dios, muy sencillamente, muy bíblicamente [...]. Me encantaría saber que ustedes están teniendo comunión de esta manera, y oraré para que Dios deje Su voluntad muy clara».[2]

Así que, cuando Betty Howard finalmente fuera a Ecuador, lo haría como misionera de los Hermanos, habiendo recibido una «recomendación» de la asamblea. La mentalidad de los Hermanos sobre la financiación encajaba con su visión de las finanzas basada en la fe, practicada a lo largo de la universidad y después. Entonces, Betty —y por supuesto, Jim Elliot y Pete Fleming también— se embarcaría hacia las misiones ecuatorianas sin salario fijo ni garantía de apoyo financiero. Recibirían dinero cada vez que las asambleas de los Hermanos en Norteamérica se sintieran movidas a enviarlo, en las cantidades que Dios hubiera indicado a la gente en casa.

Mientras Betty oraba por la dirección de Dios en el otoño de 1951, le pidió «que pueda estar preparada en cuerpo, mente y espíritu para la tarea de una misionera, una "enviada"». A las pocas semanas, escribió: «De acuerdo con la aparente guía de Dios, estoy planeando ir a Nueva York el martes, donde trabajaré con una asamblea española [de los Hermanos de Plymouth]. Tienen un apartamento preparado para mí, y el Sr. Montaloo me va a enseñar español».

Esa misma mañana, después de un culto de adoración, una joven que Betty no conocía bien se le acercó y le puso un billete de diez dólares en la mano. «Es alguien que no tiene demasiado, y significó mucho para mí», escribió Betty más tarde, conmovida por la financiación tan sacrificada de su primer destino misionero en Nueva York. Allí trabajaría con la revista misionera de los Hermanos, *Voices from the Vineyard* [Voces del viñedo], y recibiría su recomendación para ir al extranjero de la Asamblea de Hasbrouck Heights, en la cercana Nueva Jersey.

El 28 de noviembre, se había mudado a un piso de Nueva York de 17 dólares al mes con calefacción ocasional, agua caliente escasa, una cervecería al lado que bendecía al barrio con el aroma de la cerveza, y enormes ratas negras. Pero las anotaciones de su diario mostraban una mentalidad alegre: «Imagínenme, ¡viviendo en un edificio en Brooklyn! ¡Más diversión!». Estaba «sola en un pequeño departamento del barrio español. El Señor también está aquí y estoy feliz».

Los días siguientes fueron una mezcla de cocina latina picante, encuentros con otros misioneros y el inevitable desplome que sigue a un comienzo exultante.

«Me siento sola. ¿Qué hacen los misioneros que van <u>solos</u> a un campo extranjero?». Tenía amigos cerca, pero se sentía aislada y desolada. Pasaba frío todo el tiempo, se ponía su abrigo de invierno para sentarse en su dura cama y escribir en su diario. El departamento estaba sucio, era oscuro y daba a un patio húmedo con tendederos tendidos entre las sucias ventanas de otros apartamentos.

Si se asomaba por su pequeña ventana, se veía un poco de cielo gris. Bandadas de palomas revoloteaban por encima, hasta que sentía vértigo al mirarlas: «Criaturas encantadoras y gráciles en vuelo, ridículas y pretenciosas a pie».

Tal vez veía las palomas como una metáfora. Una cosa era remontar vuelo en las grandes alturas del amor de Dios, y otra era servirlo en el suelo, en el campo. «No me siento como una misionera», concluyó. «Señor, ayúdame».

Y Dios ayudó. Elisabeth conoció a una misionera de los Hermanos de Plymouth llamada Katherine Morgan, que se convertiría en su amiga, inspiración y ejemplo para toda la vida.

La corpulenta y morena Katherine Morgan estaba de permiso en Nueva Jersey, mientras Betty vivía en Brooklyn en 1951. Katherine daba allí una clase de Biblia a mujeres sudamericanas todos los miércoles. A Betty le encantaba su sentido del humor, sus agallas, su preocupación por las mujeres, su fluidez en español y su profundo conocimiento de la Escritura.

Viuda cuando Betty la conoció, Katherine había estado felizmente casada con Lester Morgan. Durante sus primeros años de ministerio en Colombia, Lester había fundado cinco iglesias en el suroeste de Colombia. Los Morgan tenían cuatro hijas pequeñas; la vida era estimulante, ajetreada y dulce. Entonces, Lester cayó misteriosa y gravemente enfermo a mediados de 1940. Se rumoreaba que quienes eran hostiles a su ministerio lo habían envenenado. La familia regresó a su casa de Nueva Jersey y, a pesar de los cuidados médicos avanzados que recibió allí, Lester murió en diciembre de 1940.

Katherine Morgan lloró su pérdida, oró... y luego recogió a sus cuatro hijas y regresó a Colombia en 1941.

Su casa sirvió de clínica para los enfermos, los pobres y los enfermos mentales de su comunidad. Ella realizaba procedimientos dentales rutinarios. Se adentraba a caballo en los Andes para atender a los necesitados; remaba en canoas por el río Amazonas, metiéndose en la selva, para predicar el evangelio y plantar nuevas iglesias.

En abril de 1948, el popular presidente de Colombia fue asesinado a tiros en una calle de Bogotá. El asesino que huía, un joven volátil de unos veinte años fue despedazado por una turba indignada. La multitud llenó las calles, incluido un joven Fidel Castro, que entonces era un estudiante que asistía a una Conferencia Panamericana que se celebraba en la ciudad. Los disturbios desencadenaron enfrentamientos políticos y un período de la historia de Colombia conocido como *La Violencia*, durante el cual se calcula que murieron unas 300 000 personas en todo el país.

Los disturbios tardaron en llegar a la ciudad de Katherine Morgan, Pasto, a unos 800 kilómetros (500 millas) al suroeste de Bogotá. Una enorme multitud se congregó gritando, entre otras cosas: «¡Muerte a los protestantes!». La casa de los Morgan quedó rodeada.

Una de las hijas de Katherine, Lois, tenía entonces unos ocho años. «Recuerdo que pensé: *este es el último día de mi vida*», dijo años después. Y «no sabía si iba a ir al cielo, así que le dije a mi madre: "No estoy preparada para morir". Ella me preguntó si quería orar. Mientras oraba conmigo, me invadió una sensación de paz».[3]

Después de orar con su hija, Katherine salió al balcón, miró a la multitud y desplegó una enorme bandera colombiana. «La próxima palabra que digan, o piedra que tiren, será contra su bandera y su país», gritó. Primero en pequeñas cantidades, luego en grupos, los alborotadores se fundieron en la oscuridad.[4]

Tanto en aquellos tiempos convulsos como en su trabajo diario de dar clases de Biblia y cuidar a los enfermos, Katherine vivía por fe. Algunos días, a ella y a sus cuatro hijas les quedaba poca comida en casa… y los colombianos a los que Katherine cuidaba les llevaban huevos y fruta. Su viejo coche se averió y ella no tenía dinero para repararlo. Katherine oró, fue a la oficina de correos, y allí estaba un cheque de Estados Unidos, por la cantidad que necesitaba.[5]

Durante los años de su larga vida y servicio en Colombia —murió allí con más de noventa años—, la «señora Catalina» se convirtió en una leyenda en los Andes. Los universitarios que estudiaban la cultura colombiana se alojaban en su casa, al igual que los misioneros visitantes y los vecinos necesitados. En la mesa siempre había discusiones enérgicas y muchas risas. Katherine se relacionaba con todo el mundo. En palabras de un historiador: «Aunque pasó su vida en las misiones de los Hermanos, en los últimos años se convirtió en una figura muy pública y controvertida [...] célebre como madre espiritual de sacerdotes católicos y evangélicos carismáticos por igual».[6]

Katherine Morgan no solo animó específicamente a Betty hacia el ministerio en Sudamérica, sino que también fue «un ícono de lo que se suponía que debía ser una verdadera misionera», dijo Betty más tarde. «Tremendo sentido del humor, una de las personas más divertidas que he conocido en mi vida y, sin embargo, profundamente espiritual y muy poderosa».[7]

También era robusta. Unos años después de que Betty la conociera, Katherine sufrió un accidente de autobús en un puerto de montaña de Colombia. El conductor se durmió y salió disparado por un precipicio de casi 500 metros (1500 pies) de altura. El primer saliente astilló el autobús, tiró a toda la gente y envió el motor a toda velocidad a un río embravecido. Cuando el resto del autobús se precipitó hacia el río, chocó contra árboles y salientes, aplastando a varios de los pasajeros que habían sido arrojado lejos. Katherine recobró el conocimiento y se encontró atrapada en una saliente a cincuenta metros por debajo de la carretera, magullada de pies a cabeza, con una costilla rota, un pulmón lesionado y sangre manando de un profundo corte en la cabeza. Dos hombres muertos yacían destrozados en la cornisa junto a ella. Se desmayó dos veces antes de poder subir hasta la colina. Tardó veinticuatro horas de agonía en volver al punto de partida. Como era Katherine Morgan, se parchó las heridas y volvió al trabajo.[8]

Betty admiraba el compromiso de Katherine con la obediencia tenaz en lugar de centrarse en cómo se sentía, y encontró un espíritu afín en ella. Muchos años después, Betty citó una carta de Katherine en uno de sus libros, en un capítulo titulado, apropiadamente, «La disciplina de los sentimientos».

«Estoy de acuerdo contigo en que los sentimientos no son de fiar», había escrito Katherine a Betty. «Nuestros sentimientos nos llevaban a dudar de las razones por las que nuestros maridos murieron, pero sabíamos por dentro que teníamos que hacer lo que el Señor nos había ordenado. En mi opinión, no hubo ninguna virtud particular en lo que hicimos. Habíamos recibido nuestras órdenes y teníamos que atenernos a ellas y llevar nuestros sentimientos en el bolsillo. Muchas veces, mis sentimientos me habrían llevado a tirar la toalla. Sentía que la gente no respondía... y que el esfuerzo era infructuoso. Sentía todo menos el deseo de quedarme aquí y trabajar. Sin embargo, el plan de Dios tiene que llevarse a cabo. Esta es una lección difícil de aprender, y toma toda una vida».[9]

Lo que Betty no sabía durante ese último mes de 1951 era que el férreo ejemplo de Katherine Morgan sería exactamente lo que necesitaba, dado lo que le esperaba en Ecuador.

Betty dejó su gris piso de Brooklyn para pasar una Navidad festiva en casa, en Birdsong, con su familia. A finales de diciembre, Ed Torrey, un médico de unos treinta años que asistía a la iglesia de los Howard, murió a causa de las heridas sufridas en un accidente de coche cuando volvía a casa de una reunión de oración. «He tratado de imaginarme cómo será para Ann, su esposa», escribió Betty. «¿Puede el Señor traer paz a un alma tan afligida? A lo mejor, oh, seguramente Él puede, pero eso supera la imaginación.

»Una vez más, veo que no puede haber amor sin sufrimiento».

CAPÍTULO 14

«A veces, me pregunto si estará bien ser tan feliz»

Porque la cualidad más emocionante de su amistad residía en su completa entrega. Como dos ciudades abiertas en medio de una vasta llanura, sus mentes estaban abiertas la una a la otra. Y no era que él entrara en la suya como un conquistador, armado hasta las cejas y sin ver nada más que un alegre revoloteo de seda, ni que ella entrara en la suya como una reina caminando sobre suaves pétalos. No, eran viajeros ardientes y serios, absortos en comprender lo que había para ver y descubrir lo que estaba oculto, aprovechando al máximo esta extraordinaria oportunidad absoluta que hizo posible que él fuera totalmente sincero con ella y que ella fuera totalmente sincera con él.
—Katherine Mansfield

Jim Elliot y Pete Fleming zarparon hacia Guayaquil, ciudad portuaria de la costa suroccidental de Ecuador, en febrero de 1952. Tras un largo y colorido viaje, se contactaron con el Dr. Tidmarsh y se instalaron en Quito, en casa de una familia ecuatoriana. Allí se empaparon de español y aprendieron medicina homeopática como preparación para el trabajo en la selva entre los quichuas.

Betty Howard empezó 1952 sintiéndose «sola otra vez» en su pequeño y gris apartamento de Nueva York. Se sentía inútil, a punto de llorar y lejos de Dios. «Sé que al leer más tarde esta entrada, diré: "Qué manera de empezar un nuevo año"». Pero ella creía que el tiempo no significa nada para Dios, y anotó: «Mi deseo para 1952, la oración de mi corazón: unidad con el Señor».

Al cabo de una semana, una misionera llamada Dorothy Jones se había mudado al pequeño piso de Betty; ya no estaba sola con las palomas. Más o menos una semana después, se reunió con una entusiasta misionera británica, Doreen Clifford, que estaba de licencia desde la selva ecuatoriana. Betty escuchó con fascinación cómo Dorothy le hablaba de su preocupación por la «tribu de indios huaoranis del río Napo, que todavía no ha sido alcanzada». Humanamente, sería imposible para las mujeres hacer semejante obra. Los hombres que lo han intentado fueron asesinados». Doreen le dijo a Betty que creía que Dios le había dado un amor por la tribu con algún propósito, aunque solo fuera para orar. «O tal vez ella podría ser un trampolín para que alguien más fuera [...]. Me pidió que orara preguntándole a Dios si Él podría querer que yo fuera con ella.

«Apenas me atrevería a mencionárselo a otros», escribió Betty. «Parecería tan fantástico y visionario [...]. Si Él me guía por este camino, estoy dispuesta... hace seis años, cuando le pedí Su voluntad para la búsqueda de mi vida, sentí que Él me quería en el trabajo pionero, especialmente con vistas al trabajo lingüístico. Si esto es un atisbo de Su propósito supremo para mi vida, me alegro».

Así que, aunque algunos pensarían más tarde que el deseo de Betty de ir con los huaoranis surgió del desafortunado encuentro de su marido con ellos, comenzó mucho antes, en una conversación en Nueva York con una efervescente misionera británica que se atrevió a soñar, como Betty, que las mujeres podían ser pioneras donde los hombres no podían.

Betty puso sus ojos en Ecuador. Allí trabajaría con misioneros de los Hermanos. Pasó las semanas siguientes hablando a varios grupos de mujeres de los Hermanos en Nueva York y Nueva Jersey. Se esforzó por articular la vocación misionera en términos reales, en lugar de limitarse a utilizar clichés cristianos conocidos. ¿Qué significaba *realmente* ser «testigo» de Cristo? «Hay tanto que parece que no es verdad, y tanto que es verdad que no parece. Anhelo ser totalmente infantil, ser una verdadera hija de Dios, entrar plenamente en la filiación. Y la calidad de la verdad es radical para ese estado».

Sentía el dolor que había leído en los escritos de Amy Carmichael. «Oh, una cosa es declarar, al dar una valiente charla, que no existe tal cosa como el sacrificio, a la luz de la eternidad y sus recompensas, pero otra muy distinta es creer, en el fondo de mi corazón, que no es un sacrificio».

Anhelaba a Jim, el consuelo de sus brazos y su cuerpo fuerte. Anhelaba un hijo, un niño pequeño que pudiera entregar al servicio de Dios, como Ana en el Antiguo Testamento. «Tengo más de 25 años», escribió. Había leído que entre los veinte y los veinticinco años era la edad ideal para tener hijos. «La flor de la vida se ha ido para mí», se quejaba. Perdida para siempre.

No, se dijo con firmeza. Nada se había perdido. Las cosas que se habían perdido estaban guardadas en los almacenes celestiales. Algún día, vería la gloria de Dios en la eternidad, en lugar de las pérdidas aparentes que sentía con tanta intensidad en esta tierra.

Además, todas las cavilaciones iban hacia el lado oscuro en aquel gris piso neoyorquino, con su diminuta ventanita carcelaria al cielo y sus filosóficas cavilaciones de palomas de patas rosadas. En marzo, Betty pudo decir a su Alcatraz un agradecido «adiós sin lágrimas». Tras pasar un tiempo en Moorestown con sus padres, se embarcó en un gran buque de carga llamado *Santa Margarita* con destino a Ecuador.

Era la típica partida misionera de la época. Los familiares se agrupaban en el muelle; sonaba la bocina del barco. Una ronda final de despedidas. La lenta y dramática suelta de amarras, el ancla levantada, el alejamiento gradual de la ciudad, los rostros de los seres queridos cada vez más pequeños en la distancia cada vez mayor. Después, los hombros se cuadraban y el rostro se volvía hacia el océano abierto, hacia las aventuras desconocidas que se avecinaban. Luego de dos días de mar turbulento y lluvia, Betty disfrutó de días soleados, cielos azules y mares serenos a través del Canal de Panamá hasta Buenaventura, Colombia. El 14 de abril, a las 2:45 de la madrugada, Betty llegó a Guayaquil, Ecuador. Allí tuvo que esperar diez días la llegada y descarga de su equipaje, algo habitual en 1952. Deambuló por las calles de la «mísera y pobre ciudad» y observó cómo los hombres descargaban el cargamento en los muelles.

«Ha sido una experiencia excelente», informó Betty filosóficamente en una carta a casa. «La mente ecuatoriana parece no comprender las prisas, y cada día, al preguntar por el progreso de mi equipaje, recibía la misma respuesta: "Mañana"».

Milagrosamente, *mañana* llegó, y Betty y su equipaje tomaron un vuelo de Pan American a Quito. La belleza de la capital la dejó sin aliento. «Situada a 2900 metros (9500 pies) sobre el nivel del mar, sigue pareciendo un gran valle en comparación con las grandes colinas ondulantes que la rodean, y los picos increíblemente grandiosos a la distancia. [...] Las casas son de adobe blanqueado [...] no es raro ver burros, vacas, perros, ponis de montaña y llamas deambulando por las calles, junto con *Cadillacs* y carretas, autobuses y cientos de indios quichuas, cada uno con su gran carga, caminando a paso lento y descalzos. Todas las mujeres llevan faldas largas y amplias, tejidas a mano, sombreros [fedora] y chales».[1]

Betty Howard navegando para Ecuador, 1952

Como reflejo de su influencia española, Quito conservaba cierta gracia del Viejo Mundo... «Calles estrechas y empedradas sobre las que sobresalían balcones tallados en madera oscura y engalanados con geranios. Había delicadas puertas de hierro forjado con pesadas bisagras y aldabas hechas a mano. Las verdes plazas y parques tenían fuentes y estatuas, y algunos estaban bordeados por elegantes columnatas».[2]

El Dr. Tidmarsh había conseguido alojamiento para Betty y su compañera de misión y de habitación en Nueva York, Dorothy Jones. Se instalaron en casa de una pareja de ecuatorianos de clase alta, delgados y de cabello brillante, el señor y la señora Arias. No hablaban inglés; la facilidad de Betty para el español crecería enormemente en el transcurso del final de la primavera y el verano. La habitación de Betty estaba encima del garaje. Dos mujeres quichuas con largas trenzas negras cocinaban y hacían las tareas domésticas. Betty observó que estaban «fascinadas con la gigantesca y pálida extranjera». Y poco después de la llegada de la «extranjera pálida» —oh, qué día feliz—, Jim y Pete Fleming se mudaron a un alojamiento al otro lado de la calle.

Era la primera vez desde la universidad que Jim y Betty podían verse todos los días. Exploraron la ciudad, practicaron español, fueron de picnic y se leyeron poesía el uno al otro. Asistieron a una corrida de toros. Jim escribió en su diario: «No sé por qué me gustan los toros. Nada tiene tanta aptitud para actuar con braveza, me parece, como un toro fornido». Comparó el espectáculo con un rodeo del oeste, aunque «algo más sangriento [...] todo parece encajar en la mente latina [...] trenzas de oro y sangre [...] exultación ante la muerte [...] cintas de papel y "picos" [...] gracia y brutalidad [...] un toro y un par de zapatillas de ballet. Esta gente es extremista».[3]

Jim y Betty, verano de 1952

Una noche, a partir de las dos de la madrugada, Jim, Betty, Pete y algunos otros misioneros subieron la ladera del Pichincha, un volcán activo. La luna brillaba intensamente. A las once de la mañana, habían llegado a la cima, de casi 5000 metros (16 000 pies) de altura. En el descenso, descansaron en la hierba suave y cálida de la ladera del valle. Al parecer, Jim dormitó con la cabeza apoyada en el regazo de Betty, mientras ella «disfrutaba de la increíble belleza de las vastas vistas» que tenía ante sí.

Durante este idílico período, Jim y Betty parecían abrumados por el simple placer de estar juntos. En una carta a un amigo común de Wheaton, Jim escribió: «El Señor nos ha traído a Betty y a mí a un lugar feliz [...]. ¡Oh, Van, no podría haber pedido más de aquello con lo que Dios, en Su gracia deliberada, me ha sorprendido! No pedimos que nos enviaran juntos al campo. No pedimos que nos enviaran a vivir tan cerca... Parecía poco razonable pedir esas cosas hace seis meses. Los sueños son chabacanos cuando se comparan con la dirección de Dios. Betty y yo estamos de acuerdo en que la voluntad de Dios por algún tiempo es no declararnos el uno al otro, aunque nuestros sentimientos son claros.

«A veces, me pregunto si estará bien ser tan feliz. Los días pasan en una fácil sucesión de maravillas y alegrías, cosas sencillas y buenas como la comida bien preparada, o el juego con los niños, o la conversación con Pete, o la provisión de dinero para el alquiler o el hospedaje a las pocas horas de su vencimiento. Gracia sobre gracia...».[4]

Desde el punto de vista de Betty, Jim y ella se estaban conociendo «de una manera nueva». Los dos sentimos ahora que hay una libertad perfecta entre nosotros, en cuanto a compartir todo lo que nos concierne. Siento que no solo quiero compartir, sino que tengo una gran necesidad de hacerlo. Lo amo más de lo que puedo expresar. Lo deseo más que a nada en el mundo. Cuando pienso en su hombría, en su fuerza, en su bondad, en su ternura y en su amor tan inmerecido... me postro con gratitud ante Dios».

Aun así, sabía que ese hombre podía serle arrebatado en cualquier momento. En primer lugar, Jim tenía claro que el trabajo en la misión podría exigir el costo supremo. Habló con Betty de su deseo de ir a los huaoranis. No eran conocidos por recibir a los forasteros con otra cosa que no fueran lanzas y muerte. Ella escribió en su diario: «Jim dijo: "¿Te das cuenta de lo que puede costar?"» [hablando de la posibilidad de que fuera a trabajar entre los huaoranis]. Sí, me doy cuenta de lo que puede costar: la muerte».

Para ella, esa no era razón para no comprometerse y casarse. Aun así, a Jim le preocupaba que se arriesgara menos a obedecer a Dios si se veía abrumado por una esposa y una familia. «Para mí —escribió Betty en su diario—, se trata de una diferencia puramente técnica». Ella ya lo amaba con todo su corazón.

Pero, como el angustiado Jim aún no podía comprometerse con ella, se contuvo para no dejar que sus emociones inundaran su relación. Su acidez interior se puso en marcha como mecanismo de defensa. «De tanto en tanto, cuando deseo de todo corazón tomarlo del brazo o decirle que lo amo, para contenerme digo algo sarcástico o cortante, o muy fuera de lugar. Esto fue lo que ocurrió el jueves por la noche. Me reprendió por mi actitud (era solo una actitud aparente, pues tal cosa nunca reprime mis sentimientos hacia él) y finalmente, en cierta medida, me atreví a explicarle las razones. Él pareció comprender en parte, y casi me derritió con su dulzura. Oh, es una agonía actuar apática y distante cuando estoy casi abrumada de ternura hacia él. ¿Cuándo podré decírselo?».

No sería pronto. Jim aún creía que debía ir a la selva soltero y sin compromisos.

Así que, cuando Betty recibió la noticia del compromiso de su hermana Ginny, fue duro. Escribió estoicamente en su diario: «6/8/52. Hoy he recibido la noticia del compromiso de Ginny [con Bud DeVries]. Estoy estupefacta, pero muy feliz por ella, mi hermana "pequeña", siete años menor que yo».

Sí, sí, estaba muy contenta por su hermanita y también por su hermano Dave, cuyo bebé había nacido por esas mismas fechas. Pero la ganancia de ellos ponía de relieve su propia sensación de pérdida, y aunque podía controlar lo que escribía correctamente en su diario, no tenía tanto éxito en dominar sus emociones. Se desahogó con su madre. «A veces siento que no puedo soportar más, que literalmente no puedo vivir sin él. [...] Lloro por cualquier cosa [...]. Cuando estoy acostada, lo deseo con desesperación. Es como si cada centímetro de mi cuerpo clamara por el suyo».[5]

Cuando Jim y ella salieron a pasear esa misma tarde, se puso a llorar. Le contó las noticias de sus hermanos y siguió sollozando.

«Es que no entiendo por qué a ellos las cosas les salen así y a nosotros de esta manera», le dijo.

«Yo también lloré», escribió el a veces obtuso Jim, que había pasado horas estudiando febrilmente los escritos del apóstol Pablo en el griego original, tratando de discernir si estaba siendo desobediente u obediente en sus interacciones con Betty. Escribió que «quería ser justo con ella, quería casarse con ella, quería, quería [...] pero no se sentía «guiado por Dios, ni siquiera para el compromiso».[6]

Betty se lamentaba. Estaba en el purgatorio de las relaciones, sin ningún compromiso público por parte de Jim. Lo único que tenía era «la censura y las cejas levantadas» de todos los que conocían o sabían sobre Jim Elliot y Betty Howard. Se imaginaba lo que diría la gente. «"Ella lo persiguió de un continente a otro"», "Ya lo atrapará", etc., etc».[7]

Pete Fleming escribió a casa sobre la agitación de Betty: «Está malhumorada y callada, y obviamente bajo tensión. La señora Arias dice que se ha encontrado a Betty llorando sola por la noche y quiere que Jim haga algo al respecto. Jim dijo que anoche él y Betty pasaron más tiempo llorando que hablando y que fue un momento realmente desgarrador. Betty recibió la noticia del compromiso de Ginny y del nuevo bebé de Dave y eso la destrozó, supongo. Todas estas alegrías le llegaron a su hermano y a su hermana más jóvenes que ella, y ella todavía no tiene una promesa *en firme*, ni compromiso, ni fecha prevista para la boda».[8]

Pete —un brillante erudito, amigo de Jim, seguidor comprometido de Cristo con un prodigioso conocimiento de la Biblia y, a veces, despistado en su propia relación romántica— quizás estaba sensibilizado con las emociones de Betty gracias a las perspectivas de Olive Ainslie. Pete y Olive se conocían desde la infancia en Seattle, y habían llegado a un acuerdo de matrimonio en la primavera de 1951. Unos meses más tarde, Jim Elliot había llegado a Seattle, infecciosamente entusiasmado con las misiones en Ecuador y con una visión de los hermanos solteros que trabajaban juntos por Cristo. Jim le había advertido a Pete que se asegurara de que su llamado viniera de Dios, no de Jim, pero la personalidad de Jim era bastante persuasiva. Pete decidió ir al campo misionero. Rompió con Olive, para estar libre de compromisos, como Jim.

Esto no solo había sido doloroso, sino también confuso para Olive... especialmente cuando ella había ido descubriendo, según lo que Pete le había dicho, que Jim Elliot en realidad *no* era un hombre libre. Pete veía ahora que, aunque Jim no estaba formalmente comprometido con Betty Howard, su corazón estaba entretejido con el de ella. Jim sabía con *quién* se casaría, si llegaba el caso. Pero, como hemos visto, se debatía constantemente sobre si Dios quería que se casara.

Cuando Olive se enteró de la llegada de Betty a Ecuador y de que se había instalado en Quito para aprender idiomas, justo enfrente de Pete y Jim, el drama se intensificó.

No se trataba de ningún subterfugio por parte de Jim y Betty. Para ellos —aunque quizás padecían de cierta negación—, estaban realizando un trabajo misionero como *individuos*, y fue una bendición afortunada que ambos acabaran en Ecuador. Esta feliz coincidencia, el profundo amor que sentían el uno por el otro y la incertidumbre de Jim sobre si Dios lo llamaría alguna vez a casarse crearon un comprensible embrollo para los espectadores.

En medio del embrollo, Pete empezó a recapacitar sobre su propia relación con Olive. Restableció el contacto y empezó a reconstruir lentamente la confianza que había roto.

El verano de 1952 llegaba a su fin. Jim y Pete estaban listos para trasladarse a la gran selva al sureste de Quito y comenzar a trabajar en un asentamiento llamado Shandia, en la cabecera de la cuenca del Amazonas. El Dr. Tidmarsh había establecido la estación unos años antes con una escuela para niños quichuas, pero los edificios estaban en mal estado y la pista de aterrizaje estaba cubierta por la rapaz vegetación de la selva. Los indios les darían la bienvenida a Jim y Pete, que estaban decididos a entablar relaciones con los quichuas y a trabajar codo a codo con ellos. Pete escribió en su diario: «para alcanzarlos para Cristo, tendremos que ser como ellos [...] capaces de enfrentarnos a sus problemas con ellos y ayudarlos a desarrollar la semejanza a Cristo en *su* entorno, no darles un objetivo poco realista de semejanza a Cristo en nuestro entorno controlado en medio de ellos».[9]

Cuando Pete y Jim se marcharon, Betty se había recuperado de su desolación y sus lágrimas. Se despidió de Jim —una vez más— con calma. Atribuyó su cambio de actitud a las fervientes oraciones de su madre. «La tuya es una compasión que fortalece. No es afectada ni debilita. No sabes cuánto me ayuda saber que estás conmigo en estas cosas. Estoy completamente segura de que fue tu oración de la semana pasada lo que hizo esto por mí».[10]

Betty, sin margen para planificar su futuro *con* Jim, decidió trazar un rumbo independiente. Su compañera Dorothy estaba decidida a trabajar con los indios colorados de Ecuador, pero carecía de formación lingüística. Betty podría ser de gran ayuda en ese campo. Oró al respecto y poco a poco sintió que Dios la llamaba a los colorados, muy al oeste... en la dirección exactamente opuesta a la selva oriental donde estaría Jim Elliot.

CAPÍTULO 15

Los coloridos colorados

Hay serias dificultades en todas partes, y se avecinan más.
Por lo tanto, debemos seguir adelante.
—William Carey

*H*oy en día, el trayecto de Quito al caserío de San Miguel de los Colorados dura unas tres horas en coche. En 1952, sin embargo, las carreteras eran peligrosas o inexistentes. El viaje les llevó varios días a Betty y Dorothy. Salieron temprano por la mañana, encaramadas al maletero de una camioneta conducida por un creyente ecuatoriano llamado E. T. Después de atravesar Quito durante varias horas, recogiendo una pieza de un vehículo aquí o una carta que había que entregar allí, por fin se abrieron paso por la estrecha y sinuosa carretera hacia el oeste, bajando hacia la selva.

La carretera solo permitía el tráfico en un sentido, que cambiaba de dirección según reglas desconocidas e impredecibles a lo largo del día. En ocasiones, esto provocaba tensiones entre los camioneros: «¡Caramba! ¿No ves que estoy bajando?». «¡Caramba! ¿No ves que estoy subiendo?».

Entonces los conductores se bajaban, gritaban y golpeaban el suelo como toros. Los espectadores intervenían con apasionadas opiniones sobre quién tenía el derecho de paso. Los perros ladraban. Plumas de gallina caían sobre los conductores. Al final, todos volvían a sus vehículos y, de alguna manera, llegaban a su destino, aunque no a tiempo. E. T. siguió conduciendo, atravesando cascadas, ríos poco profundos, y bajando, bajando, bajando, hasta las plantaciones de caña de azúcar y plátanos, y la densa y brumosa selva.*

La camioneta llegó a Santo Domingo, que parecía el «set del lejano Oeste de Hollywood», a última hora de la primera noche. Betty y Dorothy se deslizaron por la parte trasera del portón, se frotaron sus traseros magullados y ayudaron a E. T. y a su mujer, Vera, a descargar el camión. Pasarían la noche en la pequeña casa de E. T. antes de viajar a San Miguel al día siguiente.

La casa era de «madera sin pintar que se había ennegrecido con la humedad y el moho», observó Betty. «Había cuatro niños que parecían pertenecer a E. T. y Vera, aunque nadie nos los presentó [...]. Una o dos personas más que aparentemente vivían en la casa no hablaban inglés. El lugar donde dormían era un misterio... la casa estaba amueblada con lo mínimo indispensable: mesas y sillas o bancos de mala calidad, y Vera cocinaba en un fogón, una especie de cajón de arena con patas y fuego. El humo llenaba la casa... todo estaba oscuro, y había cuerpos sin identificar tendidos en el suelo de la cocina-sala de estar. El lugar olía mal. Era una mezcla de grasa quemada, cebollas, humo, moho, gente sin lavar y desechos humanos.

»Había un retrete exterior utilizado por la familia, una choza alta que emitía un efluvio de lo más letal, pero un desfile constante de gente del pueblo utilizaba un terreno vacío contiguo como cuarto de baño. No buscaban intimidad, eso era obvio, sino solo espacio, y a juzgar por la precaución con que pisaban, quedaba poco de eso».[1]

«La depresión que me produjo [la casa] me hizo sentir culpable, pues entonces pensaba que la fealdad, la suciedad y la falta de intimidad eran sacrificios apropiados para un siervo del Señor. Si no me gustaba el ambiente, significaba que aún no estaba preparada para dar mi vida, como había prometido».[2]

Después de una noche lúgubre, Betty y Dorothy se levantaron a la mañana siguiente, alquilaron dos caballos pequeños —a 90 centavos el día— y cabalgaron unas tres horas hacia el sur, en dirección a San Miguel. El sendero era profundo y ancho; en algunos puntos, el barro casi llegaba al vientre de los caballos. Los

---

*Elisabeth Elliot escribió sobre su trabajo entre los indios colorados en un delgado volumen titulado *These Strange Ashes* [Estas extrañas cenizas], publicado en 1975. Creo que es uno de sus mejores libros; sus magníficas dotes descriptivas como escritora, y su seco ingenio, están en plena exhibición, y la historia carece del tono didáctico de instrucción que marcó algunos de sus libros posteriores.

árboles gigantes, los helechos y las orejas de elefante de la jungla se apiñaban unos sobre otros «en una frondosidad inimaginable, cubiertos de lianas y plantas en flor que desprendían aromas inesperadamente dulces. El gran árbol del pan extendía sus enormes, oscuras y brillantes hojas junto al sendero y dejaba caer sus pesados globos marrones sobre el lodo».[3]

A primera hora de la tarde, las dos mujeres llegaron a San Miguel de los Colorados, un claro del ancho de dos campos de fútbol con algunas casas. Guiaron a los caballos hacia una pulcra estructura de armazón con una valla... y una joven con un vestido de algodón floreado salió volando, saludándolas en inglés británico.... «¡Oh! ¡Bienvenidas a San Miguel en el lodo!».

Era Doreen, la enérgica misionera británica que, mientras estaba de licencia en Nueva York, había soñado con Betty sobre la posibilidad de llegar a los huaoranis algún día. Doreen llevaba varios años trabajando entre los indios de Colorado. Su colega, Bárbara, vivía en una casita sobre pilotes al otro lado del claro.

Las dos británicas invitaron a Betty y Dorothy a sentarse a comer: sopa de espinacas, arroz, huevos fritos y, por supuesto, té. Había una jarra de leche hervida fría para el té, cubierta con una blonda festoneada con cuentas de cristal en los bordes. Civilización en la jungla.

«Allí estábamos, bebiendo té juntos sobre el mantel verde y naranja, hablando del trabajo que haríamos», escribió Betty años más tarde. «*Por fin, por fin*, pensé. Con Dios, seguro que haríamos maravillas».[4]

Wilfred Tidmarsh, el misionero que había animado por primera vez a Jim Elliot y Pete Fleming a venir a Ecuador, había iniciado la obra misionera en San Miguel. Su objetivo principal eran los indios quichuas de Shandia, al este, pero esperaba que San Miguel pudiera ser un punto de partida para la evangelización entre los indios colorados de la selva occidental. Los indios vivían dispersos por la selva; el pequeño claro era lo más cerca de su hábitat donde los misioneros podían apuntar a llegar.

En aquel momento, había un pequeño grupo de fieles no indios que se reunían para los servicios religiosos, con perros, escupitajos, niños llorando y todo. Pero el grupo al cual apuntaba la misión, los indios colorados, seguían siendo pacíficos, tolerantes con los forasteros y totalmente distantes.

Sin embargo, Betty tenía la fuerte sensación de que Dios la había enviado a ella y a sus colegas. Todo iría bien. Después de todo, la Gran Comisión ordenaba que el evangelio llegara a todo el mundo. «Las buenas nuevas [...] están destinadas a todos, y los colorados de la selva ecuatoriana tenían derecho a oírla».[5]

También creía que «Dios bendice a los que le obedecen y hace las cosas de maneras hermosas y demostrables para los que se han entregado a hacer Su obra [...]. Yo, hasta donde sabía, estaba aquí en obediencia y mi propósito era hacer la obra de Dios. Había muchas razones para esperar que Dios nos concediera el éxito».[6]

Sus palabras parecen ingenuas. Después de todo, había leído biografías de misioneros; conocía las historias de hombres y mujeres que habían perdido la vida, como John y Betty Stam, o perdido la salud, o la cordura, al servicio de Cristo. Estaba dispuesta a pagar cualquier precio por obedecer a Cristo.

Pero, como muchos, ella creía que Dios seguramente tomaría sus sacrificios y los convertiría en *éxitos* por Su causa... victorias gloriosas que los seres humanos podrían *ver*, que podrían ser informadas a los patrocinadores en casa, trayendo gloria a Dios.

Pero, de hecho, el tiempo que Betty pasó entre los indios de Colorado la despojó, de forma chocante y violenta, de sus prolijas suposiciones sobre la voluntad de Dios. Entre los colorados se enfrentó, quizás por primera vez, al misterio monolítico e impenetrable de los caminos de Dios.

CAPÍTULO 16

La primera muerte de Elisabeth Elliot

Los favoritos de Dios, especialmente los favoritos de Dios,
no son inmunes a los tiempos desconcertantes en los que Dios
parece guardar silencio. Donde ya no hay oportunidad para
la duda, tampoco la hay para la fe. La fe exige incertidumbre,
confusión. La Biblia incluye muchas pruebas del interés
de Dios —algunas bastante espectaculares—, pero no
garantías. Después de todo, una garantía excluiría la fe.
—Paul Tournier

*U*na noche negra en la selva, Betty estaba profundamente dormida cuando se despertó al oír que alguien golpeaba la puerta de su casa. «¡Señorita! ¡Señorita!».

Un hombre frenético se paseaba por el porche. Su mujer estaba dando a luz y a punto de morir. Al otro lado del claro, Bárbara, una comadrona, ya había sido alertada. Le pidió al hombre que despertara también a Betty. Bárbara traído al mundo al último hijo de la pareja, aproximadamente el undécimo de una larga serie de partos. Había suplicado al hombre que llevara a su mujer a un hospital; cualquier otro embarazo sería de alto riesgo. Él se había fumado un cigarrillo, contemplativo, había asentido y no había hecho caso. Ahora, la esposa, Maruja, se encontraba en un estado desesperado.

Cuando Betty y Bárbara llegaron a la casa, Maruja se retorcía en una cama ensangrentada rodeada de charcos de sangre en el suelo. Betty oyó un resoplido y vio que el bebé había nacido y yacía sobre un montón de trapos sucios en otra cama. Alguien

—quizás uno de los dos hombres presentes, que podría haber sido el padre— lo había envuelto con un trapo a medias y lo había depositado allí para que muriera en paz.

Doreen examinó a Maruja. Tenía prolapso uterino y estaba en estado de shock, casi sin pulso. «No puedo más, ayúdenme, me estoy volviendo loca», jadeó. «¡Oh, Dios! ¡Oh, Virgen santísima! ¡Oh, Virgen santísima, ten piedad! Me muero!».[1]

Se calló, luego empezó a hablar de nuevo, despidiéndose de su familia, y después empezó a hacer ruidos guturales, con la mandíbula moviéndose de un lado a otro y finalmente con una sonrisa escalofriante. Su marido volvió a entrar, aullando.

La mujer estaba muerta.

Uno o dos días después, los hombres llevaron el bebé a Bárbara y Betty. Estaba delgado como un esqueleto, mostraba signos de sífilis y no tardó en morir. Sus «dos padres» solo le habían dado agua.

Aunque Betty lloraba estas pérdidas, su trabajo consistía en traducir la lengua de Colorado al lenguaje escrito. Para ello, necesitaba un «informante». El término puede resultar extraño; suena como un infiltrado que difunde información confidencial para que el gobierno pueda procesar a mafiosos o capos de la droga. Pero en el mundo de las misiones, designa a una persona indígena de la que un misionero puede obtener información desconocida sobre la lengua, el dialecto y la cultura.

Betty esperaba contratar a un indio de Colorado que se sentara con ella durante horas, repasando palabras del vocabulario y repitiéndolas lentamente una y otra vez para que ella pudiera acertar con la fonética y escribirlas en sus ordenadas fichas. Era un trabajo tedioso… pero seguro que alguno de los colorados, necesitado de dinero, aceptaría el encargo.

El primer indio que Betty conoció le causó una impresión indeleble.

«Parecía llevar un casco de visera rojo bermellón […] encima de este, un anillo de algodón blanco. Tenía la cara, los brazos y todo el cuerpo pintados de rojo brillante. Lucía rayas negras horizontales que empezaban en la frente y llegaban hasta los dedos de los pies, y entre las rayas, lunares negros. Llevaba una falda a rayas blancas y negras […]. Sonreía, mostrando los dientes y la lengua manchados de negro. También tenía los labios manchados de un negro azulado. Nos dimos la mano, y si sus manos me parecieron pequeñas y duras, las mías debieron parecerle asombrosamente enormes y desprovistas de callos».[2]

En privado, Betty le preguntó a Doreen para qué necesitaba un casco.

«¿Casco?», chilló Doreen. «¡Es su *pelo*!». Le explicó que los hombres de Colorado se cubrían el pelo con una espesa mezcla de vaselina y *achiote*, un tinte rojo hecho con la semilla de un árbol de la selva.

El hombre era educado, pero no tenía ningún interés en ayudar a la señorita Betty a aprender su lengua. Lo mismo sucedió con los demás indios que se cruzaron en su camino. Eran orgullosos, independientes y un poco desdeñosos con la presencia de las mujeres blancas en su mundo.

A Betty le molestaba el desapego de los indios. No parecían sentir necesidades que el evangelio pudiera satisfacer. Pero ella «no tenía ninguna duda de que Dios estaba de mi lado. [...] Me apoderaría de la lengua, la haría mía, la convertiría en un alfabeto y haría de los indios lectores y escritores».[3]

Así oraba Betty. «El trabajo que yo esperaba hacer era el trabajo de Dios [...]. Yo era Su obrera. Todo era claro y sencillo. Mi oración estaba más libre que nunca de motivaciones egoístas e impuras. Tenía las promesas escritas de ayuda de Dios, como la de Isaías 50:7: «El Señor Dios me ayuda, por eso no soy humillado».[4]

Su oración fue respondida. Un ecuatoriano llamado Don Macario había crecido en una hacienda con niños colorados, y era completamente bilingüe en español y colorado. Era creyente. No tenía trabajo. Estaba dispuesto a trabajar por lo que Betty pudiera pagarle.

¡Increíble! Dios le había proporcionado un informante aún mejor de lo que Betty podría haber imaginado.

Don Macario le enseñó a Betty que los indios llamaban a su lengua *tsahfihki*, «la lengua del pueblo». Le enseñó la pronunciación de las vocales, las inflexiones, la estructura de las frases, los verbos, los sustantivos, los prefijos. Era el sueño de cualquier lingüista. Durante las semanas siguientes, una extasiada y organizada Betty hizo tablas, fichas y listas ortográficas, utilizando símbolos fonéticos que representaban los sonidos *tsahfihki*. El trabajo iba bien.

Betty informaba a Jim de sus progresos en cartas que cruzaban lentamente —muy lentamente— los largos kilómetros que los separaban. Jim, que trabajaba duro en Shandia, estaba encantado de que su viejo amigo Ed McCully hubiera llegado a Ecuador en diciembre de 1952. Al igual que Jim y Betty, Ed y su esposa, Marilou, eran misioneros de los Hermanos de Plymouth, deseosos de servir a las tribus de la selva. Estudiaban quichua en Shandia y vivían en una choza cerca de Jim.

Una cálida mañana de enero de 1953, Betty estaba sentada en su dormitorio, leyendo un pasaje bíblico de 1 Pedro sobre los creyentes sometidos al «fuego de prueba». Oyó disparos cerca. No era nada raro; los hombres solían cazar en los alrededores. Luego se oyeron gritos, cascos de caballos y gente corriendo, y después, la voz británica de Doreen gritando por encima del estruendo: «¡Han matado a Don Macario!».

Betty salió corriendo.

«¡Le han disparado a Macario!», gritaba la gente. «¡Asesinado!».

Un amigo llegó corriendo al claro, sin aliento. Había estado limpiando matorrales con Macario cuando apareció un grupo de hombres que decían que la tierra pertenecía a uno de ellos. Macario había insistido en que la propiedad era suya. Uno de los hombres sacó una pistola y le disparó varias veces en la cabeza.

Bárbara, la compañera de Betty, había ido corriendo al lugar del tiroteo. Ahora, ella y un grupo de hombres llegaron, llevando el cuerpo sobre un gran poncho. Lo depositaron en el porche de la casa de Bárbara.

Betty y el resto de la multitud contemplaron en silencio durante largo rato. «Había un gran agujero en la frente de Macario: le habían disparado a quemarropa... Se había instalado el *rigor mortis*, y un brazo sobresalía rígido por el costado, con un índice acusador apuntando al espacio. [...] Las moscas pululaban por la herida, alrededor de la boca y los ojos ligeramente abiertos».

Alguien se alejó al galope, a caballo, en dirección al siguiente pueblo para alertar a las autoridades. Unas horas más tarde, llegaron dos hombres de la oficina del alguacil, acompañados por un misionero llamado Bill. Anunciaron que no se podría procesar al autor a menos que se realizara una autopsia y se recuperaran las balas.

Estaba bastante claro por dónde habían entrado las balas. El misionero Bill se ofreció como voluntario para hacer la autopsia, ya que el forense más cercano probablemente estaba en Quito. Doreen dijo que ayudaría. Corrió a su casa, se puso el atuendo blanco de cirujana británica que probablemente tenía preparado para la ocasión y tomó una sierra de carne. Ella y Bill examinaron el cadáver. La multitud se agolpaba. Después de algunos titubeos, Bill empezó a serrar el cráneo del cadáver. No fue tarea fácil. Las madres llamaban a sus hijos para que vinieran a mirar, Bill sudaba y, finalmente, el cráneo, que se había agrietado por la explosión de la bala, se desarmó en varios pedazos. Bill extrajo los fragmentos de bala destrozados, los investigadores se los llevaron y la multitud se dispersó.

Bill y Doreen intentaron recomponer al pobre Macario, confeccionándole una especie de turbante para que se lo llevara a la tumba. No tenía familia cerca, así que la pequeña comunidad cristiana celebró un velatorio, cantando himnos y bebiendo café durante toda la noche mientras el cadáver empezaba a descomponerse. Hicieron un ataúd, clavaron la tapa y se lo llevaron para enterrarlo.

Betty Howard escribió a sus padres que había sido el día más terrible de su vida. No podía comprender el repentino horror de la muerte de su amigo, la injusticia que suponía y lo que su pérdida significaba para la traducción de la Biblia en colorado.

Macario había sido la respuesta de Dios a la oración, la clave de todo el trabajo lingüístico, probablemente el único ser humano en todo el planeta que hablaba tanto el colorado como el español con la misma facilidad. ¿Acaso Dios no se preocupaba por la salvación y el discipulado de esta tribu de la selva?

El poncho sobre el que se había realizado la improvisada autopsia de Macario colgaba de la valla adyacente a la casa de Betty, para que la lluvia lavara las manchas de sangre. Cada vez que Betty lo miraba, se burlaba de ella. Pensaba «en la imagen de aquel cerebro derramado, el único cerebro del mundo que contenía los idiomas» que necesitaba. ¿Había dejado atrás tantas cosas para venir a este remoto lugar de la selva ecuatoriana simplemente para perder el tiempo?

No podía encontrar sentido en los pedazos destrozados de la cabeza de Macario, ni en su propia misión destrozada. Había prometido obedecer a Dios, y sabía que esa obediencia bien podría llevarla a «tribulación». Después de todo, eso era bíblico. Y había orado pidiendo santidad. Pero este tipo de «respuesta» le resultaba sorprendente y repugnante.

«Había deseado a Dios mismo y Él no solo no me había dado lo que pedía, sino que me había arrebatado lo que tenía. Me había quedado sin nada, vacía».[5]

Unas noches más tarde, cuando aún no se había recuperado de los extraños sucesos de la muerte de Don Macario, Betty estaba sentada en su escritorio, repasando tristemente sus apuntes de lengua, cuando oyó el ruido de los cascos de un caballo.

Tomó su linterna y corrió afuera. Un amigo de Santo Domingo le entregó un telegrama. Ella lo abrió de un tirón.

Era de Ed McCully. Betty sabía por correspondencia que Jim había hablado con Ed sobre el matrimonio en general y sobre el compromiso en particular.

«Jim vendrá a Quito el viernes», había telegrafiado Ed. «Ven». Eso solo podía significar una cosa.

Betty se puso manos a la obra. Al día siguiente, temprano por la mañana, cabalgó hasta Santo Domingo y luego se dirigió a Quito en un camión bananero. Las diez horas de viaje y traqueteo se le hicieron eternas. El conductor la dejó en una parada de camiones de Quito, donde Betty tomó un taxi y se dirigió a la casa de unos amigos donde se alojaba Jim.

Después de años de discusiones, anticipación, dudas y anhelos, después de montones de diarios, cartas y oraciones escritas, el rastro documental sobre el compromiso en sí es sorprendentemente escaso. Betty escribió a sus padres:

a. Una chimenea,
b. Una alfombra suave en el suelo delante de ella,
c. La propuesta,
d. El beso. Sí, mi primero en la vida. ¿Si lo tengo que describir? Sí... «Cuando en el arbusto de lilas crezcan manzanas»,
e. La inmensa sorpresa del anillo.[6]

Pero en su diario, Betty escribió sobre el beso: «Oh, Dios de las estrellas y las flores... El alivio de poder expresarle mi amor, de sentirme libre por primera vez, es simplemente indescriptible. Me duele el cuerpo de amor por él y anhelo el día en que sea mi marido. Quiero ser suya. Lo deseo, y su deseo es para mí... Oh, amor perfecto, que trasciende todo pensamiento humano».

Jim escribió a sus padres sobre su alegría por el compromiso, con un toque de eufemismo: «Ciertamente, no se ha hecho con prisa».[7] También escribió a los padres de Betty, dándoles las gracias por «traer a Betty al mundo y construir en ella todo lo que la convierte ahora en una compañera tan encantadora con la que puedo compartir todo lo que tengo». También reconoció el largo periodo de incubación de su relación y les agradeció «la paciencia y la sabiduría que han demostrado durante todo el asunto».[8]

Jim, como era Jim, le dijo a Betty que no estaba seguro de cuándo se casarían. Pero sí sabía una cosa: ella debía aprender quichua antes de casarse. Si esperaba hasta después de casarse, podría haber distracciones que le impidieran estudiar, y entonces no podría participar plenamente en su trabajo.

Ella aceptó. Estaba dispuesta a pagar cualquier precio por este hombre... ¿y cuán difícil podía ser el quichua?

Los días siguientes fueron probablemente los más felices de la vida de Betty. Las breves anotaciones de su diario solo dan una idea de la alegría y la liberación abrumadoras que sentía, después de cinco años de amar a Jim sin poder expresarle casi nada.

1 de febrero: Iglesia, partición del pan, emisora de radio HCJB por la noche. Cuando entramos en el estudio, todo el coro cantó *I Love You Truly* [Realmente te amo].[9]

2 de febrero: Emisión: anunciamos nuestro compromiso a quien estuviera escuchando. [En ese momento, la HCJB tenía una audiencia de millones de oyentes en toda América Latina, Estados Unidos y mucho más].

3 de febrero: Almuerzo en la bodega [un piso que los misioneros habían alquilado para guardar sus posesiones voluminosas y suministros de Estados Unidos] con toda la pandilla. McCullys, Cathers, Bárbara y Emma, Jim y yo. Cena en casa de Bill y Marie.

4 de febrero: Cena en lo de Betty y Joe, con los McCullys.

5 de febrero: Compras y paseos por la ciudad, cena juntos en el Wonder Bar, tarde en la bodega.

6 de febrero: Tarde en la bodega, cena con los McCully en el hotel Colon. Entremeses, sopa de alcachofas, filete *mignon*, puré de patatas, champiñones, remolacha, zanahorias, pastel con helado, ¡café! [Betty siempre fue buena contando lo que comía].

7 de febrero: Más compras, escribir cartas, almuerzo con Arias, y por la tarde cuidamos al bebé mientras Gwen iba a una reunión.

8 de febrero: Jim predicó en la iglesia, yo canté, reunión en casa de Gwen; Jim cenó con el comité del Campamento Juvenil, nos encontramos en la bodega, fuimos a un segundo servicio religioso y luego regresamos a casa.

9 de febrero: Hicimos compras juntos durante todo el día. Cena con la familia que hospeda a Jim. Correspondencia de casa. Nuestras familias habían recibido nuestras cartas. Todos encantados con la noticia.

10 de febrero: Cenamos juntos en la bodega junto al fuego. Sándwiches de jamón tostados, sopa crema de champiñones, guisantes, té.

11 de febrero: Fuimos a la bodega solo unos minutos después de cenar. Jim quería ir a casa y escribir cartas. Terminamos en una colina sobre la ciudad.

12 de febrero: Todo el día en las aguas termales con Gwen, Jimmy, los McCully y Emma. Mucha diversión. Quemados de sol. Por la tarde, bodega otra vez, y una botella de vino.

Viernes 13: A Otavalo (ciudad conocida por sus textiles indios, volcanes y cascadas) con los McCully. Nos alojamos en el hotel Imperial. Marilou y yo teníamos una habitación, los hombres otra.

14 de febrero: Volvimos de Otavalo después de pasar un buen rato en el mercado. Jim me compró una manta preciosa.

15 de febrero: El Dr. Fuller me informó hoy de una lesión tuberculosa activa en un pulmón. Jim estaba conmigo cuando me lo dijo. Lo afrontamos juntos. Nunca en mi vida he estado tan destrozada por algo. Puede significar volver a Estados Unidos para tres meses de reposo absoluto. ¿Cómo voy a dejar Ecuador? ¿Cómo puedo casarme con Jim? No puedo ser un obstáculo para él. Tengo que hacerme análisis esta semana.

16 de febrero: Desperté llorando. Jim y yo recibimos una carta de Dave y Gibby felicitándonos por nuestro compromiso que nos hizo llorar a los dos. Poco saben ellos de esta última nube oscura que viene en el horizonte.

19 de febrero: La «tuberculosis» resultó ser solo una sombra que desapareció en la tercera radiografía. [El diagnóstico había sido un error o, como Jim creía, Dios había sanado a Betty de la sombra en el pulmón]. La tarde del 18, la última que pasamos juntos, estábamos en casa de Gwen. Oh ardiente pasión... Ah, pasión ardiente... y a las seis de la mañana del jueves, él fue a mi habitación en medio de la oscuridad a darme un beso de despedida. Fue un día lúgubre sin él. «Oh, Dios, ¿cuánto tiempo podré aguantar? Lo necesito tanto. Y mi anhelo de un hogar con él nunca disminuye. Cómo necesito su fuerza y su amor, sus brazos a mi alrededor, su querido rostro contra el mío».

Betty hizo el largo y estremecedor viaje de regreso a San Miguel. «Ah, me siento sola», escribió después de llegar. «No puedo soportarlo. ¿Cómo podré ponerle alma y corazón al trabajo en Colorado? ¿Cómo voy a aprender quichua aquí?».

Primero lo primero. Dedicó su formidable mente a la tarea de completar el trabajo preliminar para la traducción de la lengua colorada. Ahora que Don Macario no estaba, Betty pasaba tiempo frenéticamente con todo aquel que pudiera ofrecerle algún tipo de ayuda. Samuel, el hermano del jefe de la tribu, accedió a reunirse con ella, y tuvo la amabilidad de mantenerse sobrio el tiempo suficiente los sábados para que Betty comprendiera mejor el idioma. Era «un indio apuesto, mejor pintado, engrasado y perfumado que nadie que yo conozca, y hablaba un español excepcionalmente bueno».[10]

Samuel, el informante de idioma de Betty del pueblo colorado, 1953

Con la ayuda de Samuel, Betty pudo completar un alfabeto fonémico del *tsahfihki*. Preocupada por la posibilidad de que otros exageraran lo que ella había hecho, escribió a sus amigos: «Por favor, ¡no vayan por ahí diciendo que he "completado" el alfabeto de la lengua de los indios de Colorado! No estoy nada satisfecha con algunas de mis conclusiones, ya que en uno o dos casos tuvieron que basarse en hipótesis más que en ciencia pura».[11]

Doreen y Bárbara, así como cualquier otro misionero, podrían utilizar este material tan arduamente adquirido como base para comprender a los colorados y comunicarse con ellos. Los lingüistas podrían basarse en él para traducir el Nuevo Testamento. Con el deseo que hubiera sido más, o mejor, Betty empaquetó cuidadosamente todos sus papeles lingüísticos, tarjetas, gráficos y notas en una maleta, para que a otros les resultara fácil tenerlo todo en un mismo lugar. Bárbara y Doreen consultaban los materiales con frecuencia y empezaron a hacer algunos progresos en la lengua colorada.

A principios del verano, Betty se trasladó de San Miguel a Dos Ríos, una estación misionera de la Alianza Cristiana y Misionera en la selva oriental, cerca de la ciudad de Tena. Los misioneros la habían invitado amablemente a estudiar la lengua quichua.

Betty se sumergió entre los hablantes del quichua. Aunque no eran tan pintorescos en apariencia o personalidad como los colorados, los indígenas locales estaban dispuestos a ayudarla en todo lo que pudieran. Estudió, practicó, escuchó, leyó, comió, bebió y soñó en quichua. Después de *tsahfihki*, le resultó extraordinariamente fácil. Pronto empezó a entender y a conversar en la nueva lengua.

Entonces recibió una carta de Doreen. La abrió con impaciencia y se quedó atónita, sin poder respirar.*

Doreen le informaba que el equipaje de Bárbara había sido robado de la parte trasera de un camión. Este incluía la maleta de Betty llena de sus cuadernos manuscritos, cajas de archivos, gráficos y laboriosas notas lingüísticas sobre la lengua del Colorado. Todo el material.

No había copias de nada. De un plumazo, todo lo que Betty había hecho en nueve meses en San Miguel había desaparecido. Su trabajo único e irremplazable decodificando el idioma colorado para una eventual traducción del Nuevo Testamento... ¡No! Esto no podía suceder. Tenía que haber alguna forma de recuperarlo. Siguió releyendo la carta de Doreen, como si su contenido pudiera cambiar al revisarla.

¿Qué estaba haciendo Dios? No tenía sentido. ¿No quería Él que los colorados tuvieran la Biblia en su propio idioma? ¿Por qué

---

*Cuando Betty escribió más tarde sobre estos traumáticos sucesos, parece que los combinó en aras de la claridad y la fluidez narrativa. En *These Strange Ashes*, escribió que los materiales estaban en una maleta que había desaparecido de la parte superior de un autobús y que se lo habían comunicado por carta en el verano de 1953. En sus diarios y correspondencia, sin embargo, parece que la carta de Doreen llegó el 7 de abril de 1954 e informaba que la maleta con todo el material lingüístico de Betty había sido robada de la parte trasera de un camión. En cualquier caso, la pérdida de aquellos meses de laborioso trabajo lingüístico marcó la comprensión de Betty sobre la soberanía de Dios para el resto de su vida.

permitiría tan despreocupadamente la pérdida de nueve meses de arduo trabajo para Su reino?

Al igual que con sus preguntas después de la muerte de Don Macario, no había respuestas.

Muchos años después, Betty se refirió a los primeros nueve meses de su experiencia misionera oficial en Ecuador —desde finales de 1952 hasta mediados de 1953— como un «año escolar».

Durante ese curso de estudio, adquirió mucha información nueva. Aprendió dos idiomas. Aprendió muchas habilidades prácticas que eran esenciales para el trabajo misionero.

Pero este año escolar no se limitó a los hechos y las habilidades. En él, Dios comenzó a enseñarle verdades que profundizaría cada vez más a lo largo de las décadas siguientes, aspectos polifacéticos de Su voluntad que no se podían trazar, categorizar ni enumerar en un índice. La voluntad soberana de Dios era un misterio que no se podía dominar, una experiencia que no se podía clasificar, una maravilla que no tenía fin. Entretejía hilos de vida, muerte, gracia, dolor, alegría, humildad y asombro.

En resumen, el «año escolar» de San Miguel había traído la primera de cuatro muertes distintas, casi desgarradoras, en el transcurso de la larga vida de Elisabeth Elliot. La muerte de Macario y el posterior robo de los apuntes lingüísticos abrieron un agujero fatal en la habitual superficie lisa de sus correctas respuestas cristianas y crearon un enigma para esta misionera obediente, devota, curiosa y de alto rendimiento. La pregunta «¿por qué?» no solo quedó sin respuesta en términos prácticos, sino que tampoco pudo resolverse prolijamente mediante la hábil reordenación de los hechos para producir la respuesta «espiritual» adecuada. Esta muerte, esta pérdida, desafiaba la fórmula religiosa habitual: *Bueno, esto malo sucedió para que Dios pudiera hacer x, y, y z, más allá de lo que podríamos haber pedido o imaginado.*

Por supuesto, Betty conocía los gloriosos e inmensos temas de la vida que triunfa sobre la muerte al final, como el triunfo de Jesús sobre la tumba. Su visión del fin de la historia, del nuevo cielo y la nueva tierra, de la victoria final de Jesús, no había cambiado. Pero en su experiencia de vida, estos acontecimientos terrenales en particular solo parecían un desperdicio ineficaz para el reino de Dios, sin ninguna explicación que pudiera hacer que alguien, en particular Betty, se sintiera mejor, y mucho menos «victoriosa».

Fue la «primera lección» de Betty en la escuela superior de la fe... «mi primera experiencia de tener que inclinarme ante lo que no podía explicar. Normalmente, no necesitamos inclinarnos.

Podemos simplemente ignorar lo inexplicable porque tenemos otras cosas en las que ocupar nuestra mente. Lo escondemos bajo la alfombra. Evadimos las preguntas. Las pruebas más duras de la fe no llegan cuando no vemos nada, sino cuando vemos un conjunto impresionante de pruebas que parecen demostrar que nuestra fe es vana. Si Dios fuera Dios, si fuera omnipotente, si se hubiera preocupado, ¿habría ocurrido esto? ¿Es esto a lo que me enfrento ahora la ratificación de mi vocación, la recompensa de la obediencia? Uno se vuelve incrédulo una vez desde las circunstancias y mira al abismo. Pero en el abismo solo hay oscuridad, ningún atisbo de luz, ningún eco que responda.[12]

«Pasó mucho tiempo antes de que llegara a comprender que es en nuestra aceptación de lo dado donde Dios se da a sí mismo. Incluso el Hijo de Dios tuvo que aprender obediencia por las cosas que sufrió, y Su recompensa fue la desolación, la crucifixión».[13]

Amy Carmichael escribió sobre un creyente que pregunta a Dios por qué sus esperanzas se convierten en cenizas. «Pero estas extrañas cenizas, Señor, esta nada misma/Esta desconcertante sensación de pérdida», a lo que el Señor pregunta, a su vez: «¿Fue menor la angustia de mi despojo/En la tortuosa cruz?».[14]

Betty meditó en todas estas cosas. «Podemos aprender a aceptar cada experiencia separada de despojo individual como un fragmento del sufrimiento que Cristo soportó cuando lo tomó todo», escribió. «... Esta pena, este dolor, esta pérdida total que vacía mis manos y rompe mi corazón, puedo, si quiero, aceptarla, y al aceptarla, encuentro en mis manos algo que ofrecer. Y así se lo devuelvo a Él, que en misterioso intercambio se entrega a sí mismo a mí».[15]

Betty vio una lección similar en una historia apócrifa que se cuenta sobre Jesús y Sus discípulos. Mientras caminaban por un camino pedregoso, Jesús pidió a cada uno de Sus amigos que le llevara una piedra. Juan eligió una grande; Pedro, una pequeña. Todos subieron por un empinado sendero de montaña. Mientras descansaban en la cima, hambrientos, Jesús ordenó que las piedras se convirtieran en pan. Como Pedro seguía hambriento después de su pequeña porción, Juan compartió un poco de la suya.

Un rato después, el grupo se puso de nuevo en camino, y Jesús pidió a cada uno que le llevara una piedra. Esta vez, Pedro eligió la más grande. Después de una larga caminata, Jesús los llevó a un río y les ordenó que arrojaran sus piedras al agua.

Lo miraron desconcertados y sudorosos.

«¿Para quién —preguntó Jesús— han llevado la piedra?».

Durante el resto de su vida, Betty recordó las tristes pérdidas de 1953; presagiarían para ella otras muertes más terribles. Pero empezó a aprender el misterio y el secreto de su antigua fe... no se trataba de resultados inspiradores, ni de realización personal, ni siquiera de respuestas coherentes. Se trataba de obediencia a Aquel cuya piedra ella llevaba.*

---

*Dios obra Su voluntad de maneras misteriosas. Más de cuarenta años después, Betty visitó a su vieja y querida amiga Doreen y a su marido ecuatoriano, Abdon. Doreen y Abdon seguían trabajando fielmente con los colorados. Algunos se habían convertido en creyentes dedicados y formaban parte de una pequeña iglesia. Bruce Moore y su esposa Joyce, traductores del Instituto Lingüístico de Verano, habían traducido el Nuevo Testamento al idioma de los colorados. Bruce y Joyce habían ayudado a discipular a líderes colorados dentro de la iglesia, incluido un antiguo brujo hostil que decidió seguir a Jesús, con un gran efecto dominó en el resto de la comunidad. Tras toda una vida de fiel servicio a Cristo, los Moore fallecieron en 2013 y 2014, y ahora residen en el cielo junto a Elisabeth Elliot... y el exmédico brujo.

CAPÍTULO 17

¡ P o r   f i n !

El amor no lo es todo: no es comida ni bebida,
ni sueño, ni un techo contra la lluvia; ni tampoco
un flotador para los hombres que se hunden
y se levantan y se hunden y se levantan
y se hunden de nuevo; el amor no puede llenar
de aliento el pulmón engrosado, ni limpiar la sangre,
ni curar el hueso fracturado; sin embargo,
muchos hombres se están haciendo amigos
de la muerte, incluso mientras escribo,
solo por falta de amor. Bien puede ser que
en una hora difícil, inmovilizado por el dolor
y gimiendo por la liberación, o fastidiado
por el deseo más allá del poder de la resolución,
podría ser impulsado a vender tu amor por la paz,
o a cambiar el recuerdo de esta noche por comida...
Bien puede ser. No creo que lo haría.
—Edna St. Vincent Millay

Mientras Betty estaba en San Miguel, desarrollando minuciosamente herramientas de traducción para el *tsahfihki*, Jim había estado trabajando duro en la estación misionera de la selva oriental, en Shandia. Había cosechado y cepillado a mano 500 piezas de madera, lo que representaba cientos y cientos de horas de trabajo. Con grandes esperanzas, había reparado tres viejos edificios y construido dos nuevos en la propiedad. Todo para la obra del Señor.

Entonces, a principios de agosto de 1953 —más o menos al mismo tiempo que Betty descubrió que le habían robado sus nueve meses de trabajo de traducción—, llovió a cántaros durante días sobre Shandia. El río que pasaba por debajo de la misión crecía cada vez más. Los aldeanos, a tres horas de distancia, oían el ruido de las aguas. Rocas del tamaño de casas se desplomaron en la rugiente corriente. Árboles enteros se precipitaron río abajo. Veintidós indios murieron en el campamento situado justo debajo de Shandia. El río seguía creciendo.

Jim, Pete y sus amigos quichuas trabajaron frenéticamente durante la noche mientras el río amenazaba edificio tras edificio del campamento. La casa de los McCully era la más cercana a la crecida y los hombres sacaron de ella todo lo que tenía valor: camas, muebles, techos de aluminio y los utensilios de cocina. Un adolescente indio sacó el refrigerador. A medida que subían las aguas, se oyó un gran *crrrrack*, y el porche delantero se deslizó y se estrelló contra el río revuelto de abajo... seguido del resto de la casa.

Durante las treinta y seis horas siguientes, el grupo trabajó frenéticamente para vaciar un edificio tras otro antes de que cada uno se desplomara en las aguas salvajes. Cuatro indios fueron por la noche a desenterrar a su padre, al que habían enterrado unos meses antes. Lo llevaron a un lugar más alto y lo enterraron de nuevo, pensando que seguramente el río no subiría hasta esa altura. Más rápido de lo que hubieran podido imaginar, el río creció, arremolinándose y arrancando el cuerpo de su padre de la nueva tumba, para sumergirlo en la caudalosa crecida.

En un momento dado, Jim quedó atrapado en una de las casas que los trabajadores intentaban salvar; el acantilado bajo la estructura se deslizó, en cámara lenta, hacia el agua.

«¡Se ha ido!», gritaban los indios. Pero Jim, con gran presencia de ánimo, había utilizado un machete para atravesar el tejado de la casa y poder salir a rastras antes de que todo cayera al abismo.

Tras varios días de inundación, Jim y Pete se durmieron exhaustos a las tres de la madrugada en la casa de un indio, muy, muy lejos del río. Se despertaron de repente antes del amanecer; el río volvía a subir.

Al final, todos los edificios habían desaparecido. Betty, que estaba estudiando quichua frenéticamente en Dos Ríos, se enteró de la noticia por la frecuencia de radio de los misioneros. Ella y un grupo de indios caminaron durante horas, pasando la noche en la selva, y llegaron a Shandia a la mañana siguiente. Jim y Pete estaban sucios, exhaustos, durmiendo en una tienda de campaña, con una lavadora rescatada en el barro a su lado, justo en medio de la pista de aterrizaje pantanosa.

Después de dormir, comer, orar y pedir consejo, los misioneros locales creyeron que tal vez Dios les estaba indicando, por la inundación inusualmente alta, que debían establecer otra estación más pequeña en una nueva zona. También reconstruirían la escuela, la iglesia y otros edificios de Shandia. Jim, Ed y Pete fueron enviados a «espiar la tierra» en una expedición de veintiún días en canoa para encuestar a los indios en las orillas del río Bobonaza, obtener una idea de las necesidades, la apertura y los posibles lugares para llegar con el evangelio. (Para entonces, Pete ya se había declarado por carta a su novia, Olive, unas cinco semanas después del compromiso de Jim y Betty. Pete y Olive se casarían en junio de 1954).

Ed McCully, Pete Fleming y Jim Elliot, otoño de 1953.

En la confluencia de los ríos Pastaza y Puyo —un lugar llamado Puyupungu—, un indio con quince hijos rogó a los hombres que fueran a vivir entre ellos y establecieran una escuela. Este tipo de apertura, por no hablar de la invitación de un líder tribal, no tenía precedentes. Jim, Pete y Ed estuvieron de acuerdo en que debían aceptar la petición. Pero Ed y su mujer, Marilou, iban a reconstruir Shandia y necesitaban la ayuda de Pete. Entonces, ¿qué pareja misionera podría establecer la nueva misión en Puyupungu?

Ed y Pete miraron a Jim y enarcaron las cejas.

«Entonces —dijo Jim mientras le contaba a Betty sobre la expedición y las conclusiones de sus compañeros—, ¿cuándo puedes casarte conmigo?».

El tan esperado acontecimiento tuvo lugar a las nueve y media de la mañana del 8 de octubre de 1953, en Quito. Era el vigésimo sexto cumpleaños de Jim. Ni él ni Betty tenían ningún interés en una boda «convencional» con satén blanco, lentejuelas, largas entradas dramáticas y una ovación para la novia. Sin embargo, la implacablemente frugal Betty le había escrito a su madre unos meses antes que había traído diez metros de organdí blanco suizo cuando llegó por primera vez a Ecuador para hacer *cortinas*... ¿por qué no utilizarlo para confeccionar un vestido de novia largo y muy sencillo con falda, mangas largas y cintura estrecha? Podía añadirle «el tocado más sencillo posible, sin velo». De ese modo eliminaría «toda fanfarria y tontería, ahorraría muchos gastos y seguiría llevando un vestido blanco».[1]

Pero cuando llegó el gran día, Betty iba vestida de calle. Jim escribió en su diario: «Nos casamos sin aspavientos en el Registro Civil», en una «habitación lúgubre y de techos altos de un antiguo edificio colonial», y «[nos casó] un funcionario convenientemente solemne que leyó, en un tono rápido y monótono, varias páginas en español, interrumpidas aquí y allá por nuestro "sí"».[2]

El Dr. y la Sra. Tidmarsh actuaron como testigos oficiales; Ed y Marilou McCully fueron los únicos invitados. «Firmamos con nuestros nombres en un inmenso libro de registro y fuimos marido y mujer», concluyó Jim. La ceremonia, culminación de años de angustioso anhelo, había durado menos de diez minutos.[3]

Desde allí, la nueva pareja llevó a sus amigos al Hotel Colón para tomar café y comer pastel. Jim había reunido el dinero suficiente para seis días de extravagancia en El Panamá, el hotel más lujoso de América Latina por aquel entonces. Después, los Elliot volaron de Panamá a Costa Rica, donde el hermano de Betty, Dave, y su esposa, Phyllis, servían como misioneros, y los sorprendieron al punto del colapso. Finalmente, volaron a Quito para comprar suministros para su misión pionera en una nueva zona de la selva oriental de Ecuador: *Puyupungu*, traducido aproximadamente como «la boca de la nube».

La vida matrimonial oficial de Jim y Elisabeth Elliot comenzó en un nido de amor tan poco convencional como su historia de amor. Para llegar a Puyupungu, hicieron un viaje salvaje por el río Pastaza, pilotados por indios que dirigían hábilmente las grandes canoas a través de terribles rápidos cada 120 metros (400 pies). Los indios se metían en el agua hasta la cintura, arrastrando y empujando las canoas por encima, alrededor y a través de las rocas.

«Pasábamos en un estruendo por un pequeño paso entre las rocas, nos precipitábamos a un estanque y nos pasábamos a toda velocidad a escasos centímetros de una pared de roca maciza», relató Betty. «En medio de un rápido muy peligroso, nuestro puntero, el hombre que mantiene la posición delantera, rompió su pértiga y, con magnífica habilidad, consiguió guiar la canoa con el pie mientras se precipitaba salvajemente por las rocas».[4]

Todas las posesiones de los recién casados —mil libras, que incluían un hornillo, un tambor de acero, una cama, un baúl, lavabos, un escurridor de manos, una plancha a gas y una tabla de planchar, una mesa, sillas, una tienda de campaña de cien libras, un tubo de horno, sacos de harina, azúcar, sal, arroz y frijoles—, aunque estaban selladas en bolsas de goma y cubiertas de plástico, acabaron empapadas. Pero no se perdió nada. Los Elliot llegaron al atardecer cerca de la desembocadura del río. Atanasio, el jefe que había invitado a los misioneros, y varias canoas llenas de amigos, aparecieron como una flotilla. Se detuvieron, sonriendo y gritándole a Jim: «¡Bueno! ¡Tú sí que cumples tu palabra!», y se dirigieron hacia su asentamiento.

Las canoas llegaron a la playa de arena. Betty levantó la mirada a los acantilados y vio a la familia de Atanasio: «dos esposas y un verdadero batallón de niños que se asomaban tímidamente entre los árboles».[5]

Los niños bajaron corriendo por el empinado sendero, tomaron cajas, bultos, ollas y bolsas de las canoas y subieron corriendo la colina para apilarlos en la nueva casa de los Elliot: una estructura de madera podrida y plagada de cucarachas que utilizaba el sacerdote católico cuando visitaba a los indios puyupungu una vez al año. No era el sueño de infancia de Betty de vivir en una cabaña en el África más profunda, pero era lo bastante primitiva para adaptarse a la situación.

Los indios suministraban a Jim y Betty leña, agua, huevos frescos, papaya, pescado ahumado y plátanos. Jim y Betty celebraron una reunión de la «iglesia» casi inmediatamente. Diez adultos y un grupo de niños acudieron dispuestos a escuchar. Al cabo de un día, Lucas, un indio que los Elliot habían traído de Shandia, abrió una nueva escuela cristiana con siete alumnos matriculados.

Tras unos días húmedos en la mohosa choza de las cucarachas, los Elliot se mudaron a una pequeña tienda de campaña con apenas espacio para una cama individual cruelmente inclinada, lo que les aseguraba que al menos uno de ellos se mojaría cuando lloviera. A veces se peleaban por quién debía ser el que se mojara. Fuera de la tienda, Betty tenía una cocina diminuta: un techo compuesto de pequeñas losas de aluminio para proteger su pequeño hornillo, oxidado y abollado por el viaje, en el cual la recién casada horneó galletas para el desayuno de la primera mañana. Había un retrete, poblado por todo tipo de criaturas reptantes, a una discreta cantidad de metros de distancia.

Desde su morada en lo alto de un acantilado, Jim y Betty podían ver El Sangay, que en ese entonces era el volcán más activo del mundo. «Escupe humo casi todo el tiempo, y a menudo por la noche vomita enormes rocas al rojo vivo que ruedan por sus laderas», escribió Betty. A su derecha, estaba «el monte nevado más magnífico de Ecuador, El Altar», y a su derecha «otro volcán activo, el Tungurahua, la montaña que causó el terrible terremoto del 49».[6] Kilómetros de selva ondulada, montañas, puestas de sol, río: el paisaje era tan salvaje y dramático como la aventurera Betty podría haber deseado.

Jim en la cabaña, 1954

El piloto misionero Nate Saint dejaba caer suministros y correo de vez en cuando, mientras Jim y los indios trabajaban para despejar una pequeña pista de aterrizaje. Betty enviaba fotos a casa. Su madre, inexorablemente atenta (que a menudo se preguntaba por qué no recibía más correspondencia, o si Betty se estaba cansando de sus cartas) respondía a cada detalle. En ese subtexto, se percibe la tensión que a veces marcaba su relación. «Lamento que no te guste el peinado, madre. A mí tampoco. Me desespera este problema del pelo en la selva. Las permanentes se encrespan, el pelo liso parece una escoba».[7]

Madre siguió, así que Betty respondió: «¿Por qué no llevo el cabello [con un determinado] estilo? No es lo suficientemente largo y, además, mi cara es demasiado redonda. Además, ningún sombrero le queda bien a una cabeza arreglada de ese modo (¡y tampoco es que los sombreros estén de moda en Puyupungu!)».[8] «Tu siguiente comentario: me veo muy delgada. No he perdido ni un kilo desde que me viste. [...] Peso [...] lo mismo que he pesado los últimos doce años. Es el peinado».[9] Las crisis capilares no eran el único desafío en la selva. Jim mató una tarántula cerca de su cama inclinada; su cuerpo tenía el tamaño de un ratón, sus gruesas y peludas patas eran tan grandes como la envergadura de la mano de un hombre. Una noche, Betty se despertó sintiendo algo frío y húmedo en la espalda desnuda, estiró la mano y sacó una lombriz larga y pegajosa. La tienda tenía goteras toda la noche, pero solo cuando llovía... que era casi todas las noches.

Los indios traían regalos de patas de armadillo, pato silvestre y flancos de carpincho (un roedor de tamaño inusual). Betty asaba, cocinaba a presión y hervía casi cualquier cosa, agradecida por la generosidad de los indios.

También bebía lo mismo que ellos. Chicha. Los indios recogían raíz de mandioca, la repartían y todos se sentaban alrededor de un cuenco de madera en el suelo, masticaban mandioca y luego la escupían en el cuenco común. Cuanto más tiempo pasaba, más fuerte era la fermentación.

Betty y los demás misioneros se la bebían valerosamente antes de que se volviera muy alcohólica. «En el momento en que te dan la media calabaza de la cual se bebe, la india mete la mano en ella, aprieta el fajo de pulpa de mandioca y te lo lleva a los labios. Es un líquido lechoso, con grumos e hilos, de sabor muy agrio, por no hablar de la <u>idea</u> estética que, por mi parte, ¡no puedo olvidar! [... pero] es la <u>costumbre</u>, y sería una ofensa grave si se rechazara».[10]

Un día de diciembre, Jim y un amigo llevaban una larga vara de palmera por el bosque, y Jim tropezó y cayó en un lodazal resbaladizo al borde del sendero. Al aterrizar, un palo afilado lo atravesó por debajo del brazo izquierdo. El corte dejó al descubierto músculos y tendones, y sangraba profusamente. Si el grueso palo en forma de lanza le hubiera perforado el pecho, lo habría matado.

Pero en diciembre de 1953, eso aún no había sucedido.

«Estamos muy agradecidos a los ángeles de la guarda», concluyó Betty.[11] Al acercarse la Navidad, Jim contó a los niños de la escuela la historia bíblica de la venida de Cristo. «Vendrán algunos indios de río arriba y será la primera vez que sepan por qué los blancos celebran la Navidad».[12] Al día siguiente, Jim y Betty abandonaron Puyupungu para reunirse con sus compañeros de misión en Shell y celebrar su propia fiesta. Dejaron sus pertenencias al cuidado de Atanasio. «Confiamos plenamente en los indios y no nos preocupan en absoluto, pero de vez en cuando pasan blancos por aquí».[13]

El fango pantanoso era profundo, los ríos espumosos, los acantilados escarpados y resbaladizos. Tras diez agotadoras horas de marcha, Jim y Betty llegaron a un pequeño claro y allí estaba Marj Saint, la esposa del piloto Nate Saint, quien hacía honor a su apellido* y era un verdadero ángel del sendero. Estaba esperando a sus exhaustos amigos con una camioneta, Coca-Colas heladas y generosas porciones de tarta húmeda de chocolate recién horneada.

La ciudad de Shell, a orillas del río Pastaza y al borde de la selva amazónica, se había establecido en 1937 como base de la petrolera *Shell Oil Company*. El gobierno ecuatoriano estaba ansioso por ver la selva virgen abierta para un posible desarrollo, así como la infraestructura de transporte. Concedió a Shell permiso para establecer una base en un territorio remoto que era hostil tanto desde el punto de vista ambiental como sociológico. La empresa construyó carreteras, voló granito y limpió pantanos. Shell construyó pequeñas casas, chozas de almacenamiento y una pista de aterrizaje de 1500 metros (5000 pies).

Sin embargo, para 1949, indios de la selva como los huaorani habían matado a demasiados trabajadores de Shell. Al centrarse cada vez más en el petróleo en otros lugares, como Oriente Medio, Shell Oil abandonó sus esfuerzos en esa parte de Ecuador.

La recién creada *Mission Aviation Fellowship* aprovechó el acceso por carretera de Shell a Quito y su pista de aterrizaje, y convirtió el puesto de avanzada en su base de operaciones para el ministerio en la selva. Otros ministerios como *Gospel Missionary Union* se beneficiaron de la retirada de Shell, comprando edificios y terrenos de Shell para utilizarlos en el ministerio. La antigua ciudad petrolera se convirtió en un centro de actividades misioneras de mediados de siglo.

---

*[Nota de la traductora:] Aquí hay un juego de palabras con la palabra «Saint», que es el apellido del misionero, y significa «santo».

Nate Saint había servido en el ejército durante la Segunda Guerra Mundial, recibiendo entrenamiento de vuelo a través del Cuerpo Aéreo del Ejército. Tras ser licenciado en 1946, estudió un semestre en el Wheaton College, pero estaba ansioso por ir al campo misionero. Se unió a *Mission Aviation Fellowship* en 1948 y él y su esposa, Marj, se establecieron en Shell. La casa que construyeron allí se convertiría en el Control de Misión para muchos misioneros de la selva de varias denominaciones.

Cuando Nate y Marj llegaron a Shell en 1948, unos doce misioneros servían en seis estaciones en la selva. (A finales de 1954, habría veinticinco misioneros en nueve estaciones.)[14] Mientras Nate llevaba suministros a esos misioneros dispersos que llegaban a grupos dispersos de personas, Marj Saint era un nexo unipersonal supremamente organizado en la base. (Nate la llamaba su «compañera con el cerebro de archivador»).[15]

Vestida con el habitual atuendo femenino de mediados de siglo —un vestido recién planchado, el pelo rizado y ordenado y una gran sonrisa—, Marj se sentaba junto al equipo de radio de Nate y manejaba las ondas durante todo el día. Nate llamaba para informar de los progresos y de las condiciones meteorológicas, y ella transmitía la información a los distintos puestos misioneros. También transmitía breves noticias del día y peticiones de oración: la mujer de la tribu que moría al dar a luz, el hombre que había sido mordido por una víbora en el camino, la necesidad de evacuar a un niño enfermo.

Mientras los Elliot descansaban, reían y disfrutaban de la Navidad con la familia Saint, Betty escribió a casa. «Estoy más feliz que nunca en mi vida, y agradecida a Dios. No puedo pedir nada más de lo que el Señor me ha dado al mostrarme Su voluntad, guiarme y darme a Jim».[16]

Pero de vuelta a casa, en la selva, a principios de 1954, Betty *sí* le pedía a Dios una cosa más. Los Elliot habían dejado de utilizar métodos anticonceptivos y Betty ansiaba tener un hijo. Anhelaba un hijo varón, y anotaba en su diario sus esperanzas y decepciones con respecto al embarazo.

Jim se pasaba el día aconsejando a los jóvenes de los que era mentor y gestionando y trabajando en proyectos de construcción, como una valla para evitar que las vacas se adentraran en la nueva pista de aterrizaje. Resolvía disputas entre los indios quichuas, que, aunque normalmente se mostraban imperturbables y apacibles, podían estallar en una violencia brutal si consideraban que alguien había violado sus derechos. Betty a veces se lamentaba de que Puyupungu no fuera exactamente una iglesia del Nuevo

Testamento, donde los miembros tuvieran un corazón tierno y se perdonaran unos a otros. Eso solo llegaría con la gracia y el tiempo.

Betty escribió con admiración sobre la paciencia, la sabiduría y la bondad de Jim. Conocedor de su amor por las flores, plantó para ella media docena de variedades de orquídeas, que cuidaba con gran interés. Era optimista, alegre y maduro, aunque «lo bastante infantil como para ser muy divertido». Parecía que estaba en su elemento, y Betty escribió sobre sí misma: «Nadie podría pedir más a la vida que ser amada como yo soy amada».

Pronto, Atanasio invitó a Jim a convertirse en el «jefe» en Puyupungu. Jim podría quedarse con la canoa nueva que acababa de fabricar, y los otros indios estarían encantados de mantener a los Elliot abastecidos de comida. Estaba muy agradecido de que hubieran venido. «Antes —dijo Atanasio—, vivía como un burro. No sabía nada.* [...] Ahora, al oír sus enseñanzas, es como si me despertara. Antes, el cura venía solo tres días al año. Hacía unas misas, elevaba unas oraciones, me cobraba cuarenta sucres y... ¡zas! Se iba de vuelta a Puyo... ¿Cómo puede alguien aprender algo en tres días al año? Queremos que te quedes para siempre».[17]

Para la época de Pascua, Jim escribió a su familia que Atanasio le había dicho que, aunque era viejo —unos cuarenta y siete años—, sus ojos estaban empezando a abrirse a la fe. Bebedor empedernido, había vivido hasta ahora «como un burro y un salvaje». «Oramos fervientemente por su conversión», escribió Jim. «Oren para que la familia acepte de todo corazón el señorío de Cristo y para que la obra se extienda a los otros indios que viven a uno y dos días de distancia, demasiado lejos para que podamos llegar hasta ahora».[18]

«Realmente amo este lugar», escribió Betty. «El Señor nos dio tanta felicidad aquí. [...] Los indios son tan amables y atentos. [...] Me regalaron media docena de huevos, y cuando Atanasio regresó de un viaje de caza, ¡me envió entre cuatro y cinco kilos (diez a doce libras) de tapir ahumado! ¡Oh, que conozcan a Dios! Señor, una vez más, los traigo ante ti».

En abril, el padre de Jim llegó de Oregón —después de pasar una semana en Quito esperando que su equipo de construcción y herramientas pasara por la aduana— para ayudar con varios

---

*Es interesante que Atanasio, que entonces no sabía nada de la Biblia, citara básicamente el Salmo 73:22 en su descripción de sí mismo sin Dios. «Entonces era yo torpe y sin entendimiento; era como una bestia delante de Ti» (Sal. 73:22).

proyectos de construcción, tanto en el puesto de avanzada de Puyu-pungu como en la reconstrucción de la base de Shandia. La selva lo dejó «atónito». «Papá absorbe todo —escribió Betty—, moviendo la cabeza constantemente, y dice: "Vaya, vaya. Qué país. Qué país. ¡Increíble! ¿Alguna vez viste algo así? Yo nunca. ¿No lo dices en serio? ¿De veras? Vaya, vaya, vaya"».[19]

Uno de los indios, Ushpalito, mató un armadillo y se lo llevó a Betty. «Papá E. estuvo aquí —escribió Betty—, y no estoy segura de que le entusiasmara la pierna que le servimos, con pata, garras y todo, ¡pero se la comió valientemente! La carne es parecida a la del pollo —por supuesto—, pero después de haber tenido que limpiar y pelar la bestia, la carne había perdido algo de su atrac-tivo para mí».[20]

A finales de junio de 1954, Jim y Betty organizaron un pequeño programa de «inauguración» para los niños escolares y sus padres en Puyupungu. Ellos, u otros misioneros, harían un seguimiento más adelante. Por ahora, sin embargo, los Elliot necesitaban estar en Shandia para que Jim y Ed McCully pudieran trabajar con el padre de Jim a tiempo completo en proyectos de construcción, antes de que Papá Elliot tuviera que regresar a Estados Unidos.

Jim y Betty vivían en una pequeña casa de bambú que había construido Pete Fleming. Pete había dejado Ecuador para casarse con su gentil prometida, Olive. En septiembre, regresarían de Esta-dos Unidos para estudiar idiomas en Quito.

La bendición adicional por la que Betty había estado orando se hizo realidad. A finales de julio, Betty escribió en su diario: «Estoy casi segura de que estoy embarazada. Jim y yo estamos tan felices… le hemos pedido a Dios un hijo varón, y Él me ha dado versículos que me aseguran que nos ha dado lo que le pedimos».

Jim pasaba sus días en la construcción pesada y agotadora. Despejaba la selva, transportaba arena y piedras, vertía hormigón y supervisaba a los obreros. A media tarde, Betty le traía una jarra de limonada fría y lo encontraba de pie junto a la pequeña hormigonera, desnudo hasta la cintura, bronceado y reluciente de sudor mientras levantaba cubos de arena y dirigía a los indios que trabajaban con él.

Jim regresaba a la casa de los McCully al atardecer y se bañaba en el río fresco antes de cenar. Él y Betty pasaban las tardes escri-biendo cartas, debatiendo sobre temas de traducción, preparando enseñanzas bíblicas o hablando con los McCully. Eran tiempos sencillos, y Betty y Marilou sonreían al ver a sus maridos trabajar juntos. «Sus mentes coincidían, al parecer, en casi todos los pun-tos», escribió Betty, «y descubrieron que la antigua hermandad de Wheaton [...] no había perdido nada de su alegría; de hecho, compartir el trabajo juntos en el campo misionero había fortalecido inconmensurablemente el vínculo».[21]

Por supuesto, el progreso en cualquier campo misionero es a menudo tenue. Betty se lamentaba de cómo Satanás podía utilizar viejas costumbres y tentaciones para alejar a la gente de Jesús. Una noche, Jim y Betty fueron invitados a una fiesta, y aunque llegaron bastante temprano, los indios estaban peor que de costumbre. «Todas las mujeres, al igual que los hombres, estaban borrachos y se tambaleaban intentando mantener el equilibrio con los bebés atados a los hombros [...] los hombres yacían gimiendo y llorando, las mujeres se tambaleaban con las blusas empapadas de licor y el pelo alborotado».

Aunque Jim a veces había tenido conversaciones decentes con hombres que habían bebido, ya que el alcohol aflojaba sus reservas, esa noche en particular había ido mucho más allá de ese punto. Interrumpió algunas peleas, protegió a varias mujeres que eran arrastradas por el cabello y ayudó lo mejor que pudo.

Varios indios decidieron llevar la pelea al exterior de la casa de los Elliot. «Jim fue capaz de mediar en las dificultades allí también», informó Betty en una carta a casa. «Nunca se había oído tanto alboroto. Perros ladrando, niños gritando, mujeres chillando y tirando de los brazos y las piernas de los que se peleaban, hombres maldiciéndose y rugiéndose unos a otros... Me hacía sentir como si el mismísimo Satanás estuviera entre ellos».[22]

Mientras tanto, Betty llevaba la cuenta de las «bajas» de misioneros que habían empezado a trabajar en el campo con grandes esperanzas, pero que habían regresado a Estados Unidos. Algunos se iban para casarse, o tenían problemas de salud, y había muchos casos de «nervios» o problemas psicológicos. En un momento dado, Betty había contado treinta y cuatro misioneros que habían tenido que abandonar el campo. Escribió que, si ella y Jim regresaran alguna vez, «no puedo imaginar lo que haríamos en Estados Unidos». «Aquí es donde Dios nos envió, y aquí es donde pertenecemos».

El día de su cumpleaños y primer aniversario de boda, el 8 de octubre de 1954, Jim escribió una nota a los padres de Betty, concluyendo: «Esta noche se completa el año más feliz de mi vida... [Betty] ha sido todo y más de lo que siempre quise en una esposa, y alabo a Dios por habernos unido».[23]

El embarazo de Betty se había confirmado durante el verano, pero ella esperó hasta el otoño para compartir la noticia con los suyos. Como era de esperar, esto hirió los sentimientos de su madre.

«Te quiero mucho, madre, y te pido mil disculpas por no haberte dicho antes que estaba embarazada», escribió Betty. «Acabamos de recibir una carta de mamá E[lliot] en la que nos dice lo emocionada que está... Dice que no se lo dijo a su propia madre hasta que estaba de cinco meses y que, cuando por fin lo hizo, ¡su madre no le creyó! [...] Bueno, estoy segura de que tú no habrías reaccionado así, y debería habértelo dicho».[24]

Betty escribió con tristeza en su diario. «¡Madre es una mujer maravillosa, maravillosa, y nunca podré estar lo suficientemente agradecida por ella! Ojalá pudiera <u>demostrarle</u> mi amor. Por alguna razón, no me sale». Sentía nostalgia al ver envejecer a sus padres y le escribió a su madre: «Debe haber sido una pena indecible para ti y para papá tener una hija tan distante y encerrada en sí misma y en su pequeño mundo como yo lo estaba».[25]

Tras disculparse profusamente, Betty señaló que, como de costumbre, estaba «asquerosamente sana». Ella y Jim habían decidido que querían simplificar las cosas. «Hemos acordado que el bebé no va a dirigir la casa. Bloques, juguetes, trastos, corralitos, columpios, biberones, carritos, orinales y sonajeros dominando todas las habitaciones... De hecho, ¡no vamos a darle al niño ningún juguete <u>comprado</u>! ¿No parecemos futuros padres que aún no han tenido hijos?».

A finales de octubre, Jim y Betty se mudaron a una nueva casa en Shandia. (Los recién casados Pete y Olive continuarían el trabajo en Puyupungu). Jim, un talentoso dibujante, había trazado detallados planos arquitectónicos, y él y su equipo de construcción los habían hecho realidad. Podía servir como lugar de reunión y como hogar sólido y ampliable para lo que esperaba que fuera su creciente familia. Tenía cuatro dormitorios, un baño, una gran cocina, comedor, sala de estar y varios porches: algo muy lejos de la choza de las cucarachas o la tienda agujereada de Puyupungu. Había cosechado maderas finas y oscuras de la selva y había construido a mano un escritorio liso y lustrado, estanterías, armarios y una mesa de café con una sola rodaja de un árbol enorme.

Durante una incursión por la selva, una serpiente delgada y mortal colgaba de la rama de un árbol justo encima del sendero. Los indios, que solían estar muy alerta a tales peligros, no la vieron. Jim, que llevaba una camisa de manga larga con las mangas arremangadas en los antebrazos, iba justo atrás. Al pasar por debajo, la serpiente surgió como un rayo y lo atacó en el brazo, justo en la parte gruesa y enrollada de la manga. Los colmillos no penetraron. Los hombres siguieron adelante.

El hogar de los Elliot en Shandia, 1954

«Damos gracias al Señor por Sus promesas de que ninguna cosa mala puede tocarnos sin su permiso», concluyó Betty.

Se centró en los cuidados detalles organizativos de Jim en su nueva casa, maravillada por el armario de la ropa blanca, las estanterías a medida que tenían la anchura justa para sus diversos tipos de conservas, el ingenioso almacenamiento de verduras, con cajones con fondo de rejilla, así como los lujos como las ventanas con mosquiteros y el amplio espacio de almacenamiento. Le encantaban los toques decorativos de los años cincuenta, como la colcha de felpilla color rosa oscuro, la alfombra blanca de pelo de cabra y las cortinas, con un gran estampado de hojas tropicales en «borravino, rosa y cartujo».[26]

Sin embargo, antes de dejarse llevar demasiado por los detalles, Betty se contuvo.

... cuando miro esta hermosa casa, con todas sus comodidades y conveniencias, me da un poco de miedo. Pero tengo que recordar que el Señor nos la dio, sin pedírsela, y yo le he pedido que la use para Él como mejor le parezca. Sin embargo, la tentación de codiciarla, de quererla para mí y temer que le pase algo, es peligrosa. No es fácil ser desprendido con las <u>cosas</u>. Una vez que las tenemos, queremos conservarlas.[27]

La vida de una persona, sin embargo, no consiste en la abundancia de cosas, concluyó. Recordaría estas palabras cuando volviera a Shandia a vivir de nuevo en aquella casa.

Por ahora, sin embargo, estaba sumamente agradecida. Dios «nos la dio y es suya», escribió en su diario a finales de 1954. «Quiero que se use para Su nombre y que sea un lugar de paz para el pueblo del Señor, así como un faro para los que viven a nuestro alrededor. Me pregunto si pasaremos aquí el resto de nuestras vidas. Sueño con que se llene de niños y huéspedes... Señor, que así sea».

CAPÍTULO 18

En compañía de los Saint

Cuando todos sus demás dones no pudieron prevalecer,
al fin hizo un don de sí mismo, para dar testimonio
de su afecto y comprometer el de ellos.
—Henry Scougal

En febrero de 1955, los Elliot y sus trabajadores quichuas celebraron una conferencia en Shandia. Ed y Marilou McCully, así como Pete y Olive Fleming, vinieron a ayudar a Jim y a Betty. Hubo varios días de sesiones, a las que asistieron entre setenta y cien indios. También había observadores: indios que venían a burlarse o por curiosidad.

Los observadores veían cómo un grupo de creyentes se reunía en el aula de la escuela para celebrar el partimiento del pan (la Cena del Señor). En el centro de la sencilla sala, con techo de paja y bancos sin respaldo, había una pequeña mesa. Los indios se reunían en silencio y se sentaban descalzos y reverentes en torno a una hogaza de pan y una copa de vino. Uno a uno, los jóvenes participaban. Terminaban la reunión cantando sobre el futuro regreso de Jesús: «¡*kirikgunaga, kushiyanguichi-Cristo shamunmi!*». «Alégrense, creyentes: ¡Cristo viene!».

Todos los misioneros seguían trabajando en la traducción de la Escritura al quichua de las tierras bajas, ya que aún no existía una Biblia en esa lengua. Jim deseaba que los indios de Shandia aprendieran a estudiar la Escritura por sí mismos. Trató de enseñarles un método de estudio de la Biblia que pudieran seguir cuando no hubiera un misionero. Había encontrado a varios creyentes jóvenes que mostraban discernimiento espiritual y dones de enseñanza, y los equipó para que se hicieran cargo de las reuniones de culto; desde dirigir los cantos hasta predicar un sermón.

En aquella época, para los indios era una novedad ver a uno de los suyos al frente. «Para ellos, el evangelio era para *gringos*, y solo para gente culta. ¿Un indio predicando? ¡Absurdo!».[1]

Jim les mostró en la Biblia que Jesús no escogió a graduados de seminario como Sus discípulos. Sus primeros seguidores eran trabajadores comunes, de los mismos estratos sociales que sus oyentes. No había dicotomía entre clérigos y laicos. Jim decidió que en Shandia tampoco la habría. «Si los indios vienen a las reuniones solo para oír a un extranjero, mejor sería que no vinieran. Deben ver que la Palabra escrita es el oráculo de Dios —independientemente de quién la predique— o la labor del misionero será en vano».[2]

Y la iglesia india, por supuesto, no podía compararse con los estándares culturales de Estados Unidos en la década de 1950. Era mucho menos conservadora.

Un día, Betty miró a su alrededor durante el servicio religioso. El chico que cantaba iba vestido con una camiseta de rayas horizontales rojas y verdes y una chaqueta de satén rosa y verde. Tres chicas estaban sentadas con las piernas envueltas en enaguas naranjas al revés, para protegerse de las moscas. Uno de los hombres mayores llevaba sombrero de fieltro, bufanda de lana roja, abrigo y pantalones, y los pies descalzos. Otro llevaba un pijama de rayón azul y blanco, bien metido dentro de los pantalones. Había uno que solo llevaba calcetines, sin zapatos, con los pantalones metidos dentro de los calcetines. Ni un sombrero, corbata, chaqueta o vestido a la vista.

Ah, pensó Betty, al darse cuenta de su propia reacción condicionada. La gente se fija en la apariencia externa. Dios mira el <u>corazón</u>.

Después de la conferencia con los quichuas, Jim y Betty se fueron a Shell. Jim debía ayudar en la construcción de un hospital levantado en un terreno que Nate Saint había comprado con el fin de atender a los diversos pueblos de la selva. Betty, con su embarazo ya avanzado, descansó en casa de los Saint. Escribió en su diario: «Estoy segura de que le he estado haciendo la vida difícil al querido Jim. No le he ayudado en nada, ni espiritual, ni moralmente, ni en nada de lo que debería, y me he quejado demasiado de mi estado personal. Es un buen marido para mí, muy comprensivo y considerado. Me avergüenzo de mí misma… [Tengo] un verdadero sentimiento de indignidad y responsabilidad. Me temo que el matrimonio le ha costado demasiado. Y la culpa es mía».

Hoy en día, la casa de Nate Saint en Shell (Ecuador) es un destino turístico. Cristianos de todo el mundo vienen a ver el lugar donde el célebre piloto misionero originó sus vuelos a la selva. Varias habitaciones se conservan tal y como eran en 1955 y 1956, cuando la casa era un cruce de caminos para los misioneros que entraban y salían de las distintas estaciones misioneras de la selva.

El «museo» de hoy, sin embargo, no puede captar el dinamismo de la casa de Nate Saint cuando estaba llena de Saints. Betty se maravilló de la flexibilidad de Marj: «Marj es [...] imperturbable, siempre lista para cocinar para dos o veinte, y no parece importarle si lo sabe con cinco minutos de antelación o no». Y la emprendedora Marj no quería que esos invitados comieran poco. «Los misioneros suelen tener hambre», decía. «Así que planifico lo que come la gente normal, y luego lo duplico».[3]

A mediados de los años cincuenta, Nate escribió: «Nuestra familia ha ocupado un solo dormitorio. Kathy [nuestra hija] duerme ahora en un catre en un armario bajo la nueva escalera que atraviesa una esquina de nuestra habitación. Hace poco, tuvimos diecinueve huéspedes... misioneros extranjeros, trabajadores nacionales, un maestro de escuela y su familia, ¡y algunos indios! Creo sinceramente que se podrían contar con los dedos de las dos manos los días que hemos estado solos como familia últimamente».[4]

Cuando Marj dio a luz a su tercer hijo, Philip, en diciembre de 1954, lo hizo en el cuarto oscuro de la planta baja que Nate utilizaba para revelar sus películas. ¿Por qué? El resto de la casa estaba llena de invitados y Marj no quería molestar a nadie.[5]

Unos meses más tarde, cuando Betty estaba a punto de dar a luz, consiguió un dormitorio de verdad. Fue afortunado, porque había muchos observadores. «Jim estuvo a mi lado en todo momento, lo que significó más de lo que él jamás sabrá», dijo Betty más tarde. El Dr. Fuller y su esposa Liz, enfermera, dirigieron el proceso; Marj Saint y una visitante que Betty no conocía (y que le había preguntado si podía asistir), completaron el grupo de asistencia de parto.

La estoica Betty había pensado que podría superar el parto sin medicamentos. Sin embargo, el proceso se prolongó interminablemente, y el dolor era «inimaginable». Gracias a Dios por la anestesia raquídea. El bebé Elliot llegó a las 5:40 de la mañana del 27 de febrero de 1955. Jim, que les había dicho a sus padres que creía que se sentiría decepcionado si el bebé no era un niño, tomó a su pequeña hija en brazos, lleno de absoluta alegría y asombro. «Se llama Valerie», proclamó.

Los Elliot se quedaron otra semana con los Saint. Se quedaban despiertos hasta tarde, tomando chocolate caliente en la pequeña cocina y hablando, incluso mientras mecían a sus nuevos bebés por la noche. El avión Piper amarillo brillante de Nate estaba en el enorme garaje cerca de la casa. La pista de aterrizaje —puerta de entrada a la selva oriental— estaba justo al otro lado de la estrecha carretera. Nate sabía más que nadie sobre el aparentemente interminable mar de selva tropical que se extendía más allá de la pista, pues llevaba años estudiando su extensión, profundidad y misterios. Jim y Betty, Nate y Marj soñaban con que cada vez más personas no alcanzadas bajo ese dosel verde tuvieran la oportunidad de escuchar el nombre de Jesús... incluyendo, por supuesto, a la tribu más esquiva de todas, los sombríos huaoranis.

CAPÍTULO 19

Lo que podría haber sido

*Enséñame a no dejar que la alegría de lo que ha
sido haga palidecer la alegría de lo que es.*
—Elisabeth Elliot

*T*ras el nacimiento de Valerie, los meses pasaron deprisa, aunque los días parecían lentos. Valerie era una bebé alegre, y su papá se deleitaba con cada fase de su desarrollo. A medida que pasaban las semanas, Jim decía que se parecía a Dwight Eisenhower [el entonces presidente] con su amplia sonrisa y su cabeza casi calva.

Por su parte, Betty escribió: «Estoy muy agradecida al Señor por haberme dado un marido y un bebé tan queridos. Cuánto significa la vida ahora: vivir para ellos, entregarme a ellos, sentirme necesaria para ellos. De todas las personas desesperadamente egoístas, yo habría sido la peor si hubiera seguido soltera».

Sin embargo, como en cualquier nueva etapa de la vida, había nuevos retos. Los días de Jim estaban absolutamente llenos mientras seguía trabajando con la escuela y la iglesia de Shandia, desarrollando el liderazgo indio en ambos lugares. Mientras tanto, estaba instalando un sistema de agua para la casa de los Elliot, derribando la vieja leñera, y viajaba a menudo para dirigir conferencias de enseñanza entre los indios de otros lugares.

Betty sentía un poco de pérdida postparto en sus separaciones, pero, como era habitual, se culpaba a sí misma. «Últimamente, siento que Jim no quiere compartir cosas conmigo. Debe ser que no le he mostrado un amor que no pide nada a cambio. Señor, dame un amor <u>más puro</u> por él...».

A finales de marzo, los Elliot recibieron noticias de un ataque huaorani no lejos de la estación misionera de Arajuno.

En abril, Jim se alegró de que Dios estuviera dando frutos en el ministerio. «Nunca he visto tantos indios abiertamente receptivos a la Palabra», escribió a sus padres. «En Dos Ríos, en la conferencia de la semana pasada, había más de veinte, en Pano más o menos lo mismo, y aquí en Shandia alrededor de una docena. Ahora, está la tarea de prepararlos para la vida en Cristo».[1]

Durante este tiempo, Betty y Jim contaron con la ayuda doméstica de un matrimonio, Eugenia y Guayaquil. Ella tendría unos diecisiete años y él unos doce. Betty, que intentaba no preguntarse demasiado sobre su arreglo matrimonial, estaba agradecida por la ayuda. El niño aún estaba en la escuela, pero podía cortar leña, quitar las malezas y hacer recados. Mientras tanto, Eugenia podía ayudar en la casa cocinando y limpiando, todo por unos cinco dólares al mes.

Eugenia, Betty y Val

Eugenia era tan diferente de Betty Elliot como pueden serlo dos personalidades. Sus hábitos culturales también diferían. Un día, un indio le trajo a Eugenia unas larvas pálidas y gordas, de unos cinco centímetros de largo y más gordas que un pulgar. Aunque Betty los había comido fritos, fue duro ver a su ama de llaves chupar con entusiasmo las entrañas, crudas, y hacer crujir entre los dientes la cabeza dura. Por su parte, Eugenia casi vomita cuando Betty le dio un poco de sopa de verduras; y había rechazado de plano el sabor del caramelo blando. Bueno, pensó Betty, no era más que otro vívido recordatorio de que no se podía dar por sentado que todo el mundo pensara igual que los norteamericanos y sintiera lo mismo que ellos.

En mayo, un día después de que Betty dirigiera su habitual reunión femenina de oración, a la que asistían unas veinte quichuas, una de las jóvenes se le acercó llorando. Catalina, de unos quince años, le dijo a Betty que sus padres estaban furiosos porque había estado asistiendo a las reuniones cristianas. Como castigo, la iban a obligar a casarse con un viejo —muy feo— que tenía una enfermedad que le había puesto la piel azul. Necesitaba un lugar seguro donde quedarse.

Betty pensó que nadie debía ser obligado a casarse con un viejo azul, y simpatizó con Catalina. Pensó que si los padres de la chica estaban decididos a castigarla por su interés en la fe, entonces Betty debía darle asilo, al menos hasta que su familia apareciera para reclamarla. Entonces, ella y Jim podrían compartir el evangelio con ellos.

Una semana después, los padres aún no habían aparecido. Betty había intentado persuadir a Catalina para que se casara con uno de los creyentes locales de Shandia, un joven viudo de unos veintidós años que no era azul y buscaba esposa. Pero Catalina y los demás no lo aceptaron. «Es *sasi* [tabú] que una virgen se case con un viudo», le dijeron a Betty.[2]

Betty nunca llegó a ver al viejo azul ni pudo resolver el dilema de la joven. Pero se llevó a Catalina cuando ella, Jim, Valerie y Eugenia fueron río abajo a tratar un caso de mordedura de serpiente a una hora de distancia.

Eugenia llevaba a Valerie, justo detrás de Betty en el estrecho sendero. De repente, gritó en un tono que Betty nunca había oído antes. Betty se quedó helada. Una pequeña serpiente mortal colgaba del pie descalzo de Eugenia, con los colmillos hundidos en su carne.

Jim volvió corriendo, desprendió a la serpiente, sacó su navaja de bolsillo, agarró el pie embarrado de Eugenia, cortó la mordedura y succionó el veneno. La arrastraron hasta el río, empapando el pie y apretando la pierna para que la sangre siguiera fluyendo. Catalina miraba al suelo mientras sostenía a Valerie en brazos. Eugenia estaba histérica. «¡Déjenme en paz!», gritaba. «¡Déjenme morir aquí mismo!».

Jim aún tenía que continuar con su misión de atender a la víctima urgente de mordedura de serpiente más adelante en el sendero, así que Betty hizo un torniquete y de alguna manera llevó a Eugenia a casa. Catalina cargó con Val.

Cuando entraron en la casa, el marido de Eugenia —el niño de doce años— vio lo que sucedía y rompió a sollozar. «¡Te vas a morir!», gritó.

Aquello no sirvió de nada.

Betty luchaba con Eugenia, que forcejeaba y arañaba a Betty, sacando sangre con las uñas. De algún modo, Betty le puso una inyección antiveneno y le administró una pastilla de codeína para tranquilizarla.

Uno o dos días después, Eugenia seguía sin poder andar, pero viviría. Un milagro. Betty pensó en cómo se encontraba a no más de tres pasos delante de Eugenia en el frondoso sendero, con Jim delante de ella. Debieron de pasar por encima de la serpiente.

«Jim cree que estamos justificados al tomar muy literalmente las palabras del Señor de que pisaremos serpientes y escorpiones sin sufrir daño. Dios nos ha guardado, y no hay nada más que hacer que confiar en que lo seguirá haciendo».[3]

Una vez, Jim estaba con unos indios cerca de un estanque del río. Un niño estaba en el agua, chapoteando alegremente. De repente, gritó: «¿Qué me está agarrando del pie?». Todos se volvieron para mirar, mientras él desaparecía bajo el agua turbia. Los adultos se zambulleron en el río. Dos horas después los indios encontraron su cuerpo. No tenía ninguna marca; al parecer, una boa se había enroscado alrededor de su pie, lo había hundido, lo había encontrado demasiado grande para tragárselo y lo había dejado marchar.

En la selva, no había ilusiones sobre la brevedad de la vida.[4]

Betty acababa de instalarse para disfrutar del correo familiar una tarde, cuando una india llegó para decirle que su cuñada se estaba «muriendo». Sabiendo que esto podía significar cualquier cosa, desde una uña encarnada hasta malaria cerebral, Betty corrió con la mujer hacia la selva, bajo lianas, sobre troncos, alrededor del bambú y a través de arroyos, tan rápido como podían. Llegaron empapadas en sudor y encontraron la casa llena de niños aullando, parientes llorando y ancianas frenéticas reunidas en torno a una niña que estaba dando a luz un bebé que venía de nalgas. La cabeza seguía atascada. Una abuelita sacudía al bebé con todas sus fuerzas; mientras tanto, habían atado un cordón apretado alrededor de la cintura de la madre para «evitar que el bebé saliera por su boca».

Betty despejó la habitación e hizo que la mujer se tumbara. Se puso un guante de goma e introdujo la mano en el canal del parto. Encontró la boca del bebé y atrajo la barbilla hacia el pecho, mientras aplicaba presión externa con la mano izquierda, como le habían enseñado en una clase de partería. Trabajó todo lo que pudo durante una hora, pero al oscurecer tenía que volver a casa con Valerie y Eugenia. Les dijo a los hombres que llevaran a la mujer a su casa.

Betty corrió a casa. Los hombres llegaron con la mujer moribunda. Betty le administró a la madre una inyección de ergometrina (un medicamento que provoca contracciones uterinas). El feto muerto no se movió. Tal vez fueran gemelos, pensó Betty. Otra inyección provocó unas débiles contracciones y Betty pudo extraer la cabeza… que mostró que el bebé era hidrocefálico, con una cabeza tan grande como la de un niño de diez años. Increíblemente, la madre sobrevivió.[5]

A medida que Valerie crecía, Jim ansiaba tener otro bebé lo antes posible. Al principio, después del parto, Betty había pensado que no volvería a pasar por lo mismo. Pero ahora estaba entusiasmada con otro; sería estupendo para Valerie tener un compañero de juegos en la selva. «Confío en que el Señor tiene otros hijos para nosotros», escribió Betty a sus padres. «Nos estamos poniendo viejos, ya saben. Pronto cumpliré veintinueve. ¡Qué horror!».[6]

Pete Fleming y su esposa, Olive, seguían viviendo en la antigua choza de recién casados de los Elliot en Puyupungu, trabajando con el creciente cuerpo de creyentes de allí. Olive había pasado por momentos difíciles desde su llegada a Ecuador. Además de los ajustes normales de la vida matrimonial, tuvo que aprender español y luego quichua. Tuvo que adaptarse a las serpientes venenosas, a los bichos enormes y a la falta de intimidad. Tuvo que desarrollar el ingenio de la improvisación para llevar adelante la vida en la selva. Además de todo lo otro, tuvo un aborto espontáneo en su primera Navidad en el campo misionero, y luego un segundo durante el verano de 1955.

Pero ella y Pete estaban entusiasmados con los desarrollos espirituales en Puyupungu. «El Señor ha abierto las puertas de par en par», escribió Pete a su agencia misionera. Había predicado durante la iglesia a «una casa llena, incluidos todos los adultos de la aldea excepto la esposa enferma del jefe». Había hablado con cuidado sobre el arrepentimiento y la fe, no queriendo que nadie afirmara creer en Jesús sin contar realmente el costo de seguirlo.

Doce personas se quedaron después de la reunión para seguir hablando. Pete animó a marcharse a quienes no estuvieran realmente preparados para recorrer el camino angosto. Nadie lo hizo. Oraron en voz alta. «Uno pidió perdón por un corazón iracundo, otro por una vida corrupta, otro por la embriaguez, otro por los malos pensamientos. Todos parecían muy sinceros; el grupo incluía a la mujer más anciana de la comunidad, nuestra lavandera, la peor bebedora del pueblo, las dos hijas y los dos hijos del jefe, y varios niños de doce años». Pete percibió de manera inusual al Espíritu Santo; había varios otros que estaban, literal y figuradamente en la puerta de la reunión, a punto de venir a Jesús.[7]

CAPÍTULO 20

Reparto de personajes

*Los que no conocen a Dios preguntan por qué malgastamos
la vida como misioneros. Olvidan que ellos también
están gastando la vida... y cuando la burbuja se
haya reventado, todos los años que malgastaron
no habrán dejado nada de valor eterno.*
—Nate Saint

Aunque las familias de los misioneros vivían en lugares remotos
de la selva, no eran jugadores solitarios. Estaban conectadas con
sus compañeros misioneros, amigos, familiares y agencias de envío
en Estados Unidos. Un flujo constante de cartas les aseguraba que
se oraba por ellos. Su teología les recordaba que formaban parte
del cuerpo mundial de Cristo, de todos los creyentes en «esta bola
terrestre», como decía un viejo himno. Y no solo eso, sino que
estaban animados por una vasta «nube de testigos», los santos
que habían vivido y muerto y pasado a la gloria en una cadena
ininterrumpida de evangelizadores desde que Jesús dio la Gran
Comisión 2000 años antes.

A pesar de esta mentalidad trascendente, la realidad cotidiana
puede ser solitaria y aislada (como cualquier misionero moderno
puede decirte), y los hombres y mujeres pioneros de 1955 no tenían
correo electrónico, teléfonos móviles ni la web mundial.

Pero sí disponían de una conectividad que *sus* predecesores
no tenían, gracias a la disponibilidad de avionetas. Pilotos de la
selva como Nate Saint estaban transformando las misiones moder-
nas, llevando medicinas, correo, suministros y alimentos a lugares
antes inaccesibles, animando y abasteciendo a misioneros que antes
habían estado aislados.

En palabras de la historiadora Kathryn Long: «Los vuelos diarios a las estaciones de la selva sustituyeron a los viajes por tierra, que duraban días e incluso semanas. Productos casi imposibles de transportar por los caminos de la selva —tejados de hojalata, refrigeradores a gas, cocinas, terneros, cabras y pavos— podían transportarse por aire. [Nate] Saint podía entregar medicinas cuando los misioneros o los pueblos tribales enfermaban; en caso de emergencia, también podía transportar a los enfermos o heridos. En décadas futuras, se debatiría si la aviación representaba un medio más del control que los misioneros ejercían sobre los pueblos tribales, pero en los años cincuenta, las avionetas representaban las bendiciones de la tecnología».[1]

El uso de aviones también presentó un nuevo tipo de héroe misionero: el hábil piloto que amaba a Jesús y llevaba suministros para la difusión del evangelio a lugares de otro modo inaccesibles, aterrizando su avioneta «en una pista de aterrizaje de la selva que desde el aire no parecía mucho más grande que una bandita de apósito».[2]

También había otros en el escenario de la selva a finales de 1955.

Al igual que Jim, Pete y Ed, el Dr. Wilfred Tidmarsh procedía de los Hermanos de Plymouth. A medida que se acercaba a la edad de jubilación, el muy británico Dr. Tidmarsh había estado buscando hombres más jóvenes para que se hicieran cargo de su trabajo con los indios quichuas en su base misionera de Shandia.

El Dr. Tidmarsh había servido en Ecuador durante unos veinte años como hombre soltero. Era delgado, de pelo castaño y frente alta. Llevaba pantalones cortos de color caqui y calcetines británicos largos y gruesos con zapatillas de lona de caña alta, o pantalones largos con los puños metidos en las zapatillas, para no pescarse niguas. Llevaba una vaina en la cadera para sujetar su machete y, por supuesto, un casco de médula. Parecía sacado de un safari en África más que de la selva tropical de Ecuador.

Con el tiempo, una viuda estadounidense se había dejado seducir por los encantos del Dr. Tidmarsh, el cual se convirtió en su marido y padrastro de sus hijos. Betty Elliot lo veía partir por la mañana para visitar a los indios quichuas y no regresaba hasta la tarde, justo a tiempo para el té.

«Gwen, querida», le decía a su mujer, con su voz aguda y chillona, «¿tienes la tetera hirviendo?».

Ella era estadounidense y aún no conocía bien las tradiciones británicas.

«Oh, no, Wilfred, ¿quieres té?».

«No importa, cariño —respondía él, inclinando su casco—. Lo haré yo mismo».

Era excéntrico, encantador, enloquecedor. Un día, Jim Elliot pasó por su casa y uno de los hijastros, un chiquillo de unos cuatro años, le abrió la puerta. Cuando Jim entró, el niño estalló de angustia: «¡Ay, Jimmy, tengo MICROBIOS en la sangre!». Evidentemente, su padrastro le había informado de este desafortunado suceso. Por la noche, el Dr. Tidmarsh ordenaba a los dos niños más pequeños que metieran todos sus animales de peluche en su cesta de juguetes, porque «si dejan esos animalitos salvajes fuera, ¡se irán corriendo!».[3] Una vez, Betty, la imitadora, oyó y anotó las palabras del Dr. T mientras intentaba que su hijo pequeño cenara. «Arriba, Jimmy. Si Jimmy no se levanta, ¡papá lo levantará! Buen huevito, buen pollito, ahora Jimmy, bébase su leche».[4]

Betty notaría más tarde que el trabajo lingüístico no era el fuerte del Dr. Tidmarsh.

«Me senté con él en varias ocasiones cuando supuestamente estaban haciendo una traducción de la Biblia y él no podía pronunciar las palabras muy bien [...] no era realmente un lingüista, pero hacía lo mejor que podía.

»Me ponía los nervios de punta la forma en que destrozaba el idioma [...] pero, por otro lado, tenía un gran ministerio, un ministerio espiritual con mucha gente. Y desde luego, ¡sabía hablar inglés!».

«Era un hombre brillante», concluyó Betty. «Había aprendido mucho sobre varios tipos de medicinas [de la selva]». Jim y los demás muchachos «lo adoraban, [pero] ni siquiera consideraron incluirlo en su [futuro] plan para llegar a los huaoranis... era tan excéntrico que sabían que lo arruinaría todo».[5]

Como Jim Elliot escribió en su diario: «Ese estimado hermano tiene un grave defecto: habla demasiado rápido, con demasiada impetuosidad y, simplemente, demasiado».[6]

Rachel Saint era otro personaje fuerte en el escenario de la jungla. Era nueve años mayor que su inventivo hermano, Nate, y era la única mujer de su familia, con siete varones. Según sus hermanos, era muy mandona. Tenía unos ojos azules muy serios, algún hoyuelo ocasional, la frente ancha y el pelo largo y oscuro recogido normalmente en un moño. Había entretenido al joven Nate con historias de misioneros como David Livingstone, el médico escocés que se adentró en las selvas de África, Adoniram Judson, el primer misionero protestante que llevó el evangelio a Birmania (la actual Myanmar), y John Paton, que vivió y trabajó entre los miembros de una tribu caníbal en el Pacífico Sur.

Rachel estudió en la Escuela Bíblica de Filadelfia,[7] y luego trabajó durante doce años en *Colony of Mercy* en Keswick*, en Nueva Jersey. Allí había dirigido el comedor con mano firme, haciendo sonar la campana de la cena con precisión y puntualidad. Keswick era —y es— un centro de retiro cristiano y un floreciente ministerio para hombres que luchan contra el abuso de sustancias. Allí, Rachel había conocido a la joven Betty Howard, que pasó muchos veranos en el centro de retiro y cuyo padre hablaba a menudo en sus conferencias cristianas.

Cuando era joven, Rachel se convirtió en compañera de viaje y ayudante de una señora mayor acomodada. Durante un viaje de verano a Europa, la mujer, sin familia propia, le dijo a Rachel que había decidido dejarle su cuantioso patrimonio. La única condición era que Rachel cuidara de ella el resto de su vida.

En ese momento, Rachel sintió un claro impulso de Dios para convertirse en misionera. No podía pasarse la vida atendiendo las necesidades —percibidas o no— de una anciana rica. «No puedo hacer eso —le dijo a su benefactora—. He entregado mi vida al Señor Jesús».

La rica mujer, poco acostumbrada a no salirse con la suya, estaba furiosa. Rachel se retiró de su elegante salón a la proa del barco, contemplando el océano. Inusitadamente, se preguntó si su decisión había sido acertada. *¿Habré cometido un terrible error? Si heredara esa riqueza, podría dársela a mi familia; podría ayudarlos en su educación...* pero entonces, surgió otro pensamiento de mayor peso. En realidad, era una imagen, tal vez una visión. Rachel vio a personas de piel más oscura que la suya. Detrás de ellos, como telón de fondo, había una selva verde y profunda. Fue solo un destello... y luego, percibió la voz de Dios: «Si eres fiel, te permitiré llevar mi Palabra a un pueblo que nunca la ha oído».[8]

Rachel Saint nunca miró atrás. En 1948 —el año en que Betty Elliot se graduó de Wheaton— Rachel, de 34 años, asistió al programa de capacitación lingüística de Wycliffe. Al año siguiente, recibió instrucción sobre la selva en el sur de México, y luego trabajó entre un pueblo tribal en Perú.

En 1951, Rachel estaba visitando a su hermano Nate en Ecuador. Mientras sobrevolaban la selva en la avioneta de Nate, se dio

---

*Keswick fue fundado en 1897 por William Raws. Liberado de su adicción al alcohol, Raws decidió pasar el resto de su vida ayudando a otros a escapar de la esclavitud que una vez lo había encadenado. Aunque solo tenía 1.87 dólares en el bolsillo, soñaba a lo grande. Por la gracia de Dios, más de 120 años después, Keswick seguía funcionando.

cuenta de que este no seguía un camino recto hasta su destino, sino que daba un complicado rodeo alrededor de cierta franja de selva. Le preguntó a su hermano por qué lo hacía, y Nate le dijo que esa parte concreta de Oriente estaba poblada por «huaoranis», una tribu tan salvaje que, si su avión tenía problemas mecánicos y tenían que aterrizar en ese territorio, los habitantes los matarían.

Pocos de nosotros reaccionaríamos ante eso de forma positiva. Pero Rachel Saint sintió una inmediata sensación de parentesco y reconocimiento. ¡Aquí estaba su gente! ¡Estos eran los «de piel morena» que Dios le había traído a la mente años antes! Aunque continuó trabajando en otras asignaciones de Wycliffe, el corazón de Rachel ahora estaba puesto en los huaoranis. Esta era «la tribu que el Señor tenía para mí», escribió en una carta a sus patrocinadores en febrero de 1955.[9]

El sueño de Rachel empezó a hacerse realidad cuando conoció a una joven huaorani llamada Dayuma.

Dayuma había nacido alrededor de 1930 en el territorio huaorani de la selva oriental de Ecuador. Era una niña cuando muchos miembros de su familia murieron alanceados. En marzo de 1944, huyó de la tribu, arriesgándose con un mundo exterior que era casi tan amenazador como los terrores a los que se enfrentaba entre su propia gente.

Desnuda, salvo por el habitual cordón huaorani que llevaba a la cintura, fue acogida por los indios quichuas, que le dieron ropa. Acabó trabajando como jornalera no cualificada en una gran hacienda donde ella y los demás peones eran básicamente propiedad del terrateniente patrón, el señor Carlos Sevilla. Se integró a la cultura quichua y aprendió el idioma. Absorbió fragmentos de las enseñanzas católicas y las fusionó con las preguntas que se hacía en su infancia sobre Dios. Trabajaba duro en la hacienda y, mientras estaba allí, tuvo un hijo (evidentemente de Sevilla o de uno de sus hijos).

Aproximadamente una década después de su huida de sus raíces huaoranis, Dayuma atrajo la atención de Rachel Saint y otros misioneros ansiosos por aprender todo lo posible sobre la misteriosa tribu huaorani. Rachel empezó a entablar amistad con ella. Dayuma comenzó a enseñarle la lengua.

Este proceso no fue tan sencillo como parece.

Ni Rachel ni ninguno de los otros misioneros sabían que el *wao tededo* no tenía parentesco con ninguna otra lengua de la tierra. No tenía ninguna relación con el español, el quichua ni cualquier otra lengua o dialecto tribal. Durante los años transcurridos desde que abandonó su tribu, Dayuma había mezclado involuntariamente su lengua de la infancia con el quichua que aprendió en la hacienda. En consecuencia, las palabras y frases que enseñaba a los misioneros no eran especialmente útiles en las mejores circunstancias, y mucho menos en las peores.

Cuando le preguntaron por qué los huaoranis mataban con tanta voracidad, Dayuma no supo bien qué responder respecto a sus motivaciones. Su única respuesta fue que eran asesinos.

«Nunca, nunca confíes en ellos», decía, pensando en su propia infancia sangrienta. «Pueden parecer amistosos, pero luego se dan la vuelta y matan».

Dayuma era tan experta como cualquiera. A mediados de los años cincuenta, poco se sabía de los huaoranis, salvo que mataban a todos los forasteros que se aventuraban en su territorio.

Su violencia era igualitaria: también mataban a los suyos. Más tarde, los antropólogos los identificarían como una de las tribus más homicidas jamás estudiadas.

Vivían en una región de aproximadamente 21 000 km² (8100 millas cuadradas) —aproximadamente el tamaño de Massachusetts— en la selva oriental de Ecuador. Es una de las zonas bióticas más ricas del planeta, origen de la mitad de los ríos que forman el Amazonas. Las tierras de los huaoranis estaban delimitadas por las estribaciones de los Andes, el río Napo al norte y los ríos Villano y Curaray al sur.

Tal vez fueran descendientes de los incas originales que habían sido traicionados y subyugados por los conquistadores españoles en el siglo XVI. A finales del siglo XIX y principios del XX, los comerciantes de caucho penetraron en lo profundo de la tierra, secuestrando, torturando y matando a los huaoranis por deporte. La tribu mató a tantos invasores como pudo, aunque nunca en guerra abierta. Su ataque característico era una emboscada explosiva que acababa con víctimas desprevenidas sin previo aviso. Los forasteros les temían como fantasmas, chamanes o demonios.

Los que buscaban petróleo persiguieron a los comerciantes de caucho. Como hemos visto, la Shell Oil Company estableció una formidable presencia en el sector central de Oriente desde 1938 hasta 1949 aproximadamente. Pero, «en 1949, tras invertir más de 40 millones de dólares y perder a catorce de sus trabajadores petroleros a causa de las incursiones de los indios, Shell abandonó sus propiedades en Ecuador sin bombear ni un litro de petróleo comercial».[10]

Aunque fue una victoria para los indígenas, fue temporal. ¿Cuánto tiempo podría permanecer su modo de vida intacto ante el mundo exterior? Los que querían explotar sus tierras con fines económicos volverían, y corrían rumores de que el gobierno ecuatoriano y las compañías petroleras podrían resolver el «problema huaorani» recurriendo al ejército.

Los huaoranis llevaban una vida parcialmente nómada como cazadores y jardineros. Cazaban monos con cerbatanas largas y dardos dentados. Los hombres untaban la punta del dardo con veneno, lo cargaban en el tubo hueco de madera, apuntaban y disparaban con una precisión asombrosa. *¡Fffffft!* El mono, en lo alto de los árboles, intentaba arrancar el dardo con las garras, rompiendo su eje y dejando la punta tóxica alojada en su interior. La parálisis pronto golpeaba su sistema nervioso central; y era una larga caída hasta el suelo de la selva. El cazador recuperaba su presa y, antes de que el rigor mortis se hubiera instalado, se echaba los brazos del mono al hombro y se llevaba su captura a casa, como un bolso peludo.

También cazaban y comían varios tipos de cerdos, y los numerosos peces que abundaban en sus ríos vírgenes. Vivían en chozas alargadas con suelo de barro y dormían en hamacas tejidas, con fogones encendidos durante las largas y frías noches. Si el fuego se apagaba, se asomaban desde la hamaca, atizaban las brasas y añadían más palos, y volvía a encenderse.

Comían todos los tipos de plátano que ofrecía la selva. Cultivaban mandioca, un tubérculo fibroso y feculento parecido a la yuca, lleno de carbohidratos. Al igual que otras tribus, fabricaban *chicha*, un alimento básico grumoso parecido al yogur que suministraba energía para las largas jornadas de caza. Cuanto más tiempo fermentaba la *chicha*, mayor era su contenido de alcohol, pero los huaoranis, a diferencia de otros pueblos cercanos, no tendían a la embriaguez.

Eran bajos, pero muy musculosos. Sus pies anchos, con los dedos abiertos hacia los lados casi como dedos de las manos, les permitían desplazarse a gran velocidad y trepar a los árboles. Perforaban los lóbulos de las orejas de sus hijos, insertándoles tapones de madera de balsa de tamaños graduados a lo largo de los años hasta formar grandes agujeros redondos cuando los niños eran adolescentes. Llevaban el pelo grueso y oscuro con flequillo corto (cortado con el caparazón de una almeja) y recortado detrás de las orejas para mostrar los lóbulos. Los hombres se depilaban la barba. Las mujeres se casaban poco después de alcanzar la pubertad.

Solo llevaban un *kumi*, o un taparrabos hecho de hilo. Así se consideraban vestidas, aunque los forasteros las consideraran desnudas. Llamaban a los forasteros «extranjeros» o *cowodi*. Se burlaban unos de otros sin piedad y les encantaba reírse. Contaban historias una y otra vez, sobre todo por la noche. La mayoría de sus historias relataban ataques con lanzas contra *cowodis* u otros grupos familiares huaoranis. Los guerreros recordaban cada movimiento, cada golpe de lanza, de la misma forma que hoy en día se cuentan las jugadas memorables de un partido de fútbol. Tras una matanza, se burlaban de los muertos y los alanceaban aún más; su último insulto era arrojar un cadáver al río, donde permanecía insepulto. Amaban a sus hijos, pero a veces seguían inexplicablemente la costumbre de enterrarlos vivos junto a un familiar que había muerto o estaba a punto de morir.

A diferencia de muchos grupos tribales y de las caricaturas que florecieron en la cultura norteamericana, no tenían jefe. Aunque más tarde algunos los caracterizarían como matriarcales, eran una sociedad igualitaria. Eran extremadamente prácticos. Vivían en el presente. No reflexionaban sobre los orígenes, aunque creían en la existencia de fuerzas espirituales que actuaban en el mundo.

Vivían en grupos familiares. Trataban los conflictos con decisión. Si un hombre insultaba o agraviaba a otro, el único recurso para el ofendido era ignorar el insulto o matar al otro a lanzazos. No se contenían a la hora de alancear a mujeres y niños. En 1956, la tribu corría peligro de exterminarse. Seis o siete de cada diez muertes se debían a los arponazos; si añadimos su tasa de mortalidad en el parto y las muertes por mordedura de serpiente, anaconda y otras amenazas, los huaoranis se estaban extinguiendo.

Los misioneros de la década de 1950 no sabían mucho sobre los huaoranis, más allá del peligro evidente de entrar en contacto con ellos. Lo único que sabían era que Dios había despertado en ellos un amor improbable por esta tribu en peligro de extinción. Más tarde, los críticos acusarían a los misioneros de estar en connivencia con las petroleras o el gobierno estadounidenses, o de ser necios decididos a imponer la cultura occidental a un pueblo indígena prístino. Pero los cinco hombres no acudieron a ellos por afán de lucro, fama o imperialismo cultural ignorante, sino simplemente porque sabían que Jesús ofrecía a aquel pueblo la vida eterna en el cielo y una nueva forma no violenta de vivir aquí, en la verde tierra de Dios. Buenas noticias. Gratuitas.

CAPÍTULO 21

Cuenta regresiva
para el contacto

*Todos los gigantes de Dios han sido hombres débiles que
hicieron grandes cosas para Dios porque contaban
con que Dios estaba con ellos.*
—Hudson Taylor

*E*l sueño de los misioneros de llegar a la tribu empezó a hacerse realidad el 19 de septiembre de 1955. Nate Saint disponía de un poco más de tiempo de vuelo en su ruta de reparto a los distintos puestos misioneros. Invitó a Ed McCully a unirse a él para «ir en busca de los vecinos» en la extensión de selva verde cercana a la casa de Ed en Arajuno.

Ambos miraron hacia abajo desde el avión, escudriñando la vasta zona. Nada más que un océano de verde... verde... y luego, mira, una pequeña variación marrón en el suelo de la selva... un claro... una parcela de tierra cultivada... unas cuantas casas con techo de paja. ¡Huaoranis!

Una semana más tarde, Pete Fleming voló con Nate y divisaron otro grupo de viviendas. La noche del 1 de octubre, Nate, Ed, Jim y su compañero Johnny Keenan estudiaron detenidamente un enorme mapa de Oriente. Hablaron hasta altas horas de la noche. Oraron. Creían que era el momento de Dios para que intentaran llegar a los huaoranis.

En cierto sentido, todos los misioneros tenían un trabajo diario. Sabían que sus agencias misioneras probablemente desalentarían sus planes de ir a los huaoranis... no por un conflicto de intereses —al fin y al cabo, todos querían que el evangelio llegara al mundo entero—, sino por su preocupación por la seguridad de los hombres. Así que en este punto, los planes, y la misión en sí, serían secretos.

Los hombres estaban familiarizados con la misión de alcance de 1943, cuando cinco misioneros en Bolivia viajaron a lo profundo de la selva para entrar en contacto con el pueblo no alcanzado de Ayoré. Nunca más se supo de ellos, ni se encontraron sus cuerpos. Nate, Jim y los demás discutieron la estrategia de los hombres y lo que podían aprender de su destino.

El principal obstáculo para los misioneros era su desconocimiento de la lengua huaorani. Rachel Saint, la hermana de Nate, era la persona que más la conocía por su relación con Dayuma. Pero los hombres pensaron que lo más prudente sería no incluir a Rachel en sus planes.

Nate escribió una carta a Rachel, y la guardó para cuando le pareciera oportuno enviarla.

«Querida hermanita... como ya sabes, llegar a los huaoranis ha estado en nuestros corazones durante mucho tiempo. Ha sido alentador saber que el Señor también ha puesto una carga específica en tu corazón y que actualmente estás trabajando en su idioma. Por esta razón, ha sido difícil decidir no compartir contigo los esfuerzos que estamos a punto de iniciar para contactar a este pueblo. [...]

»Tal y como lo vemos, podrías sentirte obligada a divulgar esta información para ahorrarme los riesgos que conlleva. En vista de ello, y puesto que sabemos que ustedes ya están orando por el contacto con estas personas, confiamos en que Dios nos lleve adelante en este esfuerzo y a ustedes en sus esfuerzos con el fin de que Cristo sea dado a conocer entre ellos. Afectuosamente, Nate».[1]

Cuando Nate le comunicó a Betty Elliot su decisión de no incluir a Rachel, Betty se sorprendió. Le preguntó a Nate si estaba seguro; ¿no debían incluir a su hermana en los planes?

«Ah —respondió Nate—, ¡no conoces a mi hermana!».

Como Jim Elliot ya se había reunido con Dayuma, la informante lingüística de Rachel, caminó cuatro horas desde Shandia hasta la hacienda de don Carlos Sevilla para reunirse de nuevo con ella. Le preguntó por una serie de frases sencillas en huaorani sin revelar a Dayuma exactamente por qué las necesitaba. Anotó cuidadosamente sus respuestas en tarjetas de 3x5 pulgadas, escribiendo fonéticamente palabras como *biti miti punimupa*, que

Dayuma le dijo que significaba, en esencia: «Me agradas; quiero ser tu amigo».

Los hombres desarrollaron una serie de «lanzamientos de cubos» semanales, en los que colocaban regalos en un cubo o cesto, con un mecanismo de liberación, sujeto a una larga cuerda del avión de Nate. Él mantenía una mano en la palanca de mando y soltaba la cesta, atada a una larga cuerda, del avión. Luego volaba en círculos cerrados sobre el asentamiento. Gracias a la gravedad y a la resistencia, la cesta quedaba suspendida, casi inmóvil, a un metro del suelo.

El primer regalo fue una tetera de aluminio brillante, decorada con cintas de colores para llamar la atención. Mientras Nate volaba a casa, pensó: «... allí estaba nuestro mensajero de buena voluntad, amor y fe a 600 metros (2000 pies) de altura. En cierto sentido, habíamos transmitido el primer mensaje evangélico mediante el lenguaje de signos a un pueblo que se encuentra a menos de medio metro (un cuarto de milla) de distancia vertical... a ochenta kilómetros (cincuenta millas) de distancia horizontal... y a continentes y mares de distancia psicológica».[2]

En el transcurso de las trece semanas siguientes, Nate y los muchachos entregaron docenas de regalos a la tribu. Al principio, los huaoranis respondieron con confusión. Pero, para la segunda semana, iban corriendo al lugar de la entrega; a la sexta visita, empezaron a enviar a los misioneros, a través del cubo, regalos como un loro, comida, un tocado de plumas y cerámica. Desbrozaron los árboles para que el avión tuviera un mejor acceso visual; construyeron un tosco modelo de avión sobre una plataforma para que sus visitantes pudieran identificar su ubicación. Los misioneros, aunque todavía cautelosos, interpretaron la respuesta de la tribu como un estímulo de Dios para que los huaoranis se abrieran a los forasteros.

El 29 de octubre, Jim Elliot utilizó un altavoz y se asomó al avión de Nate para gritar algunas de las frases amistosas en huaorani que había aprendido de Dayuma. Jim escribió con optimismo en su diario que, por lo que él y Nate podían ver a unos 450 metros (1500 pies) de altura, la gente parecía entender lo que decía.

Betty Elliot escribió en su propio diario que Jim y los muchachos «han podido divisar claramente a los huaoranis, sus casas y sus canoas. Todos creen que ha llegado el momento de dar un paso definitivo en su dirección. Me he estado preguntando si debería ir;

tal vez la presencia de una mujer y un bebé ayudaría a la impresión inicial. Señor, soy tuya».

Mientras Betty y Jim continuaban con su ministerio habitual entre los quichuas ese otoño, Nate Saint se acercó a su compañero misionero Roger Youderian y lo invitó a unirse a la misión ultrasecreta de los hombres a los huaoranis. Roger era un veterano de la Segunda Guerra Mundial, un paracaidista condecorado que había luchado en la Batalla de las Ardenas en Alemania. Él y su esposa, Bárbara, habían llegado a Ecuador con su hija pequeña en 1953 como parte de un equipo de la Unión Misionera Evangélica. Habían estado trabajando con el pueblo shuar, conocido en aquella época por su habilidad para reducir cabezas humanas. Los Youderian, que ahora servían a una tribu emparentada, los achuar, vivían cerca de sus compañeros misioneros Frank y Marie Drown en Macuma, a unos 160 km (100 millas) al sureste de Shell. Roger ardía en deseos de trabajar como misionero; abrió tres puestos de avanzada para el trabajo tribal en Ecuador durante sus tres años allí.[3]

Nate sabía que Roger era ingenioso, experto en la selva y disciplinado. En una ocasión, había corrido veintinueve kilómetros (dieciocho millas) —por crestas selváticas y senderos traicioneros sin detenerse a comer, con la piel desgarrada por las espinas y la ropa hecha jirones— para salvar a un indio herido. Nate concluyó: «Estaba convencido de que valía la pena morir por la causa y, por tanto, no ponía precio ni valor a su propia vida. Estaba entrenado y era disciplinado. Conocía la importancia de la conformidad inquebrantable a la voluntad de su Capitán. La obediencia no es una opción momentánea... es una decisión férrea tomada de antemano».[4]

Sin embargo, lo que nadie sabía, excepto la esposa de Roger, era que estaba luchando contra la depresión. Sentía que no veía ningún resultado de su duro trabajo entre la gente de la tribu. Se sentía un fracaso. Su fe estaba intacta. Amaba a Dios. Amaba a su familia. Pero había algo que no podía identificar, algún fracaso del cual asumía la responsabilidad, que le hacía creer que había llegado el momento de retirarse como misionero y volver a casa, a Estados Unidos. Aun así, Roger seguía decidido a buscar la voluntad de Dios, y «[en] cada punto obedeceré y lo haré».[5]

Y ahora, por lo que Roger podía discernir, Dios le estaba indicando que se uniera a la misión con los huaoranis. Y así lo hizo.

Roger Youderian, enero de 1956

Mientras tanto, Pete Fleming, el viejo amigo de Jim, escribía en su diario: «La situación de los huaoranis evoluciona rápidamente. Se planea un intento definitivo de contacto para principios de enero. La actitud parece cada vez más amistosa a medida que se realizan los vuelos semanales [...]. Se va a celebrar una asamblea en Arajuno durante Navidad. Ed, Jim, y Roger van definitivamente... Puede que yo sea otro integrante».[6]

Como compartían un deseo común de que los huaoranis conocieran el amor de Jesús, los sentimientos de los hombres sobre el momento oportuno variaban según las personalidades.

Como Elisabeth escribió más tarde, «Pete, que dialogaba constantemente con los otros tres, no creía que la siguiente luna llena fuera el momento adecuado para el primer intento de contacto. Era demasiado pronto para suponer que se había superado un odio de larga data hacia los hombres blancos. [...] La reacción de Ed fue que el siguiente paso no debía ser necesariamente un esfuerzo de contacto, sino más bien el establecimiento de una pista de aterrizaje utilizable» a unos ocho kilómetros (cinco millas) del asentamiento huaorani.

Mientras tanto, Jim Elliot, según su esposa, estaba «"en ascuas". Si se establecía un contacto amistoso, Jim y yo estábamos dispuestos a dejar el trabajo en Shandia durante un tiempo e ir a vivir entre los huaoranis». Mientras tanto, Nate opinaba que el grupo debía seguir manteniendo contactos regulares, sin dar un paso repentino todavía.[7]

Pero las tensiones fuera de la comunidad misionera presionaban a Nate para que se moviera con más rapidez. Como hemos visto, el alanceamiento de los trabajadores de las compañías petroleras por parte de los huaoranis había obstaculizado la exploración petrolífera de la selva. Ahora los misioneros se enteraban de que los ejecutivos petroleros habían discutido la situación con el gobierno ecuatoriano, y se temía que los militares encontraran la forma de deshacerse del problema de los huaoranis de una vez por todas. Los misioneros estaban ansiosos por llegar pronto a la gente de la tribu, o podría no quedar ninguno que pudiera ser salvado.[8]

«Desde los recientes ataques de los huaoranis —escribió Nate—, se ha hablado de una expedición que iría armada hasta los dientes. Lo más probable es que ni siquiera encontraran a los indios, pero si lo hicieran, seguramente habría un derramamiento de sangre y un mayor peligro para aquellos de nosotros que estamos dispuestos a trabajar pacientemente por un contacto amistoso por amor del Señor».[9]

El 26 de noviembre, Jim Elliot realizó su segundo vuelo huaorani con Nate. «Noté un aumento en la cantidad de desmonte desde mi última visita. La segunda casa tiene un modelo de avión tallado en la cresta de la casa y allí tiramos un machete [...] y vi algo que me emocionó. Parecía que un anciano estaba de pie junto a la casa y hacía señas con ambos brazos, como indicándonos que bajáramos. ¡Un huaorani haciéndome señas para que viniera! [...] Que Dios me envíe pronto con los huaoranis».[10]

Aun así, sabían que el contacto real sería peligroso. Sin revelar detalles, Nate escribió a un amigo militar para pedirle consejo sobre lo que podría ocurrir si un avión tenía problemas de motor en territorio huaorani. ¿Deberían llevar armas? Tras muchas discusiones, la opinión general parecía ser que sí, que sería prudente llevar armas de fuego. Los huaoranis habían mostrado un sano respeto por las armas que llevaban los quichuas y otros, y dudarían en atacar a hombres armados. Los misioneros decidieron que no se defenderían; con suerte, la presencia de las armas, o dispararlas al aire, disuadiría a los huaoranis.

En diciembre, Nate, Jim, Ed y Roger ya estaban decididos a ir. Pete Fleming aún no estaba seguro de cómo lo estaba guiando Dios. Habló largo y tendido con su joven esposa, Olive, oró y buscó la voluntad de Dios. Al final, decidió unirse a sus amigos en la aventura. «Estoy contento de ir —escribió en su diario—, y cuando mi corazón empieza a inquietarse aunque sea un poco, el Señor me tranquiliza».[11]

Mientras tanto, Betty compartía la emoción de Jim. «A mí, por supuesto, me encantaría hacer el trabajo en lengua huaorani [...]. Jim estuvo en el vuelo huaorani el sábado. Volvió emocionado. Verlos agitando los brazos, haciéndoles señas, corriendo como locos, saltando de alegría ante los regalos que les lanzaban... siente que ha llegado el momento de ir a verlos. Cómo me gustaría poder ir... pero Ed simplemente se burló de la idea, así que no hay posibilidad, supongo».

Suspiró... detestaba perderse la acción y verse relegada a escribir cartas a los patrocinadores en casa. «Y aquí estoy, en el escritorio, bajo el sol de la tarde... el descortés ruido de un loro en los árboles, y es hora de escribir cartas a algunos cristianos comunes y corrientes de EE. UU. que conducen coches, van a la iglesia, comen pizza, usan el ascensor, tienen dientes falsos y probablemente un buen corazón».

Ni siquiera podía ayudar con sus dotes lingüísticas innatas. «La semana pasada, Nate y Ed estaban muy ansiosos de que Jim [...] consiguiera material lingüístico de Dayuma. Así que hice planes para ir (ya que sería más fácil para mí) y hoy llega Nate para decirme que no tiene paz sobre mi ida, ni tampoco Ed. Ahora no sé qué hacer. Es el segundo intento que estoy dispuesta a hacer por el idioma, y Ed decide que no debo».

El 16 de diciembre, un miembro desnudo de la tribu huaorani apareció ante la casa de los McCully en Arajuno, justo en la frontera con el territorio huaorani. Se desvaneció en la selva, dejando tras de sí solo huellas inconfundibles.

Betty escribió en su diario que este suceso «me emocionó mucho por alguna razón. Me pregunto si Dios nos permitirá a Jim y a mí ser la primera pareja que vaya entre ellos. Estamos listos para ir en cualquier momento... en lo que respecta a nuestros propios deseos. [...] Oh Señor, purifica mi corazón y mis motivaciones. Tú conoces la escoria y la aleación que yace en los recovecos ocultos. Purifícame y hazme apta para tu servicio».

Los planes continuaron desarrollándose. «Jim fue al vuelo huaorani el sábado; recibió un loro, dos ardillas, algo de comida cocinada, pulseras y cestas al final de la línea. [En Año Nuevo] él irá en el primer intento para reunirse con ellos en la tierra».

A Betty, que se habría lanzado a la selva en un santiamén, le estaba resultando extraordinariamente difícil dirigir a su ama de llaves y amiga, la joven Eugenia, que a veces era muy volátil.

Eugenia se negaba a menudo a realizar las tareas que Betty le asignaba; su actitud oscilaba entre la falta de respeto y la dulzura. Betty no sabía cómo trabajar con ella para lograr la paz y el orden en el hogar. Jim observó que la niña la ponía en una posición difícil.

«Hoy no me he sentido orgulloso de ti», le dijo a Betty, después de haber observado sus luchas con Eugenia. Ella escribió en su diario, conmovedoramente: «¿Acaso alguna vez me ha dicho: "Hoy sí he estado orgulloso de ti"?».

«Estoy al límite», escribió Betty. «Eugenia se ha vuelto a poner muy difícil hoy... He probado el silencio, he probado con levantar la voz, con descontarle el sueldo, con mandarla a casa unos días, con mandarla afuera mientras yo hago el trabajo, etc., etc. Jim solo ve los momentos en los que la estoy increpando por algo (que son frecuentes, por cierto) y siente que la trato de manera muy infantil. Yo no sé qué hacer. Casi siento que se interpone entre nosotros. A veces, me siento tan alejada de Jim... anhelo estar cerca de él, compadecerme de sus problemas (y él debe tener muchos más que yo, con la responsabilidad de todo en la estación), pero no se queja ni los comparte conmigo, si es que los tiene».

Navidad de 1955: A Jim, Nate, Ed, Pete y Roger les quedaban quince días en la tierra.

Los Elliot, los Fleming y los McCully celebraron juntos la Navidad en casa de Ed y Marilou, en Arajuno. El habitual equipo cómico de Ed y Jim hizo llorar de risa a todo el mundo. Mientras tanto, los Saint estaban cómodos en Shell; la siempre competente Marj había colocado un árbol con lentejuelas y adornos, y había llenado la casa con el aroma de galletas recién horneadas. Las visitas entraban y salían a todas horas.

Nate se tomó un tiempo a puerta cerrada, ya que su hermana Rachel, ajena a los planes sobre los huaoranis, se alojaba con ellos. Escribió una larga carta para enviarla después de la expedición de los hombres al territorio huaorani. En ella, describía su malestar por la disparidad entre su propia celebración de la Navidad y la situación de aquellos que nunca habían oído el evangelio. Pensaba en las «doscientas generaciones silenciosas que se han ido a sus tumbas paganas sin conocer al Señor Jesucristo [...] estos que [...] sobreviven matando y mueren al defenderse... ¡estos no tienen Navidad!

«... mientras sopesamos el futuro y buscamos la voluntad de Dios, ¿parece justo que arriesguemos nuestras vidas por unos pocos?».[12]

Nate respondió a su propia pregunta, diciendo que la incursión de los hombres a este grupo peligroso se dio al entender la «palabra profética [de la Biblia] de que habrá algunos de cada tribu en Su presencia en el último día, y en nuestros corazones, sentimos que es agradable a Él que nos interesemos en abrir la prisión huaorani para Cristo.

»Mientras celebramos esta Navidad, que los que conocemos a Cristo oigamos el grito de los condenados que se precipitan sin remedio hacia la noche sin Cristo, sin oportunidad alguna. Que seamos movidos a compasión como lo fue nuestro Señor».[13]

No hay duda de que se trataba de cinco jóvenes dedicados, que representaban lo mejor que los seres humanos pueden ofrecer a Dios: un apasionado abandono por extender Su reino y multiplicar Su gloria compartiendo Su evangelio con aquellos que nunca lo han oído*.

Pero, para que no pensemos que los misioneros vivían en un plano que ninguno de nosotros puede alcanzar, tal vez sea útil considerar la última entrada del diario de Jim Elliot, escrita con gran desánimo el último día de 1955. Con el corazón y las intenciones firmemente puestos en Cristo, luchaba, sin embargo, contra una tentación común a todos nosotros, la atracción de la carne.

---

*Como señala Kathryn Long con la minuciosidad que la caracteriza, los cinco misioneros que se acercaron a los huaoranis «lo hicieron como amigos, sin preocuparse demasiado por las afiliaciones institucionales. En parte, esto reflejaba la tradición de los Hermanos de Plymouth de tres de los cinco, que a su vez eran representantes independientes de sus asambleas de origen. Además, para evitar la competencia, los diversos grupos misioneros que trabajaban en las selvas de Ecuador se habían repartido el territorio y los pueblos tribales. La Alianza Cristiana y Misionera (C&MA, por sus siglas en inglés), así como la Unión Misionera Evangélica (GMU) trabajaban en las selvas del sudeste, a lo largo de los ríos Pastaza y Bobonaza, entre los pueblos shuar (jívaro) y achuar. Los misioneros de los Hermanos tomaron la zona central y norte, donde vivían varios grupos de pueblos quichuas de tierras bajas. El territorio wao también estaba en sus dominios, una de las razones por las que Jim Elliot, Ed McCully y Pete Fleming sentían un interés de propiedad por la tribu. La estación misionera que Ed y Marilou McCully establecieron en Arajuno, el punto de partida aéreo de [las actividades de extensión a los huaoranis], se había situado deliberadamente en el lado huaorani del río Arajuno, el límite occidental de las tierras tradicionales huaoranis. Cuando, a sugerencia de Nate Saint, los demás misioneros invitaron a Roger Youderian a unirse a ellos, lo estaban «tomando prestado» de las selvas del sur, una acción que hizo que la Unión Misionera Evangélica, su organización patrocinadora, entrara en escena.

«Un mes de tentaciones. Satanás y la carne me han atacado duramente en el viejo y espantoso plano de los pechos y los cuerpos. No sé cómo Dios mantiene mi alma en Su vida y permite que una persona tan miserable continúe a Su servicio. Oh, ha sido duro. Betty piensa que he estado enfadado con ella, cuando simplemente he tenido que endurecerme a la vida sexual para no explotar [...] mi indignidad de su amor me abate. Me he sentido realmente mal en mi interior, luchando y echándome cada hora sobre Cristo en busca de ayuda».[14]

Aunque a veces se los ha presentado como tales, Jim Elliot y sus compañeros misioneros no eran superhéroes espirituales. Sí, Jim poseía una fe enérgica y una perspicacia espiritual inusual. Pero al final de su vida, cuando Satanás quiso desesperadamente descarrilarlo, fue a través de una de las tentaciones más comunes de la vida. Y, como hemos visto, a pesar de su enorme fe, los demás también luchaban: Roger, con la depresión, Pete con la indecisión, Nate y Ed con todo tipo de incertidumbres humanas normales. Estos firmes seguidores de Cristo no eran inmunes a las preocupaciones, aflicciones, señuelos y exigencias de este mundo. Incluso cuando emprendieron el camino que los llevaría al martirio, eran completamente humanos, lo que hace que su martirio sea aún más heroico.

Los últimos días de Jim Elliot no fueron los de un estéril santo de plástico, sino los de un hombre de carne y hueso que experimentaba una nube de distracciones. Pero las últimas palabras de su diario, de ese último día de 1955, arrojan luz sobre su confianza en el resultado final que le aguardaba.

«... aunque la carne conspire —escribió—, que venza el espíritu». Y el Espíritu lo haría.

CAPÍTULO 22

La segunda muerte

Creemos que en poco tiempo tendremos el
privilegio de encontrarnos con estos compañeros
y presentarles la historia de la gracia de Dios.
—Nate Saint

*E*l 3 de enero de 1956, Nate llevó a sus compañeros misioneros a un claro del sinuoso río Curaray. Había bautizado al lugar «Palm Beach»; estaba cerca del asentamiento huaorani donde habían pasado las últimas trece semanas dejando regalos. El río había dejado allí un largo banco de arena; solo el más hábil de los pilotos, como un Nate Saint, podría haber aterrizado en él o despegado desde allí.

El 4 de enero, Betty escribió en su diario: «Jim ya se ha ido a los huaorani. Nate voló con él, Pete, Roger... y Ed, a una playa a unas tres horas de distancia de las casas donde han estado haciendo las entregas de regalos. [...]. Montaron una casa en un árbol donde esperarán a que los [huaorani] vengan a visitarlos. Van armados, por supuesto, y como los huaoranis solo matan con lanzas, supongo que es bastante seguro para ellos. No tengo ni idea de cuándo volverán.

«He pensado mucho en la posibilidad de ser viuda», continuó. «Me pregunto si tendría el valor de seguir aquí. Ahora siento que quisiera hacerlo. Pero Dios no nos da guía para los sueños».

Ese mismo día, Jim Elliot escribió la que sería la última nota a su esposa. Nate Saint la sacó volando de la selva esa misma tarde. Jim escribió con lápiz, desde la casa del árbol en Palm Beach. «Realmente nos sentimos cómodos y seguros a diez metros (treinta y cinco pies) del suelo en nuestras [...] pequeñas literas. [...] Vimos huellas de puma en la playa y los oímos anoche. Es una selva preciosa, abierta y llena de palmeras. [...] Tenemos muchas esperanzas, pero aún no hay señales de los "vecinos". Tal vez hoy sea el día en que lleguemos a los huaoranis. [...] Ahora, vamos a bajar. Pistolas, regalos [...] y oración en nuestros corazones. Eso es todo por ahora. Tu amante, Jim».[1]

Para entonces, Rachel Saint había llegado a Shandia. Se alojaba en casa de los Elliot. Como Nate había decidido que su hermana no debía saber nada de la misión, era incómodo para Betty. Cuando Nate se comunicaba por radio con las novedades, Betty escuchaba las transmisiones con auriculares, de modo que Rachel no pudiera oír los informes.

La mañana del viernes 6 de enero de 1956, Nate, Jim y sus amigos anticipaban otro largo y caluroso día esperando a los huaoranis. Podrían pasar semanas. Entonces, increíblemente, dos mujeres salieron de la selva en el lado opuesto del río desde el campamento. Una era joven, la otra mayor, con una oreja desgarrada. Estaban desnudas, salvo por unas cuerdas atadas a las muñecas y la cintura. Llevaban tapones redondos de madera balsa en las orejas perforadas. ¡Huaoranis!

Jim Elliot vadeó por el río para ayudarlas a cruzar. Nate, Ed, Roger y Pete les dieron la bienvenida asintiendo y sonriendo. Entonces, un hombre huaorani emergió también del follaje.

Los miembros de la tribu no tenían ni idea de lo que decían los norteamericanos, pero hablaban hasta por los codos, suponiendo que los misioneros entenderían. Comieron, bebieron y parecían estar completamente cómodos, hasta el punto de que el hombre le dejó claro a Nate, por medio de su lenguaje corporal, que quería andar en el avión. Nate accedió y, mientras el Piper amarillo sobrevolaba la aldea de los huaoranis, el indio se entusiasmó tanto que se habría subido al puntal en pleno vuelo si Nate no lo hubiera retenido. (Había poco a lo que Nate pudiera agarrarse, ya que el hombre no llevaba ropa). Más tarde, en una elaborada pantomima, los misioneros intentaron comunicar su deseo de que los huaoranis despejaran una pista de aterrizaje en su asentamiento, para facilitar futuros contactos. Las películas caseras que los misioneros grabaron de ese intento muestran que las representaciones dramáticas no eran precisamente su fuerte.

Más tarde, el hombre y la mujer más joven regresaron a la selva. La mujer mayor se quedó en la playa, compartiendo con afán sus más profundos e ininteligibles pensamientos y sentimientos con Roger. Aquella noche durmió junto al fuego; a la mañana siguiente, cuando los misioneros se despertaron en la casa del árbol, ya se había ido.

Nate Saint y Roger, aplicando repelente de insectos
a su visitante huaorani, 6 de enero de 1956.

————

Los misioneros estaban emocionadísimos. ¡Contacto amistoso! ¡Con huaoranis! Su sueño se estaba haciendo realidad. Nate envió por avión a Shell fotos y videos de esta primera conexión con los huaorani.

Al día siguiente, el sábado, los hombres caminaron de un lado al otro, oraron y gritaron saludos amistosos hacia la silenciosa selva. Esperaron todo el día. Ni rastro de los huaoranis. ¿Cuándo volverían sus nuevos amigos?

De vuelta en Shandia, Betty se había reído con las descripciones de Nate del encuentro del viernes con los huaoranis, encantada de que el primer contacto hubiera ido tan bien. Estaba claro que se avecinaban grandes cosas.

Es probable que la segunda visita de los misioneros a los huaoranis, el domingo 8 de enero, hubiera sido tan amistosa como la primera del viernes, de no ser por una situación que no tenía nada que ver con los norteamericanos.

El hombre huaorani que había visitado a los misioneros el viernes se llamaba Nenkiwi. La mujer más joven era Gimadi, la mayor, Mintaka.

En una tribu de asesinos, Nenkiwi se destacaba. Había tenido dos esposas, y había alanceado a una cuando esta lo molestó. Ahora, quería casarse con la joven y provocativa Gimadi. El hermano de esta, un feroz guerrero llamado Nampa, se oponía.

Mientras se desarrollaba esta tensión en la mañana del viernes 6 de enero, Gimadi, una muchacha voluntariosa, había abandonado el asentamiento huaorani. Nenkiwi hizo lo mismo. La mujer de más edad, Mintaka, vio lo que estaba ocurriendo y la acompañó como chaperona autodesignada. Los tres acabaron encontrándose con los cinco misioneros y, como vimos, pasaron tranquilamente el día con ellos.

Cuando Gimadi se levantó y abandonó el campamento de los hombres, Nenkiwi la siguió adentrándose en la densa maraña de árboles y enredaderas. Mintaka se quedó con los misioneros hasta muy temprano a la mañana siguiente, y luego regresó al asentamiento huaorani. Lo mismo hicieron Nenkiwi y Gimadi, pero solo después de pasar la noche a solas en la selva juntos, una violación de las costumbres huaoranis.

El sábado, Nenkiwi estaba más decidido que nunca a salirse con la suya y casarse con Gimadi. Nampa, furioso, no quería que Nenkiwi se quedara con su hermana. Tanto él como Nenkiwi entraron en una escalada de furia asesina, que en la cultura huaorani solo podía tener un resultado: la muerte por lanza. Mientras los demás se reunían a su alrededor y la tensión iba en aumento, Nenkiwi desvió hábilmente la ira contra él hacia los misioneros. Describió la visita a Nate, Jim y los demás, pero le dio su propio giro.

«Los extranjeros iban a matarnos», afirmó.

La mujer mayor, Mintaka, se burló. Les contó a los demás huaoranis la pacífica visita a los cinco hombres de piel clara. «¡Comimos su comida con ellos!», explicó. «¡Nenkiwi está diciendo cualquier cosa!».

Gikita, un guerrero experimentado y el más viejo del grupo, conocía bien la tendencia de Nenkiwi a mentir en beneficio propio... pero también sabía que la tribu no podía permitirse matar a uno de sus propios guerreros en ese momento. Diciembre, enero y febrero, meses de estiaje, eran «la temporada de la matanza», cuando otros clanes huaoranis atacaban. Necesitaban a Nenkiwi para las incursiones que se avecinaban. A medida que las acusaciones de Nenkiwi contra los cinco extranjeros continuaban, la ira y la sed de sangre de la tribu empezaron a arder, y pronto afilaron sus lanzas.

«¡Sí!», gritaron. «¡Lancearemos! Iremos a matar a los *cowodis*!». El rumbo estaba fijado.[2] Los huaoranis pasaron el resto del sábado fabricando lanzas, afilándolas con los machetes que los misioneros les habían regalado. Atacarían al día siguiente. Por supuesto, los misioneros no sabían nada de esta red de mentiras, intrigas y furia.

El domingo 8 de enero por la mañana, cuando Nate Saint sobrevolaba la selva, vio a un grupo de indios desnudos que se dirigían en dirección a Palm Beach. A las 12:30 del mediodía, comunicó por radio a Marj que había visto a los huaoranis que se acercaban y que, con toda seguridad, llegarían al campamento de los misioneros a última hora de la tarde. «¡Oren por nosotros!», rogó. «¡Llegó el día! Volveré a contactarte a las 4:30».

Después de que Nate aterrizara su avioneta amarilla en el banco de arena y avisara a gritos a Jim, Ed, Pete y Roger de los visitantes que esperaban, los cinco misioneros se pasearon por la playa, orando y repasando sus libros de frases. Esperando. Una olla de frijoles hervía a fuego lento. Todos llevaban camisa y pantalones caqui, excepto Roger, que llevaba vaqueros. Estaban rebosantes de expectación, con la esperanza de que los huaoranis los invitaran a sus hogares.

Los relatos de lo que ocurrió a continuación han variado a lo largo de los muchos años transcurridos desde enero de 1956. Cada huaorani que participó en la matanza vio el suceso solo desde su propia perspectiva. Cada uno de ellos estaba impulsado por la adrenalina que concentró así como pronto agotó su energía, concentración e ira. Pero los diversos relatos, y las pruebas forenses, coinciden en el curso general del ataque. Y todos coinciden en su rápido desenlace.

La acción se desarrolló a orillas del río Curaray. Los cinco hombres estaban ahora bajo su refugio improvisado para protegerse del sol, matando insectos y esperando a que los huaoranis emergieran de la selva.

Mientras tanto, los guerreros huaoranis —Gikita, Nampa, Kimo, Nimonga, Dyuwi y Mincaye— se habían separado sigilosamente en dos grupos. Los acompañaban varias mujeres. El primer grupo se escondió río arriba, a cierta distancia del campamento base de los misioneros. Un par de mujeres huaoranis, señuelos, salieron de entre la alta caña de azúcar junto al agua, llamando a los extranjeros que estaban más abajo, en la playa.

Como era de esperar, Jim Elliot fue el primero en dirigirse en su dirección, alejándose del campamento, acompañado de su viejo amigo Pete. Mientras tanto, Roger, Nate y Ed esperaron cerca del refugio.

Palm Beach, enero de 1956

Así que los misioneros estaban separados cuando comenzó la emboscada.

Mientras Jim Elliot sonreía y gesticulaba alegremente, con su atención centrada en las mujeres, Nampa irrumpió de entre el espeso follaje, corriendo hacia Jim con la lanza en ristre. Jim se agarró el costado, donde llevaba una funda con cierre a presión. De algún modo sacó la pistola y levantó el brazo para hacer un disparo de advertencia al aire. Pero Nampa había arrojado su lanza, con mortal precisión, hacia el centro del pecho de Jim. Una de las mujeres, la madre de Nampa, corrió hacia Jim por detrás y le bajó el brazo de un tirón. Al hacerlo, el arma de Jim se disparó. La bala rozó la cabeza de Nampa, el cual cayó, no muy lejos de donde Jim se desplomó sobre la arena, con la lanza de Nampa en el pecho.

Simultáneamente, los guerreros de río abajo salieron disparados de la selva, cerca del campamento base de los misioneros. El guerrero Gikita atravesó con su lanza a Nate, golpeándolo en el centro del pecho; los demás se abalanzaron sobre Ed y Roger. En algún momento del caos, el gran Ed McCully intentó proteger a uno de sus amigos misioneros agarrando por detrás los brazos de sus atacantes; otros indios llegaron por detrás de Ed y le clavaron una lanza en la espalda. Al mismo tiempo, uno de los misioneros, probablemente el aguerrido Roger, corrió hacia el avión y se inclinó desesperadamente para agarrar la radio portátil. Los huaoranis lo persiguieron y le clavaron una lanza ascendente en la cadera derecha. Cayó en la arena. Estaba cubierto de sangre, y lo alancearon una y otra vez.

Río arriba, después de que Jim se hundiera, Pete había escapado hasta un tronco que descansaba en la poca profundidad del río.

«¿Por qué no huyó?», preguntaron los guerreros años después. «Se quedó allí, llamándonos». Se desconoce si las frases de Pete eran totalmente inteligibles para los huaoranis; *sí* se sabe que podían ver que no pretendía hacerles daño. Pero en su flujo de rabia, no importaba. Corrieron hacia él y arrojaron sus lanzas, atravesándole el corazón.

Como era habitual en sus matanzas, los atacantes circularon entre los hombres caídos, insultándolos y clavándoles más lanzas en el cuerpo, para que todos compartieran la responsabilidad común de las muertes. Los misioneros, sangrantes por las horribles heridas, no vivieron mucho tiempo.

Los asesinos: respiran con dificultad, excitados por la adrenalina. Los misioneros: respiran por última vez. Sangre en la arena. El agua tibia que succiona. El dosel de la selva que gira en verde, azul, luego un dorado brillante, brillante.

Los huaoranis se dirigieron hacia el avión amarillo de Nate, macheteando su dura pero flexible superficie, clavándole lanzas y arrancándole toda la corteza que pudieron.

Cuando mataban de este modo, los guerreros lo hacían desde un hirviente y diabólico charco de rabia que impulsaba sus lanzas, alimentaba sus insultos y guiaba su ensañamiento. Esa rabia pronto se agotó… y fue sustituida por el miedo.

Recogieron al apenas consciente Nampa*, lo llevaron al sendero y huyeron hacia sus casas. Tras prender fuego a esas casas, como era su costumbre después de matar, desaparecieron en la selva.

---

*Nampa vivió algunos meses después de la masacre de Palm Beach. Existen básicamente dos corrientes de pensamiento sobre su muerte. Algunos dicen que solo fue rozado por el disparo de advertencia del misionero y que murió más tarde mientras cazaba, aplastado por una boa. Otros sostienen que murió por complicaciones de la herida de bala en la cabeza.

Años después, Mincaye (uno de los guerreros que más tarde conoció a Cristo) confirmó el consenso existente entre los huaoranis en el momento de las matanzas. En primer lugar, aunque los misioneros tenían armas, y varios las dispararon al aire, está claro que no las utilizaron en defensa propia. En segundo lugar, «el bajito» —Pete— podría haber escapado a la selva; los guerreros no lo habrían perseguido, ya que su furia asesina era efímera. Pero no lo hizo, así que lo alancearon.

Varias décadas después, algunos de los que participaron del ataque hablaron de una extraña presencia adicional más allá de los seres humanos que mataron y murieron en la playa aquel día. Kimo y Dyuwi, entre otros, describieron extrañas luces sobre los árboles... «extranjeros» vestidos de blanco... y el sonido de cánticos, que es como los huaoranis describieron el canto.

¿Habrán sido ángeles? Solo Dios lo sabe.

En la agonía de sus últimos momentos, en el dolor de esas últimas respiraciones superficiales, ¿qué habrá pasado por la mente de los cinco estadounidenses? Solo Dios lo sabe. Lo único que las valientes viudas y sus familias, y el resto de nosotros a lo largo de las décadas, podemos saber con certeza es que, cuando atravesaron ese delgado velo que separa esta vida de la vida eterna, el *siguiente* aliento, enorme y exultante, de esos cinco misioneros fue en la presencia real de Dios. Habían ganado aquello que no podían perder.

CAPÍTULO 23

Cristo el principio;
Cristo el final

La distancia en línea recta no tiene ningún
misterio. El misterio está en la esfera.
—Thomas Mann

Betty Elliot, en Shandia, no tuvo indicios de la muerte de su marido hasta el día siguiente. Como Rachel Saint, que ignoraba la misión de los hombres, se había quedado con ella, Betty no había estado al tanto de las transmisiones de radio del domingo. No tenía motivos para pensar que algo fuera mal.

El lunes por la mañana, 9 de enero de 1956, Betty se puso en contacto por radio con Marj Saint a las 8. Marj le dijo que Nate, Jim y los demás no se habían comunicado como de costumbre el domingo por la tarde, y que Johnny Keenan, el piloto de la MAF que trabajaba con Nate, había despegado para sobrevolar el campamento de Palm Beach. ¿Podría Betty volver a ponerse en contacto a las 10? No estaba especialmente preocupada. Sabía que los hombres estaban entusiasmados por el contacto con la tribu; probablemente se habían quedado absortos en lo que estuvieran haciendo.

A las 10 de la mañana, la voz tensa de Marj llegó por la radio. «Johnny ha localizado el avión y le han quitado toda la estructura. No había rastro de los muchachos».

Rachel, que estaba junto a Betty y oyó aquel mensaje, comprendió ahora lo que pasaba y que la habían dejado afuera del plan. Estalló y le preguntó a Marj si el avión había sido quemado. «No», dijo Marj. «No lo sabemos... ¡pero ya no me importa el viejo avión! ¡Solo los varones!». Se le quebró la voz y no dijo «cambio y fuera» al final de la transmisión.[1]

Recién entonces, Betty se dio cuenta de que las cosas andaban mal. Muy mal. «Señor, muéstrame el camino», oró en silencio. «Dame paz, oh, Dios de mi salvación».

Cuando Johnnie Keenan comunicó por radio a Shell su avistamiento del avión en ruinas, la noticia de la desaparición de los hombres en territorio huaorani estalló en toda la comunidad misionera de Ecuador y mucho más allá. La poderosa emisora de radio cristiana de Quito, HCJB, la «Voz de los Andes», transmitió la noticia a todo el mundo. El general William Harrison, jefe del mando estadounidense en el Caribe, conocía a varios de los misioneros desaparecidos. Consiguió el apoyo del ejército estadounidense, el cual envió dos aviones de carga C-47, uno de ellos con un helicóptero. El ejército ecuatoriano ofreció ayuda. Associated Press se enteró de la noticia. Cristianos de todo el mundo oraban por los desaparecidos.

El avión arruinado

Las cinco esposas pidieron a su amigo y colega, el misionero Frank Drown, de la Unión Misionera Evangélica, que se pusiera al frente de los miembros voluntarios del grupo de búsqueda. Misioneros expertos en la selva se ofrecieron a unirse a él. Eran Morrie

Fuller de la Alianza Cristiana y Misionera, el Dr. Art Johnson de HCJB (ahora conocido como Reach Beyond), Dee Short de *Christian Missions* in Many Lands, Jack Shalenko de *Slavic Gospel Association*/HCJB, y Don Johnson y Bub Borman de *Wycliffe Bible Translators/Summer Institute of Linguistics*. El coronel Malcolm Nurnberg, del Escuadrón Estadounidense de Rescate Aéreo/Marítimo del Mando del Caribe, dirigió la unidad militar.

Parte del grupo de búsqueda

Al final, el grupo estaba formado por doce soldados, seis misioneros (incluido un médico) y diez indios quichuas. Los quichuas, amigos de Ed McCully, se encargarían de las largas y pesadas piraguas necesarias para transportar al grupo al territorio huaorani.

Frank Drown presidió la carga de las canoas. Puso soldados, quichuas y misioneros en cada una de ellas, de modo que, si alguna canoa era atacada, sería una mezcla de grupos humanos los que morirían. Separó las canoas unos 90 metros (300 pies). «Quería que pareciera que venía todo el ejército —dijo Frank más tarde—, para que los huaoranis no intentaran atacarnos... parecíamos la Armada española bajando por el río».[2]

El agotado grupo durmió en un banco de arena la primera noche, con los soldados vigilando.

Al amanecer del día siguiente, continuaron a lo largo del río. Los aviones sobrevolaban la zona informando de lo que podría haber más adelante. En un momento dado, la tripulación avisó por radio de que un grupo de indios estaba a la vuelta de la curva... pero cuando los vieron, los quichuas los reconocieron como compañeros creyentes del ministerio de Ed. Le dijeron al grupo que habían encontrado a Ed McCully. Estaba muerto. Trajeron uno de sus enormes zapatos —Ed tenía unos pies muy grandes— y su reloj.

La noticia pasó de barco en barco. Lo más probable era que todos los hombres estuvieran muertos. Pero aun así... tal vez, de alguna manera, uno o más todavía pudieran estar vivos.

Frank Drown y su equipo llegaron a Palm Beach. El avión estaba lleno de agujeros, el campamento destrozado, la casa del árbol devastada.

El helicóptero sobrevoló el río y se detuvo en el aire cuando los que estaban dentro vieron una pierna emergiendo del agua. Varios quichuas se sumergieron y, con cuerdas, sacaron el irreconocible cadáver. Lo depositaron en la arena. Un poco más abajo, había otro. Los hombres lo sacaron con cuidado y lo depositaron junto al primero.

Después de que el médico midiera los cuerpos, el grupo determinó que se trataba de Jim Elliot y Pete Fleming. El cuerpo de Jim estaba completamente carcomido de la cadera para arriba, identificable por un retazo de tela que quedaba en el cuello de su camiseta, que tenía una cinta con su nombre. Su reloj impermeable, intacto, seguía en su muñeca.

El helicóptero fue más allá. Había otro cuerpo saliendo del agua, atascado entre matorrales y ramas, menos descompuesto que los otros. Frank y Morrie, otro misionero, fueron a investigar. «Antes de llegar cerca, pudimos ver una lanza clavada en la cabeza. [...] Al acercarnos, supe que era Nate. La lanza había sido clavada desde atrás. Tenía una gran herida de machete en la cara.

» Entonces, noté otra cosa única de Nate. Su reloj de pulsera estaba levantado por encima de su codo. A veces, lo colocaba así para recordarse que tenía que hacer algo. Quizás no había querido perderse el contacto del domingo a las cuatro y media de la tarde con su mujer. [...]

» Me acerqué desde nuestra canoa para atar una cuerda al cuerpo de Nate, pero no pude hacerlo. No tenía fuerzas. Me temblaban las manos y tenía los ojos llenos de lágrimas. Simplemente, no podía hacerlo. Morrie vio mi conmoción y dijo que lo haría por mí. Ató la cuerda alrededor del cuerpo de Nate, tiró de él hasta la playa y lo dejó junto a Jim Elliot».

Media hora más tarde, una canoa que había ido río abajo regresó arrastrando un cuarto cadáver.

«Sabía que era Roger», dijo Frank. «Sus zapatillas de tenis, sus vaqueros azules y su camiseta blanca lo identificaban. Cuando lo pusieron junto a Nate, me quedé mirándolo. Habíamos recorrido muchos senderos y ministrado en tantos lugares juntos. Había sido tan fuerte y capaz. Pero ahora se había ido de esta tierra, y yo lloraba y lloraba. No volvería a recorrer los senderos conmigo. » Vi las lanzas en sus caderas. Un gran soldado había caído. A través de mis lágrimas, lo miré por última vez. Este fue su último servicio hecho para Dios. Su cuerpo estaba roto, pero su espíritu vive en el cielo y en mi corazón».[3]

El cielo se oscureció. Se desató una gran tormenta. Los soldados, que escrutaban constantemente la selva en busca de movimientos hostiles, estaban nerviosos. Los angustiados misioneros y el resto del grupo se apresuraron a cavar una fosa común, hicieron una breve oración y echaron la tierra de la selva sobre los restos de sus hermanos caídos.

La historia se desarrolló a través de titulares sensacionalistas en los periódicos de Estados Unidos y de todo el mundo: «Se teme que cinco misioneros estadounidenses hayan sido capturados por salvajes» (*Los Angeles Times*).

Otros medios de comunicación se hicieron eco de la noticia: «Salvajes del Amazonas capturan a cinco misioneros de EE. UU.»; «Los wichitanos esperan ansiosos noticias sobre la suerte de los misioneros»; «Se teme la muerte de cinco misioneros de EE. UU. en Ecuador»; «Aviones peinan la selva amazónica en busca de cinco misioneros capturados por indios salvajes; uno muere»; «Tripulación de helicóptero encuentra los cuerpos de cuatro misioneros»; «Misioneros enterrados en la selva: Asesinados por los indios; todos los cuerpos encontrados».

Las cinco mujeres —Betty, Marj, Marilou, Olive y Bárbara— oraban sin cesar. Dormían poco. De alguna manera, preparaban comidas, limpiaban, cambiaban pañales y atendían a los niños, así como a los curiosos que habían acudido a la casa de Marj en Shell. También aparecieron soldados estadounidenses, miembros del equipo de rescate aéreo que tanto había animado a las esposas cuando sus enormes aviones pintados de rojo, blanco y azul bajaron rugiendo por la pista de Shell, listos para apoyar los esfuerzos de búsqueda.

Las esposas recibían informes por radio sobre la búsqueda, que pasó de la esperanza de rescate a la recuperación, y luego al entierro apresurado de los hombres en la playa donde habían muerto. Más tarde, Betty le preguntó a Morrie qué aspecto tenía el cuerpo de Jim. Morrie le dijo que Jim había quedado atrapado bajo un tronco en el río; no quedaba mucho de su carne, que había sido «devorada» en el agua. «Quería saber [todos los detalles], al igual que todas las esposas».[4] Betty escribió a su madre y a la madre de Jim. De alguna manera, los detalles parecían ayudar, en lugar de agravar, su dolor.

«El Señor nos ha apoyado a todas de una manera inimaginable», escribió. «Todas las mujeres estamos muy contentas de que los hombres murieran de esa manera, en la "plenitud de sus fuerzas". Jim y Ed no podían desear otra cosa que morir juntos y en un proyecto así. Estaban preparados... cada uno de ellos.

«Hasta ahora, no he derramado lágrimas desde que llegó la última noticia. Para mí, es un milagro. He sido una llorona desde que nos casamos, pero el Señor ha cumplido literalmente Su Palabra: "[las aguas] no te anegarán".

» Fue la bondad de Dios que pudieron encontrar todos los cuerpos fácilmente.

» Algo de la soledad del futuro empezó a presionarme ayer por la tarde... ¿Qué voy a hacer? Dios me llamó al trabajo de traducción y a Ecuador. No puedo volver a casa. [...] Dios me libre de la autocompasión. [...]

» Debo negarme a pensar en todo lo que hicimos juntos, en la brevedad de nuestra vida matrimonial, etc. Debo rechazar cada pensamiento debilitante. Es una verdadera alegría pensar en Jim, sin mancha delante del trono de Dios, victorioso, mártir, vencedor. Ah, qué privilegio el mío de haber recibido semejante esposo... Dios me lo "prestó" durante dos años y tres meses.

» Hoy nos han llevado a ver el lugar del siniestro en el C-47 de la Marina. Todas estábamos muy contentas de poder ver dónde enterraron a nuestros maridos. El avión se veía claramente en la playa.

» Solo un largo día más... [Marj] y yo nos hemos mantenido despiertas cada noche porque no encontramos las fuerzas para irnos a la cama.

» Estoy completamente segura de que no volveré a casarme. No hay duda de que todas las que quedan viudas hacen esa afirmación, pero yo estoy segura en mi corazón.

» ¿Quién hubiera imaginado que este delgado librito abarcaría toda nuestra vida matrimonial?».

Al llegar a la última página de su ajado diario, lo cerró con unos versos del poeta inglés Frederic W. H. Myers, versos que en realidad había escrito en la contraportada cuando lo empezó.

> «Así es, a través de la vida, a través de la muerte,
> a través del dolor y del pecado
> Él me bastará, porque Él ha sufrido:
> Cristo es el final, porque Cristo
> fue el principio.
> Cristo el principio; porque el final es Cristo».

CAPÍTULO 24

Portales

¡Mejor esos dos años perfectos con un hombre así
que cincuenta con un hombre corriente![1]
—Elisabeth Elliot

A las tres semanas de la muerte de Jim, Betty empezó a escribir un nuevo diario en el que plasmaba en tinta el volátil flujo de sus emociones y la resuelta determinación de sus intenciones.

«La vida comienza un nuevo capítulo, esta vez sin Jim ni esperanza alguna de verlo en esta vida. Hace veinte días, fue asesinado por los indios huaorani en el río Curaray.

» Oh, cómo oro para conformarme a la voluntad aceptable de Dios. No quiero perderme ni una lección. Sin embargo, descubro que los acontecimientos no cambian el alma. Es nuestra respuesta a ellos lo que finalmente nos afecta».

«Descubro que, aunque estoy en un nuevo lugar de rendición y total postración ante Aquel que así ha planeado mi vida, pequeñas cosas se siguen interponiendo entre Él y yo... grandes cosas a Su vista, falta de paciencia con los indios, pereza, falta de disciplina para prepararme adecuadamente para las reuniones escolares, etc. Oh, Dios... tú sabes lo que están diciendo: "¡Eres maravillosa!" "Eres una gran amonestación, un testimonio, un desafío, etc.". ¡Si tan solo supieran! Solo tú lo sabes, Señor Jesús. Ven, purga, purifica, ¡hazme semejante a tu glorioso ser!

» Ahora anhelo ir a los huaoranis. Las dos cosas —las únicas cosas— que puedo esperar ahora son la venida de Cristo y mi viaje a los huaoranis. Oh, si Cristo viniera... pero ¿cómo podría hacerlo hasta que los huaoranis sepan de Él? [...] Oh, si pudiera morir... qué bendita liberación. Pero no pido ser liberada. Pido ser como Cristo, en lo más íntimo de mi ser. [...] Antes, temía ponerlo todo delante de ti; ahora, lo más precioso me ha sido despojado. ¿Significa esto que ahora no tengo tanto en juego? Supongo que sí. Pero, Señor, tú lo sabes. Acéptame, en tu nombre. Y, si es posible, ¡envíame pronto a los huaoranis!».

Las primeras horas de la mañana eran siempre las más difíciles. En los viejos tiempos, se despertaba lentamente y descansaba en paz sobre el fuerte hombro de Jim. Esos días se habían ido para siempre. Despertar y sentir su lugar vacío junto a ella era una lanza al corazón.

Cada vez que leía las palabras «Sr. y Sra.» o escuchaba una referencia a «marido y mujer» ... otra puñalada. «A ellos se les permite estar juntos... ¿y a mí? Entonces, el Señor me muestra que mi suerte no es comparable a la de los demás», se decía a sí misma. Dios tenía un lugar en Su reino y en Su servicio que ningún otro podía ocupar. Su situación no era un error.

«Debería alegrarme que a otros se les dieran compañeros de por vida», pensaba; debería aceptar de buen grado la suerte que Dios le había reservado. Pero ¡oh... las mañanas cuando todavía no había luz, con grandes olas de soledad, oh, estirar la mano para tocar a Jim, soñar que él estaba realmente allí, que su muerte no era real, que sus fuertes brazos estaban abiertos para ella... y luego nada más que la almohada vacía, la cama fría y solitaria!

Los ajetreados días no calmaban ese anhelo. Se sentía impaciente con las niñas quichuas de la escuela, frustrada por tener que dirigir ahora la clase de instrucción de las reuniones infantiles, cosa que siempre había hecho Jim. Había setenta y siete cartas de familiares, amigos, patrocinadores y desconocidos; había que responderlas. Había que preparar la cena. Había que preocuparse por la pequeña Valerie, que prácticamente había dejado de comer durante el día, pero quería biberones toda la noche. «Muéstrame cómo ser madre y padre para ella», oraba Betty.

«Me siento tan indefensa sin Jim», continuó. «Constantemente surgen miles de pequeñas cosas: gasolina para las lámparas... ¿dónde la guardaba? Alguien entró a la fuerza en el [almacén]... ¿Qué robó? No sé lo que había dentro. Héctor vino a hablar de su salario... es un asunto tan complicado que no lo entiendo del todo. [...] Ahora no tengo a nadie que se ocupe del césped y el jardín. [...] Otras mujeres tienen un hombre que hace estas cosas... ¡y también tendrán el cielo! Señor, perdóname. Lo escribo porque lo he pensado. No puedo ocultártelo.

» Entonces me doy cuenta de que debo instruir a los creyentes. Lo último que dijo Jim cuando hablamos de la posibilidad de que no regresara fue: "Enseñar a los creyentes, cariño... tenemos que enseñar a los creyentes". Oh, Señor, ayúdame, porque estoy verdaderamente indefensa».

Betty fue invitada a ser oradora en una conferencia cristiana quichua. Estaba indecisa; en aquella época, las mujeres no solían hacer esas cosas. «Me siento impotente, no sé si sería correcto en principio. [Pero] no hay ningún [misionero varón] en Ecuador que hable quichua».

Un hombre quichua oró durante un servicio religioso en memoria de los misioneros fallecidos: «Señor, no estaríamos aquí haciendo esto si los señores no hubieran recorrido todo ese largo camino para hablarnos de ti. Por esto te damos gracias, pensamos en tu Hijo, atravesado por una lanza, quebrantado y golpeado por nosotros».

Elisabeth Elliot, once días después de la muerte de su marido

Betty decidió hablar en la conferencia. Sentía una nueva urgencia; seguramente Jesús vendría pronto. ¡Ojalá lo hiciera!

«Mamá Elliot escribió ayer expresando sus temores por mí... aparentemente, piensa que estoy reprimiendo mis verdaderos sentimientos y que al final me derrumbaré. ¿No es posible estar en perfecta paz cuando una ha perdido a su esposo? ¿No puede Dios cumplir Su Palabra?

» Luego llega una carta de Marj [Saint] esta tarde, diciéndome que se puso a llorar hablando conmigo por la radio y no pudo terminar. Dice que cada día es más difícil para ella. Así que el enemigo entró como un torrente y me amenazó con la posibilidad de derrumbarme en el futuro; eran los nervios y la excitación los que habían evitado que llorara, pronto sería diferente. Tal vez así sea, pero Jesucristo es el mismo ayer, hoy, y <u>por los siglos</u>. Él también me encontrará allí.

» Anhelo estar en casa. Anhelo despojarme de este cuerpo mortal, ocuparme por completo de las cosas invisibles. Qué peso tienen ahora para mí las cosas que se ven: la comida, la ropa, mi cuerpo, la limpieza de la casa, etc. [...] Me siento frustrada e inútil. [...] Limpiar, alimentar a toda esta gente, cuidar de Valerie, hacer pan, etc., etc. Señor, ¿para esto estoy aquí? Oh, ¿cuándo seré libre de este cuerpo de muerte? Ayúdame a amarte en estas horas de ocupación en las cosas que se ven».

A mediados de marzo, en una reunión de creyentes quichuas, uno de los alumnos de Jim predicó con apasionada convicción, diciendo a los congregados: «Si no les gusta lo que digo, lo siento, porque seguiré atormentándolos hasta que me muera».

Otro predicó al día siguiente; nueve creyentes se levantaron espontáneamente y dieron testimonio de su fe, y cuatro más decidieron que estaban dispuestos a seguir a Jesús. Finalmente, otros dieciséis nuevos creyentes se unieron a la iglesia. «Nunca había sucedido algo así», se maravilló Betty. «¡Es puramente la obra del Espíritu... y Él ha usado a los mismos indios como Sus testigos!».

La madre de Betty y la formidable Gwen DuBose llegaron de visita. Los días pasaban con cuentagotas mientras Betty ponía inyecciones de penicilina, compraba cuarenta y cinco kilos (cien libras) de maíz, trabajaba con Venancio, el amigo de Jim, en su sermón dominical y visitaba a sus huéspedes. «Pasé mucho tiempo escuchando a la Sra. DuBose», anotó Betty crípticamente. Y luego: «No pude contener las lágrimas esta tarde mientras miraba las fotos felices de Jim, Val y yo, tomadas [...] el verano pasado. Avergonzada de mí misma delante de la Sra. DuBose».

¿Acaso en la Academia Hampden DuBose Betty había deducido que las lágrimas eran un signo de debilidad y que el estoicismo era una virtud?

Probablemente sí. En las primeras semanas tras la muerte de los hombres, Betty había regañado a Olive Fleming por llorar la pérdida de su marido, sin ningún tipo de tacto ante el dolor de su compañera viuda. En el fondo, Betty tenía sus luchas. Desde su juventud, había sentido que mostrar emoción era un signo de debilidad; ahora, sus emociones estaban desbordadas. Requería demasiada energía para explorarlas, reprimirlas, contenerlas o simplemente sentirlas. Si a eso le añadimos lo que Jim había llamado su «retraimiento natural» y su falta de deseo de acercarse a la gente a menos que sintiera que era un auténtico regalo de Dios, podía mostrarse distante con los demás.

También podía ser amable. En abril, Betty había revisado todas las cosas de Jim. Todas las cartas que le había enviado ella, fotos de la secundaria y la universidad, algunas que nunca había visto. Luego estaba su ropa. Enterró la cara en sus camisas, respirando los últimos indicios de su presencia. Luego, las empaquetó y se las donó a misioneros necesitados. Un tal Sr. Young, de la Sociedad Bíblica, acababa de perder su buen abrigo y su traje cuando le robaron la maleta. «El abrigo y el traje de Jim le quedaron perfectos —escribió Betty—, y también un par de zapatos negros nuevos. Estaba conmovido y agradecido, y dijo que le parecía un gran privilegio usar las cosas de Jim».[2]

A mediados de abril, Betty sonaba un poco como C. S. Lewis. «Hoy pienso que el poco tiempo que pasé con Jim no fue el fin de todas las cosas. Hay momentos en que parece que sí, como si todo hubiera terminado y no me quedara nada más que hacer hasta que [Jesús] venga. No es así. El matrimonio no era en sí mismo el fin del deseo, sino que generaba otros nuevos. No era más que un segmento de la travesía que es la vida, y exigía obediencia. Ahora, ¿qué tengo que hacer? Obedecer. Y mis ojos serán abiertos a la próxima cosa que tengo por delante».

No había mucha duda de lo que Betty anhelaba, en términos de esa «próxima cosa». «Mi corazón casi llora por esos queridos huaoranis, ¡cómo anhelo ir! He orado para que Dios me envíe allí, o me lleve a casa.

»Huaoranis: ¿cómo? ¿Cuándo? ¿Quiénes? Oh, me duele el corazón por ellos. ¿Qué puedo hacer?».

Al día siguiente, un pensamiento totalmente distinto apareció en las páginas de su diario. «"Soltera" otra vez… me pregunto si volveré a la rutina de la solterona, a la mente estrecha, a la inhibición, a los ademanes afectados, a la forma de ser despreocupada… Oh, <u>he conocido</u>, que nunca lo olvide. Que pueda ir por la vida con asombro.

» Seis meses hoy. Seis meses de separación de Jim, que era mi vida. Y así debe seguir… "El tiempo es un buen amigo, y nos hará viejos"».

Como siempre, Betty leía vorazmente. Tolstói. Marco Aurelio. Y un pequeño libro titulado *The Challenge of Amazon's Indians*

[El desafío de los indios del Amazonas], de una misionera llamada Ethel Tylee. Ethel contaba la historia de cómo ella y su marido, Arthur, habían seguido la guía de Dios para extender el evangelio a una remota tribu brasileña, los nhambiquaras. En 1930, tras un primer acercamiento amistoso, la tribu culpó a los Tylee de la muerte de su jefe, que había sucumbido a unas fiebres selváticas. Mataron a Arthur, a la pequeña Marian y a su nodriza Mildred a flechazos, así como a tres compañeros brasileños de los Tylee. Golpearon a Ethel en la nuca y la dieron por muerta. Milagrosamente, sobrevivió para contarlo.

Para la mayoría de nosotros, esto no habría sido un gran estímulo para trabajar con tribus volátiles. La respuesta de Betty: «Estoy poseída como nunca antes por un deseo ardiente por los huaoranis. Apenas puedo pensar en otra cosa cuando no estoy concentrada en la traducción o en algo más. Señor, ¿me dejarás ir?».

Una semana más tarde, reflexionó: «[Tengo] plena satisfacción con la actual voluntad de Dios. Ahora, estoy encerrada en Él. Mi vida con Jim está cerrada, quedó en el pasado y no ofrece nada más para el futuro. No más bebés, ninguno de los esperados viajes de los que hablamos, ninguna mejora en la casa, nada que esperar excepto el cielo. Y esto me da una paz perfecta. Ahora no tengo temores, ni esperanzas, ni ambiciones, ni remordimientos, ni frustraciones realmente, aparte de la esperanza que hay en Dios, y, en todo caso, si pudiera llamarla «ambición», el deseo de los huaoranis. Bien, Señor, tú lo sabes.

» Atardecer. Siento una inmensa soledad por [Jim], por su amor... la única respuesta, al parecer, es que Él me lleve pronto. ¿Cómo puedo vivir sin Jim, Señor? Tú nos hiciste uno... ¿cómo sigo sola? Oh, Señor, si es posible, llévame contigo. Sin embargo, no se haga mi voluntad...».

«Sollocé desconsoladamente leyendo las cartas de Jim».

Luego anotó los momentos que la hacían sonreír, como lo que había dicho una de las mujeres quichuas, al reflexionar sobre la falta de ropa entre los huaoranis: «Señora, ¿no tendrán los huaoranis el trasero muy áspero?».

«¿Por qué?», preguntó Betty.

«Pues, por sentarse sobre sus nalgas desnudas toda la vida».

Una noche de septiembre, escribió: «Después de cenar, salí a esperar la estrella vespertina. Un viento subía del río y movía las hojas gigantes de los plátanos sobre la colina, y los grandes penachos de la chonta y el bambú en el tramo entre la casa y el río. Me paré en acción de gracias a Dios por esta belleza tangible que es, por la belleza que ha sido en mi vida gracias a Jim, y por toda esa tremenda sustancia esperada que será. El cielo reflejaba pálidamente el sol, que hacía tiempo que se había ido por el horizonte, y cuando las sombras de las nubes por fin conquistaron las cumbres iluminadas, de repente irrumpió la gran luz roja de la Estrella, por lo bajo sobre el color plata luminoso del ancho río. Por todo esto —y también por el cielo— gracias a ti, Padre mío. *Enséñame a no dejar que la alegría de lo que ha sido haga palidecer la alegría de lo que es»*.

Las otras jóvenes viudas se enfrentaron a sus propias luchas y desafíos. Marilou McCully, embarazada de ocho meses cuando mataron a su marido, regresó a Estados Unidos para dar a luz a principios de 1956. Volvería a Ecuador con sus tres hijos pequeños en diciembre del mismo año para dirigir un hogar misionero para niños. Marj Saint y sus tres hijos se fueron a Quito, donde Marj ejerció sus infinitas dotes de hospitalidad y dirigió una bulliciosa casa misionera de huéspedes. Bárbara Youderian y sus hijos fueron a una pequeña estación en la selva para trabajar con los indios jíbaros. Olive Fleming ayudó a sus compañeras viudas en sus esfuerzos, y luego sintió que Dios la llamaba a regresar a Estados Unidos en marzo de 1957.

Marilou McCully, Barb Youderian, Olive Fleming,
Betty Elliot, Marj Saint, e hijos

Ninguna de las viudas podía permitirse el lujo de tomar esas decisiones en privado. Fueron objeto de mucha atención, elevadas a la categoría de «celebridad» en la subcultura cristiana. En el lado positivo, llegaron condolencias de todo el mundo, cartas llenas de oraciones de apoyo, empatía y aliento. En Estados Unidos, fueron tantos los que quisieron donar dinero para ayudar a los hijos y las viudas de los asesinados que se creó un «Fondo de los Misioneros Mártires» bajo los auspicios del Wheaton College.

Pero también hubo atención no deseada: cientos de cartas llenas de consejos espirituales, reprimendas y directivas del tipo: «Dios me ha dicho que debes hacer tal cosa». También había condenas mordaces sobre las decisiones de sus difuntos maridos y extrañas propuestas de matrimonio de hombres disfuncionales a los que nunca habían conocido. Hollywood llamó a la puerta: ¿qué tal una versión cinematográfica de la historia?

En su propio viaje, Betty llegó a un punto de inflexión inesperado el 11 de octubre de 1956.

«Marj acaba de hablar por radio y me ha pedido que vaya a Nueva York para colaborar en el libro de Abe. Señor, ¿qué debo hacer?».

Lo que Betty Elliot llamaba «el libro de Abe» era la historia de los cinco misioneros mártires; el libro que llegaría a conocerse como *Portales de esplendor*. Abe Van Der Puy, director de campo en Ecuador de la *World Radio Missionary Fellowship*, había enviado los comunicados de prensa que informaron por primera vez sobre los misioneros desaparecidos, los esfuerzos de búsqueda y el descubrimiento de sus cuerpos. Las viudas también habían entregado a Abe los diarios y las notas de sus maridos, por lo cual disponía de un relato de sus planes para llegar a los huaoranis. Había escrito gran parte de un manuscrito sobre los hombres. El *Reader's Digest*, que llegaba al menos a diez millones de hogares estadounidenses cada mes —la mayor tirada de cualquier revista del país en aquella época— quería publicar la historia. Como al manuscrito de Abe le faltaba chispa y aventura, un editor de *RD* llamado Clarence Hall aceptó hacer de escritor fantasma. Tomó las notas y el material de Abe y escribió el «libro condensado» de *Reader's Digest* que apareció en el ejemplar de agosto de 1956 de la revista.

Ahora era el momento de escribir el libro con el mismo título. «Portales de esplendor» se tomó del himno que los cinco misioneros habían cantado la noche antes de ir a los huaoranis. El cuarto versículo evocaba la imagen de «puertas de esplendor nacarado» por las que pasarían los siervos de Dios victoriosos para disfrutar de «días interminables» con Cristo.

Abe Van Der Puy era un gran líder cristiano, pero —según él mismo admitió— no era un gran escritor. Todos los misioneros sabían que Betty Elliot era culta, amante de la literatura, y que había tenido un asiento en primera fila a todo el drama inherente a la historia. Podía ser la persona más indicada para contarla.

Marj Saint, cuya familia era amiga íntima de los Van Der Puy desde hacía años, se puso en contacto con Betty en nombre de Abe.

Betty, como era Betty, hizo una lista de pros y contras sobre la posibilidad de dejar su trabajo en Ecuador para abordar el proyecto de escribir en Nueva York.

En el lado positivo, señaló que Abe le había dicho que necesitaba su ayuda, que podía enviar a sus alumnos quichuas a otra escuela donde «de todas formas recibirían una [educación] mejor que la que yo les brindo», que otros misioneros estaban dispuestos a venir y hacerse cargo de su otro trabajo, que sus padres querían verla, que había dinero disponible para viajes y gastos.

Los contras: ¿dejaba trabajo sin hacer en Shandia? ¿Era el momento indicado para tomarse licencia? Los que iban a ocupar su lugar no sabían quichua, solo español. Por último, le preocupaba su propio orgullo, que ir a los EE. UU. en este momento, y para un trabajo así, haría que la gente le dijera «cosas halagadoras».

Oró por todo ello. A continuación, el rastro de documentos personales se vuelve mucho más escaso. Durante el resto de 1956, hay pocas entradas en el diario de Betty, en su mayoría anotaciones que muestran que sí, que decidió «ayudar con el libro de Abe».

A finales de otoño, se dirigió con Val, de veintiún meses, a casa de sus padres en Nueva Jersey. Enseguida se dio cuenta de que «no podía establecerse en EE. UU. No tiene nada para mí». Dejó a Val al cuidado de sus padres y tomó el tren a Nueva York.

Betty llegó a Harper & Brothers, la editorial que la había trasladado en avión a EE. UU. Betty pensó que iba a ayudar con la edición final del manuscrito de Abe. Sin embargo, al llegar a las oficinas de Harper, conoció a un editor moreno y de nariz larga llamado Mel Arnold. Lector omnívoro y editor consumado, Arnold había publicado las obras del humanitario Albert Schweitzer y más tarde sería también editor del Dr. Martin Luther King Jr. (ambos recibieron el Premio Nobel de la Paz).

Y ahora, aquí estaba Betty Elliot. Mel Arnold le señaló una máquina de escribir.

«Escribe algo», le dijo.

«¿Qué?», preguntó Betty.

«Cualquier cosa», dijo Mel.

Betty se sentó obsequiosamente y escribió sobre un colorido viaje en autobús a un pueblo de la selva ecuatoriana. Mel lo leyó... y sonrió de oreja a oreja. Betty estaba contratada. Pasó largos días escribiendo en una habitación de hotel de Nueva York, luchando contra el dolor, la alegría, la desesperación y la fatiga constantes que todo escritor conoce. Discutió con editores y fue invitada a cenas literarias en Greenwich Village con «hombres con jerseys de cuello alto, mujeres con medias negras de algodón y pelo alisado... esnobs a la inversa». Hubo visitas a galerías de arte, cócteles, recomendaciones de películas — «Betty, no dejes de ver *Sed de vivir*, la película sobre Van Gogh»—; en resumen, Betty había entrado en un mundo tan extraño para una misionera ecuatoriana como la estación misionera en la selva de los Elliot lo sería para los *beatniks* de Greenwich Village de la época.

Pronto, Betty empezó a escribir miles de palabras al día. «Vaya, estás en una racha», le decía Mel. «El impacto de esto... bueno, es como una tonelada de ladrillos». «Tenía los ojos húmedos —continuó—, y soy un tipo duro... ¡Habrás trabajado toda la noche!». «El capítulo inicial [...] es un *tour de force*».

«Señor —escribía Betty exultante en su diario—. ¡Ramilletes para ti!».

A veces, los ramilletes se marchitaban. «Harper me pidió que reescribiera», escribió la semana antes de Navidad, después de haber terminado una parte considerable de la historia. «Fue un golpe terrible, después de todo lo que me habían elogiado». La correctora había leído el manuscrito y lo había declarado «totalmente impublicable». Quería una reorganización completa, la eliminación de muchas citas del diario, menos antecedentes de los hombres, más descripción, más historias de las esposas y más diálogo.

«Señor —gemía Betty en su diario—. Tienes que hacerlo de aquí en adelante. Estoy agotada».

Cualquier escritor puede identificarse con su desesperación. Pero ella terminaría. Con el tiempo. Cornell Capa, el fotógrafo de la revista *Life* que había cubierto la muerte de los misioneros, resultó ser un amigo incondicional. Como conocía bien la angustia creativa, la apoyaba mientras escribía a máquina, la animaba y reafirmaba sus dotes de escritora.

Betty pasó la Navidad con Valerie y sus padres en Birdsong, recordando el año anterior, cuando ella y Jim habían celebrado el nacimiento de Cristo con Ed y Marilou McCully y Pete y Olive

Fleming, riendo hasta llorar, cantando alrededor del pequeño árbol de Navidad de bambú, en lo más profundo de la selva de Ecuador.

Terminó su diario con estas palabras: «1/1/57, 1:15 a.m. Mil novecientos cincuenta y seis, el año en que el querido Jim conoció cara a cara a Jesucristo, ya es historia. Me resistía a entregarlo, pues estuve con él un solo día de 1956. Señor, bendigo la mano que guio».

CAPÍTULO 25

Una pared en blanco

Llevarte a Su propósito por el camino que conoces te
aprovecharía poco. Él escoge para ti un camino
que no conoces, para que te veas obligado a mil
intercambios con Él que harán que el viaje sea
para siempre memorable para Él y para ti.
—C. G. Moore

*B*etty Elliot regresó a Ecuador el 15 de enero de 1957. *Porta-*
les de esplendor aún no se había impreso. Su autora —que, tras
su publicación, sería conocida en todo el mundo como *Elisabeth*
Elliot— y la pequeña Valerie se instalaron de nuevo en su casa de
la estación misionera de Shandia. Un amigo misionero y su familia
habían vivido y trabajado allí durante la ausencia de Betty.

Nueva York había sido una aventura literaria, pero sus efectos
se evaporaron rápidamente. «Pertenezco a la selva, lo sé», escribió Betty con seguridad en su diario. Más allá de esa certeza, sin
embargo, el futuro era «una pared en blanco».

La comunidad quichua de Shandia había crecido mucho
durante su ausencia. Dos días después de su regreso, diecisiete
nuevos creyentes —sus nombres estaban cuidadosamente anotados
en el diario de Betty— fueron bautizados por sus líderes quichuas,
Mariano, Gervacio, Elías y Venancio. Jim había formado a estos
hombres. Su esperanza de que dirigieran una comunidad eclesiástica autosuficiente se había hecho realidad. Los cristianos indios,
sobrios y galvanizados por la muerte de los cinco misioneros estadounidenses, habían sentido una nueva sensación de urgencia en su
propia responsabilidad de discipular a los creyentes quichuas, para
que el evangelio pudiera extenderse más entre su pueblo. (Venancio

dirigiría fielmente la iglesia en Shandia durante años, amigo de la familia Elliot durante el resto de la vida de Betty).

Si el estado de la iglesia era agradable para Betty, no lo era el de su hogar. Anotó con tristeza en su diario que la familia que había vivido allí mientras ella estaba en EE. UU. había tapado las cañerías, roto la cortadora de césped, arrancado la cortina de la ducha y estropeado la tapa del retrete. La cocina estaba «sucia», las sábanas y las toallas manchadas y amarillas. Ahora, mientras ella y Valerie se instalaban, los otros cuatro niños llenaban de barro la ropa recién lavada, arrancaban y aplastaban los tiernos capullos de las flores de Betty y vertían laboriosamente tierra en los depósitos de agua de la casa. Durante el desayuno, el padre se sentaba a la mesa y «se limpiaba las orejas con una horquilla, examinando minuciosamente los hallazgos».

Betty y la otra madre compartían las tareas culinarias; evidentemente, la ingeniosa organización culinaria que Betty había aprendido en HDA no era el estilo gastronómico de la otra madre. «Ay —se quejaba Betty—, la comida siempre debe prepararse en cantidades enormes, grasientas y asquerosas». El almuerzo se servía con una hora de retraso, con la «carne y los brownies crudos». Las ollas se quemaban, la basura rebosaba, reinaba el caos.

Betty estaba deshecha.

«¿Está mal que sienta tal repugnancia?», se preguntaba. ¿Estaba siendo altanera? Había vivido en todo tipo de alojamientos a lo largo de los años, con todo tipo de compañeros de piso. Pero el desorden que ahora asolaba la casa que Jim había construido con tanto esmero la llevó al límite. Su arraigado amor por el orden era anterior a las Marie Kondos del mundo, pero es justo decir que la ropa interior de otra persona tirada en un rincón del cuarto de baño compartido no «despertaba alegría» en Elisabeth Elliot. Producto de su prístino hogar de origen, despreciaba el desorden y lo que consideraba pereza. Incluso una choza de hojas en la selva podía ser un lugar bello, pensaba, al igual que cualquier hogar. No era cuestión de dinero, sino de una mentalidad de disciplina y creatividad en el propio hábitat.

En cualquier caso, ver su propia casa funcionar de una manera no elegida por ella llevó a Betty a un estado de tristeza al cual no había llegado con pruebas mucho más severas. «¿Por qué estoy hecha así?», se lamentaba. «Intensa, sensible, posesiva, ¿por qué debería importarme tanto? ¡Oh, que lo único que me importe sea la voluntad!».

No solo fue devastador para Betty ver «la ruina de las cosas preciosas que hizo Jim». Una noche, se vino abajo cuando oyó a sus amigos misioneros hablar de un libro infantil con ilustraciones estridentes.

«Estoy llorando», escribió en su diario, anotando la conversación que acababa de escuchar. «Vengo de [donde la pareja] estaba hablando de arte y literatura. "Dejemos que los niños lo tengan (un libro 'cristiano' de mala calidad, pura basura en arte y contenido) si les da placer".

"En cuanto al arte, a los niños les da lo mismo...".

"Aprenderán a reconocer la belleza con el tiempo; solo hay que dejar que la mayoría de lo que vean sea bueno"».

Muchos de nosotros no le habríamos dado demasiada importancia a ese intercambio. Pero la exposición habitual de los hijos de Dios a ilustraciones religiosas inferiores, horteras o sentimentales desgarraba el corazón mismo de los supuestos básicos de Betty Elliot sobre el arte, la belleza y el orden en el universo. Más tarde, en la intimidad de su diario, entró en erupción: un Vesubio de soledad artística.

«¡Oh Dios, Dios! Somos polos, polos, POLOS opuestos. No he dicho nada. ¿Qué se puede decir? Dos personas sin idea de la belleza. Y la soledad, ¡oh, la absoluta, vacua, vasta, inconsolable e irremediable soledad de mi posición! Era demasiado grande. Tuve que... llorar en mi miseria. Lloré a los gritos. No pude evitarlo. ¿Y cómo puedo criar a mi hija en esta atmósfera? Oh Señor, sácame de aquí».

¿Acaso el desorden doméstico y el arte inferior lograrían lo que no pudieron los brutales huaoranis y la horrible muerte de su marido: hacer que la inquebrantable Elisabeth Elliot huyera enloquecida hacia la civilización?

No.

Al final, Betty siguió su directriz habitual, aprendida tiempo atrás de Amy Carmichael. *En la aceptación está la paz.* Decidió aceptar la situación. Pensó en que ya tenía que renunciar a Jim, así como a sus sueños para su futuro juntos. Decidió ceder la casa a la familia misionera y mudarse a otro lugar. Una vez tomada la decisión, y preguntándose si no estaría siendo un poco altanera, se encontró leyendo en Jeremías: «A la hermosa y delicada hija de Sión destruiré. [...] *Sus casas serán entregadas a otros*».[1].

Se vio reflejada en la descripción de Jeremías. Bueno, hasta aquí llegó lo de «hermosa y delicada».

Se torturó aún más leyendo 1 Corintios 13. El amor no tiene envidia [...] no es jactancioso [...] no es arrogante [...] no se porta indecorosamente [...] no se irrita [...] no toma en cuenta el mal recibido.

Suspiró. «Hoy he sido todo eso».

En medio de las diversas pruebas de Betty —mayores, menores, domésticas y de otro tipo—, el fotógrafo de la revista *Life* Cornell Capa llegó a Ecuador. Durante su viaje al Amazonas en enero de 1956 para cumplir un encargo de la revista *Life*, Capa había descubierto una subcultura de la que sabía muy poco. Capa, un judío húngaro, calificó más tarde la labor de evangelización cristiana como «un mundo totalmente desconocido».[2] La fe de los misioneros asesinados y la convicción de las viudas lo desconcertaron e intrigaron a la vez. Capa había consumido los diarios de Jim Elliot y había hecho mil preguntas. «Nunca podrías convertirme con [un libro cristiano] —dijo—, pero sí con los diarios de esos hombres».[3] Veía a estas extrañas criaturas misioneras con profunda empatía humana.

Las imágenes de Capa «comunicaban emociones complejas tanto sobre el heroísmo como sobre la humanidad de las cinco familias y otros misioneros evangélicos en Ecuador. Las personas de sus fotografías no eran las figuras reprimidas y bidimensionales del estereotipo del misionero fundamentalista. Eran jóvenes idealistas que se enfrentaban a la tragedia con dignidad, sentimientos profundos y fe. Las imágenes del grupo de búsqueda mostraban a misioneros dispuestos a arriesgar sus vidas para ayudar —y, como se vio después, enterrar— a sus amigos».[4]

Y en Betty Elliot, Cornell Capa había encontrado un alma gemela muy culta que articulaba la fe cristiana de un modo intelectualmente convincente. Estaba ansioso por que *Life* hiciera un reportaje de seguimiento sobre las viudas y su trabajo continuado en la selva.

Cornell Capa nació en Hungría en 1918. Mientras estudiaba medicina en París en los años treinta, empezó a revelar películas para su hermano mayor, Robert. Robert se haría mundialmente famoso por sus dramáticas fotografías tomadas durante la Guerra Civil española, la invasión de Francia por los Aliados el Día D y sus primeras imágenes del conflicto de Vietnam. Capa también se enamoró del cine y abandonó sus estudios de medicina. Fue contratado por la revista *Life* tras servir en la Segunda Guerra Mundial en una unidad de inteligencia fotográfica de las Fuerzas Aéreas estadounidenses. La carrera de su hermano como fotógrafo de guerra ya estaba consolidada. Capa decidió que sería «un fotógrafo de la paz».[5] Su brillante uso de la luz, las sombras y los detalles conmovedores crearon fotos que celebraban lo que él llamaba «sentimientos humanos genuinos», los puntos en común que unen a las personas más allá de culturas y experiencias vitales.

Capa «citaba a menudo las palabras del fotógrafo Lewis Hine: "Hay dos cosas que quería hacer. Quería mostrar las cuestiones que necesitaban ser corregidas. Y quería mostrar las cosas que necesitaban ser apreciadas"».[6]

Fotografió la campaña presidencial de John F. Kennedy y sus cien primeros días de mandato (Jacqueline Kennedy se convertiría en su amiga y admiradora), a Robert Kennedy, la Guerra de los Seis Días de 1967, a bailarinas del Bolshoi, a disidentes políticos en Nicaragua, al régimen de Juan Perón en Argentina, a sacerdotes ortodoxos rusos en la Rusia soviética... y a Elisabeth Elliot y sus compañeras misioneras entre las tribus indígenas de Ecuador.[7]

Cuando Capa, corpulento y moreno, se presentó en Shandia en la primavera de 1957, usó cientos de rollos fotográficos. Enseñó a su amiga Betty a hacer lo mismo, desafiando su tendencia a la frugalidad en aquella era predigital. «El rollo no es nada», decía agitando las manos con desdén. «¡Úsalo!». La desafiaba a ver, a *ver* de verdad, la belleza de la gente corriente y de los entornos que la rodeaban. Aunque sabía que la cámara no era más que una herramienta, le encantaba su poder para «provocar el debate, despertar la conciencia, evocar la simpatía, sacar a la luz la miseria y la alegría humanas que, de otro modo, pasarían desapercibidas, incomprendidas e inadvertidas».[8] O, como lo describió Betty, «Capa ve la verdad, intenta capturarla. La cámara es la extensión de su ojo. Lo que congela en ese momento es una declaración sobre la vida».[9]

Betty era una alumna aventajada. El entrenamiento temprano de su padre para fijarse en los detalles de todo, desde los pájaros hasta los visitantes de la iglesia, le había enseñado a observar bien. Capa animó a Betty en su fotografía del mismo modo que la animó a no rendirse durante los frustrantes días en que escribió *Portales de esplendor* en Manhattan a finales de 1956. No lo disuadía, como a algunos hombres de la época, su independencia, terquedad y determinación. Apreciaba su espíritu... y se enamoró un poquito de ella.

«Has hecho un trabajo brutal con el libro», le dijo. Su rudo elogio significó más para ella que los comentarios trillados de todos los cristianos que habían leído el manuscrito de *Portales de esplendor* y le habían dicho que era «inspirador» o que realmente había bendecido sus almas. Habló con él largo y tendido hasta altas horas de la noche sobre Cristo.

«Un hombre increíble, realmente», escribió en su diario. «¡Oh, si tan solo creyera todo lo que sabe a este punto!». Capa tenía una respuesta para eso. «Creo —le dijo—. No acepto».

Betty la fotógrafa, 1958

Capa regresó a Nueva York. «Es un verdadero amigo, y sentí una gran pérdida con su marcha», escribió Betty. «El Señor sabía que su visita era lo que yo necesitaba. Que Dios le conceda fe».

Sin embargo, a pesar de los elogios de Capa, Betty temía que *Portales de esplendor* fuera un enorme fracaso. El libro iba a salir a la venta en dos meses. «¿Debería dedicarme en serio a escribir?», se preguntaba. «¿Debería ir a los huaoranis? ¿Sería mejor quedarme aquí?».

Incluso mientras anotaba esas preguntas en su diario y se aseguraba a sí misma de que «mi Padre sabe exactamente lo que hará», no había duda de que Betty Elliot anhelaba ir a los huaoranis. Sabía que la opinión pública criticaría duramente cualquier avance hacia la tribu. Sabía que cualquier contacto real con los huaoranis requeriría milagros.

«¿Por qué no esperarlos, entonces?», escribió. Se había puesto a sí misma —y a Val— en manos de Dios. Creía que Él usaba «cosas débiles» para cumplir Sus propósitos. «¡Val y yo calificaríamos!». Betty creía que Dios tenía un plan para los huaoranis que se proponía cumplir, y sabía que su anhelo y preocupación por la tribu crecían cada día más.

A mediados de abril del 57, el piloto de la MAF Johnny Keenan llevó a Betty a sobrevolar el territorio huaorani para realizar uno de los lanzamientos de regalos habituales que él había continuado desde que Nate Saint y los demás fueron asesinados. Ella apenas podía soportar *ver* a la tribu desde arriba en lugar de estar con ellos en tierra. «No es posible poner en papel lo que esta visión de los huaoranis, en carne y hueso, ha hecho en mí», escribió en su diario. «<u>Anhelo</u> llegar a ellos». Estaba muy decepcionada, dijo, de que no tuvieran que hacer un aterrizaje forzoso en territorio huaorani. Es poco probable que el piloto Johnny Keenan sintiera lo mismo.

Cristianos de todo el mundo, sensibilizados por la situación, oraban regularmente por la tribu y esperaban con impaciencia el siguiente capítulo de la dramática historia*. ¿Cuándo escucharía este grupo de personas no alcanzadas sobre la esperanza y el amor del evangelio? ¿Cuándo sabrían que no tenían que vivir y morir por la lanza?

Esta anticipación y expectativa generalizadas pueden haber desencadenado algunos de los aspectos más desafortunados de la

---

*La gente ha contado y recontado la historia de los misioneros durante generaciones. Algunos la han utilizado para adaptarla a sus propios intereses. En los años cincuenta (en la mentalidad posterior a la Segunda Guerra Mundial) se presentaba a menudo en términos que ahora nos irritan, contrastando a los «salvajes» de la jungla con la «flor y nata de la juventud estadounidense» que lanzó su propia invasión secreta del Día D y murió en la playa. Muchos lo han utilizado como un relato «de la tragedia al triunfo», pasando por alto el dolor para pregonar la gloriosa forma en que Dios utilizó hábilmente la muerte de cinco hombres para salvar a toda una tribu, y luego atarlo todo con un moño cristiano, caricaturizando tanto a los misioneros como a los huaoranis. Otros, hostiles a las misiones, lo utilizan para demonizar las conspiraciones de los misioneros imperialistas con las compañías petroleras, la CIA y el gobierno estadounidense, para acabar arruinando a un pueblo indígena. Y hay quienes deshonran a los cinco misioneros tachándolos de impetuosos y mal preparados para su misión. Algunos muestran la clara causa-efecto de la muerte de los cinco hombres y el aumento inmediato de jóvenes que se alistaron para ir al campo de misión. Otros cuentan la historia como si Jim Elliot fuera el líder heroico de un grupo de otros cuatro compañeros anónimos. Algunos hacen que la historia gire en torno a Dayuma, la mujer huaorani que había abandonado la tribu en plena adolescencia; los misioneros fueron asesinados porque los huaorani pensaban que se habían comido a Dayuma. Otros mezclan toda la historia, confunden a los personajes y se preguntan por qué los misioneros no lanzaron folletos evangélicos desde su avión a los analfabetos de la selva.

misión de llegar a los huaoranis. Las motivaciones corruptas se mezclaron con la alta vocación de llevar el evangelio a la tribu, como si los huaoranis fueran un premio que ganar... y la agencia misionera asociada con ese «éxito» cosechara excelentes relaciones públicas.

Betty Elliot no era una persona de relaciones públicas. Le importaba poco presentar una buena cara al público —o a la gente en privado, si vamos al caso— o explotar una dramática historia misionera para conseguir un aumento de los dólares de los donantes. Betty estaba poseída por otro tipo de pasión. Algunos —incluidos los preocupados seres queridos de su propia familia— la acusaban de suicida. Por cierto, no le habría importado morir, pero estaba claramente convencida de que Dios la llamaba a la tribu.

El elemento clave necesario para ir a los huaoranis —más allá de la voluntad de Dios y unos cuantos milagros— era la capacidad de comunicarse en su lengua. Betty era una lingüista extraordinariamente dotada; lo único que necesitaba era un informante. Dayuma había dado información lingüística a los cinco misioneros antes de su muerte, y era la única candidata disponible.

El único problema era que *no estaba* fácilmente disponible. El acceso a Dayuma normalmente implicaba pasar por su guardiana, Rachel Saint. Y esa puerta no solía estar abierta.

CAPÍTULO 26

«Los ojos del mundo están sobre esa tribu»

Aunque todo lo de afuera caiga en confusión, y aunque tu cuerpo se duela y sufra, y tu alma esté en desolación y angustia, deja que tu espíritu esté impasible ante todo ello, plácido y sereno, deleitado en y con su Dios interiormente, y con Su beneplácito exteriormente.
—Gerhard Tersteegen

Leí en alguna parte que quien no está confundido está muy mal informado.
—Betty Elliot

*R*achel Saint había sentido una fuerte conexión con los huaoranis durante años, desde que había tenido su «visión» de la «gente de piel morena en la selva» décadas atrás. Cuando se enteró de la muerte de su hermano, expresó más rabia que tristeza: los cinco misioneros no debían haberle ocultado sus planes de llegar a la tribu.[1] Ahora no podía evitar sentir que los huaoranis, prometidos por Dios desde hacía mucho tiempo, le pertenecían, y ella les pertenecía; solo era cuestión de llegar hasta ellos.

Rachel había pasado meses con Dayuma en la hacienda donde trabajaba. Aunque Dayuma y ella no hablaban el mismo idioma —Rachel no hablaba quichua y Dayuma no hablaba español ni inglés—, Rachel había ido aprendiendo poco a poco de la joven fragmentos de la lengua huaorani.

En marzo de 1956, Rachel dejó la hacienda para asistir a una conferencia. Otro misionero organizó (sin el conocimiento de Rachel) que Betty Elliot pasara varios días con Dayuma. (Esto, como era de esperar, no mejoraría la relación con Rachel). Los conocimientos de quichua de Betty y sus dotes naturales le permitieron aprender mucho más en pocos días de lo que Rachel había aprendido en meses.

Betty viajó más tarde a Shell para reunirse con Rachel sobre cuestiones de traducción y su sueño común de ir a los huaoranis. Aunque Rachel comentó más tarde que «nos dio a las dos la primera oportunidad de airear muchos malentendidos»,[2] Betty anotó en su propio diario que Rachel no había sido especialmente alentadora. «[Fui a] Shell para hablar con Rachel. [...] No hay señales de voluntad de cooperar. [...] Esto me parece trágico cuando podemos tener comunión en Cristo, y siendo que tenemos la misma carga por los huaorani... Oh, tú que eres el maravilloso Consejero, muestra la solución. Rompe las barreras».

Por su parte, Rachel escribió: «En conclusión, ella esperaba que pudiéramos tener comunión entre nosotras aunque no estuviéramos de acuerdo sobre las políticas de la misión».[3]

En cuanto a esas políticas, a principios de 1955 Betty había escrito a sus padres: «... después de haber observado los métodos de Wycliffe aquí, podría cuestionar muy seriamente la sabiduría de conectarme con ellos. Llegan a extremos al tratar de hacer creer al gobierno que no son "evangélicos" sino tan solo técnicos. No engañan a nadie, pero hacen mucho para destruir el compañerismo entre los misioneros. Es realmente triste. Nate Saint dice que no puede entender cómo Rachel puede continuar concienzudamente con ellos».[4]

Es importante señalar que las organizaciones Wycliffe y SIL de hoy no son las mismas que Betty Elliot experimentó en la década de 1950, cuando Cameron Townsend (colorido fundador tanto de Wycliffe Bible Translators como del Instituto Lingüístico de Verano o SIL) dio forma a la narrativa de ambas organizaciones en Ecuador.

Conocido como el «tío Cam», Cameron Townsend fue una figura legendaria, poco convencional y bastante inexorable en la labor misionera latinoamericana. De joven, Cameron había ido a Guatemala en 1917, ansioso por difundir la Palabra de Dios vendiendo Biblias en español. Se sorprendió al descubrir que la gente de la zona no hablaba español, sino *cachiquel*... y las Biblias en esa lengua oral simplemente no existían. Cameron empezó a darse cuenta de la enorme diversidad de pueblos que no tenían la Biblia en su lengua materna. Sabía que la traducción era la clave para que los pueblos indígenas comprendieran el evangelio y formaran iglesias propias.

En 1934, puso en marcha el Instituto Lingüístico de Verano (donde estudió la joven Betty Howard tras su graduación en Wheaton), que preparaba a los estudiantes para traducir la Biblia a lenguas hasta entonces no escritas, forjando el camino para un nuevo tipo de misionero: el traductor-lingüista. El trabajo siguió creciendo, y en 1942, Cameron fundó oficialmente la organización compañera del SIL, Wycliffe Bible Translators, para promover y apoyar esta labor lingüística científica.

Se podría decir mucho más sobre las diversas complejidades políticas, sociales y religiosas de las organizaciones entrelazadas en el entorno del Ecuador de los años cincuenta. Pero lo que es relevante para nuestra historia es que Rachel Saint era una lingüista del SIL, y Betty Elliot y otros estaban bajo los auspicios de otras agencias misioneras.

En los mejores momentos, las diversas entidades misioneras trabajaron con gran unidad y cooperación mutua. En los peores... las cosas podían volverse territoriales. Ahora que la historia de los huaoranis había causado sensación en todo el mundo, miles de cristianos oraban por la tribu. Estaban ansiosos por conocer el siguiente capítulo de la historia, y Cameron Townsend vio una gran oportunidad. «El genio controvertido y emprendedor [...] vio el interés público de los estadounidenses en los huaoranis como una señal de Dios de que esta tribu podía ser una herramienta de relaciones públicas potencialmente poderosa a favor de la traducción de la Biblia».[5]

En otras palabras, si los huaoranis podían ser «ganados para Cristo», Wycliffe y SIL también se verían como ganadores. Como el «premio» del primer contacto exitoso con los famosos huaoranis estaba fuera de alcance, las tensiones entre los diversos grupos misioneros aumentaron.

Mientras tanto, Dayuma había ido aprendiendo poco a poco historias bíblicas y el mensaje del evangelio con la ayuda de Rachel Saint. Ella se convertiría en la «primera conversa huaorani», una improbable celebridad cristiana. Y en una maniobra de relaciones públicas difícil de concebir hoy en día, Cameron Townsend organizó una visita de Rachel y Dayuma a Estados Unidos para que aparecieran en el entonces popular programa de televisión *This Is Your Life* [Esta es tu vida].

This Is Your Life era un documental semanal implacablemente optimista, quizá el primer *«reality»* televisivo. Se emitió por la

NBC de 1952 a 1961. Su alegre presentador, Ralph Edwards, presentaba tanto a famosos como a gente corriente que había hecho algo digno de mención, «sorprendiéndolos» en su programa en directo con invitados importantes de sus vidas, que a su vez contaban historias de sus meritorias hazañas. La revista *Time* dijo en una ocasión que *This Is Your Life* era «el programa más repugnantemente sentimental que se emite»,[6] pero quizás *Time* solo estaba siendo sarcástica. Al público en general le encantaba.

Rachel y Dayuma se dirigieron al estudio de Ralph Edwards en Los Ángeles, pensando que solo iban a una reunión. De repente, se encontraron en un programa de televisión en directo, con un tema musical y un decorado que parecía la selva amazónica versión Hollywood. Rachel, de cuarenta y dos años, vestida de domingo, con un sombrero de red, un par de guantes de tres cuartos y un bolso blanco, se sentó en un sofá, y Dayuma estaba a su lado, desconcertada, mientras Ralph Edwards entonaba su característica introducción... «Rachel Saint de Pensilvania, Perú y Ecuador, ¡esta es tu vida!».

Mientras sonaba el tema musical, Ralph Edwards elogió a Rachel por su labor misionera entre varias tribus, su estudio de la lengua huaorani y la noticia de que planeaba ir a ver a los infames «salvajes» huaorani, la «misión más difícil» que podría haber elegido. A continuación, le dio la bienvenida a la misionera Loretta Anderson, con quien Rachel había trabajado en Perú durante seis meses. Anderson sirvió de antesala al exótico invitado, el jefe Tariri, de la tribu cazadora de cabezas Shapra, de Perú.

Tambores de la selva sonaban de fondo. Loretta Anderson tradujo mientras el jefe daba testimonio de su fe en Cristo, con lo que el espectador comprendió que había renunciado a la caza de cabezas. El invitado Carlos Sevilla, dueño de la hacienda donde Dayuma había trabajado durante años, también apareció en cámara; Dayuma compartió su historia. El público aplaudió, y la mayoría de los invitados que no hablaban inglés demostraron una alegre compostura ante su extraño entorno.

El programa fue un éxito, y lo vieron treinta millones de espectadores. Gracias a la planificación de Cameron Townsend, Rachel y Dayuma también aparecieron en una cruzada de Billy Graham en Nueva York, donde Dayuma contó una breve historia bíblica en lengua huaorani, y Rachel habló de su deseo de traducir toda la Biblia a esa lengua aún desconocida. A pesar de la susceptibilidad de Dayuma a numerosas enfermedades —debido a su aislamiento en la selva tropical, tenía poca inmunidad—, ella y Rachel permanecieron en Estados Unidos desde mayo de 1957 hasta mayo de 1958. Poco antes de regresar a Ecuador, Rachel y Dayuma viajaron a Wheaton College, donde Dayuma fue bautizada formalmente por Edman, presidente de Wheaton. Las fotos de Dayuma, sonriente y vestida de blanco, la «primera conversa de la asesina tribu huaorani», inundaron los medios de comunicación cristianos.

Mientras tanto, Betty Elliot vivía alejada de los focos. Siguió adelante con su vida en la selva, atendiendo partos, trabajando con un caso de encefalitis, dando clases, cuidando de Valerie y meditando mientras la luna plateada se alzaba sobre los cimbreantes bananeros, orando para que Dios la guiara hacia donde Él quería que fuera.

«Cae la tarde sobre la selva... el río yace aparentemente tranquilo a lo largo de playas blancas, luminosas a la luz de la luna llena [...]. Aquí estoy, sola. [...] Su mano me trajo aquí. Sin embargo, a menudo me asombro de Sus propósitos. [...]

»Me miré la cara en el espejo esta noche, con luz eléctrica. Me di cuenta de cuánto tiempo había pasado desde que lo hacía. Cuando me peino por la mañana, ni siquiera me miro la cara. Me pareció que había cambiado mucho con respecto a cómo la recordaba: apagada y sin color, demasiado severa. Pensé que tal vez no fuera bueno para mí estar sola, pero Dios lo ha dispuesto así, y así debe ser.

«El tiempo parece alejarme cada vez más de Jim. Pero en realidad, cada noche marca un día más cerca de él. La nostalgia es muy grande».

Betty seguía soñando con Jim constantemente. «El apetito sexual es abrumador muy a menudo. Oh Señor, tú lo sabes todo. ¿Hasta cuándo?

«Por la noche (y a la luz de la luna llena) me siento en mi escritorio [...]. Me doy cuenta de que estoy temblando y de que tengo piel de gallina. Si tuviera aquí a Jim, se metería en la cama, la calentaría y luego me llevaría a su lado, calentándome con sus grandes y fuertes brazos, su enorme pecho y sus gruesos muslos [...]. Oh, era tan fácil entonces, tan simple, tan encantador. Y ahora».

«¡Dios mío! ¿Cómo puede continuar esto? Este deseo desesperado, doloroso, solo de estar con él, para compartir un solo pensamiento, para tocar su frente, para conocer su amor como una vez lo conocí. Soñando día y noche...

»Y el mundo nos mira y dice: "Parece que tiene un ánimo excelente", "Esas viudas lo llevan maravillosamente", etc.

«Dios mío, ¿cuándo terminará?».

Era una pregunta conmovedora, pero retórica. Ella sabía cuándo terminaría. Anotó la respuesta, tomada del Salmo 27:13-14:

> Hubiera yo desmayado,
> si no hubiera creído que había de ver
> la bondad del Señor
> En la tierra de los vivientes.
> Espera al Señor.

Así que... como era Elisabeth Elliot... superó sus sentimientos y siguió adelante. Reflexionó en que el apóstol Pablo tenía razón al afirmar que las mujeres casadas se ocupaban más de sus maridos, pero «a la viuda se le concede un privilegio mayor: servir a Cristo y concentrarse únicamente en ello. Padre mío, ayúdame a hacerlo. Dame determinación».

Betty había llegado a la conclusión de que las viudas no debían volver a casarse, para poder servir a Dios sin distracciones. Pegó en su diario un artículo relevante de la revista *Time*. El artículo, del 30 de septiembre de 1957, informa que el papa católico afirmó que, aunque no estaba mal que una viuda se casara por segunda vez, «es preferible que no se case».

«Incluso el papa Pío XII entiende mi punto de vista», escribió, animada de que el pontífice hubiera sido lo suficientemente ilustrado como para estar de acuerdo con ella.

Mientras tanto, le molestaban algunas de las preocupaciones superficiales del cristianismo protestante convencional. Un ejemplar de septiembre de 1957 de la popular revista *Moody Monthly* recibió toda la crítica de Betty Elliot:

> Los anuncios simplemente niegan todo lo que creemos como cristianos. Al leerlos, uno descubre qué nimiedades nos interesan... juegos livianos de aluminio para la Cena del Señor... diminuto juego de sal y pimienta en forma de televisor... platos de adorno: «Una forma digna de recaudar dinero»... «¡Baje de peso de manera serena y segura!»... «¡Cómo un poco de dinero, un poco de tiempo, y un pequeño curso son realmente los únicos secretos para hacer el trabajo del reino de una manera eficaz!»... «El seguimiento simplificado»... «¡Cómo ser ahorrativo y cristiano a la vez!».

Betty se lamentaba por esa última frase, que extrañamente infería que ser sabio con el dinero no se asociaba normalmente con ser cristiano. También se lamentó al ver a su hija correr detrás de otro de los misioneros cuando volvió a casa después de un largo viaje. Sus hijos se agruparon a su alrededor, y la pequeña Val se unió a la pandilla, gritando: «¡Papi! ¡Papi!».

«Jim NUNCA volverá a casa», escribió Betty. «Oh Dios, pon mis lágrimas (aunque no las derramo) en tu botella.

«¿Qué es el sufrimiento, después de todo?», reflexionó. «¿Hay límites para el sufrimiento humano?». No creía que lo hubiera. «Simplemente sigo... y sigo... "soportando" cosas que me resultaría imposible soportar».

El sufrimiento sería uno de los temas distintivos de su vida. Ahora, desgastada, sola y anhelando entrar en acción entre los huaoranis, estaba sentada en la selva, como un soldado a la espera de órdenes divinas que no llegaban.

En octubre, llegaron noticias del mundo exterior. Contrario a las escasas expectativas de Betty, *Portales de esplendor* fue un enorme éxito. Encabezó las listas de éxitos de venta. A los críticos les encantó. Los lectores lo compraban para sus amigos. Betty escribió en su diario que las ventas individuales significaban que «el público ha gastado más de un cuarto de millón de dólares —una suma enorme para su frugal mente de los años 50— para comprarlo, algo bastante aterrador». A finales de año, se habían vendido más de 175 000 ejemplares. Un crítico lo calificó como «el principal libro misionero de esta generación».[7]

Casi al mismo tiempo que la autora Elisabeth Elliot era aclamada en Estados Unidos, la misionera de la selva Betty Elliot estaba a punto —aunque ella no lo sabía— de vivir su ansiada aventura con los huaoranis.

La notoriedad mundial de la tribu había hecho de la selva oriental de Ecuador un destino para cristianos curiosos que querían ver dónde estaban enterrados los mártires misioneros, turistas que querían tomar fotos de tribus desnudas e individuos que pensaban que Dios les había dicho que vinieran a ayudar, pero que al final no hacían nada.

Hobey Lowrance, el piloto jefe de la Missionary Aviation Fellowship que había ocupado el puesto de Nate Saint, informó a su jefe de la cantidad de «forasteros» que estaban apareciendo en Shell, y que pedían que los llevaran en avión al territorio huaorani. (Sí, se trataba del mismo Hobey que conducía el coche que se atascó en las vías del tren allá por 1948, donde casi se mataron él, Jim Elliot y sus otros amigos. Si eso hubiera ocurrido, este libro sería mucho más corto. En cualquier caso, una vez que sobrevivió con éxito a la universidad, Hobey se unió a la MAF).

«Parece que todo el mundo quiere entrometerse», observó. Un periodista poco ético de Miami andaba revoloteando por ahí.

Había dos sacerdotes católicos que no sabían por qué había tanta publicidad: afirmaban que, de hecho, habían «"cristianizado" a los huaoranis hace cuarenta años».[8] Un familiar de uno de los cinco misioneros quería irse a vivir a la playa donde mataron a su ser querido. También había un psicólogo canadiense llamado Robert Tremblay. Quería llegar a los huaoranis con el evangelio, pero al parecer ni él mismo lo conocía. Entraba y salía de la historia de los huaoranis hasta que se marchó precipitadamente en el verano de 1958. Según el contundente análisis de Hobey: «El peligro es que, al parecer, está un poco chiflado y tiene problemas domésticos, por lo que siente que no tiene nada que perder».[9]

Al igual que Betty Elliot y Rachel Saint, Wilfred Tidmarsh, misionero de larga data, anhelaba conectar con la tribu. Él y sus trabajadores quichuas habían construido una cabaña de bambú en el cruce de un río, no lejos de un asentamiento huaorani. Desbrozaron la selva para construir una pista de aterrizaje cercana; el Dr. Tidmarsh estaba ansioso por cultivar el contacto con los huaoranis, justo en su propia puerta.

Afortunadamente, el Dr. Tidmarsh estaba fuera cuando los huaoranis llamaron a *su* puerta. Saquearon su choza, esparcieron su ropa, medicamentos y archivos lingüísticos, rompieron sus billetes de dinero y se llevaron sus machetes y ollas. Arrancaron la puerta de sus endebles goznes y dejaron dos lanzas cruzadas bloqueando la abertura.

Muchos de los misioneros de la zona interpretaron el mensaje como una señal de Dios para retroceder, reevaluar y esperar. En su diario, Betty se preguntaba qué significaba aquel saqueo, pero la hostilidad tribal no cambió sus intenciones. Ahora que estaba escribiendo su segundo libro, la biografía de Jim Elliot, *La sombra del Todopoderoso*, se sumergió en las poderosas cartas de su difunto marido y en las anotaciones de su antiguo diario. Mientras plasmaba en papel la vida de Jim, su deseo de ir a los huaoranis se intensificaba.

Tras el ataque a la cabaña del Dr. Tidmarsh, Cameron Townsend, de SIL, escribió al buen doctor una carta de advertencia. «El próximo paso hacia los huaoranis debe ser fructífero. Los ojos del mundo están puestos sobre esa tribu. El sacrificio de cinco misioneros, la extraordinaria cobertura que la prensa secular ha dado a ese heroico esfuerzo y ahora el inspirador libro de Betty Elliot [*Portales de esplendor*] han preparado el escenario para la mayor demostración en la historia del poder del evangelio en el corazón salvaje».[10]

Aunque dado al tipo de sensacionalismo que Betty despreciaba, Cameron Townsend estaba realmente convencido de que el poder de ese evangelio llegaba a través de la Palabra de Dios, traducida a la propia lengua vernácula de los indígenas. Instó a Wilfred Tidmarsh y a otros a esperar hasta disponer de «versículos de salvación y uno de los Evangelios en huaorani».

Sin embargo, Townsend no se limitó a aconsejar prudencia. Si el Dr. Tidmarsh seguía intentando conectar con la tribu, Townsend dijo que daría instrucciones a su gente del SIL que tenía acceso a datos lingüísticos huaoranis (y a Dayuma) para que no cooperaran con otras entidades misioneras.[11]

Consternado, el Dr. Tidmarsh compartió esa incendiaria carta con sus amigos. Hobey Lowrance parafraseó sin ambages lo que parecía que el tío Cam estaba diciendo: «Nosotros [el SIL] somos los que vamos a hacer el trabajo... cuando hayamos escrito el idioma y traducido el evangelio, los llamaremos. Pueden pasar dos años, quizás más. Tenemos al único informante huaorani... será mejor que nos sigan la corriente o no conseguirán *nada* más».[12]

El 6 de noviembre de 1957, Betty Elliot escribió en su diario: «Una carta de Cam Townsend prácticamente le ordena al Dr. T. que suspenda las operaciones. Townsend les ha ordenado a todos sus "misioneros" que rechacen cualquier otra ayuda lingüística al Dr. T. ¡¡¡Dice que Rachel pronto tendrá la Escritura en lengua huaorani!!! Cito: "Espera hasta entonces... No seas un soldado sin espada, hermano"».

Townsend era un visionario que veía grandes cosas por delante: la Escritura estaría «pronto» disponible en lengua huaorani. Supuso que Rachel Saint tendría más éxito en su labor de traducción del que realmente tuvo.

El Nuevo Testamento huaorani no se terminaría hasta 1992, 35 años más tarde. La traductora Catherine Peeke, que trabajó a tiempo completo con los huaoranis durante muchos años, su compañera, la lingüista alemana Rosi Jung, y unos doce ayudantes huaoranis llevarían a cabo la inmensa tarea de traducir el Nuevo Testamento a esta lengua tan difícil.

Pero incluso sin esa previsión, en 1957, Betty y otros pensaban que Cameron Townsend se arrogaba una autoridad sobre asuntos que no le correspondían.

Betty concluyó su entrada de diario, diciendo: «Dios mío, ¿quién se cree que es?».

CAPÍTULO 27

«Si me mataran, sería mejor»

Los huaoranis son una carga constante para mí. ¿Quién va a ir y cuándo? [...] ¿Qué estoy esperando? A veces es fuerte la tentación de tomar a Valerie, una Biblia, lápiz y papel, y empezar a caminar. Pero no lo hago. ¿Por qué? Porque les tengo miedo, porque temo a la opinión pública o porque temo desobedecer al Señor. No conozco mi corazón lo suficientemente bien como para saber cuál de esas razones me contiene. Pero oro: «Aquí estoy, Señor. ENVÍAME...». Si tuviera éxito, nada podría hacerme más feliz en la tierra. Si me mataran, ¡sería mejor![1]
—Betty Elliot, carta a sus padres, 1957

Aproximadamente una semana después de que Betty Elliot escribiera en su diario sobre los impedimentos para llegar a los huaoranis, la historia dio un giro brusco.

A eso de las seis de la mañana del 13 de noviembre de 1957, varias mujeres huaoranis, identificables por sus característicos cortes de pelo, agujeros en las orejas y desnudez, emergieron de la selva cerca de un pequeño grupo de casas quichuas en el río Oglan. Los sorprendidos quichuas les dieron comida y ropa. Aunque los indios no se entendían entre sí, parecía que las mujeres huaoranis podrían quedarse un tiempo. Un hombre quichua llamado Dario Santi las acogió en su casa, que pronto se vio rodeada de vecinos curiosos.

Dos hombres quichuas corrieron varias horas por la selva hasta la casa del Dr. Tidmarsh en Arajuno. Betty Elliot «casualmente» estaba visitando allí a la mujer del médico mientras él estaba fuera. Los hombres le contaron jadeantes la historia a Betty, cuyo corazón latía desbocado. ¿Sería posible? ¿Estaba Dios abriendo una puerta a la tribu?

Gwen Tidmarsh se ofreció inmediatamente a cuidar de la pequeña Valerie; Betty debía *acudir* a estas mujeres huaoranis inesperadamente disponibles. En unos siete minutos, Betty preparó una bolsa de red, metió en ella un cepillo de dientes, algunas prendas de ropa y sus cosas esenciales —cámara, kit para mordeduras de serpiente, cuadernos de idiomas, bolígrafos y papel— y se puso en camino.

Ya no tenía ninguna duda de que Dios la guiaba. Después de todo, pensó, Dios la había llevado a visitar Arajuno cuando lo hizo. Él se había encargado de que el buen Dr. Tidmarsh estuviera en otra parte. «Cuando llegó la noticia, mi decisión sin vacilar fue venir de inmediato. Gwen estuvo de acuerdo; así se cumplió lo que siempre había tenido por seguro: cuando llegara el momento de hacer algo, sería incuestionablemente evidente para quien debiera hacerlo».[2]

Cuando Betty llegó al asentamiento quichua, hacia las cinco de la tarde, las mujeres huaoranis estaban sentadas en un tosco banco de madera. Una de ellas era sin duda la mujer mayor que había visitado a Jim y a sus compañeros misioneros en Palm Beach, dos días antes de que los hombres fueran asesinados. Betty reconoció su oreja derecha desgarrada, por las fotos recuperadas de la cámara de Nate Saint. Se llamaba Mintaka.

La otra mujer era Mangamu. Iba agarrada de la mano de una niña quichua, pero no mostró ningún temor cuando llegó Betty. Los quichuas les dieron cigarrillos caseros (por los que las huaoranis no mostraron mucho entusiasmo). Escucharon el tictac del reloj de Betty y observaron con paciencia bondadosa cómo Betty intentaba enseñarles a silbar. Una de ellas sostenía en su regazo a una niña quichua, y le pasaba los dedos por el pelo. Las dos sonreían ampliamente cuando Betty y los demás cantaban canciones quichuas.

Al anochecer, todas las mujeres se fueron a la cama, compartiendo una estrecha habitación con paredes de bambú. Mintaka empezó a cantar —o a llorar, era difícil saberlo— una sola nota nasal, con tonos rítmicos. Sin palabras.

Los hombres quichuas tenían armas preparadas, por si otros huaoranis atacaban. Sin embargo, la mayoría pensó que, al estar en territorio quichua y no huaorani, estarían a salvo. Mientras tanto, Betty se sentía aturdida por estar con gente que *sabía* lo que realmente les había ocurrido a su marido y a sus amigos. «¡Pensar que estas chicas podían decirme lo que le pasó a Jim y POR QUÉ! (Desde su punto de vista, claro)».

Pasó los días siguientes tomando cientos de fotos y copiosas anotaciones sobre el extraño lenguaje de Mintaka y Mangamu. Dibujó la forma de sus dientes y observó la posición de sus lenguas mientras hablaban. La oportunidad de oír la lengua huaorani a borbotones era abrumadora, confusa y estimulante a la vez. El Dr. Tidmarsh llegó con una grabadora para que Betty pudiera registrar los datos lingüísticos. Mientras hablaban en privado sobre la posible amenaza de ataque, él le dijo: «¡Oh, pero no consideramos la posibilidad de que nos maten!». «Qué ridículo», pensó Betty. «Nada podría ser más probable que eso. Pero también está en manos de Dios».

El avión de la MAF dejó caer suministros; Betty abrió un forúnculo y aplicó un antibiótico en las nalgas de una de las mujeres huaoranis, preguntándose si sería la primera «extranjera» que administraba cuidados médicos a una huaorani. Las mujeres contaban constantemente historias ininteligibles ilustradas con gestos que representaban alanceamientos y terror. Hablaban constantemente de un asesino llamado «Moipa». La mayoría de las noches, Mintaka lloraba y cantaba a medias su canción nasal de una sola nota que se prolongaba durante cientos de estrofas repetitivas.

Convencida de que debía pasar el mayor tiempo posible con estas mujeres huaoranis, Betty regresó al puesto de avanzada de la misión para recoger a su hija y más suministros para que le duraran. Mientras estaba allí, se desahogó en su diario:

«Una vez más, estoy casi abrumada por el conocimiento de que este Dios es el Señor». Después de todo, el Señor hizo «cosas extrañas y terribles» en el Antiguo Testamento para demostrar Su soberanía. «Todavía las sigue haciendo, y cosas muy maravillosas. Hizo aparecer a dos huaoranis, y me permitió... ¡conocerlas!».

Betty reunió todo lo que se le ocurrió para una estancia indefinida a orillas del Curaray, cerca de donde las mujeres huaoranis habían salido de la selva. Era territorio quichua, por supuesto, pero cercano a tierras huaoranis. Las compañeras viudas de Betty, Marilou McCully y Bárbara Youderian, la ayudaron a hacer las maletas para esta oportunidad sin precedentes de vivir con las dos mujeres huaoranis y aprender su lengua. «Marilou y Bárbara también están aquí, todos están muy emocionados».

Aun así, Betty sentía el peso de la tarea que tenía por delante. Meditó sobre la Escritura. Recordó la letra de grandes himnos antiguos. Se entregó a la voluntad del Padre.

Luego cargó a Valerie, que ahora tenía casi tres años, en una pequeña silla diseñada por su amigo quichua Fermín. Él llevó a cuestas a Valerie por los senderos empinados mientras Betty cargaba con los equipos de idioma y grabación. Llegaron de vuelta al asentamiento quichua el 22 de noviembre de 1957 y se fueron a dormir al son de Mintaka y su canción de una sola nota.

A la mañana siguiente, todos los hombres quichuas habían salido a cazar. Betty estaba en el río con las dos mujeres huaoranis, bañando a Valerie y lavando la ropa. De repente, se oyó un grito desde la orilla, con mucha confusión: «¡HUAORANIS!».

Betty acababa de lavarse y enjuagarse el pelo. Tomó a la pequeña Valerie (que estaba desnuda) y corrió por las aguas poco profundas hasta la playa. Los hombres quichuas llegaron corriendo, jadeando la historia. Un hombre llamado Honorario y su joven esposa, Maruja, se habían dirigido río abajo en su canoa aquella mañana.

Evidentemente, los huaoranis habían espiado la escena el día anterior, con la intención de secuestrar a Maruja, de catorce años. Esperaron río abajo cuando la pareja subió a su canoa. Cuando la canoa se acercó, los huaoranis acribillaron a Honorario con una andanada de lanzas y mataron a su perro de caza. Tomaron cautiva a Maruja y se escabulleron hacia su propio territorio, dejando veintidós lanzas en el cuerpo destrozado de Honorario.

Los quichuas trajeron algunas de las lanzas. Betty vio que una había sido envuelta con una página de la Escritura con un encabezamiento que decía, irónicamente: «los sufrimientos de Pablo como apóstol», atada a la lanza con hilos rojos. Evidentemente, los huaoranis habían arrancado páginas de la Biblia que habían robado de la cabaña del doctor Tidmarsh. Algunas de las otras lanzas estaban «decoradas» con plumas, correas tejidas y hojas verdes frescas. Todas estaban manchadas con sangre coagulada.

Incluso mientras Valerie, inmutable ante el caos de la mañana, jugaba con una palangana, poniéndosela en la cabeza —«¡Sombrero, mamá!»—, Betty no podía evitar pensar en la sombría muerte de Jim. Esos huaoranis y sus lanzas; el robo despreocupado de vidas humanas: ¿acabaría alguna vez?

«Me gustaría "volar lejos y descansar"», escribió Betty en su diario, incluso mientras el lamento quichua de muerte flotaba desde su campamento y el cuerpo de Honorario (sin las lanzas) yacía envuelto en una mortaja ensangrentada.

Sí, Betty sabía que su heroína Amy Carmichael le había llamado a la vida misionera «una oportunidad para morir», pero ya estaba harta de la muerte. Quería «irme y alejarme completamente de los huaoranis y de todo lo que significan. Me he sentido así varias veces en mi vida misionera: cuando mataron a Macario [su informante en lengua colorada], cuando murió la señora Maruja [en el parto, entre los colorados], cuando tuve que despedirme de Jim y cuando tuve que volver a Shandia tras la muerte de Jim».

«Casi podría decir que ya estoy <u>harta</u> de estos huaoranis, y desearía que Dios me llevara lejos», concluyó.

Pero.

Para Betty Elliot, siempre existía ese «pero». *Esto es lo que siento... pero haré Su voluntad, no la mía.*

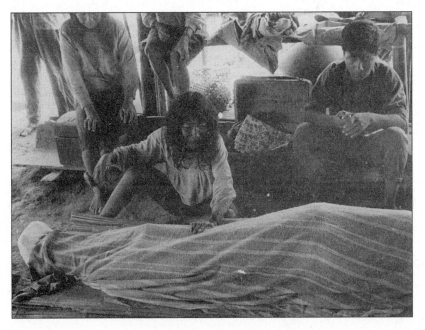

Dolientes sentados junto al cuerpo de Honorario

«Pero si Dios quiere que me quede —concluyó, pensando todavía en aquellas lanzas ensangrentadas—, Él me dará la gracia de quedarme aquí... por Su gracia haré todo lo que Él quiera que haga para llegar hasta ellos».[3]

A punto de hacer realidad su sueño de adentrarse en territorio huaorani, frustrada por nuevos actos de violencia en el mismo río Curaray donde Jim había muerto, Betty Elliot no sabía qué quería

Dios que hiciera en concreto. Fue un tiempo de espera casi insoportable, una vez más, lleno de las preguntas que habían llenado su mente durante el último año.

¿Por qué Dios obstaculizaría el trabajo destinado a extender Su reino? ¿Dejaría alguna vez de añorar a Jim? ¿Volvería a tener una buena taza de té y un cuchillo de plata para la mantequilla? ¿Aprendería alguna vez la lengua imposible de los huaoranis? ¿Permitiría Dios alguna vez que fuera con ellos, o el asesinato de Honorario había sido una clara señal de Él para que retrocediera? Y si fuera a la tribu, ¿la matarían inmediatamente? ¿O esperarían un poco?

En medio de todas las preguntas, anotó un último pensamiento en su diario: «Cuando sentía [...] que alguien iba a pagar un precio por los huaoranis, ¡no tenía ni idea de lo pronto que llegaría mi factura!

»Y no creo ni por un minuto que esté todo pagado».

CAPÍTULO 28

Una bruja misionera

Podría decirles de manera simplista a estas mujeres
aterrorizadas: «Dios nos protegerá».
Pero no tengo ninguna garantía de que lo haga.
No protegió a Jim et al., ni a [Honorario] hoy.
Eso de ninguna manera hace tambalear mi <u>confianza</u>.
—El diario de Betty Elliot

*T*ras la sangrienta matanza de Honorario en el río Curaray, Betty
y las dos mujeres huaoranis, Mangamu y Mintaka —a quienes
Betty llamaba M y M— regresaron a la estación misionera de
Shandia. Allí, Betty siguió trabajando con la iglesia y la escuela
quichua; pasaba el resto del tiempo estudiando la lengua de las
mujeres de la tribu y suplicando a Dios que le mostrara cuándo,
dónde y cómo ir a ver a los huaoranis.

Las dos mujeres huaoranis llamaban a Betty Elliot «Gikari».
¿Qué significaba?, se preguntaba. ¿Delgada? ¿Pálida? ¿Alta?
¿Extranjera? ¿Idiota?

Probablemente significaba «idiota», decidió. Se sentía una
idiota la mayor parte del tiempo. Por mucho que escuchara, grabara, transcribiera y orara, la lengua huaorani era un misterio.
Entendía un vocabulario rudimentario, se felicitaba a sí misma y
luego se enfrentaba a un torrente de verborrea ininteligible que
la sumía de nuevo en la desesperación. Mintaka observó que no
podía entenderlas —u «oírlas»— porque el pelo de Betty le tapaba
las orejas. «Debes cortártelo como el nuestro», le dijo a Betty.
(Betty, tal vez preocupada por el íntimo interés de su madre en
sus peinados selváticos, se abstuvo de hacerlo).

Por su parte, Valerie parecía estar aprendiendo el idioma sin problemas, aunque mezclaba alegremente el quichua, el inglés y el huaorani en su alegre parloteo. Hábil imitadora como su madre, podía duplicar a la perfección el interminable canto tonal de llanto de la pobre Mangamu, hasta el punto de que incluso Mangamu se reía cuando Val «cantaba».

Elisabeth tenía ahora treinta y un años. Había sido una hija obediente, una estudiante ávida, una esposa y madre cariñosa, una misionera entregada. No se había guardado lo más preciado de su vida: Jim. Había analizado y relatado públicamente la historia de su destrucción cuando aceptó escribir *Portales de esplendor*. Había triunfado en el mundo literario de Manhattan, con su inflexible tiranía de editores y plazos de entrega, y había regresado a las tierras salvajes de Ecuador con su hijita rubia tan parecida a Jim. Había corrido por la selva amazónica como la Mujer Maravilla para salvar a mujeres que estaban dando a luz, con material médico en la espalda. Había consolado a los moribundos. Había abierto forúnculos, asistido partos y puesto inyecciones. Sí, echaba de menos las sutilezas de la vida civilizada, pero se había lanzado a todo lo que Dios le ponía en el camino. Había sentido confusión, desesperación, tedio... pero en todos los casos, obedeció lo que discernió que era la voluntad de Dios.

El padre de Elisabeth Elliot la entrenó para *observar* cuando era joven, pero su ojo agudo veía más que pájaros, belleza natural y visitantes de la iglesia. Veía lo que era *correcto*. Tenía oído de lingüista para la inflexión, el significado y el engaño. Creció en un mundo en blanco y negro, en el cual el salario de la pereza era el polvo y un lápiz mal afilado no escribía bien. Glorificaba los grandes himnos de la fe, las cinco estrofas. Escribía con devoción, resmas de páginas de diario, bosques de correspondencia. Su educación la había entrenado y equipado para salir victoriosa para el Señor. Sí, sabía que el camino podía acabar en la muerte. Había oído historias de mártires desde niña. Casi no le sorprendió que su marido se convirtiera en uno de ellos... o que ella pudiera correr la misma suerte.

Pero si la Betty Elliot de sus días en la universidad había sido una rosa refrigerada, cerebral, intacta y obediente, la Betty Elliot que ahora ansiaba ir a los huaoranis era apasionada, abierta, madura y dispuesta a comprometerse. En los primeros años de su vida había confiado plenamente en que la voluntad de Dios probablemente coincidía con la de su familia, su escuela y su comunidad religiosa. Absorbió con gran presteza todo lo que la Academia Hampden DuBose, el Wheaton College y sus padres y seres queridos le habían enseñado. Desde luego, no se creía todo; siempre había sido una pensadora crítica.

Pero ahora estaba surgiendo algo nuevo. La soledad absoluta causada por la muerte de Jim, y las respuestas de algunos que querían manejar la narrativa del misionero mártir para sus propios fines, crearon una Betty más profunda y compleja, una que estaba dispuesta a llamar a las cosas como ella las veía, no como «se suponía» que debían ser. Seguía siendo obediente, responsable y autodisciplinada. Pero había visto el trasero desnudo de Noé, por así decirlo, y no estaba dispuesta a negar que a veces incluso los líderes religiosos, como el emperador ficticio del cuento infantil, no llevaban ropa.

A Betty le irritaba la disparidad entre lo que veía en el evangelio y lo que veía en la iglesia organizada. No tenía miedo de hacer preguntas reales. Era rápida para percibir el olor de la hipocresía y el legalismo, pero siempre se aplicaba ese análisis a sí misma en primer lugar. No era ninguna cínica, endurecida como para negar la existencia de la verdad. Era, si se quiere, realista. Creía en lo *real*, en lo absoluto del Dios que *es*. Cuestionaba lo que se hacía en Su nombre, las falsas apariencias que veía, con demasiada frecuencia, en el mundo misionero en el que vivía. Continuaría haciendo preguntas, buscando discernir lo real de lo falso, durante décadas... hasta que tales preguntas fueron aplastadas por el pesado yugo que ella había elegido llevar.

A principios de 1958, Betty escribió en su diario sobre las palabras de un amigo a quien consideraba un «misionero modelo».

«Creo que a una persona debe llevarle unos diez años superar una educación de Escuela Bíblica», había escrito el amigo. «Todavía me estoy recuperando, por más que aprecio y agradezco todo lo que aprendí, por supuesto. Pero también hay un gran proceso de deshacerse, aprender a mirarlo a Él y seguirlo independientemente de lo que digan los hermanos cristianos... Yo misma hago mucho de esto de imponer normas en el exterior que no vinieron realmente del corazón cuando [...] Esto engendra hipocresía, ya que no puedo evitar sentir que muchos [...] estudiantes han tenido terribles luchas con la hipocresía y el legalismo después de terminar allí, porque muchas cosas fueron impuestas desde el exterior que no habían sido colocadas en el corazón por el Espíritu Santo. Por esta razón, estoy ansiosa por la gente de aquí [nuevos creyentes], para que cada paso que den provenga del corazón y no de un conjunto de reglas impuestas legalmente».

Betty sentía algunas de las mismas frustraciones. Un periodista de una revista religiosa llamada *Christian Life* [Vida cristiana] publicó un reportaje engañoso tras prometerle que no lo publicaría sin su permiso. Betty lamentaba que el mundo exterior se manejara a veces con más franqueza que sus compañeros creyentes. «Prefiero que me identifiquen con *Life* antes que con *Christian Life*», escribió a sus padres.[1]

Betty asistía ocasionalmente a un estudio bíblico para gringos los jueves por la noche en una de las otras estaciones misioneras. Observaba cómo los misioneros y el personal entraban y tomaban asiento, leían y respondían obedientemente a la tarea de la noche, y se abrían paso con dificultad por las hojas de estudio proporcionadas. Los procedimientos parecían tímidos, obedientes y bastante mortíferos.

El «debate» consistía en «la vieja línea de la Escuela Bíblica [...] las respuestas estereotipadas, las interpretaciones aceptadas», que no se habían examinado en los diez o quince años transcurridos desde que empezaron a dar esas respuestas en la escuela. «Es descorazonador», pensó Betty. «Que Dios se apiade de nosotros e incline nuestros corazones a guardar tu ley; entonces quizás aprendamos algo».

Por esas mismas fechas, escuchó a un veterano misionero pronunciar un sermón plagado de errores en lengua quichua. Los indios escuchaban educadamente, aunque ella los había oído burlarse en privado del discurso fracturado del predicador. Su *contenido* simplista y centrado en el comportamiento, sin embargo, fue lo que realmente le heló el espíritu a Betty. «Oh, ¿qué estamos enseñando?», se quejó en su diario. ¿Era «VERDAD»? ¿O era opinión, costumbres sociales aceptadas o algo peor?

Señaló cómo Wilfred Tidmarsh había escrito posesivamente sobre M y M como «*nuestras* mujeres huaoranis». (La cursiva era de él). «Dios me libre de semejante espíritu. Ellas son tuyas, la palabra es tuya, yo soy tuya».

«... Haz con ellos y conmigo (¡y con T.!) lo que tú quieras», continuó, citando la oración anglicana, la «Letanía de Southwell». «Presérvame "de todos los daños y estorbos de los modales ofensivos y de la autoafirmación [...] del amor abrumador a nuestras propias ideas y de la ceguera ante el valor de los demás [...] de todo celo [...] de la réplica de la irritación y de la burla del sarcasmo [...] de toda arrogancia en el trato con todos los hombres [...]. Principalmente, oh Señor, te rogamos, danos conocimiento de ti, para verte en todas tus obras [...] para oír y conocer tu llamado"».

«[Soy] consciente de un gran cambio en mi modo de pensar», observó unas páginas más adelante. «Llevada a lo esencial más que nunca, forzada allí desde lo eterno, que afecta a lo interno. Tratando de hacer la vida más simple que nunca: sin servilletas, sin platos de servir, sin plato de mantequilla, sin nada que planchar ni limpiar... sin calcetines, un plato por comida, sin postres. Hoy se me ocurrió de repente que parezco una bruja: sin zapatos, el pelo perfectamente liso, sin cinturón, ¡ni siquiera un sujetador! No se me ocurriría andar así si hubiera una sola alma que se diera cuenta. Pero no la hay. Pasan los días sin que oiga una palabra en inglés, excepto las de Valerie.

«¿Y qué me ha enseñado todo esto? "Las que no se ven son eternas". Creía saberlo y haberlo practicado antes. Pero últimamente, me he despojado de aún más cosas, de las que otros nunca podrían darse cuenta. Dios sabe que me <u>encanta</u> vestirme bien, tener una casa espaciosa, limpia, bien amueblada, de buen gusto; tener comida y arreglos en la mesa agradables (más agradables de lo necesario, quiero decir). Y Él me dice: "¿Me amas más que a estos?". Y yo le respondo: "Tú lo sabes todo... Sabes que ningún otro motivo podría bastar". ¡Solo trae tu luz, Señor, a los huaoranis! No permitas que me acobarde de nada que pueda contribuir a largo plazo a ese fin».

Desde luego, no se trataba de una Betty nueva, sino de una Betty mayor, a la que no le gustaban mucho las respuestas fáciles o formulistas y que estaba dispuesta a ignorar las muchas voces que le enviaban consejos, en favor de la única voz que solo ella podía discernir por sí misma. Como siempre, la cuestión clave para ella era cuándo llegaría el momento de ir a los huaoranis y cómo debía proceder.

En la primavera del 58, el canadiense Robert Tremblay, mentalmente inestable, seguía poniendo en peligro la situación. Betty se enteró por los rumores de la selva de que Tremblay iba a ir a su casa con dos soldados ecuatorianos para rescatar a Mintaka y Mangamu. (Hizo correr la voz de que había sobrevolado Shandia y las dos mujeres huaoranis habían hecho gestos salvajes hacia su avión que volaba bajo, suplicando que las rescatara).

Esto era «demasiado para que se lo tragaran, incluso los crédulos ecuatorianos», escribió Betty en su diario. El gobernador de la región le pidió que llevara a las dos mujeres a Tena, la capital de la provincia; allí obtuvo para ellas los documentos de ciudadanía, haciendo valer su derecho a viajar y vivir fuera de las tierras huaoranis.[2]

Luego hubo un poco de respiro; Betty leyó un artículo en un periódico local que anunciaba que el desequilibrado Dr. Tremblay abandonaba Ecuador y renunciaba a su proyecto huaorani, por «falta de cooperación». Supuso que la última frase se aplicaba a ella, y respiró aliviada de que el hombre quedara fuera de juego; sus agitaciones respecto a los huaoranis habían puesto en peligro a toda la comunidad misionera.

El correo de cada semana traía un montón de opiniones elevadas y extrañas peticiones de Estados Unidos y otros países. Cosas como:

La útil sugerencia de una hermana de Toronto de que los misioneros entregaran a los huaoranis rollos de fotos con la historia de la salvación.

Una mujer de Texas escribió para animar a Betty, diciendo que «la Sra. Fulana de Tal, "una de nuestras mejores y más brillantes mujeres", ofreció una hermosa oración por [Betty] en una reunión reciente».

Un ministerio internacional de Singapur pidió que Betty grabara un mensaje para llegar a «125 de los adolescentes cristianos más avispados de Asia [...] la flor y nata de la juventud asiática». «Queremos que proporciones la "chispa" que haga que los jóvenes se entreguen y VAYAN».

Una universidad cristiana anunció sus planes de ofrecer a las cinco viudas misioneras doctorados honorarios.[3]

En un tono más humilde, un granjero estadounidense escribió: «Hemos bautizado a nuestras cinco vacas con sus nombres, queridas niñas, y oramos por ustedes mientras las ordeñamos cada día».

«¡Señor, desenrédalo todo!», escribió Betty.

Mientras tanto, Marj Saint y Sam Saint, el hermano de Nate, querían que Betty escribiera la biografía de Nate. Ella pensó que debía seguir adelante con su trabajo con M y M... aunque no podía evitar preguntarse: ¿para qué aprender la lengua de un pueblo en vías de desaparición? «Soy un completo fracaso. Vivo medio gringa, medio india, intentando complacer a estas mujeres huaoranis», que la mayoría de las veces la miraban con un despectivo y característico «¡bah!» indio y se daban la vuelta.

Tal vez la creciente tensión estaba pasando factura; el subconsciente de Betty dio algunos giros imaginativos. «Soñé anoche que [una de las otras esposas de misioneros en Ecuador, no una de las cinco viudas] disparaba y mataba [a su marido] delante de mis ojos. Él gritaba: "¡Oh, pero qué <u>difícil</u> que es morir!".

Y caía de cabeza con un terrible estrépito. [La esposa] guardaba tranquilamente la pistola en el bolsillo de su delantal y lo sacaba de la habitación».

En otro sueño vívido, ella «yacía sobre el pecho de Jim en la cama, y pensaba: "¡Oh, gracias Señor! Si me dejas hacer esto de vez en cuando, podré seguir adelante. Esto es lo que necesito". Y Jim era tan tierno: anhelo el refugio, el remanso de su amor. Oh Dios, sigue siendo mi refugio deseado. No puedo dejar de amar y anhelar con todo mi corazón. Oh, qué castigo me has impuesto por mis fracasos».

¿Creía Betty realmente que Dios se había llevado a Jim por todos sus fracasos? Difícilmente. Su teología era más fuerte que eso. Pero el comentario muestra cuán profundamente lamentaba sus propios fracasos.

«Es un alivio y una alegría cuando aparece la pequeña Val, con la cabeza cubierta por un gorrito blanco (todavía padece de tiña) y un camisón amarillo que solo deja ver sus delicados tobillos y pies. Desde un punto de vista humano, ella es lo que hace que valga la pena vivir».

Aun así, Val podría hacer de la vida un enigma tan desconcertante como los huaoranis. Un día, llamó a Betty mientras jugaba afuera en su casita.

—Los insectos me están picando —le dijo a su madre.

—Entonces, ven adentro —respondió Betty.

—¿Por qué?

—Para que los insectos no te piquen.

—¿Por qué?

—No digas «por qué».

—Pero necesito decir por qué.

—No, no hace falta que digas por qué.

—¿Por qué?

CAPÍTULO 29

«¡Al diablo con mi celo!»

Muriendo, llorando, vine; muriendo, enterrando, llorando,
me escondí. Me escondí enterrando, llorando, diciendo:
«Vas a morir». Los niños crecen y mueren.
Los niños crecen y mueren.
—Traducción de Betty Elliot de enero de 1958,
Relato de Mangamu sobre las matanzas intertribales

A principios de mayo, Betty llevó a M y M de viaje en autobús, jeep y tren a la ciudad costera de Guayaquil, pensando que al menos debían hacerse una idea de las complejidades y el alcance del mundo exterior más allá de la selva. Las mujeres se rieron mientras se abrigaban con ropa prestada, y notaron el frío en el paso de 3600 metros (12 000 pies) a través de los Andes en su camino a la llanura costera. No les impresionaron especialmente los edificios modernos, los coches, las calles ni las luces de neón, pero sí las enormes pilas de plátanos del mercado al aire libre, así como los cangrejos y cigalas del mercado de mariscos. Betty compró una selección, que las dos mujeres guardaron bajo la cama en su dormitorio, excepto los que cocinaron en una llama de queroseno para su consumo inmediato.

Betty les hacía a las mujeres docenas de preguntas sobre la flora y la fauna locales, con su siempre presente cuaderno de idiomas en el regazo. Ellas le daban una palabra similar para la mayoría de los lugares que había señalado: montañas nevadas, cabras, ovejas y conejos. Las cuidadosas comprobaciones de nuestra diligente lingüista llevaron al hallazgo de que la palabra que utilizaban M y M significaba simplemente: «¿Quién sabe *qué* será?».[1]

M y M tranquilizaron a Betty con respecto a sus intenciones de regresar a su tribu, y reafirmaron que Betty estaría a salvo con ellos: —Iremos en el avión hasta la casa del médico. Desde allí iremos a pie. Conocemos el camino. Llevaremos a Valerie. Viviremos con Gikita, él pescará para nosotras y nos traerá carne del bosque. Tendremos una buena casa. [...] Habrá muchos plátanos y mandioca, pero si quieres, el avión puede llevarte comida. Te ayudaremos a recogerla. Podrás ver a nuestros hijos. Van a amarlas a ti y a Valerie. Llevarás tu aguja [de inyección] y ayudarás a los enfermos. Viviremos bien.[2]

—Pero ¿no nos arrojarán lanzas? —preguntó Betty.

—Son los que están río abajo los que arponean. Están muy lejos —respondieron las mujeres.

—Pero alancearon a mi marido. Nos alancearán a nosotras.

—¡Gikari! Tu marido era un hombre. <u>Tú eres una mujer.</u>

—¿Y qué pasa con [los otros]? ¿No me atravesarán con sus lanzas? —preguntó Betty.

—¡[Ellos] son nuestros parientes! Les diremos: «Aquí está nuestra madre. La amamos. Es buena».[3]

A finales de mayo, Rachel Saint y la célebre «primera conversa huaorani», Dayuma, hicieron su esperado regreso a Ecuador después de casi un año en Estados Unidos. El nómada Cornell Capa llegó a Ecuador al mismo tiempo; este reencuentro entre Dayuma y sus dos parientes huaoranis a las cuales no veía hacía tiempo, y que vivían con Betty, iba a dar lugar a magníficas fotos para la revista *Life*.

Rachel invitó a Betty y a M y M a la base del SIL en Limoncocha, a un salto en avión de donde se habían alojado en Shandia. Ella y Dayuma estaban esperando cuando Betty y las dos mujeres huaoranis aterrizaron en la pista.

Dayuma se acercó al avión (dijo Betty más tarde) «vestida como para matar con [una] falda ancha y larga de algodón, blusa azul satinada, zapatos de cabritilla y ¡un <u>collar de brillantes</u>!». (En su diario, Rachel había escrito sobre el elaborado atuendo de Dayuma, de influencia quichua, ante la perspectiva de conocer a sus compañeras de la tribu huaorani: «No hubo nada que pudiera hacer al respecto. Estaba que volaba de la emoción»).[4]

No fue exactamente el esperado reencuentro entre parientes queridos que esperaría un occidental.

«Es Dayuma», gruñó Mintaka, rascándose la axila.

Salieron del avión y Mangamu se lanzó de inmediato a una larga y angustiosa perorata sobre todo lo que había ocurrido en la tribu desde la partida de Dayuma cuando era una niña, incluidas las muertes de varios miembros de la familia.

Dayuma rompió a llorar. Había oído estas noticias de otras fuentes, pero ahora escucharlas de primera mano era sobrecogedor. Mangamu no escatimó detalles escabrosos sobre los asesinatos. El Dr. Tidmarsh, presente para grabar la histórica reunión, dejó a un lado su grabadora. Cornell Capa dejó de tomar fotos.

Todos se reorganizaron y acabaron instalándose en varias cabañas y alojamientos de la base del SIL. El resto del verano transcurrió mientras Betty, Rachel y las tres mujeres huaoranis se acomodaban en una especie de domesticidad incómoda, mientras consideraban y reconsideraban el mejor plan para ir a la tribu. Las dos misioneras estadounidenses querían captar tantos datos lingüísticos como fuera posible, pero en cuanto a esto, así como en la comprensión global del plan de Dios para los huaoranis, tenían ideas muy diferentes.

Valerie, M y M, y Cornell Capa

Una mañana, Betty leyó el conocido versículo de la Escritura: «si dos de ustedes se ponen de acuerdo sobre cualquier cosa que pidan aquí en la tierra, les será hecho por Mi Padre que está en los cielos. Porque donde están dos o tres reunidos en Mi nombre, allí estoy Yo en medio de ellos» (Mat. 18:19-21). «Se lo comenté a R. —anotó en su diario—, y le dije: "¿Estamos de acuerdo, verdad, en que esto es para lo que debemos prepararnos?". Respuesta: "Bueno, ciertamente ha sido mi objetivo mucho antes de que a ti se te ocurriera".

»Así que no estoy segura de cuál es su actitud respecto a mi marcha», escribió Betty dócilmente. «Cuento con que el Señor me dirija en todos los detalles». Estaba «dispuesta a hacer todo lo que estuviera en mi mano para promover la cooperación entre Rachel y yo».

Como Betty observaría muchas veces en los años siguientes, Rachel y ella eran dos personas cuyas personalidades, percepciones e inclinaciones no podían ser más diferentes. Al mismo tiempo, ambas eran valientes, testarudas y estaban absolutamente decididas a hacer lo que creían que Dios les decía que hicieran.

Rachel evidentemente consideraba a Betty culturalmente insensible. Rachel escribió: «De todos modos, no tiene mucho tiempo para observar el modo de vida de los demás. He vivido con latinos demasiado tiempo como para no saber que hay que tenerlos en cuenta, y a sus diferentes costumbres».[5]

Betty, por su parte, se lamentaba del análisis lingüístico de Rachel. Lo único que podría haber unido a las dos mujeres —el deseo común de traducir la lengua huaorani— era una barrera de alambre de púas tan espinosa como todo lo demás en su relación. No utilizaban las mismas técnicas, procesaban las conjugaciones verbales de forma diferente y se exasperaban mutuamente ante la interpretación de los sufijos, las formas verbales y la vida en general.

Rachel se centraba en la siempre volátil Dayuma. Escribió en su diario: «Hemos tenido días conflictivos. Los nervios de D están a flor de piel. B. habla con ella, me dice cuál es el plan... y si le hago una pregunta, D. estalla, se enfada, me grita, exagera y dice que se irá con [Betty], que tengo miedo, etc.». Si algo no le gustaba a Dayuma, «ella golpea la paja... se pone furiosa, y lo hace cualquier cosa menos <u>en</u> el Espíritu. [...] De una cosa estoy segura, no puede haber bendición ni victoria con este tipo de espíritu. Que Jesús me ayude a enseñarle Su victoria sobre la misma cosa que ha hecho de la tribu los asesinos que son. [...] B. día a día obtiene de D. un significado que no pudo obtener de sus dos, y yo trato día a día de entender más... y D. está en este nuevo papel de desquitarse conmigo en contra de todos los demás. El mayor obstáculo que veo es el espíritu iracundo de Dayuma, que no se deja guiar tranquilamente por Su Espíritu y nos pone a unos contra otros».[6]

Dayuma a menudo lloraba hasta dormirse y se despertaba de un humor nada apacible. Rachel escribió el 3 de agosto: «D. empezó a quejarse y a gritar, le dije que [...] se fuera —sin desayunar (igualmente había dicho que no iba a comer)—, que yo no iba a cocinar [...] si no íbamos a vivir en familia como el Señor nos había dicho. Entonces la arrastré del cabello... no hubo demasiada protesta».[7]

Después de esta resolución de conflictos poco convencional, desayunaron y Rachel informó que Dayuma y las otras dos mujeres huaoranis se habían ido a pescar durante el día y habían regresado al atardecer «endulzadas» por el pescado que habían capturado. Fue un verano extraño. Cameron Townsend opinaba a menudo, al igual que Grady Parrott, de la *Missionary Aviation Fellowship.* Betty, que intentaba desesperadamente captar la lengua huaorani, acosaba a Rachel en cuanto a las formas verbales y otros tecnicismos. Dayuma a veces servía dulcemente de puente humano entre culturas por el bien del evangelio, y a veces estallaba en arrebatos salvajes. Rachel oraba pidiendo ayuda a Dios, arrastraba a Dayuma del cabello (o a veces Dayuma la arrastraba *a ella*) y se preguntaba sobre las extrañas complejidades de Betty Elliot, incluso cuando Betty se preguntaba lo mismo sobre Rachel Saint.

Cada una consideraba a la otra una cultura mucho más extraña que las exóticas mujeres huaoranis de la Edad de Piedra con las que ahora vivían.

Mientras tanto, Betty escribía en cartas a casa cosas como «Me da igual que me maten o no». «NUNCA IRÍA PORQUE ES SEGURO, SINO PORQUE ESTÁ DESIGNADO». [...] «No puedo permitirme que me conmuevan sus lágrimas». [...] Supongo que si Valerie sobrevive sería mi única heredera legal, ¿no? Papá, he escrito lo que se debe hacer con mi dinero. [...] Madre, no quiero parecer insensible».[8]

Betty combinaba despreocupadamente tales asuntos de vida o muerte con observaciones selváticas, como detalles de observación de aves para su padre ornitólogo: «Papá, te volverías loco aquí. ¡Las aves! [...] Enormes crestados rojos del tamaño de un buitre; diminutos pajaritos amarillos tan brillantes como la luz del sol; otros vívidos azules y rojos; grandes oropéndolas, con nidos colgantes tan grandes como pomelos; parpadeantes bandadas de loros y tucanes. Vimos un gran mono rojo columpiándose en un alto árbol cercano, y más tarde, varios buitres posados en lo que al principio nos pareció un tronco. Luego resultó ser un caimán muerto, probablemente de tres o cuatro metros (diez o doce pies) de largo, que yacía con las patas hinchadas en el aire. El hedor era terrible, como poco».[9]

Por aquel entonces, el localmente infame Dr. Tremblay reapareció en la historia. Los misioneros oyeron rumores de que andaba suelto por la selva, que tenía una metralleta y que había amenazado con derribar cualquier avión misionero que llevara regalos a los huaoranis. Contrató a cuatro quichuas para que lo llevaran por el Curaray, hasta un recodo del río a un kilómetro y medio (una milla) de «Palm Beach», donde habían matado a los misioneros. Acampó allí unas semanas, luego envió a los quichuas a casa y se trasladó a un claro abandonado.

Eligió la más sólida de las casas y se atrincheró en ella, disparando todas las noches al claro y a la selva circundante. Los huaoranis de la zona, entretenidos por el extraño comportamiento de este intruso, vigilaron sus movimientos durante varias semanas. Debido a su pelo rubio y enmarañado, empezaron a llamarlo «*Kogincoo*», palabra con la que designaban a una raza local de mono de la selva, con mucho pelo claro.[10]

Finalmente, los huaoranis oyeron el que sería el último disparo del viejo Kogincoo. Silencio. A la mañana siguiente, dos mujeres se asomaron a la casa a través de una grieta en las frondas. Vieron a Tremblay tirado en el suelo junto a una de sus pistolas, con un pantalón viejo parcialmente sobre la cabeza y los sesos salidos por una oreja. Sus problemas mentales, quizás una forma de lo que ahora se conoce como trastorno de estrés postraumático, lo habían llevado al suicidio.

La historia posterior (contada y recontada entre los huaoranis) fue más o menos así. Los huaoranis rebuscaron entre las pertenencias de Tremblay, sacaron su cuerpo de la casa y lo utilizaron para practicar con lanzas. Dos hombres alancearon repetidamente el cuello hasta que la cabeza estuvo a punto de cortarse. Sacaron un anillo del dedo podrido de Tremblay y se hicieron un collar con sus dientes.[11]

Betty Elliot envió a casa una carta de oración a sus patrocinadores fechada el 23 de julio de 1958. Era una versión suavizada del juego de espera en Limoncocha y de la muerte de Tremblay; los grandes desafíos de la lengua huaorani, y el papel de Dayuma, M y M como, tal vez, el plan de Dios para «salvar el abismo entre nosotros y la tribu».[12]

El único indicio de la agitación de sus días estaba en el viejo himno que decidió incluir al final de su cortés carta.

> «*Así Él me enseñó a clamar,*
> *En Él confié y me respondió*
> *Pero fue de tal forma que*
> *Por poco yo desesperé*».

Quizás Betty estaba pensando en el «veredicto» que Cameron Townsend había dado ahora: si Betty iba al territorio huaorani con

M y M, Dayuma no tendría permiso para ir. Si Betty accedía a no ir a los huaoranis, entonces Townsend consideraría la posibilidad de dar permiso a Dayuma para hacerlo.

Mientras tanto, Wilfred Tidmarsh había escrito a Betty diciéndole que estaba seguro de que no era el momento adecuado para que ella fuera al territorio huaorani. (También se negó a compartir los datos de la lengua huaorani que Rachel le había dado, ya que ella le había ordenado que no los compartiera con Betty). Voces a su alrededor, como si vinieran de muy lejos, suplicaban, disuadían, discutían y razonaban.

Regularmente, llegaban cartas de la madre de Jim. «Mamá Elliot [está] suplicándome que no vaya. "¿No lo ves, Betty? No nos dejemos llevar... tu celo es maravilloso... pero sería una tontería... etc. etc.".

»Al diablo con mi "celo"», explotó Betty en su diario. Si esta misión hubiera sido una cuestión de su propio fervor, la habría abandonado ahí mismo, habría empacado todo y vuelto a Estados Unidos para disfrutar de una larga licencia. No era un «admirable celo misionero» lo que la impulsaba, ni un deseo. «¡¡¡Y en cuanto a ir a los huaoranis porque "anhelo" ir!!!! Nunca podré olvidar aquellos días en el Curaray. El romance se derrumbó por completo».

Sí, el río Curaray, donde se había atascado el cadáver violentado de Jim. El Curaray, donde los huaoranis habían atacado y ella había contemplado la sangre de Honorario en las lanzas que goteaban. Recordó la horrible y primitiva sacudida de su corazón cuando los quichuas gritaron y ella sacó a la pequeña Valerie desnuda del río. En ese momento, había sentido que no le importaba si alguna vez iba a los huaoranis o si alguna vez volvía a oír su nombre.

No, fue algo más allá del deber o de las visiones misioneras sentimentales lo que impulsó a Betty directamente hacia los huaoranis. «Lo único que quiero es lo que tú quieres», escribió en una oración de su diario. «Lo he cantado en reuniones misioneras llenas de lágrimas, pero lo escribo aquí con todo mi corazón: "Donde Él me guíe, allí iré"».

Las mujeres huaoranis estaban inquietas. M y M le habían dicho a su pueblo que si no regresaban a la tribu para cuando la ceiba (un árbol tropical) estuviera madura, eso significaba que estaban muertas. Dada la tendencia de la tribu a la venganza, a todos les convenía que las dos mujeres huaoranis volvieran a casa y demostraran a sus parientes que estaban vivas y bien. Dayuma, por su parte, era imprevisible y su personalidad natural se veía

exacerbada por el dolor que le producía la muerte de sus hermanos y por el entusiasmo que sentía por volver a ver a su gente.
Manipuladora astuta, no dejaba de crear problemas enfrentando
a Betty y Rachel.

Pero Dayuma era fundamental para el plan. Como había aprendido de Rachel los fundamentos de la historia del evangelio y otras
historias bíblicas, era la intermediaria intercultural que podía poner
en contacto a los «extranjeros» blancos, o *cowodis*, con la tribu.
Por eso, Cameron Townsend, de Wycliffe, quería que el pequeño
grupo esperara. Que esperara hasta que Dayuma conociera mejor
la Biblia. Que esperara hasta que M y M se convirtieran ellas mismas en cristianas. Que esperara hasta que las misioneras estuvieran
equipadas con al menos una traducción parcial escrita del Nuevo
Testamento en la lengua huaorani.

Así transcurrió aquel final del verano de 1958, mitad drama,
mitad comedia, una mezcla de personalidades y opiniones fuertes
y muy diferentes, todas supuestamente apuntando hacia el mismo
objetivo: esperar, esperar algún tipo de resolución.*

Para el 22 de agosto, parecía que M y M habían cambiado de
opinión sobre la idea de que Betty fuera con ellas a la tribu. Había
preocupaciones, todas envueltas en varios tipos de niebla; cuestiones lingüísticas, así como el delicado equilibrio de las relaciones
entre Rachel, Dayuma y Betty. Por un lado, le dijeron a Betty que
las mujeres creían que los huaoranis esperarían venganza por la
muerte del desequilibrado Dr. Tremblay, aunque este se hubiera
quitado la vida, y que de alguna manera pensaban que Betty era
la *esposa* de Tremblay.

Sin embargo, la clave estaba en las relaciones entre los estadounidenses, no con los huaoranis. «Si vas a Curaray pensando que
M y M quieren que vayas, estás <u>miserablemente</u> equivocada», le
dijo Rachel a Betty (según consta en el diario de Betty).

«Escucha, Betty —continuó—, esto no es un <u>juego de niños</u>.
Son asesinos».

Frente a esto, una incrédula Betty escribió en su diario: «Mi
idea fue responder: "Pensé que no sería necesario recordarte,
Rachel, que perdí a mi esposo. Sé que son asesinos". Mi respuesta:
ninguna».

---

*Rachel Saint estaba restringida por Wycliffe. Como misionera independiente
de los Hermanos de Plymouth, Betty era más bien un agente libre. Si iba a
la tribu, necesitaría apoyo aéreo en forma de suministros para ella y Valerie.
Esto recaería en la *Missionary Aviation Fellowship*, que se preocupaba por
su seguridad.

Fue atroz. Betty sintió que tal vez estaba experimentando el mismo oscuro tormento del alma que tanto había atormentado a Jim justo antes de su entrada en territorio huaorani. Las mujeres huaoranis cambiaban constantemente de opinión sobre sus planes de regresar a la tribu, así como de perspectiva sobre si su pueblo las acogería o las mataría.

Desesperada por los constantes cambios en la situación, Betty se apoyaba constantemente en la realidad de que el carácter de Dios no cambia. «Él es mi <u>Roca</u>. Cuento con Él, no con la pureza de mi corazón... Sus promesas dependen de <u>Su</u> carácter, NO DEL MÍO. Este es el único fundamento de la fe».

Unos días más tarde, el 3 de septiembre de 1958, las nubes de confusión finalmente se despejaron. Dayuma, Mangamu y Mintaka decidieron volver a la tribu. Le hablarían a su gente sobre los misioneros, y luego volverían a salir de la selva a buscar a Betty y al resto.

Mintaka, Mangamu, Dayuma, Betty, Valerie, varios ayudantes quichuas, tres perros, un gato, un loro y carga variada volaron a Arajuno, en el límite del territorio huaorani. Desde allí, M y M y Dayuma visitarían la tribu; Betty esperaría su regreso en casa del Dr. Tidmarsh.

Una hora después de su llegada, las tres mujeres huaoranis recorrieron el largo camino hacia su pueblo, desapareciendo pronto de su vista. Bien podrían haber ido al lado oscuro de la luna.

¿Volverían a salir? ¿Las matarían? Nadie lo sabía.

Una semana más tarde, Dan Derr, piloto de la MAF, llevó a Betty a sobrevolar el asentamiento huaorani conocido. Ella y las tres mujeres habían planeado que estarían pendientes de su llegada. Cuando vieran el avión misionero, harían señales desde tierra de que todo iba bien. No había rastro de ellas.

El Dr. Tidmarsh y un colega, un médico, estaban trabajando en la pista de aterrizaje cercana a la casa del Dr. Tidmarsh. Descubrieron huellas distintivas de los huaoranis en la zona. A la tarde siguiente, los dos hombres estaban fuera cuando oyeron un terrible grito procedente de la selva, en el lado huaorani del río. El médico lo calificó de grito «terminal». Al día siguiente, el doctor Tidmarsh vio buitres revoloteando cerca del río. ¿Su hipótesis? Que Dayuma había salido de la selva, había sido rastreada, interceptada y asesinada.

No quedaba otra que esperar. El miércoles 24 de septiembre, Marj Saint vino a quedarse con Betty Elliot para que no estuviera sola mientras el Dr. Tidmarsh y su esposa viajaban a Quito para un trabajo médico rutinario. Esa noche, Betty oró: «Señor, si esas mujeres siguen vivas, que vengan mientras Marj está aquí».

A la mañana siguiente, mientras Betty tendía la ropa en el tendedero exterior, llegaron varios jóvenes quichuas.

—«¡Buenos días! —dijo Betty, mientras colgaba un pequeño vestido de Valerie en el tendedero. —¿Por qué han venido?

—Por nada —respondieron.

Betty estaba hambrienta de noticias.

—Bueno, ¿no saben nada de las mujeres huaoranis? —preguntó.

Los hombres miraron al cielo.

—Ah, sí —respondió uno. Se encogió de hombros y miró a sus amigos—. Salieron.

Betty casi se muere, allí mismo, en el tendedero. El hombre continuó informándole al pasar de que las mujeres estaban bañándose a poca distancia por el sendero.

Betty corrió a buscar a Marj Saint y su cámara, tomó a Val y, justo cuando llegaban sin aliento al final de la pista de aterrizaje, oyeron una voz que cantaba, de todas las canciones: «Sí, Cristo me ama», ¡en inglés! Era Dayuma. Se oyó un murmullo entre los juncos y las hojas al borde del bosque, y entonces las mujeres salieron de entre los altos arbustos, avanzando directamente hacia ellas. Era un grupo entero: Dayuma, M y M, otras cuatro mujeres huaoranis, una de ellas con un bebé, y dos niños. Venían con la invitación que Betty Elliot había deseado por encima de cualquier otra cosa en la tierra: una oferta para que Betty, Valerie y Rachel Saint fueran a vivir con la tribu huaorani.

CAPÍTULO 30

Una niña vive entre los asesinos de su padre

Si una obligación está clara, los peligros que la rodean son irrelevantes.
—Elisabeth Elliot

UNA NIÑA VIVE ENTRE LOS ASESINOS DE SU PADRE: MISIONERAS VIVEN CON LOS HUAORANIS
—Titular de la revista *Life*, 24 de noviembre de 1958

*L*a red misionera vibraba con las noticias. Miles de cristianos de Estados Unidos y otros países oraban para que la invitación a que las «extranjeras» convivieran con los huaoranis pudiera ser el avance tan esperado para llevar el evangelio a la infame tribu. A pesar de las muchas complicaciones, las diversas agencias misioneras implicadas entraron poco a poco en acción. Cameron Townsend dio su permiso para que Rachel Saint, trabajadora de Wycliffe, fuera a la tribu; la *Missionary Aviation Fellowship* apoyaría a Betty, Rachel y Val con los suministros necesarios. Los huaoranis expresarían su opinión... aunque pocos entendían realmente lo que decían.

El lunes 6 de octubre, Betty, Val, Rachel, Dayuma, las mujeres huaoranis y cinco hombres quichuas que llevaban a Val, de tres años, y el equipo de los misioneros —equipo de grabación, cuadernos, cámaras, película, papel y provisiones— emprendieron el camino. (Betty había dejado a regañadientes su tetera). Resultó que una de las mujeres que había salido de la selva era en realidad

Maruja, la joven que había sido secuestrada por los huaoranis un año antes, después de que mataran a su marido, Honorario. «En mi opinión —le dijo alegremente a Betty—, pronto te comerán los buitres». Maruja continuó diciendo que creía que los huaoranis matarían a los norteamericanos a menos que ella regresara con ellos, por lo que Betty y Rachel debían darle dinero para hacerlo. Ellas no aceptaron el trato. Maruja igualmente acompañó al grupo.

Fueron tres días de duro senderismo, escalada y piragüismo. Los indios pescaban y cazaban por el camino, y Betty empezó a saber quién era quién, incluida Ipa, la joven madre en el grupo. En un «campamento», Betty escribió: «Nos dimos un buen baño mientras los hombres preparaban los tallos de hierba para nuestras tiendas de dormir. Mientras escribo a la luz del fuego, sentada en la arena, la pequeña Val canta "Cristo me ama" a pleno pulmón, tumbada sola sobre unas hojas de plátano en el refugio que hay a unos metros. Y a mi lado, Ipa, de rostro dulce, amamanta a su hijo. Le mostré la foto de Jim, pegada en la portada de mi diario. Su marido mató al mío y la quiero».

(Como descubriría más tarde, Betty manejaba información incorrecta. El marido de Ipa no había formado parte del grupo que mató a los cinco norteamericanos. Betty escucharía varios relatos de los asesinatos a medida que aumentaba su comprensión de la lengua huaorani. El principal impulso —según entendió de Dayuma— fue la mentira de Nenkiwi. Mataron a los estadounidenses «por nada»).[1]

El grupo llegó a su destino al día siguiente. Era el 8 de octubre de 1958: «Jim cumpliría treinta y un años, nuestro quinto aniversario de boda, y hoy he conocido a uno de los asesinos de mi marido. Kimu, el hermano de Mangamu [...] nos recibió con una sonrisa tranquila. [...] Valerie miró fijamente a Kimu y dijo: «Parece un papá. ¿Es él mi papá?».

En ese momento crucial, Betty se dio cuenta de que los temidos huaoranis, cuyo propio nombre personificaba la *muerte* para ella, no eran más que seres humanos para su hija pequeña. Valerie había crecido entre indios. Estos indios no llevaban ropa, pero esas cosas eran irrelevantes para Val. Vio a Kimu, un joven musculoso y vibrante, y lo asoció en su mente con su propio padre, fuerte y joven, al que nunca había conocido realmente. Se sentía cómoda y contenta.

A partir de ese momento, el diario de Betty Elliot de esos primeros días entre la tribu se lee como una forma novedosa de literatura alternativa. Vivía en un mundo en el que no se aplicaban las normas «normales» de relación o interacción. Los asesinos y los seres queridos de sus víctimas normalmente no viven, comen y duermen en comunidad. Las personas vestidas y las nudistas no suelen mezclarse. «Salvajes» y «civilizados», o «paganos» y cristianos... las dicotomías convencionales habituales no estaban en juego en aquel remoto claro de la selva amazónica, hacia octubre de 1958.

Amigos

Dada su volatilidad, Betty no tenía ninguna razón en particular para suponer que la tribu no la mataría. Tampoco tenía ninguna razón en particular para suponer que lo harían. Dada la violenta pérdida de su marido, sabía que la protección *física* de Dios no estaba garantizada. Pero sus crudas reacciones no se debían ni a las experiencias del pasado ni a las sombrías posibilidades del futuro. Vivía el momento, y la emoción más clara que se desprende de las páginas de su cuaderno es una sensación de *asombro*. *¿Cómo podía Dios hacer que sucedieran cosas así?*

Después de tanta oración, planificación y angustia, aquí estaba, simplemente viviendo entre los temidos huaoranis. Era algo extraordinariamente normal. Su hija jugaba en el arroyo y dormía sobre unos troncos de bambú partidos mientras Betty dormitaba al estilo huaorani en una hamaca por encima de ella. Comían lo que comían los huaoranis... un brazo de mono —con los dedos apretados y negros, asado en el fuego—, pavo salvaje, pescado o alguna otra ave. El pequeño avión misionero dejaba caer ocasionalmente comida y correo... leche para Valerie, café instantáneo para Betty y Rachel.

Betty entre los huaoranis

Por la noche, todos atizaban el fuego. Los huaoranis se sentaban en el claro, inmóviles, con los ojos fijos al frente, los puños cerrados frente al pecho mientras cantaban un curioso e hipnótico «tono duro y nasal, en tres partes, un solo acorde de do menor, invariable a través de literalmente cientos de repeticiones de una frase de siete tiempos».

Durante el día, los hombres cazaban jabalíes, monos, tucanes, lo que encontraran. A veces, llegaban otros huaoranis del asentamiento principal, en lo más profundo de la selva. Betty empezó a conocer diferentes personalidades y a asimilar fragmentos de la historia que había acabado con la vida de su marido. Durante el día, observaba a Dyuwi, Mincaye o Kimu trabajando duro, mientras talaban árboles con un hacha para hacer un claro en el que pudiera aterrizar el avión misionero.

«Mincaye[2] [...] es un hombre alto, delgado, muy musculoso, y es increíble observar la gracia de su cuerpo al blandir el hacha (muy expertamente). Tiene una sonrisa encantadora y amplia, incluso dientes blancos.

«Soy sumamente feliz, simplemente por estar en el lugar al que el Señor me ha traído. No puedo evitar pensar constantemente... ¡si tan solo... 1) estos hombres hubieran sabido para qué había venido Jim y cómo los amaba 2) él pudiera estar aquí conmigo compartiendo todo esto que tanto esperaba! Pero habrá abundantes razones reveladas cuando llegue el momento, y lo creo».

En su primer domingo en el campamento, Dayuma hizo que todos se reunieran en una de las casas más grandes e inacabadas para contarles una historia bíblica. Fueron obedientes a este concepto inaudito y se sentaron donde ella les dijo... pero la idea de que todos tuvieran que prestar atención a *una* sola persona era totalmente extraña. Surgieron a la vez un sinfín de conversaciones paralelas. «Ella les dijo que escucharan... y todos se callaron dócilmente».

Aun así, Dawa buscaba niguas en sus costillas, Mangamu hurgaba en los dientes de su hijo pequeño con un palito. Uba inspeccionaba los hongos de los pies de su hija y los compartía con su vecina. Gikita y Kumi observaban los pájaros, comentando su vuelo.

Cuando llegó el momento de orar, M y M informaron amablemente a los demás huaoranis de que eso significaba que era hora de «irse a dormir». Hubo bastantes «risitas mientras los nuevos comprobaban cómo se hacía. Los tres hombres se taparon la cara con las manos. Todos guardaron silencio durante el largo, largo, largo y monótono discurso de D. «Oró por todos desde aquí hasta [Nueva Jersey]», observó Betty secamente.

Esa misma mañana Betty observó a Mincaye jugando alegremente con los perros, acariciando las cabezas de los bebés y sonriendo. ¿Cómo podía ser que hubiera matado a Jim?, pensó. «Después de todos estos meses de vivir en vilo, preguntándome, sin saber... aquí estoy. Aquí están ellos. Y vivimos en paz».

Unas semanas más tarde, Betty y Val se acuclillaron en la cabaña de Mincaye y comieron con él, su esposa y algunos otros. Después de «sorber y chupar» los tiernos trozos de carne, Betty observó que «es imposible morder la carne del mono: basta con apretar los incisivos y desgarrarla». Cuando la comida terminó en unos tres minutos de consumo entusiasta, todos se levantaron de sus ancas y se dispersaron en la creciente oscuridad para hacer sus necesidades e ir a sus hamacas.

La esposa de Mincaye apagó la mayor parte del fuego. «Mincaye se subió a la hamaca (desnudo, por supuesto) y su mujer embarazada se acostó encima de él», escribió Betty más tarde en su diario. «Murmuraban juntos en la oscuridad, mientras el "resto del mundo pasaba"». Dayuma, Akawo y Rachel charlaban «alegremente al otro lado de la casa. Esto me afectó en cierta manera. Llegué a mi choza de hojas y avivé el fuego, pensé lo que habría sido meterme en esta hamaca con mi marido. Y fueron Mincaye y otros quienes lo mataron. Todavía no puedo asimilarlo. Pero Señor, tú lo sabes todo y por qué tiene que ser, y te doy gracias por el destino que has elegido y mantienes para mí... Es extraño, más que extraño. Soy feliz aquí».

El avión traía periódicamente correo, provisiones y noticias, y recogía correspondencia de Rachel y Betty. Betty había sacado muchísimas fotografías como le había enseñado el fotógrafo Cornell Capa, captando a Val jugando con sus amigos de la tribu, a Rachel trabajando en la traducción, y el lodo, las chozas, los monos y todos los demás aspectos de la vida cotidiana de la tribu. La historia resultante de la revista *Life* utilizó sus fotos, así como material que ella había escrito, para crear un relato sobre Dayuma, Rachel, Betty y Val viviendo entre la misma gente de la tribu que había matado a los misioneros unos veinte meses antes. «Glorifica tu nombre, Señor», escribió Betty en su diario.

A finales de noviembre, Betty se tumbó una noche en su hamaca, junto al fuego, leyendo una revista *Time* que había caído del avión de los misioneros. Incluía la historia de un misionero menonita de treinta años llamado Kornelius Izaak que había muerto alanceado dos meses antes por una tribu de Paraguay. Betty se quedó mirando la «dulce foto» de la esposa del hombre asesinado y sus tres hijos pequeños, sintiendo empatía, y luego escribió en su diario sobre su extraño entorno: «la luna llena, el río plateado; una vela es mi luz de lectura, las brasas del fuego brillan suavemente, y al otro lado, completamente desnudo a la luz de la luna, yace un hombre huaorani, un asesino muy parecido a los [que mataron a Izaak]. Junto a la vela, Valerie duerme plácidamente. ¡Qué grande eres, Dios mío!».

Betty encontró mucho para admirar en el modo de vida de los huaoranis. No estaban agobiados por las posesiones. Sus casas de palma se construían en pocas horas. Recogían comida suficiente para cada día; no había que almacenar, ni lavar platos, ni mantener propiedades. Ella no sentía ninguna «superioridad occidental», sino más bien un profundo sentimiento de inferioridad. Las mujeres huaoranis llevaban cargas enormes que Betty no podía ni siquiera levantar; lidiaban con el dolor, el parto, los inconvenientes y el hambre con gran paciencia y entereza.

Además del surrealismo cotidiano de vivir con los asesinos de su marido, Betty encontró en la jungla otras paradojas. No era el hábitat más natural para nuestra heroína de buena estirpe de mediados del siglo xx. La mujer que amaba la higiene, el orden y la porcelana fina vivía en una choza en el lodo, roía un puño de mono asado y arrojaba los huesos a la selva. La introvertida pensativa estaba rodeada de gente día y noche, personas que no tenían absolutamente ninguna de las cortesías culturales de privacidad que los estadounidenses tienden a esperar. Los indios la miraban dormir, se burlaban de sus costumbres, metían los dedos en su comida y le hacían preguntas constantemente sobre todo lo que hacía. La escritora, lingüista e intelectual estaba rodeada de gente sin lengua escrita ni necesidad de leer. Se reían de su escasa capacidad para «oír» lo que decían y sacudían la cabeza ante su grabadora y sus montones de papel, preguntándose por qué una persona cuerda dedicaría tanto tiempo a rayar marcas en un material tan endeble. La mujer que amaba la soledad vivía en una cabaña de hojas que no tenía paredes. Tampoco tenía retrete ni ducha, ya que en realidad no existían. Las parejas tenían relaciones sexuales con entusiasmo en sus hamacas a pocos metros de donde ella y Val dormían (o mientras estaban despiertas). Los ciclos menstruales de las mujeres y la maduración de las jóvenes eran información pública. Los temas sexuales dominaban muchas conversaciones. Y ninguna pregunta estaba fuera de los límites.

¿Se volvería a casar Betty?, le preguntó un día su amiga Dabu. ¿Su difunto marido tenía pene? Luego respondió a su propia pregunta deduciendo que Jim seguramente estaba bien dotado, ya que Betty había conseguido tener una hija.

Otros le llamaban la atención al apareamiento de animales, mencionaban los diámetros de las partes íntimas de varias mujeres e inquirían sobre las de ella. Como buena lingüista, Betty anotaba esas preguntas en su diario, sin hacer comentarios.

La pequeña Val también tenía preguntas para Betty, aunque no de índole sexual.

«Mamá, ¿por qué la gente no se va volando?».

«¿Las arañas tienen lenguas bien chiquititas?».

«¿De dónde sacamos tanta saliva?».

«¿Las gallinas tienen frente?».

«¿Lloran los bebés hormiga?».

«¿Por qué tenemos barbilla?».

«No paro de pedirle a Jesús que no me deje hacer travesuras, ¡pero me deja de todos modos!».

«¿Por qué?».

Así era la vida en la selva. También había tensiones incipientes, pero no tenían su origen en Val ni en los huaoranis.

Betty observó con tristeza que Dayuma ya había empezado a «civilizar» al grupo haciendo que tanto hombres como mujeres llevaran ropa. Después de vivir muchos años en la cultura ecuatoriana, Dayuma sabía que los huaoranis eran considerados la casta más baja entre las tribus indígenas. Estaba ansiosa de que los suyos adoptaran formas «civilizadas», para que fueran mejor aceptados, con el tiempo, en la sociedad mayoritaria. Les ponía a todos las camisas, pantalones y vestidos que había traído.

«Esta mañana todo el mundo lleva ropa», escribió Betty abatida en su diario. «Qué grupo tan triste y variopinto. Sus hermosos cuerpos rojizos distorsionados y camuflados en todo tipo de prendas arrugadas y con mal calce. ¿Por qué, oh por qué esta horrible corrupción de la obra maestra suprema de la creación de Dios?

»Rachel está a favor de la ropa: 1) por motivos bíblicos, 2) para protegerlos de los mosquitos, 3) ¡¡porque cree que se sienten avergonzados sin ella!! Me temo que Dayuma, además de ser una gran ayuda, es también nuestro mayor problema por razones como esta.

»No entiendo en absoluto esta idea de la ropa», continuó Betty. «Ciertamente no me avergüenzo de mi desnudez ni ante Dios ni ante mi marido. [...] ¿Es esta una razón válida para decir que estamos obligados a cubrirnos?». En su opinión, la desnudez entre los huaoranis era menos provocativa que el uso que hacen los norteamericanos de ropa cara o escasa como símbolo de estatus o provocación sexual. «Me parece que estas personas, completamente liberadas de la conciencia de sí mismas o de la curiosidad morbosa característica del hombre "civilizado", tienen ventajas inestimables. Están liberados de muchos pecados, de la tentación de la vanidad personal, pues el cuerpo humano es una cosa aceptada *per se*, no comparada, ni mimada, ni falseada, ni escondida».

No mucho después de que las mujeres estadounidenses llegaran al claro, el suministro de alimentos se convirtió en un problema. Betty y Val se repartían un huevo o un pajarito asado para comer. Los cazadores eran generosos con lo que cazaban con sus cerbatanas, pero la cosecha era escasa.

Al parecer, los indios esperaban que el avión misionero suministrara carne para todo el grupo. Rachel quería empezar a encargar comida con regularidad. Betty pensó que no era prudente sentar el precedente de que los huaoranis no sentían ninguna responsabilidad por los visitantes blancos. Anotó en su diario cómo Dayuma había sido alimentada y vestida por Rachel durante años, y «ahora espera ser alimentada por ella en lugar de tomar su turno en su propio entorno y ocuparse de las necesidades de Rachel». Preocupada por crear una dependencia tribal de los estadounidenses, Betty pensaba que Dayuma, ahora «en casa», por así decirlo, debía encontrar una solución en lugar de exigirle a Rachel que le suministrara alimentos lanzados desde un avión misionero. «No puedo evitar resentirme por algunas de las formas en que D. dirige las cosas, dirige a Rachel y, por tanto, a mí y a todos los demás por aquí» escribió. «También esto, Señor, no está fuera de tu alcance...».

Además de la preocupación por fomentar la dependencia de los estadounidenses,[*] Betty se preocupaba por la enseñanza bíblica de Dayuma, preguntándose qué conceptos del evangelio estaban llegando realmente a la tribu.

Sabía que Dayuma era la persona más indicada para contar historias bíblicas, y que las historias en sí mismas podían tener un gran poder. No era el momento de sermones expositivos y referencias a pie de página de teólogos y comentarios. El relato de Dayuma sobre Jesús calmando una gran tormenta, por ejemplo, causó asombro en los corazones de sus oyentes huaoranis. Conocían las tormentas feroces; podían apreciar el poder necesario para detener una con solo una orden.

Pero más tarde, cuando Dayuma contó cómo las plagas de Dios cayeron sobre Egipto en respuesta a la incredulidad del faraón, la lección se transmitió como si Dios nos diera cosas buenas, materialmente, si le creemos, y cosas malas si no lo hacemos. Sensible a la propagación de un sutil evangelio de la prosperidad, a Betty le preocupaba que la tribu se centrara en *lo que Dios da*, en lugar de en *quién es Él*. «Señor, enséñale a sentar las bases de la fe en ti, no en lo que tú [puedas] hacer. Me parece algo terriblemente importante para la tribu en este momento: que aprendan a amar, obedecer y confiar, no porque así se librarán de los males terrenales [...] sino por lo que Él es y por lo que les pide a ellos».

¿Qué estaba aprendiendo realmente la gente?, se preguntaba Betty. «El mensaje que habíamos venido a comunicar iba directamente al meollo de las cosas. No podía ocuparse de lo periférico. Sin embargo, el lenguaje que iba a ser nuestro medio parecía limitarse a lo periférico».[3]

---

*Betty era una adelantada a su tiempo en su preocupación por los estadounidenses bienintencionados que fomentaban la dependencia entre los indígenas. En su diario, reflexionó: «el deseo de ayudar termina destruyendo: venimos a llevarles [a los no alcanzados] a Cristo, les enseñamos los pecados».

Como se haría cada vez más evidente, Rachel Saint no parecía plantearse tales cuestiones. Una mañana, Dayuma contó la historia de Sansón. Después, sin ningún puente explicativo ni «aplicación» espiritual de la historia, se dirigió a una de las adolescentes y le preguntó por sus propias creencias. La chica, incómoda por ser el centro de atención, no supo qué decir. Quizás la exótica vida y muerte de Sansón no la habían convencido de su propia necesidad de salvación. Pero con algunos minutos de insistencia y entrenamiento por parte de Dayuma, la adolescente finalmente repitió las frases apropiadas sobre «querer creer y limpiar su corazón».

A la mañana siguiente, durante el momento diario de oración de Rachel y Betty, Rachel agradeció a Dios que la niña hubiera hecho una «confesión pública de su fe». Betty creía que Rachel era «absolutamente sincera y [que estaba] genuinamente agradecida... pero personalmente, me resulta difícil aceptar tales "señales" como obra del Espíritu de Dios». A Betty le pareció que la chica había sido puesta en un aprieto, no quería hacer una negativa pública, y por eso repitió las «fórmulas requeridas».

Betty sabía que el Espíritu Santo *podía*, por supuesto, obrar a través de la coacción social o de frases repetidas o de lo que Él quisiera. Pero, por su parte, Betty evitaba la tendencia común de los misioneros de reclamar conversos o exagerar las respuestas al mensaje dominical. «Hay que ser cautelosos a la hora de informar sobre los "resultados"»,[4] escribió en una carta a sus padres.

Sin embargo, como siempre, Dios estaba obrando en, a través y a pesar de Su pueblo. Por extraña, inútil, gloriosa o desordenada que pudiera parecer la historia para quienes la vivían en aquel momento, la invasión había llegado. En el misterioso plan de Dios, donde cinco hombres habían sido frustrados y asesinados, dos mujeres estadounidenses y una niña habían sido aceptadas por un pueblo asesino que había estado aislado durante siglos. El viento del Espíritu soplaba suavemente por aquel fangoso claro huaorani. Dios estaba atrayendo a la gente hacia Él, y continuaría haciéndolo durante generaciones.

En diciembre de 1958, Betty reflexionó sobre los tres meses anteriores. Sentía que las historias de Dayuma *habían* dado fruto. Los huaoranis sabían algo sobre el Hijo de Dios, sobre vivir siempre en la casa de Dios, sobre seguir el camino de Dios. Los conceptos eran confusos, el lenguaje a veces impenetrable. Pero Betty, poco dada a las declaraciones grandilocuentes o triunfalistas, escribió en su diario: «En cualquier caso, el hecho con el que hay que contar ahora es que el evangelio de Jesucristo ha llegado a los huaoranis, y Pablo dice (Colosenses 1): «"Este evangelio está dando fruto y creciendo en todo el mundo" [NVI]».

Uno o dos días después de Navidad, Betty se sentó con Mincaye. Él le contó que había matado a Jim y a los otros misioneros. «No nos vieron... los atacamos en secreto [...]. Los matamos, sin saber. En ese momento, no vivíamos reflexivamente; ahora, sabemos. Ahora pensamos en Dios. No lanzaremos más lanzas».

Esa misma noche, Betty estaba tumbada en su hamaca, reflexionando de nuevo sobre la ironía de todo aquello. De repente, Mincaye* le habló en la oscuridad.

—¿Gikari?

—Ajá —respondió Betty.

—Eres mi hermana menor.

—Entonces, ¿tú eres mi hermano mayor? —preguntó ella.

—Yo soy tu hermano mayor —dijo Mincaye—. Tu madre es mi madre. Yo la llamo madre. Tu padre es mi padre. Tus hermanos son mis propios hermanos. ¿Puedes decírselos? ¿Puedes hablarles de mí? ¿Puedes decirles que para mí son mi familia?

Mincaye sabía, por haber examinado el bolígrafo y el fino papel de carta de Betty, que su amiga extranjera hacía garabatos en aquellas finas páginas y los enviaba en el avión para que de alguna manera llegaran a manos de su familia, muy lejos de allí.

Betty sonrió en la oscuridad.

—Sí, Mincaye. Les escribiré, y ellos, al verlo, lo sabrán.

---

*Mincaye se convirtió en una figura central de la comunidad huaorani de seguidores de Cristo. Con el tiempo, viajaría por todo Estados Unidos, y por todo el mundo, con Steve Saint, dando testimonio del poder de Jesús para transformar vidas humanas. Tenía una personalidad grande, cariñosa, divertida y le gustaba bromear; me encantó pasar tiempo con él en la selva en el verano de 2019, cuando probablemente tenía unos noventa años. Me hizo una lanza. Verlo darle forma y afilar cuidadosamente aquella arma fue como una experiencia de viaje en el tiempo. Pensé en él afilando lanzas con rabia diabólica, tantas décadas antes, mientras él y sus compañeros huaoranis se preparaban para matar a los misioneros. Ahora, aquí estaba, un apacible hermano en Cristo, riendo y afilando una lanza como regalo. Mincaye murió a finales de abril de 2020, un líder cristiano muy querido, lleno de años.

CAPÍTULO 31

«Una locura, una completa locura»

Amaba y respetaba a estas dos mujeres que eran casi completamente opuestas. Betty era alta y delgada. Era formal y cerebral. Rachel era más baja y regordeta. Derrochaba poca energía en afabilidad, pero era tenaz. Lo que tenían en común era una devoción inquebrantable, casi mística, por obedecer a Dios.[1]
—Steve Saint

Cuando me enteré de que Betty y Rachel iban a ir juntas a los huaoranis, simplemente gemí. Cada una de ellas era sumamente asertiva, pero no parecían tener sentimientos.
—Olive Fleming Liefeld

*B*etty comenzó 1959 visitando al hermano de Jim, Bert, y a su esposa, Colleen, en su estación misionera en el río Huallaga en Perú. Estos Elliot —cuyo largo y silencioso ministerio heroico en Perú fue usado por Dios para evangelizar y discipular a generaciones de seguidores de Cristo— animaron a Betty inmensamente. Esto, sumado a la gran camaradería que siempre sentía cuando podía pasar tiempo con Marj Saint y Marilou McCully (en Quito), tuvo el efecto de hacer que su regreso al territorio huaorani a fines de febrero fuera lúgubre, solitario y difícil. Marilou hizo el arduo viaje de regreso al claro —ahora llamado Tiwaeno— con Betty, a quien le encantaba su alegre comprensión y presencia.

Betty descubrió, para su horror, que el tiempo que había pasado fuera hablando español le había hecho olvidar gran parte de su lengua huaorani. Val extrañaba jugar con sus primos en Perú y con otros niños misioneros en Quito. Las condiciones habituales del claro —lodo, moscas, hambre, lluvia, espinas, infecciones, falta de intimidad— le resultaban ahora abrumadoras. «La decepción natural de volver a esta vida después de haber estado con seres queridos, en un entorno limpio y sin bichos, unida a la marcha de Marilou y a las invectivas de Rachel apenas [Marilou] se marchó, me hicieron preguntarme de nuevo si valía la pena».

Betty también estaba preocupada por Valerie, que acababa de cumplir cuatro años. «Me gustaría volver a casa de la tía Marilou, mamá». Betty observaba la mente en expansión de su hija, su nuevo deseo de libros y más libros. ¿Era este «el mejor lugar para ella»?

¿Era este el mejor lugar para Betty Elliot?

No era el tipo de pregunta que Betty solía hacerse. Para ella, no se trataba de lo que la haría prosperar o de lo que disfrutaba, sino de obedecer al Dios que creía que la había dirigido a los huaoranis. Desde luego, estaba dispuesta a entregarse a Su servicio. Pero lo que la irritaba era la sensación de que no servía para nada.

«No recuerdo haberme sentido tan inútil en mi vida. Parece que no puedo hacer nada de lo que hay que hacer. Rachel enseña fielmente a [Dayuma], que a su vez enseña a los huaoranis y posiblemente sea la única que se necesite para hacerlo. [...] Si dirigiera mi propia vida, renunciaría ahora. Condiciones de vida difíciles. El crecimiento y el aumento de las capacidades de Val me preocupan seriamente sobre la sabiduría de quedarme aquí. Sin embargo, no me queda otro camino. <u>Estoy tan segura como siempre de que Dios me puso aquí</u>».

Se sintió alentada por las historias de fieles misioneros del siglo XIX que fueron a África, Nigeria y el Pacífico Sur. «Me animó leer hoy que [David] Livingstone, Mary Slessor y John G. Paton expresaron el pensamiento de que, si no fuera por la conciencia de la presencia de Cristo, nada en la tierra les impediría perder la razón. Yo me haría eco de esto hoy aquí en Tiwaeno. Nada salvo la convicción de que Dios está aquí conmigo, y no me abandonará, me mantiene en el camino».

Betty pensó en el poema de T. S. Eliot sobre el ficticio J. Alfred Prufrock, que había medido su vida diaria con cucharillas de café. «La mía —pensó— se ha medido en un medio muy distinto: aquí hay palos de leña, viajes por la orilla embarrada hasta el río, fichas de archivo, etc. [...] Mi mente no para de maquinar formas de

<u>sacarnos</u> de esta situación (cuando fue aquella por la cual yo oré tanto tiempo para que nos <u>metieran</u>)».

Era un alivio hacer algo que realmente marcara una diferencia. La noche del 12 de abril, Dabu, el amigo de Betty, volvió tropezando al campamento. Había estado cazando en la selva todo el día; una víbora lo había mordido debajo del labio inferior. No había forma de hacerle un torniquete y, en menos de una hora, la hinchazón había alcanzado proporciones imposibles. Delirando, Dabu gritaba el nombre de Betty, una y otra vez, preguntando si moriría.

De algún modo sobrevivió a la noche. Betty lloró al ver su rostro irreconocible, con la boca sobresaliendo más allá de la nariz, el cuello, las mejillas y la nariz hinchados, negros y brillantes. Sus encías sangraban constantemente; no paraba de escupir.

Wiba, su mujer embarazada, era la única de la tribu que mostraba compasión. «Era suficiente para romper un corazón de piedra ver cómo ella lo ayudaba a salir a la llovizna matutina para orinar —los dos desnudos e indefensos, me pareció—, ella enorme y pesada con el niño, él enorme y pesado, con la cara colgando hacia delante por el dolor. Pero... los demás comen y tallan, gritan, ríen, bromean con los bebés, moldean vasijas de barro y muestran una absoluta despreocupación».

Betty usaba una jeringa para succionar constantemente la boca de Dabu. No tenía suero de serpiente. Debido a la lluvia constante, el avión misionero no pudo ir. El hombre tenía un ojo hinchado, negro y azul. Tenía el pulso a 55 y la piel sudorosa. Aun así, Dabu mantenía sus facultades mentales, y mientras Betty le lavaba la sangre de la cara, dijo: «Gikari, déjame en paz y déjame morir».

«Jesús cargó con todas nuestras dolencias», pensó Betty. Sabía que Dios podía curar a Dabu. Pero «no sabía si Él tenía intención de hacerlo». Lo único que sabía era que tenía que «llevar a Dabu a Jesús» una y otra vez, aun mientras trabajaba desesperadamente para salvarle la vida.

La lluvia amainó. El avión dejó caer suministros. Betty le inyectó «20 cc de suero de serpiente, 1 cc de vitamina K, y 1 cc de penicilina y otro de estreptomicina». Le limpió la sangre de las encías y lavó con ternura su enorme cara distendida. «Dios es tu Padre», le susurraba. «Te ama. Te ve».

La voz de Dabu era débil, delgada, y murmuraba a través de unos labios abultados. «Gikari, te he amado mucho».

¡Oh! ¡Esa cara! «Con gusto daría mi vida por la de él», deseó Betty. «[Pero...] no es algo que podamos decidir nosotros».

Al día siguiente, la cara de Dabu estaba menos hinchada, pero ahora tenía el pecho hinchado y dolorido. «Pobre hombre —oró Betty—, tan paciente y humilde y sometido en su dolor... Señor, llévalo a tu redil».

Al cabo de uno o dos días, aunque seguía siendo una masa de carne morada oscura, ojos inyectados en sangre e hinchazones bulbosas, Dabu podía hablar con claridad, comer e incluso reír. «¡Alabado sea el Señor, cuyo toque conserva aún su antiguo poder!», exultó Betty. Dios había permitido un sufrimiento horrible... pero había sanado a su amigo.

(Muchas décadas después, cuando tenía setenta años, Betty visitó a sus amigos huaoranis en el asentamiento Tiwaeno. Ella y el viejo Dabu recordaron el terrible momento de 1959, cuando él estuvo a punto de morir por una mordedura de serpiente. Pero ahora era un seguidor de Jesús, y le dijo, para alegría de ella, «que fue el <u>Señor</u> quien lo sanó» —no Betty— hacía tantos años).[2]

Las tensiones continuaron con Rachel. Tras la recuperación de Dabu, Betty se ofreció a enseñar a Rachel a poner inyecciones, para que pudiera administrar el suero de la mordedura de serpiente si Betty no estaba disponible.

No.

Cualquier puerta de posible conexión parecía cerrada. Rachel dejó a Betty hablando sola durante una discusión y se fue. Betty no se dio por vencida y la siguió hasta su casa. No. Ninguna resolución, ningún terreno común para hablar siquiera de las diferencias. A Betty le parecía que cualquier pregunta suscitaba contiendas.

«Una de las grandes carreteras que conducen al corazón humano es la de la necesidad», escribió Betty. «Estoy constantemente buscando caminos para llegar al de Rachel, para aprender a conocerla. Todavía no he encontrado ninguna necesidad que esté en mi mano aliviar, ninguna forma de <u>ayudar</u>. Esto lo sostengo ante el Señor, pidiéndole el [...] discernimiento del [amor del Calvario]. Si ella sufre, es algo que está completamente fuera de mi visión. Señor, muéstrame el camino de tu amor».

Betty veía a Rachel como «alguien fuerte y fiel. Se dedica al idioma mucho más que yo; trabaja incluso de noche, a la luz de las velas o con una grabadora. Se pasa horas instruyendo [a Dayuma]». No parece tener ninguna tentación, ninguna dificultad para dedicarse a la lengua, ningún deseo de otra comunión que no sea la de los huaoranis (no ha venido ni una sola vez a mi casa, excepto para leer y orar cada mañana). No anhela mejores condiciones de vida [...] es mucho más adecuada que yo para este lugar. Es fiel, disciplinada, impasible, persistente, totalmente segura de sí misma y satisfecha, por lo que puedo juzgar según su aspecto. Le pregunté si alguna vez se cansaba de escuchar la lengua huaorani. Me respondió que no. Es sobrehumana».

Rachel y Betty, 1958

Rachel le había dicho a Betty que estaría con los huaoranis el resto de su vida y que tenía tiempo de sobra para aprender su lengua. Mientras tanto, Betty, que anhelaba hacer progresos tangibles hacia una posible traducción del Nuevo Testamento a la lengua huaorani, se desesperaba por el tiempo que se tardaba en la parlanchina comunidad huaorani para obtener siquiera una pequeña pepita de datos lingüísticos.

La lengua huaorani, *wao tededo*, o «el habla del pueblo», era una lengua aislada, sin parentesco con ninguna otra lengua tribal latinoamericana ni con ninguna otra lengua del planeta. Betty y Rachel estaban solas y las cosas no iban bien.

Un día, Betty grabó cuarenta minutos a Mintaka hablando. Tardó cinco días en transcribirlo. Después se reunió con Dayuma para identificar palabras, significados y conexiones lingüísticas en la transcripción.

Se sentaron juntas en la hamaca de Betty, con M y M cerca. Betty sentía especial curiosidad por una palabra que Mintaka había dicho en su cinta. *Owiyaki*. Volvió a reproducir la palabra en la cinta y le preguntó a Dayuma su definición.

La atención de Dayuma, sin embargo, se centró en el pescado que humeaba sobre el fuego, y luego en la mosca de los establos que picaba el trasero de Mintaka. «*Owiyaki, owiyaki*», musitó Dayuma. «Espera, Mintaka, hay una mosca picándote el tobillo, atrápala, no, ahí está, sí, ¡oh, se ha escapado!».

«Eh, Gikari, ¿qué has dicho? Ah, ¿qué significa *owiyaki*? Mmh, *Owiyaki, owiyaki...* Mangamu, ¿qué has dicho de *owiyaki*?».

«No, no, fue Mintaka quien lo dijo», refunfuñó Mangamu.

«Mintaka —continuó Dayuma amablemente—, ¿qué dijiste sobre el *owiyaki*?».

«Ah —dijo Mintaka—. Estábamos todos en el campo de yuca escondiéndonos de Moipa y su pandilla. Estaba lloviendo y mi hermana estaba tumbada en la hamaca con una hoja sobre el bebé, el agua goteaba pit, pit, pit, pit [sobre] la hamaca. Ounemi siempre decía que era mejor tumbarse en una hamaca aunque te mojaras. Las serpientes no podían morderte allí por la noche. Así que, mientras estábamos allí, en el campo de yuca, Dabu mintió, dijo que había venido por la colina y otros vinieron por el río».

Dayuma, asintiendo, tradujo las descripciones al quichua para Betty. También incluyó algunas interpolaciones propias, en quichua.

«Gracias», respondió Betty en quichua a Dayuma. «¿Y qué dijiste que significa *owiyaki*?».

«¿*Owiyaki*? ¿*Owiyaki*?», repitió Dayuma. Lanzó una ráfaga de *wao tededo* a Mintaka. «Mintaka, ¿dijiste que Dabu vino por la colina, o que se fue por el río?».

Mintaka respondió, presumiblemente, que fueron otros los que pasaron junto al río.

«Fue Dabu quien vino por la colina», le dijo Dayuma a Betty.

«¿*Owiyaki*?», presionó Betty, comiéndose las uñas. «¿Qué significa *owiyaki*?».

«Ah», dijo Dayuma. «Significa arriba y alrededor y a través del bosque y por la colina, en vez de a través del río o por las playas. ¡Eso significa *owiyaki*!».

Betty se movió, suspiró y tomó debida nota de este asombroso progreso. Pasó a la siguiente palabra de su lista.[3]

A principios de agosto, la represa se rompió, aunque no en la vigilia de Betty, sino en su subconsciente. Soñó, como tantas veces, con Jim. Él era cálido, estaba vivo, era real. Betty estaba desesperada por hacer todo lo posible para quedarse con él. Sabía, incluso en su sueño, que era la voluntad de Dios que Jim estuviera muerto. Pero aún así, la Betty del sueño clamaba por Jim. «Al diablo, dije, con mi papel de "viuda", de "misionera pionera", de "testimonio al mundo". Devuélveme mi condición de mujer, devuélveme a mi marido. No me importa nada más».

Betty se despertó sacudida. Por su mente pasaron las palabras de uno de sus escritores favoritos: «Es esta terrible soledad la que abre las puertas de mi alma y deja que las fieras corran aullando».*

«Solo Dios sabe si el sueño refleja el verdadero estado de mi alma», escribió más tarde en su diario. «Él sabe que sinceramente intento aceptar lo que Él ha elegido para mí, y también conoce la salvaje... dolorosa soledad por Jim. Bueno... que esta hambre demuestre lo que hay en mi corazón y produzca frutos de rectitud en el futuro. Veo pocas esperanzas de obtenerlos ahora. Fe, fe».

En agosto, Betty estaba planeando pedir licencia para escribir en EE. UU. Ella y Cornell Capa habían ideado un libro sobre los huaoranis, un volumen diferente a cualquier libro misionero producido hasta entonces. Las conmovedoras fotos y la prosa de Betty podrían contar la historia desde adentro de la tribu para el mismo público que había consumido con avidez *Portales de esplendor* y la biografía de Jim, *La sombra del Todopoderoso*. Lo llamaría *The Savage My Kinsman* [El salvaje, mi pariente], jugando con la visión estereotipada de los años cincuenta de los indígenas como «salvajes», frente al vínculo familiar que ella sabía que era cierto teológicamente y que también había experimentado en la tribu.

Como cualquier escritor, Betty dudaba de si realmente produciría un libro que valiera la pena. Pero lo cierto es que ahora se sentía más capacitada para escribir que para traducir, no por sus habilidades lingüísticas, que eran muy respetadas en la comunidad misionera, sino por las constantes limitaciones impuestas por la fuerte personalidad de Rachel Saint.

Betty escribió en su diario el 15 de agosto de 1959: «El día de hoy fue suficiente para convencerme —como si no me hubieran presentado la evidencia repetidamente antes— de que no puedo serle útil a Rachel lingüísticamente. Cada sugerencia fue aplastada, cada dato puesto en duda, se insistió en cada término antiguo, y

---

*Muchos años después, Betty escribiría de forma más desapasionada sobre el proceso de duelo por una pérdida terrible. «[Jesús] cargó con nuestras dolencias. Sufrió [...] no para que nosotros no sufriéramos, sino para que nuestros sufrimientos fueran semejantes a los suyos. Al diablo, pues, con la autocompasión [...]. Cada etapa de la peregrinación es una oportunidad para conocerlo, para acercarse a Él. La soledad es una etapa (y, gracias a Dios, solo una etapa) en la que somos terriblemente conscientes de nuestra propia impotencia [...]. Podemos aceptarlo, agradecidos de que nos lleve a nuestro Pronto Auxilio».

las pruebas que presenté para apoyar mi teoría fueron invariable-
mente puestas en duda. Esperaba que la experiencia, el aumento
de los datos, el tiempo juntas, etc., sirvieran de base para trabajar
en la lengua de forma provechosa como equipo. No ha sido así.
»Estoy tranquila respecto a mi relación personal con ella.
Nunca antes lo había estado, pero ahora, ante Dios, lo tengo
claro».

Por aquel entonces, Betty leía al psiquiatra alemán y también
creyente Paul Tournier. Anotó una idea del libro *The Doctor's
Case Book* [El libro de casos del doctor]: «Hay dos tipos de mentes. La primera es la mente superficial. Para estas personas, no hay
misterio. Siempre saben qué hacer. Por otro lado, están los que
poseen el sentido del misterio, que son conscientes de las lagunas
de su conocimiento y de sus límites».

Al día siguiente, 18 de agosto, explorando un poco esto, Betty
le preguntó a Rachel si alguna vez había tenido ocasión de cuestionar sus propias motivaciones, si alguna vez se había preguntado
si su razonamiento era real. «No —respondió Rachel—. Supongo
que no soy muy analítica. No tengo *tiempo* para serlo. Esa es la
realidad».

«Es una locura, una auténtica locura», escribiría Betty más
tarde en su diario. «Una está segura de todo, la otra no está segura
ni de una sola cosa. Qué compañerismo, qué alegría divina».

CAPÍTULO 32

En casa, pero no

Hablé en una reunión de mujeres [en la iglesia].
Pareció no servir de nada, aunque todas lloraron.
—Betty Elliot

A principios de septiembre de 1959, Betty y Val abandonaron el claro de los huaoranis para irse de licencia a Estados Unidos. Hicieron el largo viaje fuera de la selva con algunos de sus amigos quichuas y luego se embarcaron en canoas por el río Añanga bajo un cielo cada vez más oscuro, hasta que la lluvia se convirtió en una tormenta helada y torrencial. El río creció. Los indios se esforzaron por hacer avanzar la esbelta canoa. Val y Betty se cobijaron bajo grandes hojas de *lisan* que Betty había arrancado para que sirvieran de paraguas. Hizo una especie de tienda sobre Val, que estaba sentada entre sus rodillas en la canoa, y se puso otra hoja en la cabeza.

Llegaron a la parte más profunda del río, donde se estrechaba entre acantilados. El agua chocaba furiosamente contra la canoa. Los indios la deslizaron por el borde mismo del río, bajo las ramas de los árboles, manteniéndose alejados de la corriente principal, que habría arrastrado la canoa como una cáscara de huevo.

Betty y Val temblaban, martilleadas por la incesante lluvia. Los hombres saltaban de la canoa y volvían, tirando de ella con fuerza bruta, a veces remando, a veces arañando las lianas que colgaban de los árboles cerca de la orilla, tirando de la canoa hacia delante, empujando desde la popa, siempre con mucho cuidado de que la proa no se deslizara y se metiera en el furioso torrente.

Finalmente, el río, revuelto y en ebullición, subió hasta el nivel de las ramas de los árboles, haciendo que fuera imposible pasar por debajo de ellas. No tuvieron más remedio que amarrar la canoa y salir a pie por la selva virgen. Uno de los hombres iba abriendo un sendero. Betty llevaba a Val a cuestas. Cruzaron barrancos por los que corrían rápidos torrentes. De repente, el hombre quichua que cortaba el sendero se detuvo bruscamente, paralizado, con el machete en la mano. Una enorme *fer-de-lance*, una de las serpientes más mortíferas del Amazonas, estaba enroscada junto a sus pies descalzos.

Con la mirada fija, retrocedió y, despacio y con cautela, extrajo de su equipaje la larga lanza huaorani de Betty. La enarboló y, en un momento, clavó la gorda serpiente en el suelo y la golpeó hasta matarla. El pequeño grupo se reunió alrededor. Los colmillos medían dos centímetros y medio (una pulgada). «El Señor me la mostró», le dijo el hombre a Betty. Ella asintió, agradecida por la protección de Dios.

El grupo caminó varias horas más hasta que pudieron ver su destino, un asentamiento quichua, al otro lado del río. Gritaron y, finalmente, su amigo Darío cruzó el río y los llevó a su casa.

Viaje en el río, 1959

«¡Ah!», pensó Betty. ¡Una fogata! ¡Techos! ¡Hamacas! Un festín de pescado, jabalí silvestre, plátanos y mandioca, después de no haber comido nada en todo el día. La sonora jungla nocturna. Dormir. Amanecer... y una caminata de apenas nueve horas —Val, de cuatro años, recorrió todo el camino a pie— a través de la selva, dirigiéndose con gran alegría hacia Arajuno y a la cálida y cariñosa hospitalidad de Marilou McCully.

Desde allí, Val y Betty viajaron a Quito y tomaron un vuelo a Colombia para visitar a Dave, el hermano misionero de Betty. Finalmente, se dirigieron a Estados Unidos, a Nueva Jersey y a la increíble comodidad de Moorestown y Birdsong: por fin en casa.

Mientras Val se quedaba con sus padres, Betty tomó un tren a Nueva York para reunirse con Cornell Capa y el editor Mel Arnold para hablar de su nuevo libro sobre la vida con los huaoranis. La mujer que acababa de atravesar la selva venenosa bajo una lluvia torrencial, orando para seguir con vida, se encontró en un cóctel en Manhattan lleno de empleados de la revista *Life*.

Los neoyorquinos eran una tribu tan exótica como los huaoranis. «Cócteles, párpados maquillados, calcetines sin costuras en tobillos gruesos, barbas, pelo teñido, demasiada gente».[1]

No podían entender qué había estado <u>haciendo</u> Betty en la selva amazónica. (A veces, Betty sentía lo mismo). Sintió una atracción hacia esta cultura urbana, tan secular como lo habían sido los intocados huaoranis. Pensó en las palabras de Pablo en Romanos 1, donde el apóstol escribió que tenía la obligación de predicar el evangelio tanto a «los sabios como [a] los ignorantes».[2] Decidió que esta era una de las razones por las que estaba escribiendo otro libro. Se trataba de los «ignorantes», o los «salvajes», por así decirlo... pero quería utilizar el libro para mostrar a gente como esos neoyorquinos —«griegos cultos»— la realidad del amor de Jesús.

El 11 de noviembre, mientras Val se quedaba con sus abuelos, Betty se recluyó en un apartamento en Ventnor, Nueva Jersey. Allí podría vivir en un glorioso aislamiento para escribir su libro. Fue menos que glorioso: solo la tortura habitual:

«Muy poco trabajo hecho hasta ahora».

«... y se supone que estoy escribiendo un libro. No lo estoy escribiendo. Me siento y miro la máquina de escribir, leo, revuelvo papeles, contemplo y casi me dan ganas de dejarlo todo. ¿Por qué tiene que ser tan doloroso?». «Ni una palabra sobre el papel después de toda una tarde de silencio. Si Dios no hace algo, no habrá libro».

Se preguntaba cuántos pasajes bíblicos incluir. «Casi por cada línea que escribo, hay un versículo que pide a gritos ser incluido. Pero me controlo: no debe ser esotérico. Debe ser legible para todos. Tiene que fluir. Debe tener sentido».

«Me siento totalmente inepta, incapaz de escribir o pronunciar una sola sílaba que transmita lo que quiero decir. ¡Dios! ¡Padre de los espíritus! Infunde vida».

Además de la carga habitual de escribir, estaba el peso de revivir días duros. «No quiero volver a vivir el pasado. No quiero experimentar esos días oscuros en Shandia, en el Curaray, en Arajuno... me agota, me deprime repasarlos. Entonces no estoy segura de que esto sea relevante después de todo. ¿La gente necesita o quiere saber todo lo que me llevó a ir a los huaoranis?».

A veces, se enredaba en sus pensamientos. ¿Todo esto le servía de algo a Dios?

«... tal vez soy una de las que se sientan, teorizan, hacen las preguntas, escriben los libros. Las almas más sencillas como Rachel oran y enseñan y complacen a Dios».

«Me considero, como he dicho a menudo, dos personas: una con los huaoranis y otra con los estadounidenses. [...] Puede que no lo esté analizando correctamente en absoluto. Una cosa sé: No encontraré alegría en ningún momento en la contemplación de lo que soy. Será primero en la contemplación de Dios, y luego de aquellos que Él ha puesto a mi alrededor».

No veía la hora de encontrar «inspiración», fuera lo que fuera. No podía ver el todo. Escribir era como abrirse camino en la selva, paso a paso. Por pura disciplina, volvía a la máquina de escribir, día tras día. Miraba por la ventana, contemplaba sus uñas, tomaba otra taza de té y escribía una frase a la vez.

Para la primavera, gran parte del libro estaba —por algún milagro— terminado.

Betty y Val fueron a visitar a los padres de Jim a Oregón. Aunque se había liberado de la tortura de escribir, la introspección y la depresión de Betty continuaban. Mientras se «relajaba» con la familia y los amigos, se sentía completamente sola.

«Por alguna razón, no consigo sintonizar. Gran añoranza de la realidad vital, de la verdad, de la comprensión. Últimamente no quiero hacer nada, solo sentarme y observar. Ningún deseo de participar... ¡prefiero dormir! Nadie puede "hacerme salir". Ni siquiera yo».

Leyó *El amante de Lady Chatterley*, de D. H. Lawrence. La novela británica de 1928 había estado prohibida por obscena en Estados Unidos hasta 1959. No era la lectura habitual de las mujeres cristianas correctas.

Betty se sentía identificada con algunas de sus descripciones del dolor humano.

Lawrence había escrito: «Y tenuemente se dio cuenta de una de las grandes leyes del alma humana: que cuando el alma emocional recibe una conmoción hiriente, que no mata al cuerpo, el alma parece recuperarse a medida que el cuerpo se recupera. Pero esto es solo apariencia. En realidad, es solo el mecanismo del hábito recuperado. Muy lentamente, la herida del alma comienza a hacerse sentir, como un moretón, que solo profundiza despacio su terrible dolor, hasta que llena toda la psiquis. Y cuando pensamos que nos hemos recuperado y olvidado, es entonces cuando hay que hacer frente a las terribles secuelas en su peor momento».[3]

Lawrence habló al corazón de Betty de una forma que no lo hacían las vagas y repetitivas palabras tranquilizadoras de otros cristianos. En su mente se arremolinaban todas las cartas extrañas y las condolencias débiles y trilladas que había recibido en los últimos cinco años. Demasiada gente le había preguntado si «había vencido» y «superado» la muerte de Jim, ya que «todas las cosas ayudan a bien». Había oído demasiadas advertencias sobre la voluntad de Dios para su vida, proclamadas por personas que no conocían bien ni a Betty ni a Dios. Había recibido demasiados consejos sobre lo que debía hacer a continuación, o lo que no debería haber hecho antes.

Le parecía que, aunque los cristianos se sentían muy cómodos hablando de «mártires misioneros», se sentían incómodos con el sufrimiento de los que quedaban atrás. Entonces, lo explicaban compulsivamente. Había oído hablar demasiado a los amigos parlanchines de Job, por así decirlo. La gente no se sentía a gusto con el misterio ni con el silencio, así que llenaban los espacios incómodos con charla. No había tenido un amigo que se hubiera sentado con ella, empático y silencioso, en reposo dentro de la contundente realidad del dolor.

Era como si su frágil canoa de cáscara de huevo hubiera sobrevivido a unos rápidos asesinos. Estaba empapada, magullada y ensangrentada por las dentelladas de las rocas. Otros habían gritado desde la orilla todo tipo de consejos que pretendían ser alentadores. Pero nadie se había metido en el agua revuelta ni había subido a la barca con ella.

Además de la soledad del luto, algunos de los sentimientos de aislamiento de Betty tenían que ver con preguntas sobre conceptos automáticos que habían formado parte de su vocabulario toda la vida.

Ahora, en la estructura familiar de la casa de Jim, en la subcultura familiar de los Hermanos de Plymouth, le molestaban las respuestas fáciles y las frases hechas.

Por ejemplo, después de todo, ¿qué era la «mundanalidad»? Era una palabra que se pronunciaba a menudo en casa de los Elliot. ¿Se refería a ciertos comportamientos que los cristianos consideraban peligrosos? ¿Actitudes del corazón que solo Dios podía ver? ¿A las cosas materiales?

Después de una discusión sobre 1 Juan 3 con su suegro, Betty escribió: «Estoy sintonizada en una frecuencia totalmente diferente a la de papá E. y aparentemente a la de todos los que llamamos cristianos. Parece inequívoco, en este pasaje, que las obras de un hombre son prueba suficiente de su estado espiritual. Si hace el mal, es un hijo de Satanás. Si hace el bien, es hijo de Dios».

En Josué 6:18-19, Dios ordena a Su pueblo que destruya parte del botín de una ciudad pagana capturada, pero que conserve la plata, el oro y los utensilios de bronce y hierro como «consagrados al Señor», para usarlos en Su servicio. Betty vio en este dato «una lección muy significativa sobre la mundanalidad. Si somos maduros, podemos discernir entre el bien y el mal. Todo mal está dedicado a la destrucción. Todo lo que no es Dios».

«Pero solo porque una cosa pertenezca a la ciudad impía, esté asociada o poseída por quienes no aman a Dios, no quiere decir que tenga o no verdadero valor. Es evidente que [la gente del] mundo tiene muchas cosas buenas. [... cosas] de utilidad práctica para el reino, incluso sagradas para el Señor. Crezcamos y reconozcamos cuáles son cuáles, y aprendamos a elegir lo que es puro y a evitar lo que está dedicado a la destrucción».

Betty continuó: «Hay mucho en la escuela dominical promedio que es del mundo; va a tener que ser destruido. ... Pero no por ello renunciamos a la escuela dominical: intentamos al menos captar lo bueno e ignorar la corrupción.

»Me encuentro a polos, polos, polos de distancia de los que me rodean. Esto me molesta. Estoy sintonizado, pareciera, con una longitud de onda completamente diferente. Leo a Terstugen y MacDonald, y a algunos escritores completamente impíos, y mi corazón dice un gran SÍ a cada palabra. Escucho a papá [Elliot] predicar y exponer y solo puedo decir NO. Simplemente no me parece VERDAD. Él ha pasado toda su vida predicando y estudiando la Palabra. Tiene una orientación completamente diferente a la de aquellos que me hablan tan claramente. Dios mío, ¿qué *es* la verdad?».

Muchos años después, cuando Betty leía los diarios de su juventud, a veces se moría de vergüenza. Quizás las «preguntas sinceras» de sus años de juventud le parecían inmaduras o demasiado dramáticas a la Betty mayor y experimentada. Tal vez ya no se hacía esas preguntas.

Pero sus preguntas de juventud no eran solo posturas filosóficas. Al ser una persona eminentemente práctica, ella sabía, como C. S. Lewis dijo una vez, que así como la sed estaba hecha para el agua, la indagación estaba hecha para la verdad. Ella buscaría a Dios. Y por muy frustrada que estuviera con las respuestas automáticas y «eclesiásticas» de los demás, su mayor crítica era contra sí misma. No quería ser espiritual o intelectualmente perezosa. Si las voces externas la pintaban como un fuerte ícono misionero modelo, su voz interior seguía lamentándose por su letargo y depresión.

Aunque cuestionaba las respuestas conocidas de los cristianos que la rodeaban —como muchos hacen hoy—, nunca cuestionó a Jesús mismo. Si la cultura «cristiana» había disfrazado o disminuido la realidad de Cristo y la verdad de la Escritura, ella quería despojarse de ese desorden cultural.

Y no estaba enfadada con Dios por el dolor y el sufrimiento. Los esperaba en esta vida. Mística de corazón, no se sentía intimidada por nuestra incapacidad humana para «explicar» los caminos de Dios. Más bien, le irritaban los cristianos que suavizaban la incomodidad o el misterio de todo ello en favor de algún tópico fácil. Quería percibir la Verdad y seguirlo a Él donde la llevara, a pesar del dolor, incluso si eso significaba abrir un nuevo camino, dejando a otros preguntándose qué le había pasado a la pobre y querida Betty.

Había recorrido un largo camino desde la mentalidad de grupo de sus escuelas cristianas o de varias agencias misioneras. Ahora podía llamar a las cosas por su nombre, aunque no supiera muy bien qué hacer con ellas.

Cuando Betty terminó su año en Estados Unidos y su lucha con escritores seculares que le llegaron al corazón y con queridas personas cristianas que no lo hicieron, descansó en el más simple de los consuelos, y en una frase de dos versos de una sencilla canción que aprendió de niña.

«Obviamente, Dios ha elegido dejar ciertas preguntas sin respuesta y ciertos problemas sin <u>ninguna</u> solución en esta vida, para que en nuestra misma lucha por responder y resolver seamos empujados atrás, y atrás, y eternamente atrás a la contemplación de Él mismo, y a la confianza completa en quién es Él. Me alegro de que Él sea mi Padre.

"Si el cielo no es mi hogar,
entonces Señor, ¿qué haré?"».

CAPÍTULO 33

En el pozo

Como nada es más fácil que pensar,
nada es más difícil que pensar bien.
—Thomas Traherne

*T*ras un año en Estados Unidos, Betty y Val regresaron a Ecuador a bordo de un barco de pasajeros de Grace Line llamado *S.S. Santa Cecilia*. Una noche, mientras cenaba con el capitán, Betty descubrió que él y otros veintitrés capitanes de Grace Line habían pedido a sus tripulaciones que contribuyeran con 500 dólares al fondo creado para las viudas y los niños tras la muerte de los cinco misioneros. Ella se mostró muy agradecida, pero el capitán había bebido demasiados cócteles como para mantener una conversación después.

Sin embargo, un pasajero llamado Bill estaba escuchando y buscó a Betty durante los días siguientes. ¿Qué decía la Biblia?, le preguntó. ¿Por qué Cristo hizo lo que hizo? Más tarde, cuando el barco llegó a Guayaquil, visitó a Betty, muy «atento y amable, y tan caballeroso».

Unos días después, en Quito: «Cita con Bill el sábado». Cena y una película. «Disfruto de su compañía. De hecho, disfruto de los hombres».

Las atenciones caballerosas de Bill fueron un breve estímulo para Betty; una muestra, tal vez, de cómo podría ser la vida si se quedaba en la «civilización». Pero ella sabía adónde Dios quería que fuera. Puso su cara como un pedernal, y se zambulló de nuevo en la selva.

El regreso de Betty a Tiwaeno fue mucho más fácil que su salida de la selva un año antes. Los huaoranis habían terminado de despejar una pista de aterrizaje para que pudieran aterrizar los aviones misioneros. El viaje desde Arajuno duró diez minutos, en lugar de tres días de vadear ríos, caminar por la selva y esquivar serpientes mortales. Si el viaje en sí era más fácil, todo lo demás seguía siendo tan duro como siempre. Un mono defecó sobre la cabeza de Val mientras dormía. Había nubes de bichos y moscas que zumbaban. Barro por todas partes. El humo del fuego se enroscaba sobre la mesa baja de Betty; gallinas, perros, gatos, monos y pájaros domesticados intentaban compartir su plato. Simplemente, ya no estaba en Estados Unidos.

Sin embargo, el reajuste cultural fue suave y fácil comparado con la dura realidad de la relación, o falta de relación, con Rachel. Cuando Betty llegó, Rachel estaba fuera del claro, asistiendo a una conferencia lingüística del SIL de varios días sobre la traducción al huaorani con el presidente del SIL, Ken Pike. Betty no estaba invitada, y su exclusión no tenía sentido para ella, simplemente en términos de lo que era mejor para el progreso lingüístico.

«Una vez más, me encuentro en la situación en la que he estado otras dos veces: una misionera independiente que, sin embargo, ha recibido formación de Wycliffe y creo que tengo algún don para el trabajo lingüístico, pero Wycliffe lleva a cabo su programa sin la consulta ni el intercambio de datos que me había hecho esperar su postura en EE. UU. como servidora de las misiones.

«Les he ofrecido repetidamente mis materiales, a Rachel muchas veces… y no los han necesitado. Aparte de los sentimientos personales de ser «ignorada» o no apreciada —Dios me libre de ellos—, me parece inexplicable por qué no buscarían, como verdaderos científicos, todas las fuentes posibles de datos y consultarían con cualquiera que se hubiera interesado por la lengua o hubiera trabajado en ella. Pero mi posición es difícil, por la misma razón de que inevitablemente se atribuirían otras motivaciones a cualquier cuestionamiento que pudiera hacer».

(Meditando sobre todo esto, Betty escribió en su diario sobre Mateo 11:29: «"Tomen Mi yugo sobre ustedes y aprendan de Mí, que Yo soy manso y humilde de corazón, y hallarán descanso para sus almas" […]. El problema del SIL es un buen [yugo] a través del cual aprender la mansedumbre y la humildad de corazón, dejándoselo todo a Él. Solo así se encuentra el descanso»).

El antropólogo del SIL, el Dr. Jim Yost, que más tarde vivió entre los huaoranis durante más de una década, realizando investigaciones analíticas, cree que fue «un enorme error humano excluir a [Betty]. Los conocimientos lingüísticos de Rachel palidecían en comparación con los de Betty. La traducción se vio obstaculizada en gran medida al utilizar solo a Rachel y [Dayuma]. Rachel me dijo una vez que Dios solo las había llamado a ella y a [Dayuma] para traducir. [...] A NADIE más, ni siquiera a Catherine Peeke [una dotada lingüista del SIL], que tenía una inmensa capacidad de traducción y un profundo conocimiento de la lengua wao».[1]

En la primera semana de noviembre de 1960, Betty anotó en su diario dos acontecimientos distintos. En primer lugar, John F. Kennedy fue elegido presidente de Estados Unidos. Segundo, Rachel Saint regresó a Tiwaeno tras la conferencia lingüística. El primero tuvo menos repercusión en la vida de Betty que el segundo.

Todas las viejas tensiones afloraron de inmediato. Betty no podía hacer nada bien; Rachel veía sus decisiones como culturalmente insensibles o autoindulgentes. (Por ejemplo, Betty quería una casa con paredes para poder educar a Val en casa sin que otras personas se agolparan y distrajeran a su hija durante las clases. Pidió a unos quichuas amigos de los huaoranis que se la construyeran. Rachel estaba preocupada por posibles problemas y expresó su indignación ante la blandura de Betty: «¡Es un estado bastante triste cuando no puedes vivir en el tipo de casa que la gente con la que trabajas puede construir para ti!».

Betty cayó directamente en su habitual pozo circular de desesperación con respecto a Rachel. «Tan deprimida», escribió. «Totalmente carente de cualquier deseo de hacer una sola cosa, me encuentro anhelando solo la muerte o un escape de cualquier tipo». Oró en busca de una palabra de aliento que la ayudara a sobrellevar el día, y abrió su Biblia en Ezequiel 26:20, donde decía: «te haré descender con los que descienden a la fosa».

Eso no era exactamente lo que Elisabeth Elliot tenía en mente en términos de aliento divino. Pero al menos la depresión no le había robado el sentido de la ironía.

Una noche de principios de enero de 1961, Betty se despertó en la oscuridad. La gente salía de sus hamacas, corriendo y gritando. Un jaguar se había colado en el campamento y había matado a una gallina. Incapaz de conciliar el sueño, Betty tomó un ejemplar de su propio libro, *La sombra del Todopoderoso*. Lo hojeó, añorando a Jim. Más tarde, mucho más tarde, encendió la HCJB, la emisora de radio misionera con sede en Quito.

Un coro cantaba «Descansamos en ti», con su frase «portales de esplendor», el himno que Jim, Ed, Nate, Pete y Roger habían cantado tan memorablemente antes de morir alanceados. De repente, Betty se dio cuenta: era 8 de enero. Cinco años desde la muerte de Jim. Cinco largos, largos y solitarios años.

Uno de los hombres huaoranis, Nimonga, entró en la cabaña de Betty, como hacía a menudo, para ver qué estaba haciendo. Llevaba unos pantalones cortos blancos hechos jirones. Betty vislumbró una pequeña cinta con el nombre en letras rojas cosida en la cintura. Decía *James Elliot*.

Sabía de dónde había sacado Nimonga aquellos pantalones. Cinco años antes, de los restos de un campamento sangriento y devastado en el río Curaray.

En marzo de 1961, Betty anotó algunas noticias en su diario.

Marilou McCully, la viuda de Ed, estaba pensando en casarse, al igual que Marj Saint, cuando sus hijos fueran mayores.

Un antiguo alumno estadounidense de Betty estaba ingresado en un hospital psiquiátrico.

Las Naciones Unidas parecían estar «al borde del colapso total».

Estados Unidos había anunciado que un astronauta americano estaría en el espacio exterior en dos meses.

Los tiempos estaban cambiando. ¿Y ella?

Mientras se sentía sola, escuchó cómo uno de los hombres de la tribu oraba durante un momento de tranquilidad en el campamento. Era la segunda vez en su vida, que Betty supiera, que él dirigía una palabra pública a Dios. «Padre —dijo—, realmente anhelo seguirte. ¡Ayúdame!».

La misionera Betty Elliot asintió en la oscuridad. «Yo digo lo mismo», pensó.

A principios de abril, Betty y Rachel tuvieron una larga charla, de la que Betty concluyó que separarse parecía la única solución. Uno o dos días después, Rachel negó haber dicho algunas de las cosas que Betty le había entendido... «Una de nosotras, o las dos, está ciega en algún aspecto. Que Dios se apiade de nosotras. Me dice que evita discutir conmigo porque es muy desagradable».

Más allá de preguntas concretas, ninguna conversación era lo suficientemente clara como para que cada una entendiera lo que la otra decía. Betty, que anotaba sus propias sensibilidades en su diario, escribía a menudo que Rachel «exhibía sus ojos azul hielo» con desdén.

Rachel le dijo a Betty que «una de las razones por las que ella y yo nunca podemos estar juntas es que ella siempre antepone el bien del trabajo, y yo siempre antepongo las cosas periféricas». Más o menos una semana después, mientras Rachel estaba fuera de la colonia, Betty señaló que «dos mensajes de radio de Rachel me hirieron en lo más hondo, y vuelven a indicar su actitud hacia mí». En otra discusión, Rachel reprendió a Betty por sus preocupaciones sobre el crecimiento espiritual de la tribu: «Si no puedes ver [señales visibles de arrepentimiento] lo siento. <u>Algunas</u> personas pueden discernir los resultados espirituales».

Betty estaba desconcertada en todo momento. «El padre de Rachel murió la semana pasada. Ninguna reacción visible. Le sugerí que considerara la posibilidad de ir a ver a su madre... e inevitablemente, su respuesta fue el viejo dicho de amar al padre o a la madre más que a Dios. ¿Cómo puede aplicarse esto en un caso así, en el cual el amor a Dios debería manifestarse en el cumplimiento del deber filial? La esterilidad de su mente me oprime».

Mientras tanto, Dayuma y Rachel se enzarzaban a menudo en salvajes peleas a gritos, y luego continuaban como si nada hubiera pasado, lo que dejaba helada a la emocionalmente contenida Betty.

Una amiga escribió a Betty recordándole que los seres humanos no suelen plantearse un cambio cuando las cosas van bien. Tal vez este conflicto era la forma en que Dios estaba guiando a Betty a tomar la decisión de abandonar la selva.[2]

Un día que Rachel estaba fuera, Betty anotó una traducción[3] de todo el «servicio de culto» huaorani. Dayuma comenzó con una dramática narración de la historia de la muerte y resurrección de Jesús. Luego Kimu cerró con una oración:

«Dios, tú que vives en el cielo...

»Tú haces bien, tú nos haces oír.

»Tú eres el único.

»El pie de Kuchi está mal. Tú puedes curarlo, hiciste su pie.

»Este es tu día. No nos sentaremos aquí a no hacer nada. Pensaremos en ti. Y escucharemos sobre ti. Si solo lo escuchan una vez, no lo recordarán.

»Dabu no escucha. Hazlo escuchar y creer.

»Hace mucho, vivíamos con la misma negrura que la noche. Padre Dios, tú nos hiciste bien.

»Creaste a cada uno de nosotros. Crecimos, pero no oímos sobre ti. Ahora, nos llevas a hacer el bien. Ahora todos escuchamos bien. Cuando Jesús vuelva, iremos con Él.

»Tú lavas nuestros corazones y limpias la oscuridad.

»¿Quién sabe quién morirá a continuación? Cualquiera de nosotros puede morir de repente, pero si esa persona piensa en ti, irá contigo.

»Tementa tiene diarrea. ¡Giii! Lo hace justo en nuestro camino. Rechina los dientes por la noche. Debe tener lombrices.

»Tú hiciste todas las serpientes. Cuando vayamos al bosque, quítalas del camino. Así no nos morderán.

»Jesús es nuestro Gobernante.

»Es Su camino.

(Y luego, en lugar de «Amén»:)

»Eso es todo».

El 26 de junio de 1961, Betty, Valerie, Kimu, Dayuma, Benito, el amigo quichua de Betty, y varias personas más emprendieron un viaje. Destino: Palm Beach, para visitar la tumba de los misioneros. Tras una larga caminata, se amontonaron en una gran canoa y se deslizaron río abajo. Kimu iba en la proa y Benito en la popa, mientras exploraban el bosque, la costa y el agua en busca de señales de vida. Todo estaba tranquilo. El agua oscura y arremolinada los llevó hacia el lugar donde Jim había muerto.

Llegaron a Palm Beach sobre las dos y media de la tarde y llevaron la canoa a tierra en el extremo superior del claro. Un enorme árbol había caído justo en medio de la playa, antes despejada. Mientras Betty lo miraba, un enorme jaguar surgió de sus ramas. Betty nunca había visto uno vivo. Se sobresaltó, y no pudo recordar la palabra quichua o huaorani para designarlo, a fin de alertar a los demás. Finalmente, Dayuma lo vio, gritó y el animal se alejó lentamente por la playa.

Todos caminaron por la arena hacia donde había estado el campamento de los hombres. La casa del árbol que Jim había construido hacía tiempo que había desaparecido; Dabu había talado el árbol poco después de la muerte de los hombres, mucho antes de conocer a Betty. Uno de los indios encontró una parte del avión de Nate Saint sobresaliendo de la arena. Betty rompió un trozo para llevárselo a Marj. El grupo caminó hasta la tumba de los misioneros. Había algunas tablas podridas y trozos de aluminio tirados cerca, y el tocón del árbol donde había estado la casa.

Betty se quedó mirando el suelo, la playa y los árboles. Se maravilló de la habilidad de Nate para aterrizar el avión allí. Se quedó mirando el inmenso árbol que había tumbado en la arena. Tenía fácilmente tres metros (diez pies) de diámetro, un gigante del bosque depositado aquí por el agitado río durante alguna crecida primaveral. Pensó en lo fácil que le habría resultado a Dios interponer un obstáculo similar en 1956, impidiendo cualquier aterrizaje posible.

«Contemplé las aguas del Curaray, que fluían silenciosas como siempre, y el bosque... aparentemente sin vida e impenetrable, y me pareció un sueño que allí pudiera haber ocurrido algo de importancia».[4]

Pero allí estaba el trozo de avión, allí estaba la tumba, allí estaba el aluminio que había techado la casa del árbol de Jim. Y allí estaba Kimu. Kimu, que había matado tan salvajemente aquel día de 1956, ahora de pie junto a Val, apoyado en su larga lanza, sonriendo tranquilamente. Betty tomó algunas fotos de su pequeña hija y su hermano en Cristo... y luego el grupo subió a la canoa y se dirigió río arriba.

Mientras Betty pensaba en Jim, un poema de William Wordsworth le vino a la mente, con sus conmovedores versos que Jim solía citar sobre la pérdida de un ser querido:

«Pero [él] está en su tumba, y, oh,
¡la diferencia para mí!».

Ese sencillo acorde de lamento, con el telón de fondo de Palm Beach, un lugar a la vez tan corriente y tan calamitoso. ¡*Oh!*
Al atardecer, el pequeño grupo llegó a un lugar llamado Andia Yaku Pungu. Encendieron una fogata. Betty colgó su hamaca. Los indios recogieron hojas de plátano como esteras para dormir. Kimu fue a pescar. Betty cocinó su pesca sobre el fuego y comieron el pescado fresco con mandioca y plátanos. Val, cuya vida hasta entonces había sido un largo viaje de acampada, soltó una risita mientras colocaba su pequeño saco de dormir en el suelo.

«¿Por qué no podemos vivir aquí?», preguntó mientras todos se acomodaban para pasar la noche. Durmieron hasta el amanecer, despertándose con el sonido de un perezoso gorjeando en algún lugar cercano. Hubo plátanos verdes para desayunar, horas en la canoa de madera y luego el largo y embarrado camino a «casa».

CAPÍTULO 34

Dos mujeres en el fin del mundo

A veces me pregunto si está del todo cuerda. Ella se preguntará si yo lo estoy. Yo también me pregunto si lo estoy cuando la oigo negar cosas que podría citar textualmente. [...] Así seguimos: dos mujeres, encerradas juntas en el fin del mundo, ambas convencidas de que Dios nos trajo aquí, ambas convencidas de que no tenemos nada que confesar, ambas sintiendo que la situación es desesperada. Oh, desgraciada de mí. [...] ¿Es posible que dos que aman a Dios estén en desacuerdo y tengan razón? Son preguntas para las que no espero respuesta.
—Betty Elliot, carta a su madre, 8 de abril de 1961

*B*etty escribió un artículo para el *Sunday School Times* sobre su conmovedor viaje a Palm Beach. Cuando el conocido periódico llegó a la selva junto con el correo, Rachel Saint estaba fuera de sí. Betty escribió en su diario: «... la pregunta... y la mirada azul como el hielo: "Bueno, ¿estás <u>satisfecha</u> con tu viaje a Palm Beach? De cualquier otra persona no me habría molestado. Ahora soy muy consciente de mi bloqueo emocional, y estoy segura de que es mutuo"».

Betty escribió que Rachel le dijo: «¡Simplemente <u>lloré</u>! Lloré por ti, lloré por Valerie, lloré por los huaoranis. Me pregunté seriamente si creías en la resurrección. Lo dudo. ¿<u>Crees</u> acaso en la resurrección?».[1]

Parecía pensar que las reflexiones de Betty a la orilla del río no eran lo que pensaría un cristiano auténtico, y mucho menos lo que escribiría en un artículo para consumo público. Quizás la cita de Betty del poema de Wordsworth favorito de Jim, en lugar de citar únicamente la Escritura, era sospechosa. ¿Tal vez el dolor de Betty la viuda ante la tumba de Jim no comunicaba un sentido adecuado de triunfo y victoria? ¿Quizás Betty la misionera debería haberse asegurado de predicar que, aunque los huesos de Jim estaban allí en el suelo arenoso, su alma estaba viva con Cristo?

«Injusticia. Todos [...] nos enfrentamos a ella en algún momento de nuestras vidas. Rachel me ha lanzado acusación tras acusación durante años sin tomarse la molestia de descubrir si me ha entendido a mí o el tema correctamente. La acusación de hoy de que no creo en la resurrección es probablemente la más grave. Me pregunto si ella se da cuenta de lo grave que es, y de lo que me hace. Bueno, volvamos a la injusticia. La cuestión es simplemente cómo hacerle frente».

Betty se preguntó si parte del bloqueo de Rachel contra ella había surgido de sentirse resentida por las habilidades lingüísticas de Betty. «Estaba más claro que nunca que los celos son la verdadera raíz del problema de R[achel], y los celos deben matar a su objeto... tratándome como a una hereje y una necia. [...] No tiene idea de lo que está haciendo. [...] Veo, como nunca antes había visto, por qué se utiliza la expresión "loco de los celos". Es una forma de locura. El individuo celoso es totalmente incapaz de ejercer un juicio racional o de evaluar lógicamente las palabras o los actos del otro.

»Desde los primeros días de nuestra relación, he sido yo quien ha hecho todos los acercamientos, todos los intentos de cerrar la brecha. Ah, Rachel, ¡si pudieras saber lo que daría o haría por llegar a un entendimiento! Si pudieras saber el anhelo que tengo de ver siquiera un atisbo de deseo de tu parte de llegar a una solución, en lugar de este desprecio y desdén absolutos».

Sin embargo, desde los inicios del intento de descifrar el *wao tededo*, «Saint había vivido a la sombra de Elliot».[2] Incluso después de tres años viviendo entre los huaoranis, Rachel Saint escribiría que «parecía haber una impresión general en Quito de que "el trabajo lingüístico huaorani se iba a plegar sin su ayuda [la de Elliot]"».[3]

Ken Pike, el jefe de Rachel, tenía esto en mente cuando decidió trabajar solo con Rachel en el proyecto de la lengua huaorani. «Habría sido mucho más difícil [...] intentar ayudar a Rachel si Betty hubiera estado en la mesa al mismo tiempo», escribió. «Rachel avanza en estos materiales lentamente, pero creo que tiene una guía sólida». Rachel necesitaría «valerse por sí misma "sin peligro de ser acusada de haber encargado el trabajo a otra persona"».[4]

Como concluyó la historiadora Kathryn Long, «a pesar del apoyo de Pike, Saint tuvo problemas con la traducción de la Biblia, y su incapacidad para colaborar con otros tendría consecuencias a largo plazo».[5]

En un momento dado, Rachel le dijo a Betty que pensaba que, sin duda, Betty la aventajaba en el lenguaje.

«Si es así —dijo Betty—, ¿no podría yo aportar algo a la gramática y la traducción?».

«Tengo que responder de mi propio trabajo», respondió Rachel.

«¿Es una cuestión de política del SIL?», preguntó Betty.

«Puramente personal», dijo Rachel.

Durante esta conversación, Rachel «se retorcía nerviosamente las manos y el pelo», escribió Betty en su diario. «Actuaba como si mi posición fuera totalmente censurable y quisiera permanecer libre de contaminación».

Betty cubrió página tras página en su diario el 5 de noviembre de 1961, procesando mentalmente la situación: «A esta actitud no le veo solución, excepto retirarme. Dios conoce mi postura de fe; conoce mi total disposición a trabajar con Rachel; conoce también mi deseo de conocerlo, de conocer Su verdad y de ponerla en PRÁCTICA.

»R[achel] dijo que pensaba que yo tenía un fuerte deseo de hacer la voluntad de Dios y que esta era su única esperanza para mí. Supongo que es mi única esperanza para todos: que aquellos que lo conocen sean conducidos por la obediencia a conocerlo mejor; que a los que aún no lo conocen se les muestre un día a Cristo de tal manera que ellos también quieran obedecer.

»Es evidente que no puedo contribuir a la obra aquí tal como están las cosas. Es una bondad para Rachel liberarla de lo que solo puede ser una carga, en vista de su actitud hacia mí como hereje.

»Se me agolpan mil pensamientos. ¿Qué le diré al "público"? ¿Adónde iré? ¿Qué haré? ¿Cómo soportaré dejar a los indios que amo? Tú eres mi refugio».

Las dificultades de relación con Rachel no eran exclusivas de Betty. Como señaló el Dr. Jim Yost tras su década entre los huaoranis: «No se trabaja con Rachel. O trabajas a las órdenes de Rachel o contra Rachel, pero trabajar con Rachel es imposible».[6]

Esa tendencia aparecería una y otra vez a lo largo de los años, para frustración del personal de Wycliffe y del SIL. No había duda de que Rachel amaba a los huaoranis e intentaba hacer la obra de Dios, pero su deseo innato de control y su falta de voluntad para cooperar con otros traductores y misioneros crearon un ambiente que quienes intentaban trabajar con ella calificaban de «estancado», «opresivo», «devastador» y «condenatorio».[7]

A lo largo de la década de 1970, tras muchos intentos de discusión y disciplina destinados a resolver estas cuestiones, los dirigentes del SIL se angustiaron: ¿cómo desvincularse, después de todo, de su misionera más famosa? Tras varios intentos de poner a Rachel a prueba, el SIL y Rachel pusieron fin a su relación a principios de los años ochenta. Rachel permaneció en Ecuador como misionera jubilada. Por la misma época, los líderes del SIL John Lindskoog y Don Johnson visitaron a Elisabeth Elliot en su casa de las afueras de Boston, pidiéndole humildemente perdón por la forma en que la habían agraviado tantos años antes.[8]

Y Rachel Saint viviría el resto de sus días con los huaoranis.[9]

Pero los reconocimientos oficiales del SIL respecto a las propensiones de Rachel estaban en un futuro lejano el 6 de noviembre de 1961. Esa tarde, Betty entregó a Rachel un documento mecanografiado de una página en el que declaraba su marcha de Tiwaeno y el fin de su trabajo sobre la lengua huaorani. Esbozaba breves puntos, del uno al cuatro, citando las explicaciones de Rachel de que no podía trabajar con Betty, por lo que «creo que debo retirarme».[10]

Pidió a Rachel que le dijera si la declaración era justa.

Ocho días después, Rachel seguía sin decirle nada a Betty sobre este hecho tan significativo. Betty pensó que no le quedaba más remedio que enviar el documento a otras personas interesadas en el asunto: *Missionary Aviation Fellowship*, el Dr. Tidmarsh, Marj Saint y Marilou McCully —que habían animado mucho a Betty—, Don Johnson, director del SIL en Ecuador, y sus padres.

Don Johnson llamó por radio a Betty para preguntarle si estaba dispuesta a ir a Quito para discutir el asunto con John Lindskoog del SIL, con él, con Marilou, Marj y Rachel. Betty aceptó, y Rachel le dijo que ella también tenía <u>órdenes</u> de ir a Quito si Betty accedía.

«No llegamos a ninguna parte», escribió Betty en su diario después de la reunión. «Obviamente, el equipo del SIL se había informado muy bien entre ellos... antes de venir a hablar con nosotras. Su principal preocupación, al parecer, era cómo defender la reputación del SIL. La <u>verdad</u> no era lo que importaba. Lo que importaba era: ¿qué vamos a <u>decir</u>? ¿Qué defensa ofreceremos a nuestro público?».

Por su parte, Rachel se negó a decir mucho en la conferencia, «porque cualquier cosa que diga se usará en mi contra». Como le señaló Marj, ¡eso podría ser cierto para cualquiera de nosotros! Bueno... solo Dios sabe.[11]

Betty y Val volvieron a Tiwaeno para recoger sus cosas y despedirse con tristeza. Antes de su regreso, Betty había conseguido que Rachel le prometiera que no daría la noticia de Betty a la tribu. Sin embargo, en cuanto Betty llegó, sus amigos de la tribu se mostraron extraños... estaba claro que Rachel había roto su promesa. «¿Qué les dijiste?», preguntó Betty, atónita. Rachel dijo que les había dado la explicación más sencilla posible: Betty se iba porque estaba «enfadada» con Rachel.

Betty no tenía palabras. «Me sentí débil y temblorosa y clamé a Dios por la gracia para perdonar y olvidar», escribió en su diario. «Este ha sido el golpe más bajo de todos hasta ahora, pero no siento que pueda ayudar en nada a los huaoranis diciéndoles la verdad, aparte de decirles que no estoy "loca", sino que Dios dice que me vaya».[12]

Como se desprende de su constante lamentación por este hecho, Betty sería la primera en decir que no tenía ni idea de los verdaderos pensamientos de Rachel. Incluso sus diarios —un lugar privado donde la mayoría de nosotros nos desahogamos libre y apasionadamente cuando nos sentimos maltratados— muestran una notable y constante autoconciencia por parte de Betty de que estaba llena de defectos. Reconocía que debía parecerle tan extraterrestre a Rachel como Rachel era un ser extraño para ella. Le escribió a su madre: «He perdido peso, sueño y apetito agonizando sobre si estaba o no haciendo lo correcto, orando para que se me mostrara si estaba equivocada, si estaba pecando contra Rachel y cegada a mis propias faltas en este asunto.[13]

»Una vez más, he tenido que enfrentarme a la lección de que Él obra de las maneras más inescrutables. [...] ¿Cómo podemos ver la mano de Dios en algo tan terrible como la falta de unidad, comprensión y tolerancia entre dos compañeras de misión?».[14]

Un grupo de amigos de Betty llegó a Tiwaeno en un avión del SIL para ayudarla a empacar todas sus cosas: Marilou McCully, el padre de Ed, que estaba de visita, y Barb Youderian, que, al igual que sus compañeras viudas Marj y Marilou, había sido de gran ánimo para Betty. Betty preparó un festín: frijoles, palitos de zanahoria, refrescos, panecillos calientes de avena y mantequilla, café y un pastel de natilla. El piloto del SIL y Dayuma se unieron a ellos. Betty había invitado también a Rachel, pero esta prefirió comer sola en su casa.

La salida de Betty del territorio huaorani fue tan desafortunada como su llegada. Pocos de los huaoranis expresaron algo sobre su partida. Los dos hombres quichuas (Kuchi y Benito) lloraron. Kuchi fue a casa de Betty y le pidió que le enseñara un poco más sobre la Biblia, «para poder pensar en eso después de que te hayas ido». Benito le trajo un gallo, un regalo muy preciado. La conmovió profundamente. «Que Dios los guíe a todos por Su camino», pensó. «Esa es la única esperanza para todos nosotros».

Escribió a su madre: «Encuentro que la fe se ejercita más vigorosamente cuando no puedo encontrar una explicación satisfactoria a la forma en que Dios hace las cosas. Tengo que <u>esperar</u>, sin que se vea ninguna prueba, que al final las cosas saldrán bien; no solo que recibiremos una compensación, sino que nosotros y toda la creación seremos <u>redimidos</u>. Esto significa infinitamente más que el bien acabará superando al mal».[15]

Steve Saint, el hijo mayor de Nate, está genéticamente dotado de la misma inventiva, tenacidad y dotes empresariales que caracterizaron a su padre.[16] Ha vivido entre los huaoranis y los ha amado, relatando sus propias experiencias con ellos en *A punta de lanza*, un libro reflexivo que se convirtió en una película de Hollywood que no pudo ni por asomo captar las realidades espirituales de la historia que adaptó.

Steve se ha curtido en las terribles realidades del sufrimiento y las pérdidas de todo tipo. En personalidad, se parece más a su fuerte y decidida tía Rachel que a su fuerte y reflexiva «tía Betty», que es como creció llamando a Elisabeth Elliot. Escribió: «Podría seguir hablando de los contrastes entre Betty y Rachel. Basta decir que es un milagro que no se produjera una gran explosión en el Amazonas ecuatoriano. Sé que ambas mujeres estaban dolidas por la falta de aceptación de la otra. Pero Dios obra a través del dolor».[17] Steve continúa diciendo que cada una de estas mujeres continuó en el ministerio fiel —en diferentes ámbitos— el resto de sus vidas.

Dios obra a través del dolor. Dios obra en medio de todas las cosas. Y, ciertamente, la historia cristiana está llena de personajes imperfectos y casos tristes que bien podrían haber resultado diferentes de no ser por los fallos humanos.

A veces podemos señalar los resultados de tales desavenencias y decir: «¡Ajá! ¡Miren cómo utilizó Dios esa situación!». Justo en los comienzos del movimiento misionero, el apóstol Pablo y su colega Bernabé tuvieron «un desacuerdo tan grande que se separaron».[18] Cada uno tomó un nuevo compañero, y el evangelio siguió extendiéndose.

Alabado sea Dios.

Pero, a veces, nos fijamos en los resultados en esta vida, buscando la seguridad de un final feliz, y no lo hay. ¿Y entonces qué? Como dijo Betty, Sus caminos son «inescrutables». Así que tenemos que descansar, no en la paz de una linda historia, sino en la realidad de la fe en Alguien que no podemos ver.

CAPÍTULO 35

Los puentes arden

Uno debe tener cuidado de no confundir lo que llama
«la voluntad de Dios» con su propia imagen del
papel que está desempeñando, que es una obligación
solo para la ilusión. ¡Líbrame de esto, Señor!
—El diario de Betty Elliot, 3 de julio de 1962

Un avión del SIL llevó a Betty, Val y todas sus pertenencias a Shandia. Shandia, donde había vivido con Jim, donde había traído a casa a la pequeña Val, donde se había despedido de Jim aquel último día de enero de 1956, mientras él golpeaba la puerta para ir a la pista de aterrizaje, ansioso por llegar a los huaoranis.

«¡Enseña a los creyentes, cariño!», le había dicho.

Ahora, viuda desde hacía cinco, casi seis largos años, Betty seguía soñando con Jim constantemente. La mayoría de los sueños seguían el patrón típico:

«Llorábamos abrazados por la alegría de estar juntos una vez más, y hablábamos de las miles de veces que habíamos soñado que era así, y luego nos despertábamos».

»"¿Tú también lloraste al despertar?", le preguntaba, incrédula de que me hubiera echado de menos.

»"Innumerables veces, cariño", decía. »"¡Pero esta vez, ah, esta vez, por fin, no fue un mero sueño!".

»Y entonces, despertaba».

Sin embargo, después del estrés constante en la selva, Betty sintió un gran alivio viviendo en Shandia. (Los otros misioneros a los que antes había cedido su casa ya no estaban allí). Escribió a sus padres: «Es [...] refrescante, de una manera que casi nunca antes había apreciado así, estar con aquellos con los que tengo un vínculo espiritual, con los que no necesito sentirme bajo la presión constante de, si no un desprecio absoluto, al menos una desaprobación tácita, día tras día, hiciera lo que hiciera. La amplia vista del gran río desde esta casa luminosa y aireada; el parloteo de los indios cuya lengua entiendo perfectamente, esta sensación de estar "en casa" una vez más es vigorizante, y estoy profundamente agradecida al Señor».[1]

Durante esta temporada, Betty siguió educando a Val en casa y respondiendo pilas de correspondencia. Había de todo, desde cartas de admiradores hasta un intercambio con una de sus heroínas, la misionera Gladys Aylward, pasando por calificaciones injuriosas de su depravación moral al escribir el indecoroso *The Savage My Kinsman*, un libro con fotografías de personas desnudas. Estaban las habituales críticas a sus decisiones de vida... Algunos, que la habían condenado por llevar a su hija pequeña a la selva para ir a ver a los huaoranis, ahora se preguntaban por qué había salido de la selva. Muchos querían que fuera su amiga por correspondencia. Otros la felicitaban sinceramente o le reprochaban cosas que nunca había hecho. Una querida mujer se lamentaba de que Betty no le hubiera conseguido los «autógrafos» de los analfabetos Kimu y Gikita.

Mientras tanto, las últimas palabras de Jim sobre «enseñar a los creyentes» daban forma a los días de Betty. Les daba clases de quichua a otros trabajadores estadounidenses y continuaba sus proyectos de traducción al quichua —el libro de 1 Corintios y un himnario— con Venancio, el pastor al cual Jim había discipulado. Escribía artículos para las revistas que se los pedían. Como era Betty, también leía material tan ecléctico como *Historia de la decadencia y Caída del Imperio romano*, de Gibbon, los devocionarios de Oswald Chambers y *La peste*, de Camus.

En medio de sus cavilaciones filosóficas, estaba de guardia para pedir ayuda médica y atender partos, y lo hacía con frecuencia. Podía pensar con claridad en situaciones de emergencia. En un caso, el bebé ya había muerto en el útero y la madre estaba a punto de morir. Tras examinar y calmar a la madre, que estaba presa del pánico, Betty organizó su traslado a Shell para practicarle una cesárea. Otra familia la llamó a su casa para administrar penicilina a su hija. El padre temía que aquella niña muriera, como había muerto su hermana pequeña el día anterior. Llevó a Betty al lugar donde yacía el cadáver de la niña en una tosca caja de madera, con la cara cubierta de harapos. Un indio pidió ver la cara. Betty vio cómo la abuela le quitaba los harapos. Un gusano largo y rosado salía lentamente de la boca de la niña.

En otra ocasión brevemente feliz, Betty asistió el parto de una beba y se la entregó a su madre agradecida, que llamó a su pequeña hija «Elisabeth». La pequeña Elisabeth murió seis días después, al parecer, de tétano.

Rosa, una mujer quichua al otro lado del río, dio a luz a un bebé sano, pero no expulsó la placenta. Un niño fue enviado a buscar a Betty Elliot. Betty llegó y se encontró con una situación espantosa: «un enorme trozo de carne roja», aún adherido al interior, sobresalía de la pobre mujer. Betty estaba segura de que Rosa moriría pronto de hemorragia y *shock*.

Sabiendo que había pocas esperanzas, le administró una inyección de penicilina, unas cuantas sulfas, se lavó las manos lo mejor posible y, con una plegaria pidiendo sabiduría, volvió a introducir la masa sanguinolenta en el útero. «Todavía no sé lo que era —escribió más tarde—, porque el útero parecía intacto y podía tocarlo con mi mano. La mujer estaba viva cuando me fui».

La familia consiguió llevar a Rosa a un médico, que escribió a Betty una semana después que «sin duda» le había salvado la vida a la joven madre.

Sin embargo, la obstetricia *amateur* no era realmente lo que Betty pensaba que Dios la llamaba a hacer. Se le presentaron otras oportunidades para el futuro. Un hombre de la Sociedad Bíblica Estadounidense habló con ella sobre la traducción del Nuevo Testamento a un dialecto quichua que pudiera utilizarse en todas las zonas de la sierra de Ecuador. Una patrona acomodada invitó a Betty a dar clases de Biblia a los quichuas que vivían en su hacienda o cerca de ella.

También había otras opciones; Betty podía quedarse en Ecuador durante años si así lo deseaba. Podía matricular a Val en una escuela de la Alianza Cristiana y Misionera (CMA) en Quito, donde estaría rodeada de otros hijos de misioneros mientras Betty se dedicaba a un ministerio de traducción y discipulado.

¿Era eso lo que Dios quería que hiciera?

Betty decidió reunirse con la señora Ester Sevilla, quien le había ofrecido la oportunidad de enseñar en la hacienda. La señora se convirtió en una amiga, y Valerie se quedó a «dormir» con la amable gente de la hacienda. Betty regresó a Shandia.

A la mañana siguiente, llovía a cántaros. Sería muy difícil para Val volver a casa, así que se quedó otro día y otra noche en la hacienda. La lluvia continuaba. El río crecía, y un torrente rugiente separaba a madre e hija. Una tarde, Val atravesó la selva hasta la orilla opuesta a su casa de Shandia. Betty, que esperaba ansiosa al otro lado, no podía ver la cara de su hija, tan solo una niña pequeña con un vestido rosa, contemplando el rugiente río. La pequeña figura rosa se adentró de nuevo en la selva para hacer la caminata de hora y media de regreso a la hacienda. Val —una niña de siete años alegre, independiente y experta en la selva— llegó por fin a casa cuatro días después.

Betty y Val, junto con los heroicos Bert y Colleen Elliot, volaron a Estados Unidos en agosto de 1962 para asistir a una reunión de la familia Elliot en Oregón. Betty y Val se dirigieron a la costa este para asistir a la boda de Jim, el hermano menor de Betty, y luego un grupo más reducido fue a Franconia, Nuevo Hampshire, uno de los lugares favoritos de Betty en el planeta. Regresaron a Shandia a finales de septiembre.

«Domingo por la tarde. La belleza de esta casa y de su entorno aporta una sensación de paz a todo mi ser, y una tranquilidad ordenada a cada día. Después de cenar, estuve paseando por el exterior e inspeccionando mis piñas, algunas recién plantadas y otras que acaban de ponerse amarillas. Los limones cuelgan pesadamente de las ramas de los árboles, los hibiscos florecen en profusión... las palmeras chonta dejan caer sus flores con un repiqueteo como de lluvia sobre el suelo. El sol ya se ha puesto y el césped es como el "claro de los grillos"».[2]

»Val y Antuca están jugando a la solterona en el salón. Esta tarde he terminado de leer *Tess, la de los d'Urberville*». Betty contrastó esta apacible escena del presente con un futuro desconocido. «No puedo evitar tratar de imaginar la decadencia y eventual ruina de esta casa. ¿Quién vivirá en ella después de nosotros? ¿Cuánto durará? ¿Qué pensarán los siguientes residentes entre estos muros? ¿Hasta qué punto se civilizará esta parte de la jungla?».

Estas palabras, escritas en la prosa suave y enérgica que caracteriza los diarios de Elisabeth Elliot, se ven aumentadas por un añadido tardío, una nota temblorosa agregada a la parte superior de la página en 1996, cuando Elisabeth, de setenta años, visitó Shandia con Val y otras personas para comprobar si la casa seguía en pie.

Esa página del diario capta a la joven en un momento dorado y apacible, mirando hacia la inevitable decadencia del futuro. [...] y décadas más tarde, la mujer mayor —ella misma ya en decadencia por los primeros efectos de un cerebro envejecido— garabateando laboriosamente en la misma página que sí, que la casa había permanecido intacta.

Hoy en día, la casa que construyó Jim sigue en pie, y sirve de museo improvisado en honor a los que una vez vivieron allí, y de sala de reunión para la comunidad quichua de los alrededores.³ Mientras Betty Elliot consideraba diferentes opciones para el futuro, no fueron los acontecimientos en Ecuador o Estados Unidos los que ayudaron a marcar su camino, sino los caóticos acontecimientos a 12 000 km (7500 millas) de distancia, en África. El nuevo país llamado entonces Sudán había declarado su independencia de los intereses egipcios en 1956. Un golpe de estado trastornó la incipiente democracia en 1958 y estableció un gobierno militar que pronto obligó a utilizar el árabe en todo el país y a difundir el islam. De este modo, la educación se apartó del plan de estudios en inglés de los numerosos misioneros cristianos de Sudán, que proporcionaban los principales medios educativos en el sur. El gobierno les pagaba a los aldeanos como policía secreta, metió a algunos cristianos en la cárcel y acabó expulsando a los misioneros extranjeros.⁴

Una de esas misioneras era una joven inteligente e iconoclasta llamada Eleanor Vandervort. Eleanor —Van, para sus amigos— había sido amiga de Betty y Jim en Wheaton. Al igual que Betty, se graduó en 1949, se especializó en griego y anhelaba trabajar como misionera pionera. A los veinticuatro años, se marchó al sur de Sudán como misionera presbiteriana. Trabajó entre los nuer, un pueblo primitivo que vivía en las duras y áridas tierras del río Sobat. No tenían ni lengua escrita, ni idea del evangelio, y tampoco creían que lo necesitaran. Van encontró un informante que la ayudó a estudiar minuciosamente su lengua, que tenía catorce vocales y tres niveles de tono. Trabajó durante trece años en el desarrollo de una forma escrita y luego tradujo el Nuevo Testamento a la lengua nuer.

Van se enfrentó a algunos de los problemas que tanto habían preocupado a Betty. Se dio cuenta de que la distinción entre cultura cristiana y cultura occidental podía ser bastante borrosa en el pensamiento misionero de mediados del siglo xx. Vio que algunas tribus querían «nuestras cosas» más que «nuestro evangelio».⁵

En diciembre de 1962, Van recibió un duro aviso del comandante de policía de la provincia del Alto Nilo. Le informaron que ella, al igual que otros misioneros, debía abandonar Sudán en un plazo de seis semanas.

Intentó consolarse creyendo que «Dios bendeciría sin duda la labor de traducción. Esa era Su Palabra. Él se encargaría de que llegara a buen puerto por su propio bien y por el bien del pueblo nuer». Pero también sabía que el nuevo gobierno musulmán estaba pasando los sistemas escolares a la escritura árabe. Su escritura romana pronto sería indescifrable para sus lectores».[6]

Van viajó desde Jartum, El Cairo, Ámsterdam, Londres, Nueva York, Miami, Quito y, de alguna manera, llegó a Shandia en una pieza para visitar a Betty. Betty, hambrienta de espíritu afín, exultó en su diario: «Esta semana ha sido la más feliz que he tenido desde que murió Jim. Dios mío, ¡cuán feliz! Van llegó de Sudán. Nuestro tiempo juntas ha sido una isla al sol. Paz. Completa comprensión mutua. Diálogo. Yo y tú: el encuentro de dos individuos que crea la unión de espíritu».[7]

Al igual que Betty, Van tenía pocas ganas de pintar los acontecimientos de su carrera misionera con lenguaje evangélico de victoria. Las dos mujeres hablaron de las preguntas que se habían planteado, de lo que las había fortalecido de la Escritura, de las incongruencias que habían visto. Se rieron, reflexionaron sobre los autores que amaban e intercambiaron ideas.

Betty anotaba las ideas de Van en su diario, como si estuviera en la escuela. «No hay una fórmula sencilla para explicar lo que significa llevar el evangelio. Si la hubiera, podríamos juzgar si lo estamos haciendo». Preguntó a Van: «¿Alguna vez te encontraste incapaz de leer o de orar? [R.] Sí, y no me horrorizaba. ¡Seguía sabiendo que la Roca estaba allí!».

Betty: «¿Cuál es la diferencia entre discernimiento y juicio?».

Van: «El discernimiento es un acto no emocional, el juicio tiene una carga mayor. De ahí: "no juzguen"». (Por su parte, Van dijo: «Te quiero por tu sinceridad, ¡por esas preguntas torpedo que haces!»).

Bert, el hermano de Jim, y Colleen llegaron para celebrar el octavo cumpleaños de Valerie en febrero. «Hermoso tiempo juntos. Van sigue aquí, "quieta" hasta que Dios muestre algunos nuevos pasos. Sorprendida por la alegría. La revelación de Dios [...] la amplitud en Su misericordia, la nueva visión de Su amor y el caminar en el Espíritu».

Betty se sintió, por primera vez en mucho tiempo, profundamente comprendida. Alguien había subido a su barca con ella. Ya no estaba sola emocionalmente.

Un día, hablando con Van, Betty consideró de un modo nuevo la conocida historia de Jesús resucitando a un Lázaro atado y sepultado.

«¡Quiten la piedra!», había dicho Jesús. Los asombrados amigos obedecieron. El muerto salió.

Betty, por primera vez, vio la gran piedra que sellaba la tumba de Lázaro como «el peso frío de una opinión inerte». Jesús había dicho a los amigos de Lázaro que se la llevaran... y ahora, en el caso de Betty, en la improbable provisión de Dios a través de los acontecimientos al otro lado del mundo, su amiga Van estaba sentada en su sala, haciendo rodar la piedra de las frías opiniones de los demás para librar a Betty, que estaba emocionalmente herida y medio muerta.

Unos meses antes de que llegara Van, Betty había leído *Escape from Loneliness* [Escapar de la soledad], de Paul Tournier. «Ha alentado mi fe», escribió Betty. «Habla de "abrirse" o "desahogarse" con otra persona. No hay nadie en Ecuador con quien pueda hacerlo». Al tratar de descubrir por qué, se me ocurrió que en realidad debo admirar sinceramente a aquel con quien me desahogo. Desde Jim, ha habido muy pocos a quienes estimo profundamente. Esto [...] puede ser el resultado del orgullo».

Pero ahora *había* una persona en Ecuador con la cual Betty podía desahogarse. Admiraba el discernimiento y el valor de Van para decir las cosas como las veía. Ya no se sentía sola, apartada de los que la rodeaban.*

Por la misma época, Tom, el hermano de Betty (su alma gemela entre sus hermanos), le escribió desde España. Había estado luchando, como ella, con preguntas sobre la fe y la subcultura evangélica. «Yo también tengo una especie de débilmente renovado sentido de esperanza o expectativa», escribió, con su pesimismo característico.

Betty sonrió al leer la carta de su hermano. Parecía, en aquellos días de abril, que llegaba una primavera espiritual. Un renovado sentido de la esperanza, y la renuncia a lo que estaba muerto, un rostro inclinado hacia el cielo, y calidez.

El 16 de mayo de 1963, Van, Betty y Val escucharon por radio el «lanzamiento, vuelo espacial y recuperación del Faith VII, que transportaba al comandante Gordon Cooper en veintidós órbitas alrededor de la Tierra». Un hecho totalmente asombroso: la tecnología desafía la imaginación. Sin embargo, lo que realmente importa es el HOMBRE. La maquinaria, las estadísticas de velocidad, altitud, comunicación por radio, etc., son todos tributos al maravilloso avance del hombre en la ciencia. Pero lo que queremos

---

*Como escribió C. S. Lewis en *Los cuatro amores*, «La amistad surge del mero compañerismo cuando dos o más de los compañeros descubren que tienen en común alguna percepción o interés o incluso gusto que los otros no comparten y que, hasta ese momento, cada uno creía que era su propio y único tesoro (o carga)». La expresión típica de surgimiento de la amistad sería algo así como: «¿Qué? ¿Tú también? Creía que era el único».

saber, más que nada, es: ¿cómo es el hombre? ¿Qué hace? ¿Cómo se siente? ¿Qué piensa su mujer? Queremos oír su voz. «Somos seres humanos. Estamos unidos en un dilema común, creado por un Padre Creador. De ahí que, en última instancia, nos preocupemos por nuestra propia especie y por Aquel que es el Fundamento de todo ser».

Una semana después, una imagen apareció en la mente de Betty. Franconia, Nuevo Hampshire, el lugar de tantos veranos felices en su infancia. Gracias a sus libros superventas, tenía dinero para mantenerse. Podía construir allí una casa sencilla pero bonita. Inscribir a Val en la escuela. Tener un hogar de verdad. Escribir más libros.

¡Había llegado el momento!

Habría un nuevo comienzo. En cierto sentido, una nueva mujer. Por supuesto que era la misma Betty Howard Elliot; esta persona única que Dios había creado, cultivado, dirigido, amado, podado y refinado por todo lo que la había bendecido, magullado y maltratado. Pero ahora había algo nuevo.

En tiempos más felices, Betty y Jim habían escalado juntos el monte Washington, en Nuevo Hampshire, disfrutando de su belleza. Recordaba su primera excursión. La cima se alzaba sobre ellos. Una meta tentadora. Lucharon por alcanzarla, hora tras hora. Cuando por fin la alcanzaron, se felicitaron mutuamente, volvieron a mirar y vieron otra cumbre, muy por encima. Y otra más allá.

Desde que Betty llegó a Ecuador, había recorrido el camino que Dios le había trazado, manteniendo los ojos firmemente fijos en la cima, para luego descubrir que había más y más cimas que escalar. Estudiar idiomas en Quito. Esperar a Jim. Idioma, pérdida y muerte entre los colorados. Aprender quichua. Casarse con Jim. El ministerio en Puyupungu y Shandia. Dar a luz a Val. Soñar con los huaorani. La muerte de Jim. Ser viuda con un bebé. La propia oportunidad de Betty de vivir entre los huaoranis. Luego vinieron las muchas tormentas en ese pico en particular, el conflicto con Rachel, la exclusión, la confusión y la partida. De vuelta a Shandia.

Se dio cuenta de que, en un nivel subconsciente, tal vez había pensado que la obediencia a Cristo significaba seguirlo a algún destino, como una cabaña con techo de paja en la selva, y quedarse allí. Tal vez había supuesto que la obediencia en el ministerio significaba seguir a Jesús hasta un punto final en el que uno se quedaría allí y todos florecerían. Ahora se daba cuenta, una vez más, de que una vida de obediencia nunca llega a aterrizar, por así decirlo. «Él nos conduce directamente, a través, hasta el umbral del cielo. No nos dice nunca: "Aquí está". Solo nos dice: "Aquí *estoy*. No temas"».

Betty no consideraba su vida como una serie de «cumbres» que había que escalar hasta llegar al cielo, un camino «triunfal» hacia la victoria, como a veces se presentaba en los círculos cristianos. Pensaba más en Jesús que en los resultados o logros particulares que Él pudiera tener para ella. Se trataba de caminar con Jesús... y, de un modo místico, *Él* era tanto el viaje como el destino.

«Los puentes están quemados», escribió. Ahora sentía una paz misteriosa. «Por una vez en mi vida, no he tenido ninguna duda, una vez tomada la decisión, de que era la correcta».

Vendió o regaló sus ollas, sartenes, muebles y ropa de cama. Cuando ella y Val se preparaban para partir, la casa que Jim había construido se vació y luego volvió a llenarse cuando los indios que habían venido a despedirse abarrotaron el salón. Betty se escabulló unos minutos a su dormitorio. Varios de sus amigos quichuas la siguieron. Ella sonrió, los ignoró, y abrió su gastado diario —el que había comenzado en el verano de 1959— por última vez.

«15 de junio de 1963. De alguna manera, siempre imaginé que mi tiempo en Ecuador podría terminar con las páginas de este libro.

»Es muy difícil comprender que estoy dejando este escritorio, esta casa, Shandia, la selva y Ecuador para siempre.

> *"Yo soy el Señor, [...] te he llamado.*
> *Te sostendré por la mano*
> *y por ti velaré [...].*
> *Cuando pases por las aguas,*
> *Yo estaré contigo".*
> Señor, has cumplido tu Palabra».

TERCERA PARTE

El después

CAPÍTULO 36

Lo que pasó después

Tus ojos vieron mi embrión, y en Tu libro
se escribieron todos los días que me fueron dados,
cuando no existía ni uno solo de ellos.
—Salmo 139:16

Señor, has cumplido tu palabra». ¿Qué le ocurriría a Betty Elliot después de cerrar su diario con esa oración el 15 de junio de 1963? En primer lugar, el viaje de Betty hacia su nuevo comienzo en los Estados Unidos no sería el lento, pintoresco y solitario pasaje en un barco, como cuando zarpó hacia Ecuador en 1952. Ahora, su embarcación era un elegante avión de pasajeros moderno, lo mejor que 1963 podía ofrecer. Voló de Quito a Estados Unidos con su hija de ocho años a su lado. Al bajar del avión en Miami, Val gritó a su madre: «¡Mamá! ¡Todo el mundo lleva ROPA!».

Habría choques culturales de muchos tipos. Pero Betty crearía una nueva vida para ella y su hija. Tomó el camino menos transitado y construyó una espaciosa casa en los bosques de Nuevo Hampshire, junto a la casa del célebre poeta Robert Frost. Valerie fue a la escuela. Betty habló a grupos ansiosos por escuchar su historia. Escribió los nuevos libros que habían estado ardiendo en su interior en la selva. Vio cómo las librerías cristianas los prohibían y cómo se esfumaban las invitaciones para hablar. En 1967, viajó a Oriente Medio y escribió, de una forma que sorprendió a muchos, sobre sus experiencias allí. De vuelta a Estados Unidos, impartió clases a estudiantes universitarios, habló del creciente movimiento feminista de finales de los sesenta y los setenta, y debatió con el ícono feminista Gloria Steinem en los campus universitarios. Era un personaje alto, esbelto, fuerte e independiente en el ámbito público. Entonces, para su sorpresa, se enamoró apasionada y profundamente de un colega escritor, admirado profesor de seminario y antiguo jugador de béisbol. Dijo que era como Jim Elliot podría haber sido si hubiera vivido: Addison Leitch, su «mejor amigo» y alma gemela.

Todo iría bien. Durante un tiempo. Entonces a Addison le salió un tumor en el labio. Betty le insistió para que fuera al médico. Estudios y análisis. Y sí, su miedo más profundo se hizo realidad: cáncer. Era agresivo. Betty cuidó con ternura a su marido, limpió su vómito y garabateó angustiosas oraciones en su diario. Addison Leitch murió tan salvajemente como Jim Elliot tantos años antes, pero mucho más lento.

Al igual que con la muerte de Jim, Betty se enfrentaría a ese dolor sin anestesia. Atravesó el sufrimiento, la soledad y la pérdida, paso a paso. Escribió libros sobre todo ello, libros que darían a innumerables lectores fe y valor para hacer lo mismo, fuera cual fuera la forma que adoptara su propio dolor. Con el tiempo, volvería a casarse. Crecería y sufriría de nuevas maneras. En todo ello, Dios construyó sobre los cimientos establecidos en sus primeros años en Ecuador, los años que la llevaron a convertirse en la mujer que el mundo conoció como Elisabeth Elliot.

Pero esas historias fuertes las contaré en otro volumen. Por ahora, es bueno considerar algunos de los temas que emergen de la vida temprana de Betty.

CAPÍTULO 37

La pregunta irrelevante

Dios es infinito e incomprensible,
y lo único que se puede comprender de
Él es su infinitud e incomprensibilidad.
—Juan Damasceno, padre de la iglesia del siglo VIII

¿Por qué murieron realmente Jim, Nate, Ed, Pete y Roger? ¿Se hizo tal sacrificio simplemente por la mentira interesada de Nenkiwi? ¿Por qué dejaría Dios que nueve niños crecieran sin sus padres? ¿Planeó Dios la tragedia, o la permitió? ¿Cuál fue el legado real de la muerte de los mártires en términos de la fe de los huaoranis en Jesús? ¿Cómo es ahora su comunidad cristiana?

Durante décadas después del asesinato de su marido, a Elisabeth Elliot le preguntaban constantemente si la misión de los hombres en Palm Beach había sido un «éxito». La palabra era como moneda sin valor. Para ella, la única medida de cualquier acción humana se reducía a una cosa: *la obediencia.* Miraba al entrevistador como si la pregunta del «éxito» fuera aburrida. Sí, sí, por supuesto. Después de todo, sabían que Dios quería que fueran a la tribu, y fueron obedientes a Su guía. ¿Siguiente pregunta?

Si el «éxito» no se define por la obediencia, sino por los resultados medibles, entonces tenemos que meternos en la métrica. Tal vez tengamos que contar cuántas personas que antes estaban perdidas se han salvado, y calibrar esa cifra con las vidas de los cinco jóvenes misioneros, posiblemente sopesando a todas las demás personas a las que podrían haber llegado si hubieran seguido vivos para continuar con su ministerio, y luego tener en cuenta a todos los jóvenes que se apuntaron al servicio misionero, impulsados por el sacrificio de los cinco, y determinar a cuántos alcanzaron *ellos* por causa del evangelio... los cálculos no acabarían nunca.

Las métricas son estupendas, y un medio útil para evaluar la administración de los recursos, pero medir los destinos eternos con fórmulas temporales es arriesgado. Simplemente no tenemos suficientes dimensiones trascendentes en nuestro cerebro para comprender los misteriosos, soberanos y cuánticos caminos de Dios que emanan de la eternidad pasada para los propósitos de Su gloria para la eternidad futura. Opinar sobre lo que Dios está haciendo en términos de resultados puede desviarse hacia el reino de la arrogancia, o la falta de fe. Si tenemos que *ver* que hay resultados dignos para llegar a la paz sobre lo que Dios ha hecho o permitido, entonces no tenemos fe.

Elisabeth Elliot lo dijo mejor en su clásica respuesta a quienes preguntaban «por qué» para darle sentido a la tragedia. Vale la pena citarla por completo.

«Siempre existe el impulso de simplificar demasiado, de hacer interpretaciones que no pueden abarcar todos los datos ni resistir una inspección minuciosa. Sabemos, por ejemplo, que una y otra vez en la historia de la iglesia cristiana, la sangre de los mártires ha sido su semilla. Así que nos vemos tentados a suponer una ecuación simple aquí. Cinco hombres murieron. Esto significará x-número de cristianos huaoranis.

»Tal vez sea así. Tal vez no. La causa y el efecto están en manos de Dios. ¿No es parte de la fe simplemente dejarlos descansar allí? Dios es Dios. Lo destrono en mi corazón si le exijo que actúe de forma que satisfaga mi idea de justicia. [...]

»Para nosotras, las viudas, la pregunta de por qué se permitió que los hombres que habían confiado en Dios como escudo y defensor fueran alanceados hasta la muerte no era una pregunta que pudiera responderse sin complicaciones o de manera exhaustiva en 1956, ni tampoco silenciarse [más tarde]. [...] Creo de todo corazón que la historia de Dios tiene un final feliz. [...] Pero todavía no, todavía no necesariamente. Hace falta fe para aferrarse a eso frente al gran peso de la experiencia, que parece demostrar lo contrario. Lo que Dios entiende por felicidad y bondad es algo mucho más elevado de lo que podemos concebir. [...]

»La masacre fue un hecho duro, ampliamente difundido en su momento. Se interpretó según la medida de fe o la falta de fe de cada uno: algo lleno de significado o vacío. Un triunfo o una tragedia. Un ejemplo de obediencia valiente o un caso de insensatez insondable. El comienzo de una gran obra y la demostración del poder de Dios, un primer acto doloroso que conduciría a un tercer acto maravillosamente predecible en el que se resolverían todos los enigmas, Dios se reivindicaría a sí mismo, muchos huaoranis se convertirían y todos podríamos "sentirnos bien" respecto a nuestra fe. [...] Pero el peligro reside en apoderarse de lo inmediato y esperado, como si con ello se verificara la justicia de Dios, y pasar por alto lo más prolijamente posible otras consecuencias, algunas de ellas inevitables, otras simplemente el resultado de un intento fallido. En resumen, en la historia de los huaoranis, como en otras historias, nos consolamos mientras no examinemos demasiado de cerca los datos desagradables. Mediante esta evasión, estamos dispuestos a seguir llamando "nuestro" al trabajo, a atribuirnos todo lo que haya de éxito y a negar todo fracaso.

Una fe más sana busca un punto de referencia fuera de toda experiencia humana, la Estrella Polar que marca el curso de todos los acontecimientos humanos, sin olvidar ese misterio impenetrable de la interacción de la voluntad de Dios y la del hombre. [...]

»No podemos depender del calibre de nuestra espiritualidad. Tenemos que depender de Dios y nada menos que Dios, porque la obra es de Dios y el llamado es de Dios y todo es convocado por Él y para Sus propósitos, nuestra valentía y nuestra cobardía, nuestro amor y nuestro egoísmo, nuestras fuerzas y nuestras debilidades. El Dios que pudo tomar a un asesino como Moisés y a un adúltero como David y a un traidor como Pedro y hacer de ellos fuertes siervos suyos es un Dios que también puede redimir a indios salvajes, usando como instrumentos de Su paz a un conglomerado de pecadores que a veces parecen héroes y a veces villanos, porque no somos más que "vasos de barro" que contienen este tesoro (la revelación de la gloria de Dios en el rostro de Jesucristo), y esto prueba que esta "extraordinaria grandeza del poder [proviene] de Dios y no de nosotros" (2 Cor. 4:7)».[1]

Tras el robo de su obra en lengua colorada, cuando Betty contó su historia —«¿para quién has llevado la piedra?»— no estaba sugiriendo que Dios sea un sádico como en la historia de Sísifo.

Siempre hay un significado y un propósito divinos en hacer lo que Él ordena. Es solo que la mayoría de las veces no podemos ver ese propósito; nuestra visión humana no está equipada con suficientes dimensiones trascendentes para acceder a los amorosos propósitos de la eternidad. Mientras medimos nuestras vidas con cucharitas de café, atascados en el «ahora», debemos elegir si confiar en Dios, o no. Seguirlo, o no. Obedecerlo, o no. Y si elegimos confiar, seguir y obedecer, entonces la medida de nuestro éxito no está en cómo resulten las cosas en esta vida, ni en que comprendamos todos los engranajes y maquinaciones de lo que Dios está haciendo. «Una investigación minuciosa e inquieta sobre cómo "funcionan" las cosas espirituales es un ejercicio en futilidad», dijo Betty, después de haberse inquietado durante muchos infortunios.

En realidad, el único problema que hay que resolver es el de la obediencia. Como señaló Betty, la futilidad —esa sensación de desesperación que adormece el espíritu— no proviene de la cosa en sí, sino de la exigencia de saber «por qué». Es la pregunta del niño, como los interminables «¿por qué?» de la pequeña Valerie en la selva. Para Betty, la pregunta adulta es «¿qué?». En el sentido de: *Señor, muéstrame qué quieres que haga. Y lo haré.*

Y en esa aceptación —«obedeceré, sea lo que sea»— hay paz.

CAPÍTULO 38

La pregunta relevante

Dios no nos exige que seamos exitosos,
sino tan solo que seamos fieles.
—Madre Teresa

*D*urante sus mutuas dificultades con Rachel Saint, afligida por la aparente inutilidad de su trabajo entre los huaoranis, Betty se sumergió en un largo estudio de Éxodo. Sentada en la selva, leyendo a la luz de la lámpara, extrajo algunas pepitas que informaron su pensamiento sobre los extraños caminos de Dios.

Leyó la conocida historia de cuando Moisés fue al faraón, una y otra vez, y le advirtió al tirano de las plagas que vendrían si no dejaba salir de Egipto a los esclavos hebreos. Quizás hayas visto la película. Moisés, cada vez más desaliñado, entraba en la sala del trono del faraón, con su hermano Aarón a su lado. Y proclamaba fielmente el mensaje del Todopoderoso: *Dios dice: «¡Deja ir a mi pueblo!».*

Al rey no le interesaba la voluntad de nadie, salvo la suya. «¿Quién es el Señor para que yo escuche Su voz y deje ir a Israel?», tronó. «No conozco al Señor, y además, no dejaré ir a Israel».[1]

Dios le hizo saber al faraón quién era Él. Cada vez que el faraón se negaba a liberar a los esclavos hebreos, Dios enviaba una plaga. Luego otra. Diez veces. Entre otras cosas, hubo enjambres de ranas, moscas y langostas. Las cosechas se perdieron, el agua apestaba, el ganado moría. Sangre, granizo y oscuridad. Egipto se tambaleaba ante el peso de los juicios de Dios y el costo del orgullo del faraón. Muerte: por todas partes.

En lugar de distraerse con imágenes mentales de ranas poblando las pirámides, Betty se centró en el pobre Moisés. Dios lo enviaba una y otra vez a la sala del trono del faraón, y ¿de qué *servía* que hablara con el gobernante una y otra vez? Desde cualquier punto de vista humano, su palabra no tenía ningún peso. Pero Dios insistió en que Moisés siguiera sus órdenes de hablar... aunque la Biblia dice que Dios endureció el corazón del faraón para que las palabras de Moisés fueran ineficaces.

¿*Y eso?*, se preguntaba Betty. Excepto que Betty no hablaba así. Las tareas aparentemente inútiles continuaron. Una vez que los hebreos habían escapado por fin y milagrosamente de Egipto, partieron hacia la nueva tierra que Dios les había prometido. Betty conocía bien la larga y tortuosa historia. En un momento dado, la enorme multitud de israelitas anduvo a tropezones sin agua durante tres días en el desierto. Llegaron a un lugar llamado Mara, pero el agua era «amarga», no potable. Hubo un motín contra Moisés en las acaloradas filas, y Moisés clamó a Dios, quien le mostró un árbol y le dijo que lo arrojara al estanque hediondo. Esto purificó el agua y el pueblo bebió. Entonces Dios condujo al pueblo, a través de Moisés, a un paraíso llamado Elim, rebosante de palmeras y frescos manantiales donde el agua salía a borbotones.[2]

«Como Jim me dijo hace años —escribió Betty en su diario—, Dios <u>llevó</u> a Israel a Mara. Podría haberlos llevado directamente a Elim, pero ha elegido conducir a Su pueblo a dificultades para que puedan conocerlo, y Él pueda conocerlos a ellos».

Además, señaló el detalle de la historia de que el árbol que hizo potable el agua en Mara estaba allí mismo, pero Dios tuvo que *mostrárselo* a Moisés. A menudo, la solución a nuestro problema está al alcance de la mano, pero hay que mostrárnosla. Y la misma causa de la queja puede hacerse dulce.

Betty pensó que era una lección para los misioneros. «Podríamos decir: "Bueno, si Dios va a salvarlos [a los grupos de personas no alcanzadas] de todos modos, y mis esfuerzos serán inútiles, ¿por qué rayos debería soportar las dificultades, la frustración y la humillación que significa el trabajo misionero?". Se nos <u>ordena</u> hacerlo. Dios no dejará de hacer Su parte, que en definitiva, es la única que importa».

Elisabeth Elliot sabía que ella no era Moisés, aunque cada vez estaba más desaliñada. Pero estaba desesperada por aprender lo que Dios podía enseñarle de la historia de la Escritura.

La pregunta no era «¿por qué?» sino «¿qué?». *Dios, ¿qué quieres que haga?* Para Betty, tanto si Dios le decía que fuera a enfrentarse al faraón como si le decía que fuera a vivir entre los huaoranis, estaba decidida a hacerlo, independientemente de los resultados.

Lo cual es bueno, ya que la obediencia de Betty en tales asuntos no condujo a resultados impresionantes que ella pudiera ver.

CAPÍTULO 39

El polvo y las cenizas

El tiempo es un amigo amable, y nos hará viejos.
—Sara Teasdale

Los nueve meses que Betty pasó entre los colorados a principios de la década del cincuenta —«inútiles» debido a la muerte de su informante lingüístico y a la pérdida de sus notas lingüísticas— se sintieron como un inmenso montón de cenizas. Luego, a finales de 1961, tras el fracaso de su relación laboral con Rachel y el aparente fracaso de su temporada entre los huaoranis —junto con su profunda preocupación por su futuro—, las cenizas eran aún más profundas.

Pero, por extraño que parezca, las mismas cenizas de su experiencia en Ecuador se convirtieron de algún modo en la plataforma por la que el resto del mundo la admiraba. Las cosas que Betty veía como fracasos eran, en la mente del público, credenciales. Era «la misionera de fama mundial que llevó el evangelio a una tribu salvaje», la «lingüista talentosa», la viuda valiente y heroica, la esposa de un mártir.

A los ojos de Betty, estas cosas eran mucho polvo. Al final de su estancia en Ecuador, Betty se preguntaba qué significaba siquiera la palabra *misionero*. En la selva, Rachel había rechazado sus útiles habilidades lingüísticas. La adulación que recibían ella y las demás viudas —eran las nobles «esposas de mártires» y «nuestras valientes muchachas»— significaba poco. Prefería al granjero que le puso su nombre a una de sus vacas.

Tal vez sea un patrón. Los tiempos de polvo en nuestras vidas, su gris falta de propósito, bien pueden ser los bloques de construcción de Dios. Lo que parece endeble, más ligero que el aire, inmaterial y débil —¿quién construiría sobre un «bloque» de cenizas?— puede convertirse más tarde en nuestra mayor fortaleza. Es una ramificación de lo que el apóstol Pablo quiso decir cuando escribió que Dios le dijo: «Te basta Mi gracia, pues Mi poder se perfecciona en la debilidad». Entonces, dijo Pablo, voy a admitir mi debilidad, «para que el poder de Cristo more en mí. Por eso me complazco en las debilidades, en insultos, en privaciones, en persecuciones y en angustias por amor a Cristo, porque cuando soy débil, entonces soy fuerte».[1]

Betty se sentía identificada con la perspectiva de Pablo. Apenas cualquiera de nosotros empieza a preocuparse por su poder, su plataforma, su imagen o su identidad, se mete en un problema.

«La búsqueda de reconocimiento obstaculiza la fe. No podemos creer mientras estemos preocupados por la "imagen" que presentamos a los demás. Cuando pensamos en términos de "roles" para nosotros mismos y para los demás, en lugar de limitarnos a hacer la tarea que se nos ha encomendado, estamos pensando como piensa el mundo, no como piensa Dios. El pensamiento de Jesús era siempre y solo para el Padre. Hacía lo que veía hacer al Padre. Hablaba lo que oía decir al Padre. Su voluntad estaba sometida a la voluntad del Padre».[2]

Así que Betty procuraba no fijarse en su propia «identidad». De nuevo, sabía que ella no era ninguna de las suposiciones con las que otros la habían etiquetado. Ser una joven viuda, por ejemplo, era mucho más complejo de lo que la gente de afuera suponía. La alababan por cosas que ella no creía que fueran ciertas sobre sí misma. (O, a la inversa, la despreciaban por otras cosas que no eran ciertas: Era alcohólica. Había tenido un hijo de un hombre huaorani. Había perdido la cabeza).

Las falsas suposiciones, halagadoras o condenatorias, no eran culpa de ellos; ¿cómo podían conocerla? Y, pensaba Betty: *¿Cómo puedo siquiera conocerme a mí misma?*

Como Betty escribió sobre los huaoranis: «Muchas veces, desesperé por conocerlos realmente, por conocer los secretos de sus corazones. Entonces, me di cuenta de que no conocía mi propio corazón. En eso, éramos uno».[3]

En esta cuestión de identidad, habría estado de acuerdo con el resumen de Dietrich Bonhoeffer. Bonhoeffer fue el célebre pastor, escritor y mártir alemán, ejecutado por orden de Adolf Hitler mientras Betty estaba en la universidad. Uno de sus últimos poemas salió de su prisión nazi:

¿Quién soy yo? Me lo dicen a menudo,
Salgo de mi celda
Tranquilo, alegre, resuelto,
como un señor de su palacio.

[...] ¿Quién soy yo? También me dicen,
Llevé los días de infortunio
Igualmente, sonriendo, con orgullo,
como quien está acostumbrado a ganar.

¿Soy realmente lo que otros dicen de mí?
¿O soy solo lo que sé de mí mismo?
Inquieto, melancólico y enfermo, como un pájaro enjaulado,
Luchando por respirar, como si unas manos agarraran mi
    garganta,
Hambriento de colores, de flores, de cantos de pájaros,
Sediento de palabras amables y de bondad humana,
Temblando de ira ante el destino y ante la más pequeña
    enfermedad,
Temblando por amigos a una distancia infinita,
Cansado y vacío a la hora de orar, de pensar, de hacer,
Agotado y listo para decir adiós a todo.

¿Quién soy yo? ¿Esto o lo otro?
¿Soy una persona hoy y otra mañana?
¿Soy las dos cosas a la vez? Frente a los demás, un hipócrita,
Y ante mí mismo, ¿un despreciable y molesto debilucho?

[...] ¿Quién soy yo? Estas preguntas solitarias se burlan
    de mí.
Quienquiera que sea, tú me conoces, soy tuyo, oh Dios.[4]

Como Bonhoeffer, *aquí* es donde Elisabeth Elliot siempre volvía
a casa, pasara lo que pasara.
Pertenezco a Dios. Él es fiel. Sus palabras son verdaderas.

CAPÍTULO 40

Lo siguiente

*Cuanto más aceptes las cruces cotidianas como pan
de cada día, en paz y sencillez, menos dañarán tu
frágil y delicada salud; pero los malos presagios y
las preocupaciones pronto terminan matándote.*
—François de la Mothe-Fénelon

*B*etty era cerebral, mística, reflexiva... pero también era una persona muy práctica. Tras la muerte de Jim, no pasaba el día lamentándose, filosofando o poniéndose en contacto con sus sentimientos, aunque todas esas cosas fluían libremente en su diario. Allí estaba ella, de repente madre soltera, sola en la estación de la selva que Jim y ella habían tripulado juntos. Se habían repartido bien el trabajo; ella no tenía ni idea de cómo hacer todo lo que él había hecho. Quería desplomarse en el suelo del dormitorio.

Pero superaba cada arduo día, uno a uno, con un simple mantra: *haz lo siguiente*.

Proviene de un antiguo poema sajón que le encantaba a Betty, transliterado en parte del inglés medio:

Hazlo inmediatamente, hazlo con oración,
hazlo con confianza, entregando toda ansiedad.
Hazlo con reverencia, trazando Su mano
de Aquel que lo puso ante ti con fervorosa orden.
Apóyate en la omnipotencia, seguro bajo Su ala,
deja todos los resultados, haz lo siguiente.

Betty trató de abordar cada nuevo y confuso deber como la voluntad de Dios para cada momento. ¿Qué iba a hacer con el generador diésel? ¿Cómo iba a mantener la pista despejada para las avionetas? Se convirtió en capataz de docenas de indios, a los que dirigía y pagaba mientras blandían sus machetes en la pista de aterrizaje, limpiaban el lecho de piñas y los senderos de la selva y se ocupaban del mantenimiento de los edificios. No era un rol conocido ni cómodo.

Luego estaba el sistema hidroeléctrico que Jim había empezado a instalar antes de morir. La hidroeléctrica no era el fuerte de Betty: ¿debía contratar a hombres para terminar el trabajo u olvidarse de eso?

Además, impartía clases de alfabetización para mujeres, dirigía a la profesora ecuatoriana que llevaba adelante la escuela de varones y atendía partos. También estaba la traducción del Evangelio de Lucas, que ella y Jim habían terminado solo en forma de borrador antes de que lo mataran. Tuvo que seguir adelante con eso; no había Escritura en quichua. Para que la iglesia creciera, necesitaba alimento espiritual.

¿Y qué iba a hacer con la iglesia quichua? Había cincuenta creyentes recién bautizados que un año antes no habían sido cristianos. Jim les había estado enseñando diariamente y los domingos. Jim Elliot ya no estaba allí. No había ningún otro misionero varón.

Betty sabía que no iba a dirigir esa iglesia. Pero era la única persona que conocía la Escritura. Y una de las últimas cosas que Jim le había dicho antes de marcharse a los huaoranis era que debía seguir discipulando a los creyentes.

Así que se llevó a dos de los jóvenes que Jim había elegido como líderes potenciales. Les dijo que no le correspondía a ella dirigir la iglesia autóctona, sino a ellos asumir la responsabilidad. Pero ella estaba allí para ayudarlos.

Así que todos los sábados por la tarde, Betty y uno de estos hombres se reunían. Se sentaban y ella traducía algunos versículos del español, el griego y el inglés al quichua. Hablaban de la Escritura, esbozaban un sermón, pensaban en ilustraciones de la vida en la selva y oraban. Y los domingos, los hombres predicaban a la congregación.

«Podría haberlo hecho mejor —escribió Betty sin orgullo—. Pero sentía que no era mi trabajo hacerme cargo de la iglesia simplemente porque era competente para hacerlo. Mi responsabilidad era animar a estos hombres para que se volvieran competentes».[1]

Y así lo hicieron.

A pesar de que la lista de tareas de Betty tras la muerte de Jim era abrumadora, de alguna manera fue avanzando día a día.

«Puedes imaginarte lo tentada que estuve de tirarme al suelo y decir: "No hay forma de que pueda hacer esto"», dijo más tarde. «Quería hundirme en la desesperación y la impotencia». Pero hacer lo siguiente, por pequeño que fuera, de alguna manera creaba un ímpetu que la llevaba a través de cada largo día, una durísima hora a la vez.

CAPÍTULO 41

El problema del dolor

Mi vida es como una hoja marchita,
mi cosecha disminuida a una cáscara;
verdaderamente mi vida es vacía y breve
y tediosa en el crepúsculo estéril;
mi vida es como una cosa congelada [...]
ningún brote ni verdor puedo ver:
pero brotará, la savia de la primavera;
oh Jesús, brota en mí.
—tomado de «*A Better Resurrection*»
[Una mejor resurrección], por Christina Rossetti

Los años de juventud de Betty Elliot no fueron abrumadoramente alegres.

Eso no quiere decir que no hubiera temporadas alegres; Betty reía hasta llorar con sus hermanos. Adoraba a sus amigos. Se sentía profundamente satisfecha cuando estaba en casa, dondequiera que esa casa estuviera, si era un espacio de orden y belleza. Una flor en una taza de hojalata, puesta sobre una «mesa» en la selva, la hacía sonreír. Le encantaba nadar, pasear y hacer senderismo; se regocijaba en las maravillas de la naturaleza. Conoció la alegría profunda y real durante los raros momentos en que estuvo realmente *con* Jim Elliot antes de su matrimonio, en lugar de vivir una relación por correspondencia. Disfrutaba mucho de Valerie, maravillada por el desarrollo de su hija, su divertida personalidad y su creativo uso del lenguaje. Amaba a los huaoranis y sentía alegría cuando se columpiaba en su hamaca y escuchaba los sonidos nocturnos del campamento.

Pero aún así, si pasáramos un contador Geiger de emociones por sus diarios y lo pusiéramos a registrar los momentos difíciles, sonaría a lo loco sobre sus entradas evocando tristeza, confusión, frustración, soledad y rechazo. (Como muchos de nosotros, probablemente escribía más cuando estaba triste, y a menudo no escribía en su diario en los días plenos y felices).

Para Betty, los días tristes no eran momentos que hubiera que negar, suprimir o evitar. La formación médica de Betty, y su teología, no le permitían negar la existencia del dolor. Era un síntoma. Mostraba que Dios estaba actuando. Si ella caminaba por la senda de la obediencia, Él utilizaría ese mismo dolor para Sus buenos propósitos.

Pero el problema con el dolor es que duele.

Muchos de nosotros, particularmente si vivimos en Norteamérica, estamos culturalmente programados para evitar el dolor a toda costa. Se nos enseña subliminalmente a pensar que nuestras vidas serán como un viaje por un largo y tranquilo río de productividad, paz y propósito. Esperamos que de vez en cuando haya rápidos, rocas y otros peligros, pero en su mayor parte, suponemos que el río será tranquilo.

Formada por su experiencia en la selva, Betty Elliot sabía que cualquier río está lleno de rápidos y salpicado de peligrosas rocas. A menudo se desatan tormentas torrenciales. Serpientes venenosas acechan en las orillas; anacondas yacen en los bajíos. Betty no *esperaba* temporadas de tranquila flotación, bronceándose en su cámara de aire calentada por el sol.

A menudo se consideraba una pesimista, diciendo que era un don que le venía de familia. Yo prefiero llamarla realista. La vida *es* dura. Es mentira creer que la voluntad de Dios en esta tierra es que estemos a salvo, sin dolor y prósperos. Pregúntale a cualquier cristiano que sufra persecución a manos de gobiernos hostiles o de extremistas de una religión mayoritaria. Dios mantiene nuestras *almas* a salvo, seguras para la eternidad. Él puede dar riquezas en este mundo, sí, a algunos. Pero a todos Sus hijos que se esconden en Él, les da seguridad y riquezas para el alma. El sufrimiento en este mundo de alguna manera refina nuestro carácter y nos maravilla ante el mundo venidero; el que dura para siempre, el que tiene alegrías más allá de la concepción humana. Y el sufrimiento es una de las herramientas santificadoras de Dios. Él no es un fontanero cósmico que aparece para que las cosas funcionen bien. Cuando Él no arregla las situaciones rotas en nuestras vidas, normalmente es porque nos está arreglando a través de ellas.

Vivir con la promesa del cielo mejora la tierra. El «todavía no» nos da una gran libertad: podemos tomar esta vida a la ligera, como hicieron Jim Elliot y sus amigos.

Muchos de los libros posteriores de la madura Elisabeth Elliot volverían orgánicamente sobre este tema. Quienes conocen bien sus escritos no pueden imaginar su vida y su obra sin este tema característico del sufrimiento. En una cultura norteamericana cada vez más reacia al dolor, Betty y algunas otras, como Joni Eareckson Tada, fueron las voces autorizadas sobre el tema durante la segunda mitad del siglo xx (y más allá).

Aunque algunos de nosotros pensemos que Elisabeth Elliot es la autoridad en sufrimiento, es importante recordar que en realidad no nació siendo de mediana edad y habiendo enviudado dos veces. En sus comienzos, no tenía ni idea de la dirección que tomaría su historia.

Durante la universidad, la relación de Betty con Jim la sacó de la nevera emocional. Pero su noviazgo la relegó a cinco años de agotador autocontrol, en los que no podía expresar su amor por él. Ya de por sí introspectiva, esto hizo que pasara aún más tiempo «atascada en sus propios pensamientos»… y la pobre Betty Elliot no tenía internet ni sus miles de alegres páginas *web* de autoayuda para decirle «cómo desatascarse». Lo único que tenía era la Biblia.

Una vez casada con Jim, una vez madre de Val, hasta donde Betty sabía, viviría sus días en el ministerio de la selva con Jim. Esperaban tener más hijos —el próximo bebé, si era niña, se llamaría «Evangeline»—, equipar a los creyentes quichuas y criar a una tribu de fornidos jóvenes Elliot. Planes felices. Todos perdidos.

Entonces, una magullada Betty hizo nuevos planes. Ansiaba vivir con los huaoranis y, con el tiempo, hacer una Biblia en su lengua. Para colmo de males, aunque Dios la condujo a los huaoranis, las espinosas dificultades con Rachel Saint la obligaron a abandonarlos.

Mientras se lamía las heridas, Betty solo podía pensar en las espinas *de Jesús*. Una corona desdeñosa le había atravesado la cabeza; había ido a la cruz. Había orado fervientemente, con lágrimas, a Aquel que podía salvarlo de la muerte. Dios lo escuchó. Y a pesar de ser Hijo de Dios, Jesús aprendió obediencia de lo que sufrió.[1]

Sí, podríamos decir algunos. Pero Jesús estaba salvando al mundo. Además, es Dios.

Pero los designios de Dios están entretejidos en el tejido del universo, algo que es verdad para Su propio Hijo y verdad para los seres humanos por cuya salvación murió. Obediencia.

Debemos «mirar con claridad y sin temor lo que sucede y tratar de comprenderlo a través de la revelación de Dios en Cristo», escribió Betty. «Estuvo el escándalo del nacimiento virginal, la humillación del establo, el anuncio no a los funcionarios del pueblo sino a los pastores incultos. Había nacido un niño, un Salvador y un Rey, pero cientos de niños fueron asesinados por Su culpa. Su ministerio público, sin duda ninguna gira triunfal, ninguna historia de éxito atronador, no condujo al estrellato, sino a la crucifixión. Multitudes lo siguieron, pero la mayoría quería lo que pudiera sacar de Él, y al final todos Sus discípulos huyeron. Sin embargo, de esta aparente debilidad y fracaso, de Su humillación hasta la muerte, surgió el poder que lo transforma todo.

Por eso no es de extrañar que, como dice Betty: «Ser seguidor del Crucificado significa, tarde o temprano, un encuentro personal con la cruz. Y la cruz siempre conlleva <u>pérdida</u>. El gran símbolo del cristianismo significa sacrificio, y nadie que se llame cristiano puede eludir esta cruda realidad».[2]

En su propio encuentro con la cruz, Betty buscó con determinación el camino de la obediencia, independientemente de cómo se sintiera. Así, en su locura con Rachel Saint en la selva, no actuó de acuerdo con sus emociones. Intentó —no siempre con éxito— confinar la mayor parte de su angustia, ira, confusión y sentimientos heridos en su diario, en lugar de arrojar todo eso sobre Rachel. Buscó la voluntad de Dios, aunque su biógrafa y otros tal vez le gritaran desde las afueras del tiempo: «¡Hermana, sal de ahí!».

Betty sabía que «siempre es difícil mirar las cosas espiritualmente, sobre todo cuando parecen un desastre». Era fácil caer en uno de los dos extremos al analizar el trabajo entre los huaoranis. Uno es el triunfalismo alegre, que saca brillo a la historia, pasa por alto cualquier fallo inconveniente, cita «resultados» asombrosos y pasa el plato. El otro es centrarse únicamente en los defectos humanos, magnificar cualquier debilidad y desacreditar amargamente toda la obra como un fracaso. El camino difícil es ver tanto lo bueno como lo malo, saber que Dios trabaja de todas las maneras a través de todo tipo de personas, y alabarlo porque es soberano sobre todo ello.

Uno de los poemas favoritos de Betty sobre este «duro camino» es de la iconoclasta Amy Carmichael.

> ¿No tienes ninguna cicatriz?
> ¿Ninguna cicatriz oculta en el pie, en el costado o en la mano?
> Te oigo cantar como poderoso en la tierra,
> Oigo que aclaman tu brillante estrella ascendente,
> ¿No tienes ninguna cicatriz?

¿No tienes heridas?
Sin embargo, fui herido por los arqueros, gastado.
Apoyado contra el árbol para morir, y desgarrado
por las fieras que me rodeaban, me desmayé:
¿No tienes heridas?

¿Ninguna herida? ¿Ninguna cicatriz?
Pero como el Maestro será el siervo,
Y traspasados son los pies que me siguen;
Pero los tuyos están enteros. ¿Puede haber seguido lejos
aquel que no tiene herida ni cicatriz?[3]

Nuestras mentes del siglo XXI tienen que aminorar la marcha para asimilar este duro poema. Puede parecer un poco morboso y culpabilizador. ¿Qué pasa con aquellos que, por la gracia de Dios, han llevado una vida casi sin cicatrices? ¿Los estaba avergonzando Amy Carmichael para que se autoflagelaran?

No obstante, hay una rica dulzura en el poema de Carmichael. Es casi una piedra de Rosetta para entender a Betty Elliot, así como a Jim, quien lo citaba a menudo. O tal vez los Elliot sean el dispositivo de traducción que desbloquea el poema para nosotros.

Estés o no de acuerdo con sus decisiones, te identifiques o no con sus personalidades, lo que se desprende de sus vidas es un abandono absoluto por Dios. Una voluntad de desprenderse de cualquier ilusión de autoprotección, para arder por Cristo. Una libertad absolutamente liberadora, asombrosamente radical, que solo llega cuando has muerto espiritualmente a tus propios deseos, ambiciones, voluntad, anhelos, reputación y todo lo demás.

Cuando Jim o Elisabeth Elliot escribían sobre «morir a uno mismo», era jerga cristiana familiar. Fácil de pasar por alto, fácil de cantar en un coro entusiasta y luego salir a almorzar después de la iglesia. Los Elliot, al igual que los demás misioneros, lo decían literalmente. Para los hombres, la muerte física fue la puerta de entrada a la vida en plena juventud. La muerte de las viudas pudo parecer menos dramática, pero fue más lenta y dura: años de una obediencia resuelta y decidida al Dios peligroso e impredecible que les había arrebatado a sus jóvenes maridos.

Betty Elliot nunca habría elegido el sufrimiento que Dios tenía para ella. Pero cuando citaba a Amy Carmichael, no solo disfrutaba de una linda poesía. Las espinas y cicatrices que Dios permitió en su propia vida —o, para cambiar la metáfora, las muertes fulminantes que apagaron su consuelo y su alegría— no fueron extraños sorprendentes, sino amigos a los que había que acoger. Cuando llegaron el dolor, la decepción, la falta de satisfacción, el escarnio, el sufrimiento y la muerte, ella no huyó de las olas oscuras, arrastrada hacia atrás por su implacable resaca. Se enfrentó a ellas sin vacilar, zambulléndose en la cresta de la ola, sin ahorrarse nada, considerando el choque vigorizante y salado de las aguas frías como parte de la gran historia. Nada nuevo. Nada original. Tan solo cristianismo básico, desde sus paradójicos comienzos. Betty escribió: «... la voluntad de Dios no es algo cuantitativo, estático y mensurable. El Dios soberano se mueve en misteriosa relación con la libertad de la voluntad del hombre. No podemos exigir reversiones instantáneas. Las cosas deben desarrollarse según un designio y un calendario divinos. A veces, la luz surge de manera insoportablemente lenta. El reino de Dios es como la levadura y la semilla, cosas que actúan en silencio, en secreto, lentamente, pero hay en ellas un incalculable poder transformador. Incluso en la tierra llana, incluso en la masa opaca, existe la posibilidad de transformación».[4]

Tal vez el final de la estancia de Elisabeth Elliot en Ecuador fuera, como sintió en Shandia en 1963, el comienzo de la primavera. Durante sus años allí, había pasado de ser una rosa refrigerada a una esposa y madre apasionada. Pero aún así, la pérdida de su amante y su alma gemela, y la pérdida de cualquier sensación de logro en su trabajo lingüístico o misionero, casi habían acabado con su esperanza. No le habría importado morir a manos de los huaoranis.

También hubo otra muerte, la de una religiosidad triunfal que respondía a las tragedias y a las preguntas más profundas de la vida con dichos triviales. Y si Betty sintió una gran pena por la pérdida de Jim, la pena fue casi más fácil de soportar que la rabia que sentía por las posturas piadosas de las agencias religiosas basadas en el rendimiento, más preocupadas por la imagen y las relaciones públicas que por el estado del corazón de cada uno.

Muchos de los que sienten esa rabia o desilusión por el cristianismo cultural de su juventud abandonan la fe por completo, o crean una espiritualidad vaga a la cual le cae bien Jesús siempre que uno mismo pueda definirlo. Betty siguió adelante. En un momento de su viaje literal y metafórico por la selva, escribió: «Es inquietante [...] pensar hasta qué punto nuestra conciencia moral está condicionada por lo que es aceptado en la actualidad o de manera local. [...] La adaptación cultural que adoptamos inconscientemente como parte de nuestra perspectiva de fe. [...] Ahora mismo, estoy segura de algunas cosas: La inexorabilidad de la resurrección/redención; el amor de Dios; el poder de la fe (pero es un don)».

Betty escribía en su diario, proponiéndose que cuando regresara a los Estados Unidos, intentaría escribir libros sobre este don de la fe. «Pero, ¿cómo, poner esto por escrito para desarmar a la gente y que lo contemple por una vez, en serio? No tengo una gran imaginación o capacidad creativa, pero creo que si me esforzara, podría producir algo que expusiera un momento de verdad de vez en cuando. Qué bien conozco mis limitaciones, pero que no sea excusa para tirar la toalla».

Después de todo, ahora tenía algo que decir. Había sido cristiana durante muchos años. Pero ahora no se centraba en el cristianismo, sino en Cristo. «Supongo que la opinión general sobre la labor misionera es que su objetivo es llevar [a la gente] a Cristo. Solo Dios sabe si algo en mi "carrera misionera" ha contribuido a este fin. Pero mucho en esa "carrera" me ha llevado a mí a Cristo».

Una nota de la autora

Como mencioné al principio de este volumen, la tarea del biógrafo serio es imposible. Esto no solo se debe a que los lectores pueden tener ideas preconcebidas sobre el sujeto y preferir esa imagen a la que pueda descubrir el biógrafo. También se debe a que el biógrafo puede caer en la tentación de pensar que su trabajo consiste en relatar cronológicamente una serie de acontecimientos vitales, y la imagen del sujeto se proyectará entonces prolijamente sobre la página. O tan solo si se reúnen suficientes hechos precisos y se obtienen suficientes descripciones, las piezas del rompecabezas encajarán. No. Pensemos en un video que graba a una persona mientras duerme, minuto a minuto, durante toda la noche. Podría ser una crónica correcta de las acciones del durmiente. Pero no puede revelar sus sueños. (Y cualquier espectador se moriría de aburrimiento).

Miguel Ángel dijo que cada bloque de piedra tiene una estatua dentro; la tarea del escultor es descubrirla.

Mi piedra era el conjunto de los escritos de Betty y los testimonios de quienes la conocieron. Un inmenso monolito. No estaba picando con un cincel. Estaba recortando millones de palabras. (Alégrate de que haya desechado la mayoría). A medida que lo hacía, la forma de la mujer empezaba a emerger.

Para cambiar la imagen, miraba la letra diminuta y descolorida que llenaba las finas páginas de los viejos diarios de Betty, empapándome de sus pensamientos como si yo fuera agua y ella una bolsita de té. A medida que absorbía su esencia, descubrí que no solo cargaba con mi propia vida, que ya era bastante pesada en aquel momento. De la forma más extraña, cada día cargaba con la vida de Elisabeth Elliot. No era una biógrafa sino una

administradora, con una tarea prosaica pero sagrada. *Escribir la historia.*
Al pasar las finas páginas de sus diarios, conocí el final de esa historia. La joven Elisabeth, que escribía, no lo conocía. Quería advertirle, gritarle a través de las décadas que se preparara para la tormenta. *¡Prepárate! ¡Se aproxima el huracán!* Es una misericordia que ninguno de nosotros sepa lo que nos espera.

Esto se vio reforzado por mis propias experiencias mientras escribía este libro. El raro cáncer cerebral de mi marido había permanecido en silencio durante años. Entonces, mientras trabajaba, mirando con lupa, como si fuera una arqueóloga, los diarios de Betty, Lee desarrolló nuevos tumores pequeños. Lo operaron con radiocirugía. Varias veces. Meses después, comenzó a actuar de manera extraña. Presión en su cerebro. Necrosis, por la radiación de protones que le había salvado la vida años antes. Entonces, surgió una infección que prometía matarlo. Cirugía cerebral masiva de emergencia, pronóstico reservado. Estuvo a punto de morir tres veces. (Supongo que «estamos a punto de morir» a menudo, pero no solemos ser conscientes de ello).

En cualquier caso, me encontré leyendo los diarios de Betty Elliot y tomando notas sobre su vida mientras estaba en salas de espera de quirófanos, unidades de cuidados intensivos, centros de rehabilitación y junto a distintas camas de hospital. Cargaba con la pérdida de Jim por parte de Betty mientras mi propia pérdida de Lee no solo era teórica, sino al parecer inminente.

Sin embargo, fue bueno.

Con esto, me refiero a que las verdades que ayudaron a Betty Elliot a superar sus tormentas particulares me ayudaron a mí a superar la mía. *Pertenezco a Dios. Él es fiel. Sus palabras son verdaderas. Y la transformación —la primavera definitiva— que ya fue plantada, está llegando.*

Así que, a pesar de nuestras personalidades, hábitos o preferencias tan diferentes, la historia de esta hermana fortaleció la mía. Y esa es mi esperanza para cualquier lector, sea cual sea su situación.

Con gratitud

*G*racias, Dios. Cada latido viene por tu gracia.

A Valerie Shepard, por confiarme la historia de la vida de tu madre; estoy muy agradecida por nuestra amistad, y a ti y a Walt por compartir generosamente sus vidas y todo lo que tiene que ver con EE; del mismo modo, ¡gracias, Arlita Winston, por confiar en mí para dirigir este proyecto de tu querida amiga! Gracias a Arlita y Joe por horas y horas de conversación, recuerdos, oraciones y hermosas comidas y tazas de té en la vajilla favorita de Betty;

Lars Gren, gracias por darme acceso a los archivos cerrados de Wheaton, por compartir fotos y recuerdos, y por cocinar y darme de comer un pescado MUY fresco una tarde en Nueva Inglaterra;

A Dave y Janet Howard, Tom y Lovelace Howard, Jane Elliot Hawthorne, Olive Fleming Liefeld, por compartir sus pensamientos y recuerdos de sus seres queridos, y gracias a Beverly Hancock, por ponerme en contacto con tu madre;

A Joni Eareckson Tada, por escribir el prólogo y por tu maravilloso e inesperado apoyo en oración desde el principio de este proyecto;

A Robert Wolgemuth, Erik Wolgemuth, como siempre, por su larga amistad y permanente representación, particularmente al negociar las cambiantes aguas de este libro en particular, y a Nancy DeMoss Wolgemuth, por su aliento y apoyo;

A los incomparables Devin Maddox, Clarissa Dufresne, Susan Browne, Jenaye White y Mary Wiley, de B&H, por sus maravillosos conocimientos en sus distintos campos y su amable ayuda para sacar este libro adelante;

A Jennifer Lyell, por su visión original para este libro y por ser una defensora de EE;

Dra. Kathryn Long, gracias por haber revisado tan meticulosamente este manuscrito, por tu visión histórica con matices únicos y por tu amistad; Dr. Jim Yost, gracias por tu mordaz experiencia en relación con los huaoranis y los retos de trabajar con grupos indígenas, cuestiones de las que los laicos como yo sabemos poco;

A Anthony Solis, por compartir amablemente toneladas de investigación, así como por tu aporte al manuscrito; a Sue Moye, por tu entusiasta ayuda en la investigación, y por traer papel higiénico y máscaras cuando llegó el COVID: eres una amiga polivalente;

A Steve y Ginny Saint, por tantas reflexiones y por su hospitalidad en medio de su tribu de docenas de nietos;

A Phil Saint, por traducir tan amablemente mis entrevistas en Ecuador y por tantas perspectivas profundas, a Jim Tingler, I-TEC USA; Jaime Saint, Galo Ortiz, y los increíbles chicos de I-TEC en Ecuador, por mantenerme con vida en la selva amazónica, eso me agradó mucho;

A Miriam Gebb, que fue a Ecuador para una misión médica de corta duración hace unos cuarenta años, y que sigue sirviendo fielmente allí hoy en día, por sus ideas e historias; a Chet y Katie Williams, por su hospitalidad en Shell y su «ministerio de presencia» entre los huaoranis;

A Jon y Jeanne Lindskoog, por su amistad en la selva y sus recuerdos de antiguos acontecimientos en Ecuador, y por sus copias de fotografías de la expedición de recuperación de 1956;

A Gary Tennant, misionero cerca de Tena, Ecuador, por la información sobre la casa Elliot en Shandia;

A Bob Shuster y sus colegas de los archivos de Wheaton, por su experiencia y amable ayuda;

A Kevin y Jan Engel, por su acogedora hospitalidad en Wheaton;

A Cynthia Fantasia, Lisa Steigerwalt, Sarah Christmyer, por sus recuerdos de EE; Paul y Jeannie Edwards, gracias por alojarme en la Sala China de su mansión del Gordon College;

A Lois Bechtel, por sus reflexiones sobre su madre, Katherine Morgan, y su historia, y gracias a Hyatt y Anne Moore, por ponerme en contacto con Lois; me encanta el tapiz de conexiones en la familia de Dios;

A Margaret Ashmore, Kathy Gilbert, Cathy Sheetz, Marion Redding, Jan Wismer, Kathy Reeg, gracias por sus particulares percepciones sobre EE, y por su apoyo en oración;

A compañeros y amigos de la Junta Directiva de ICM, y Janice Allen, directora ejecutiva de ICM, por su apoyo en oración y por conectar a ICM con las aventuras de Elisabeth Elliot en Ecuador; a las Mujeres Waponi, por su apoyo en la oración; a Albert Allen de ICM, por su creatividad y paciencia para arrear a un grupo de veinte obstinadas Mujeres Waponi a Shell, Ecuador;

A Patti Bryce, por su amistad de toda la vida, sus oraciones y su revisión del manuscrito; a Lisa y Scott Lampman, Babs y Rob Bickhart, Mary Ann Bell, Ellen y David Leitch, por su entusiasmo y su apoyo en la oración;

A mis hermanas Gloria Hawley y Gail Harwood, por sus oraciones; a Jamie Longo y Carey Keefe, visionarias literarias e imanes de sucesos extraños;

A Wendy Fotopolous y Sheila McGee y el pequeño grupo de Sheila, por comentar los borradores tempranos de los primeros capítulos del libro;

A Supper Club, Medium Group, HMS, CHEEKS, T-Time, el grupo de los viernes de Joanne Kemp, por tan amable solidaridad en la oración a través de muchas aguas turbulentas;

A Rachael Mitchell, por tus divertidos comentarios y tu excelente revisión del borrador del manuscrito;

A Jim y Andie Young, por su cariñosa hospitalidad y por animarme en todo lo relacionado con EE durante la larga hospitalización de Lee; a los cirujanos del UPMC, el Dr. Paul Gardner, el Dr. Carl Snyderman, el Dr. Dade Lundsford, el Dr. Mario Solari, y a todos los miembros de sus equipos por su experiencia creativa a la hora de abordar los importantes retos médicos de Lee;

A Lee, Emily, Brielle y Daniel, Haley y Walker: gracias, como siempre, por su apoyo, curiosidad, atención y oraciones mientras me esforzaba por terminar otro libro más. ¡Los quiero para siempre!

Ellen Vaughn
Reston, Virginia
11 de junio de 2020

Notas

CAPÍTULO 1

1. Jim Elliot, carta a sus padres, citada en *Shadow of the Almighty*, 55.
2. También se puede escribir «huaodani», aunque es menos frecuente.
3. Si tuviera que hacer referencia a cada una de las anotaciones del diario de Elisabeth a lo largo de este libro, los cientos de notas a pie de página ensuciarían la experiencia del lector. Por ese motivo, he optado por no anotar todas las entradas del diario. Además, por si sirve de algo, siempre que Elisabeth ha utilizado «+» en sus docenas de diarios, yo lo he sustituido por «y» para facilitar la lectura.

CAPÍTULO 2

1. «"Go Ye and Preach the Gospel": Five Do and Die», revista *Life* (30 de enero de 1956), 10. [Vol. 40 N.º 5].
2. Elisabeth Elliot, *Who Shall Ascend: The Life of R. Kenneth Strachan of Costa Rica* (Nueva York, NY: Harper & Row, 1958), xi.
3. *Ibid.*, xii.
4. *Ibid.*, xii, énfasis añadido.

CAPÍTULO 3

1. Entrevista a Elisabeth Howard Gren por Robert Shuster, 26 de marzo de 1985, Colección 278, Cinta T2, Archivos del Wheaton College, https://www2.wheaton.edu/bgc/archives/transcripts/cn278t02.pdf.
2. Entrevista a Tom Howard con Kathryn Long, 14 de febrero de 2002.

3. Entrevista a Tom Howard con Ellen Vaughn, 19 de junio de 2018.

CAPÍTULO 5

1. Hampden Coit DuBose y su esposa llegaron a China en 1872, se establecieron en Suzhou y sirvieron allí treinta y ocho años hasta su muerte. A él se lo recuerda no solo como predicador y evangelista, sino como fundador de la Liga Antiopio, que informó y movilizó a la opinión pública contra su nefasto comercio. DuBose consiguió el apoyo del presidente Theodore Roosevelt, del Congreso de Estados Unidos y de la Comisión Internacional del Opio, y en 1906 el Parlamento británico declaró el comercio «moralmente indefendible». Se presentó al emperador una petición firmada por más de 1000 misioneros. Un edicto imperial (que seguía al pie de la letra la petición que DuBose había redactado) prohibió su comercio y uso. En Suzhou, se le rindió homenaje con un monumento de piedra, y en Estados Unidos fue elegido moderador de la Asamblea General de la Iglesia Presbiteriana de Estados Unidos (del Sur) en 1891, http://bdcconline .net/en/stories/dubose-hampden-coit.
2. EH a «Queridos padres», 5 de mayo de 1946.
3. Boletín de Elisabeth Elliot, mayo/junio de 2002 y entrevista a Elisabeth Elliot con Bob Schuster, 26 de marzo de 1985, Colección 278, *Papers of Elisabeth Elliot*, CN 278. Billy Graham Center Archives, https://archives.wheaton.edu/repositories/4/resources/484; último acceso: 27 de febrero de 2020.
4. Elisabeth Elliot, *A Chance to Die: The Life and Legacy of Amy Carmichael* (Old Tappan, NJ: Revel, 1987), 15.
5. http://www.elisabethelliot.org/newsletters/2002-05-06.pdf
6. http://dohnavurfellowship.org/amycarmichael/

CAPÍTULO 6

1. EH a «Querida madre», 12 de septiembre de 1944.
2. Carta del presidente de Wheaton, V. Raymond Edman, a los estudiantes de primer año, agosto de 1944.
3. EH a «Querida madre», 12 de septiembre de 1944.
4. *Ibid.*
5. https://www2.wheaton.edu/bgc/archives/transcript/cn278t02.pdf
6. EH a «Queridos padres», 24 de septiembre de 1944.
7. https://www.bartleby.com/39/36.html
8. Carta de EH a la familia, 4 de febrero de 1945.
9. Carta de EH a «Madre», febrero de 1945.
10. Carta de EH a «Madre», 26 de enero de 1945.

11. Carta de EH a «Madre», 9 de octubre de 1945.

12. *Ibid.*

13. Anthony Solis, de Wheaton, Illinois, es un investigador paciente y meticuloso que fue de una ayuda inconmensurable con los detalles de investigación de este proyecto.

14. Phil Howard a «Querida Betty», 1 de octubre de 1943.

15. Phil Howard a «Querida Betty», 1 de octubre de 1943.

16. EH a «Querida madre», 12 de marzo de 1945.

17. Las citas de esta sección están tomadas de cartas de EE del 10, 12 y 14 de septiembre de 1944. Carta de Phil, 1 de octubre de 1943.

18. EH a «Queridos padres», 5 de mayo de 1946.

CAPÍTULO 7

1. Soldado Albert, en Australia, a Betty Howard, 26 de enero de 1945.

2. Soldado Albert, en Australia, a Betty Howard, 26 de enero de 1945.

3. *Ibid.*

4. EH a padres, 15 de abril de 1945.

5. EH a padres, 20 de abril de 1945.

6. https://www2.wheaton.edu/bgc/archives/transcripts/cn278t02 .pdf

7. EH a padres, 21 de octubre de 1945.

8. EH a «Queridos padres», 2 de febrero de 1945.

9. EH a padres, 14 de octubre de 1945.

10. *Ibid.*

11. EH a «Querida madre», 6 de octubre de 1946.

12. EH a «Queridos padres», 18 de enero de 1946.

13. Carta de EH a «Queridos padres», 5 de mayo de 1946.

CAPÍTULO 8

1. EH a «Querida madre», 14 de septiembre de 1946.

2. EH a «Querida madre», 20 de septiembre de 1946.

3. EH a «Querida madre», 6 de octubre de 1946.

4. EH a «Querida madre», 6 de octubre de 1946.

5. EH a «Querida madre», 6 de octubre de 1946.

6. Entrevista a Elisabeth Howard Gren por Robert Shuster, 26 de marzo de 1985, Colección 278, Cinta T2, Archivos del Wheaton College.

7. EH a «Queridos padres», 11 de noviembre de 1946. «Madre, por favor deja de preocuparte por el "pobre George"».

8. EH a «Queridos padres», 1 de diciembre de 1946.

9. Carta de EE a «Madre», 10 de febrero de 1946.

10. Entrevista a Elisabeth Howard Gren por Robert Shuster, 26 de marzo de 1985, Colección 278, Cinta T2, Archivos del Wheaton College, https://www2.wheaton.edu/bgc/archives/transcripts/cn278t02.pdf.

CAPÍTULO 9

1. Dave Howard, https://urbana.org/blog/my-roommate-jim-elliot.
2. *Ibid.*
3. Elisabeth Elliot, *Shadow of the Almighty* (Nueva York: Harper, 1958), 117, entrada de diario del 4 de enero de 1950.
4. *Ibid.*, 39.
5. *Ibid.*, 50.
6. David Howard, entrevista con Kathryn Long, 31 de mayo de 2000, así como comentarios similares en entrevista con Ellen Vaughn, 7 de febrero de 2018.
7. De *Shadow of the Almighty*, 56-57.
8. *Journals of Jim Elliot*, editado por Elisabeth Elliot, entrada del 10 de junio de 1948 (Old Tappan, NJ: Revell, 1978), 65.

CAPÍTULO 10

1. Elisabeth Elliot, *Let Me Be a Woman* (Carol Stream, IL: Tyndale, 1976), 30-31.
2. Elisabeth Elliot, *Shadow of the Almighty* (Nueva York: Harper, 1958), 98.
3. Dave Howard, https://urbana.org/blog/my-roommate-jim-elliot.
4. *Ibid.*
5. *Ibid.*
6. Boletín de Elisabeth Elliot, septiembre/octubre de 1989, «A Call to Older Women».
7. *Ibid.*
8. EH a «Mi queridísima madre», 9 de febrero de 1949.
9. *Ibid.*
10. *Ibid.*
11. *Ibid.*

CAPÍTULO 11

1. Elisabeth Elliot, *Shadow of the Almighty* (Nueva York: Harper, 1958), 55.
2. *Ibid.*, 108.
3. *Ibid.*, 73.

4. *Ibid.*, 117, citando el diario de Jim del 4 de enero de 1950; también Elisabeth Elliot, editora, *The Journals of Jim Elliot* (Old Tappan, NJ: Fleming H. Revell Company, 1978), 205.

5. Elisabeth Elliot, *Through Gates of Splendor* (Carol Stream, IL: Tyndale, 2005), 253.

6. https://www2.wheaton.edu/bgc/archives/faq/20.htm

7. Del diario de Jim, 28 de octubre de 1949, ver foto en https://www2.wheaton.edu/bgc/archives/faq/20.htm.

8. Elisabeth Elliot, *Let Me Be a Woman* (Carol Stream, IL: Tyndale, 1976), 26.

9. Elisabeth Elliot, *Passion and Purity: Learning to Bring Your Love Life Under Christ's Control* (1984; reimp., Grand Rapids, MI: Revell, 2002), 61-62.

10. Todas estas gemas fueron de Jim Elliot a EH, 19 de septiembre de 1949.

11. Jim Elliot a Betty Howard, 22 de septiembre de 1949.

12. EH a JE, 27 de septiembre de 1949.

13. *Ibid.*

14. JE a EH, 7 de octubre de 1949.

15. *Ibid.*

16. EH a JE, 14 de octubre de 1949.

17. Kathryn Long, «Jim Elliot and Nate Saint: Missionary Biography and Evangelical Spirituality», texto mecanografiado inédito del capítulo 3 [borrador], 2, 114, *God in the Rainforest* (Nueva York: Oxford University Press, 2019). Capítulo inédito copyright 2015, Kathryn T. Long, usado con permiso.

CAPÍTULO 12

1. Jonathan Edwards, «A Treatise Concerning Religious Affections, 1746», citas de la edición en línea por International Outreach, Inc., PO Box 1286, Ames, Iowa, 50014, 79.

2. Ver Ellen Vaughn, *Radical Gratitude* (Grand Rapids: Zondervan, 2005). No estaba inmersa, como lo estoy ahora, en los escritos de Elisabeth Elliot cuando escribí este libro hace quince años, pero sonreí al encontrar tanta congruencia en nuestras conclusiones sobre el poder de la gratitud radical.

3. JE a EH, 28 de noviembre de 1950.

4. Elisabeth Elliot, ed., *The Journals of Jim Elliot* (Old Tappan, NJ: Fleming H. Revell Company, 1978), 349.

5. *Ibid.*

CAPÍTULO 13

1. Entrevista a Elisabeth Howard Gren por Robert Shuster, 26 de marzo de 1985, Colección 278, Cinta T2, Archivos del Wheaton College, https://www2.wheaton.edu/bgc/archives/transcripts /cn278t02.pdf.

2. Carl E. Armerding, *Brethren Historical Review*, Vol. 11, 2014, obituarios, «Elisabeth Elliot (1926-2015): Accidental Brethren Missionary?», 115-16, citando a Elisabeth Howard Carol Smith Graham, 17 de octubre de 1952.

3. http://ourlifecelebrations.com/2015/05/hospice-pioneer-traces -family-line-faith/

4. Correspondencia por correo electrónico con Lois Bechtel el 28 de febrero de 2020.

5. *Ibid.*

6. Armerding, «Elisabeth Elliot (1926-2015: Accidental Brethren Missionary?», 118.

7. Entrevista a Elisabeth Elliot con Bob Schuster, 26 de marzo de 1985, Colección 278, *Papers of Elisabeth Elliot*, CN 278; Billy Graham Center Archives, https://archives.wheaton.edu/repositories/4 /resources/484; último acceso: 27 de febrero de 2020.

8. Carta de EE a casa, 24 de septiembre de 1955.

9. Elisabeth Elliot Gren, *Discipline, the Glad Surrender* (Old Tappan, NJ: Fleming H. Revell, 1982), 141.

CAPÍTULO 14

1. Elisabeth Elliot, *These Strange Ashes: Is God Still in Charge?* (Ann Arbor, MI: Servant Publications, 1998), 16.

2. *Ibid.*

3. Elisabeth Elliot, *Shadow of the Almighty* (Nueva York: Harper, 1958), 173.

4. Elisabeth Elliot, ed., *The Journals of Jim Elliot* (Old Tappan, NJ: Fleming H. Revell Company, 1978), 400.

5. Betty Howard a «Madre querida», 6 de agosto de 1952.

6. *The Journals of Jim Elliot*, 406.

7. Betty Howard a «Madre querida», 6 de agosto de 1952.

8. Olive Fleming Liefeld, *Unfolding Destinies* (Grand Rapids, MI: Discovery House, 1998), 122.

9. Liefeld, *Unfolding Destinies*, 129.

10. Betty Howard a «Madre querida», 15 de agosto de 1952.

CAPÍTULO 15

1. Elisabeth Elliot, *These Strange Ashes: Is God Still in Charge?* (Ann Arbor, MI: Servant Publications, 1998), 24-26.
2. *Ibid.*
3. *Ibid.*, 35.
4. *Ibid.*, 39.
5. *Ibid.*, 51.
6. *Ibid.*

CAPÍTULO 16

1. Elisabeth Elliot, *These Strange Ashes: Is God Still in Charge?* (Ann Arbor, MI: Servant Publications, 1998), 94-95.
2. *Ibid.*, 60.
3. *Ibid.*, 62.
4. *Ibid.*, 63.
5. *Ibid.*, 127.
6. Carta de EH a «Queridos padres», 1 de febrero de 1953.
7. Carta de JE a sus padres, 2 de febrero de 1953.
8. Carta de JE a «Mis queridos Sr. y Sra. Howard», 1 de febrero de 1953.
9. Estas citas adaptadas y con comentarios son del diario de Betty de febrero de 1953.
10. Carta de EH, julio de 1953, a «Queridos amigos».
11. *Ibid.*
12. Elliot, *These Strange Ashes*, 125-26.
13. *Ibid.*, 127.
14. Citado en *These Strange Ashes*, 127.
15. *These Strange Ashes*, 127, énfasis añadido.

CAPÍTULO 17

1. EE a «Querida madre», 17 de marzo de 1953.
2. Elisabeth Elliot, *Shadow of the Almighty* (Nueva York: Harper, 1958), 212.
3. *Ibid.*, 212.
4. EE a «Querida familia», 19 de noviembre de 1953.
5. Elliot, *Shadow of the Almighty*, 214.
6. EE a «Querida familia», 19 de noviembre de 1953.
7. EE a «Queridos padres», 5 de diciembre de 1953.
8. EE a «Querida familia», 17 de diciembre de 1953.
9. EE a «Queridos padres», 5 de diciembre de 1953.
10. EE a «Queridos padres», 13 de marzo de 1954.
11. EE a «Querida familia», 17 de diciembre de 1953.

12. *Ibid.*
13. *Ibid.*
14. Russell Hitt, *Jungle Pilot* (Grand Rapids, MI: Discovery House, 1959), 160.
15. *Ibid.*, pie de foto en sección de fotografías.
16. EE a «Queridos padres», 5 de diciembre de 1953.
17. Citado en EE a «Queridos padres», 15 de abril de 1954.
18. Elliot, *Shadow of the Almighty*, 218.
19. EE a «Queridos padres», 8 de mayo de 1954.
20. EE a «Queridos padres», 30 de mayo de 1954.
21. Elliot, *Shadow of the Almighty*, 220.
22. EE a «Querida familia», 29 de noviembre de 1954.
23. JE a «Queridos padres», 8 de octubre de 1954.
24. EE a «Madre», 19 de noviembre de 1954.
25. EE a «Querida madre», 11 de diciembre de 1954.
26. EE a «Querida familia», 28 de octubre de 1954.
27. Carta de EE a la familia, 8 de noviembre de 1954.

CAPÍTULO 18

1. Elisabeth Elliot, *Shadow of the Almighty* (Nueva York: Harper, 1958), 223.
2. *Ibid.*
3. Elisabeth Elliot, *Through Gates of Splendor* (Carol Stream, IL: Tyndale, 2005), 59.
4. Russell Hitt, *Jungle Pilot* (Grand Rapids, MI: Discovery House, 1959), 160.
5. Esto es según Phil Saint, con quien visité la casa de Nate Saint en Shell —y a los huaoranis en la selva— en julio de 2019.

CAPÍTULO 19

1. Elisabeth Elliot, *Shadow of the Almighty* (Nueva York: Harper, 1958), 225.
2. Carta de EE a «Querida familia», 25 de mayo de 1955.
3. *Ibid.*
4. Estos acontecimientos de 1955, no necesariamente en orden cronológico, pretenden dar una idea de la vida y el ministerio de los Elliot en la selva.
5. EE a «Querida familia», 28 de octubre de 1955.
6. EE a «Querida familia», 5 de junio de 1955.
7. «Excerpts from Peter Fleming's Letter, November 26, 1955», *The Fields*, febrero de 1956, la revista de Christian Missions in Many Lands, Nueva York, NY.

CAPÍTULO 20

1. Kathryn Long, «Jim Elliot and Nate Saint: Missionary Biography and Evangelical Spirituality», texto mecanografiado inédito del capítulo 3 [borrador], 2, 114, *God in the Rainforest* (Nueva York: Oxford University Press, 2019). Capítulo inédito, copyright 2015, Kathryn T. Long. Usado con permiso.

2. *Ibid.*

3. Elisabeth Elliot Gren, entrevistada por Kathryn T. Long, 27 de junio de 2001, Magnolia, MA, Accession 19-15, Papers of Kathryn Long, 1949– 2018, Billy Graham Center Archives, Wheaton, IL. Usado con permiso.

4. Carta de EE a «Queridos padres», 15 de mayo de 1961.

5. Elisabeth Elliot Gren, entrevistada por Kathryn T. Long.

6. Elisabeth Elliot, ed., *Journals of Jim Elliot* (Old Tappan, NJ: Fleming H. Revell Company, 1978), 451.

7. Ahora llamada Cairn University.

8. Rachel a menudo le hablaba a su sobrino, Steve Saint, sobre su llamado a trabajar con los huaoranis. Entrevistas con Steve Saint, Dunnellon, Florida, 22-26 de abril de 2019.

9. R. Saint, «Unreached... and Unreachable?», 9 de febrero de 1955, texto mecanografiado inédito dirigido a amigos y colaboradores financieros, Edman Records, Wheaton College Archives, Wheaton, IL, citado por Long, *God in the Rainforest*, 49.

10. Wade Davis, *One River* (Nueva York, NY: Touchstone, 1996), 250.

CAPÍTULO 21

1. La carta de Nate a Rachel y el relato de los planes de los hombres se han extraído en parte de *Jungle Pilot*, de Russell T. Hitt, 1959, publicado en su momento por la Auca Foundation, edición actualizada publicada en 1997, Discovery House Publishers.

2. Hitt, *Jungle Pilot*, 262.

3. EE a «Queridos Madre y Padre y familia, y a Mamá y Papá Elliot y familia», 27 de enero de 1956.

4. Hitt, *Jungle Pilot*, 232.

5. Como aparece citado por Elisabeth Elliot en *Through Gates of Splendor* (Old Tappan, NJ: Fleming H. Revell Co., 1978), 152-54.

6. Olive Fleming Liefeld, *Unfolding Destinies* (Grand Rapids, MI: Discovery House, 1998), 192.

7. Elliot, *Through Gates of Splendor*, 145-46 aprox.

8. «Rescue or Search?», documento inédito publicado por Frank Drown en enero de 2010, 8.

9. Hitt, *Jungle Pilot*, 266.
10. Selecciones de los diarios de Jim Elliot, tomadas de *The Journals of Jim Elliot*, ed. Elisabeth Elliot (Old Tappan, NJ: Fleming H. Revell, 1978), 470-75.
11. Liefeld, *Unfolding Destinies*, 198.
12. Las citas de Nate son de *Jungle Pilot*, 272.
13. *Ibid.*
14. Diario de JE, 31 de diciembre de 1955, archivos del Billy Graham Center, Wheaton, IL.

CAPÍTULO 22

1. Citado en EE a «Queridos Madre y Padre y familia, y a Mamá y Papá Elliot y familia», 27 de enero de 1956.
2. Al igual que el relato de los asesinatos, las descripciones del engaño de Nenkiwi y el desplazamiento de la ira de la tribu hacia los norteamericanos varían en algunos puntos, pero los relatos coinciden en la idea central y el desarrollo de la airada discusión. Algunos de los que participaron en las tareas de recuperación llegaron a la conclusión de que los huaoranis no arrojaron los cadáveres al río, sino que los misioneros retrocedieron hasta el agua, mostrando que no lucharían, pero disparando sus armas al aire en un esfuerzo por asustar a los huaoranis. La playa estaba destrozada, con profundas marcas de talones y señales de lucha; el equipo de recuperación encontró casquillos gastados. Este relato se basa en la información disponible años después a partir de relatos traducidos de Mincaye y Gikita, *God in the Rainforest*, de Kathryn Long, y las conversaciones de Steve Saint con los huaoranis sobre lo que ocurrió aquel día, tal y como relaté en mi entrevista con Steve en abril de 2019. Nenkiwi fue alanceado, y enterrado vivo, por otros huaoranis en sucesos no relacionados aproximadamente uno o dos años después de la muerte de los misioneros.

CAPÍTULO 23

1. EE a «Queridos Madre y Padre y familia, y a Mamá y Papá Elliot y familia», 29 de enero de 1956.
2. Las descripciones de Frank proceden de Frank Drown, *Rescue or Search?*, un artículo inédito sobre los misioneros y la expedición del grupo de búsqueda en el Curaray, difundido en enero de 2010 desde su casa de Kansas City, MO.
3. Todo ello procede de las memorias de Frank Drown sobre los esfuerzos de recuperación.
4. EE a «Queridas Madre y Mamá», 8 de febrero de 1956.

CAPÍTULO 24

1. EE a «Queridos Betty y Joe», 29 de enero de 1956.
2. EE a «Querida familia», 2 de abril de 1956.

CAPÍTULO 25

1. Jeremías 6:2, 12 (énfasis añadido).
2. Como aparece citado por Cornell Capa y Richard Whelan, eds. *Cornell Capa Photographs* (Boston: Little, Brown, 1992), 152, en Kathryn Long, «Cameras "Never Lie": The Role of Photography in Telling the Story of American Evangelical Missions», Kathryn T. Long, revista *Church History*, diciembre de 2003.
3. EE a «Queridos Madre y Padre y familia, y a Mamá y Papá Elliot y familia», 27 de enero de 1956.
4. Long, «Cameras "Never Lie"».
5. *The New York Times*, Philip Gefter, 24 de mayo de 2008, https://www.nytimes.com/2008/05/24/arts/design/23cnd-capa.html.
6. Capa escribió en 1963: «Tardé algún tiempo en darme cuenta de que la cámara es una mera herramienta, capaz de muchos usos, y al final comprendí que, para mí, su papel, su poder y su deber consisten en comentar, describir, provocar discusiones, despertar conciencias, evocar simpatías, poner de relieve la miseria y la alegría humanas que, de otro modo, pasarían inadvertidas, incomprendidas y desapercibidas. Me ha interesado fotografiar la vida cotidiana de mis semejantes y el espectáculo banal del mundo que me rodea, y tratar de destilar de ellos su belleza y lo que tiene un interés permanente», https://www.nytimes.com/2008/05/24/arts/design/24capa.html
7. http://artdaily.com/news/24409/CornellCapa--Founder-of -International-Center-of-Photography--Died-at-90#.XWflql2JI_4
8. http://artdaily.com/news/24409/CornellCapa--Founder-of -International-Center-of-Photography--Died-at-90#.XXZ3zF2JI_4
9. EE a «Queridos padres», 15 de mayo de 1961.

CAPÍTULO 26

1. Wade Davis, *One River* (Nueva York: Simon & Schuster, 1996), 264. «Cuando la noticia de la muerte de su hermano llegó a oídos de Rachel Saint, su primera reacción, según todos los relatos, no fue de dolor sino de rabia al pensar que él se había atrevido a ponerse en contacto con los [huaoranis] sin contar con ella».
2. Kathryn T. Long, *God in the Rainforest* (Nueva York: Oxford University Press, 2019), 65.
3. *Ibid.*
4. EE a «Queridos padres», 9 de enero de 1955.

5. Long, *God in the Rainforest*, 51.

6. El artículo de *Time* observaba: «Después de haber pasado por todas las actrices descoloridas que aún son capaces de llorar en el momento oportuno. *This Is Your Life*, de Ralph Edwards, probablemente el programa más enfermizamente sentimental que se emite, ha recurrido últimamente a la gente corriente como tema de sus biografías semanales y empalagosas "fieles a la realidad"». «Television: This Is Your Wife?», *Time*, 17 de octubre de 1960.

7. Reseña de *Through Gates of Splendor*, de Elisabeth Elliot, Evangelical Christian, febrero de 1958, Carpeta 5, Caja 1 EHE Papers, Billy Graham Center Archives, Wheaton College.

8. Carta de H. E. Lowrance a J. G. Parrott, 30 de agosto de 1956, MAF Records.

9. *Ibid.*

10. Long, *God in the Rainforest*, 69.

11. Ver Kathryn Long, *God in the Rainforest*, págs. 69-70, para una visión más completa de estas tensiones entre las agencias misioneras en el contexto de la evangelización entre los huaoranis.

12. Hobey Lowrance a Grady Parrott y Jim Truxton, 15 de noviembre de 1957, Carpeta 23, Caja 5, MAF Records, cursiva en el original.

CAPÍTULO 27

1. Carta de EE a los Elliot y los Howard, 13 de mayo de 1957.

2. Notas de Betty Elliot, 13 de noviembre de 1957, Río Curaray.

3. Notas de EE desde el Curaray, 23 de noviembre de 1957.

CAPÍTULO 28

1. EE a padres, 6 de junio de 1958.

2. Kathryn T. Long, *God in the Rainforest* (Nueva York: Oxford University Press, 2019), 86.

3. Biola, mención en correspondencia de EE a la familia el 5 de febrero de 1958.

CAPÍTULO 29

1. Elisabeth Elliot, *The Savage My Kinsman* (Ann Arbor, MI: Servant Publishers, 1961), 41.

2. EE a padres, 15 de mayo de 1958.

3. Relato utilizado en correspondencia, 14/4/58, y *The Savage My Kinsman*, 42.

4. Diario de Rachel Saint, entrada sin fecha, junio de 1958.

5. Diario de Rachel Saint, 10 de junio de 1958.

6. Diario de Rachel Saint, 17 de julio de 1958.

7. *Ibid.*

8. Carta de EE a la familia, 28 de junio de 1958.

9. Carta de EE a la familia, 15 de julio de 1958.

10. Kathryn T. Long, *God in the Rainforest* (Nueva York: Oxford University Press, 2019), 87.

11. Las repercusiones de la muerte del Dr. Tremblay muestran la crueldad que, junto con un gran encanto, era una característica central de la cultura huaorani. El Dr. Jim Yost, que vivió con los huaoranis durante muchos años, dice que «les encanta esta historia». Este relato de la muerte del Dr. Tremblay es un compuesto tomado de varias fuentes: Long, *God in the Rainforest*, 86-87; carta de Mary citando a Betty dirigida al Dr. y la Sra. Howard, Sam y Jeanne, 6 de noviembre de 1958; John Man y Jim Yost, transcripción de «Oral History Interview with Waodani», abril de 1987, Ecuador, 92-95, Yost Papers; Mincaye et al., según lo contado a Tim Paulson, *Gentle Savage Still Seeking the End of the Spear* (Maitland, FL: Xulon Press, 2013), 203–8.

12. Carta de oración de EE, 23 de julio de 1958.

CAPÍTULO 30

1. «Solo dijeron que los habían alanceado. Entonces les hablé de los simpáticos extranjeros. Dijeron: "Ahora lo entendemos. Ahora vemos que lo hicimos por nada. Fue solo porque [Nenkiwi] mintió"». Traducción de la cinta grabada por Betty Elliot entrevistando a Dayuma, conversación en quichua, 25 de septiembre de 1958.

2. Betty deletreó el nombre de Mincaye de otra manera en las anotaciones de su diario, pero he optado por utilizar esta grafía más común de su nombre que se utiliza hoy en día. Muchos nombres huaoranis pueden escribirse de diferentes maneras cuando se traducen al inglés.

3. Elisabeth Elliot, *The Savage My Kinsman* (Ann Arbor, MI: Servant Publishers, 1961), 135.

4. EE a «Queridos padres», 6 de febrero de 1961.

CAPÍTULO 31

1. https://www.itecusa.org/2015/07/16/do-the-next-thing-elisabeth-elliot-rachel-saint/NO ESTÁ

2. Énfasis añadido, Elisabeth Elliot, *The Savage My Kinsman*, publicado originalmente en 1961, Harper, edición revisada, Servant Publications, 1996, epílogo II, 151.

3. Descripción de EE a Kathryn Long, transcripción de entrevista de 2001, aunque la ortografía en la transcripción —*owiyaki*— fue corregida por Jim Yost a la que se utiliza aquí.

CAPÍTULO 32

1. Esta descripción, típica de las irónicas observaciones de Betty sobre los neoyorquinos, pertenece a la inauguración, el 2 de febrero de 1960, de la exposición de Cornell Capa de las famosas fotografías de su hermano Robert Capa.
2. Romanos 1:14
3. Tomado de D. H. Lawrence, *Lady Chatterley's Lover*, 1928, según aparece copiado en el diario de Betty, el 10 de mayo de 1960.

CAPÍTULO 33

1. Correo electrónico del Dr. Yost a ESV, 16 de febrero de 2020.
2. Mencionado en carta a «Madre», 8 de abril de 1961.
3. Debemos señalar que la traducción de Betty refleja su mejor comprensión de la lengua huaorani en aquel momento. La Dra. Yost señala que sus anotaciones son interesantes «porque "pensar", "creer" y "recordar" son la misma palabra. Solo un contexto más amplio puede decir qué traducción utilizar en español, aunque quizá ni siquiera sea apropiado distinguirlas/contrastarlas. Para un hablante de huaorani, todo es lo mismo desde el punto de vista semántico. Es una actividad mental. Los huaoranis que conozco que no tienen contacto con las creencias y prácticas cristianas se confunden con las distinciones cristianas». Correo electrónico del Dr. Yost a ESV, 16 de febrero de 2020.
4. EE a «Queridos padres», 28 de junio de 1961.

CAPÍTULO 34

1. EE a «Queridos padres», 13 de noviembre de 1961.
2. Kathryn T. Long, *God in the Rainforest* (Nueva York: Oxford University Press, 2019), 130.
3. Rachel Saint a Cameron Townsend, 1 de enero de 1962, Townsend Archives #21126, citado por Long, *God in the Rainforest*, 130.
4. Kenneth Pike a Cameron Townsend, 14 de diciembre de 1961, Townsend Archives #20052, citado por Long, *God in the Rainforest*, 130-31.
5. Long, *God in the Rainforest*, 131.
6. Dr. Jim Yost, entrevista con Kathryn Long, 15 de marzo de 2001, Wheaton, IL, citado en *God in the Rainforest*, 213; confirmado por el Dr. Yost en una entrevista telefónica con Ellen Vaughn, 12 de febrero de 2020.
7. «Estancado», Catherine Peeke a Rachel Saint, 20 de marzo de 1975, Long, *God in the Rainforest*, 208; «Opresivo», Dr. Jim Yost, notas personales, 22 de febrero de 1974, Long, *God in the Rainforest*,

205; «Devastador», Patricia Kelley, citando a un funcionario anónimo del SIL, en Pat Kelley a Catherine Peeke, s.f. [probablemente 1977], Peeke Papers, Long, *God in the Rainforest*, 392, n.º 59; «Condenatorio», Peeke a Saint, 20 de marzo de 1975, Long, *God in the Rainforest*, 208.

8. Entrevista telefónica de Ellen Vaughn al Dr. Jim Yost, 13 de febrero de 2020.

9. Para un relato cuidadosamente investigado de Rachel Saint y el SIL, ver *God in the Rainforest*, de Kathryn Long. La Dra. Long examinó minuciosamente cartas, archivos, los propios escritos de Rachel y realizó muchas entrevistas para crear un relato desapasionado e histórico de la relación de Rachel con los huaoranis y su salida del SIL. Ver en particular el capítulo 12, «Breaking a Pattern of Dependence».

10. Elisabeth Elliot, «To a few who are intimately concerned», 6 de noviembre de 1961, documento mecanografiado de una página adjunto en Dan Derr a Grady Parrott, 16 de noviembre de 1961, Carpeta 69, Caja 6, MAF Records, Billy Graham Center Archives, Wheaton College.

11. EE a «Queridos padres», 15 de noviembre de 1961.

12. EE a «Queridos padres», 29 de noviembre de 1961.

13. EE a «Queridas Madre y Papá», 13 de noviembre de 1961.

14. *Ibid.*

15. EE a «Querida madre», 30 de noviembre de 1961.

16. Steve y Ginny Saint fueron maravillosamente hospitalarios y me ayudaron en este proyecto. Fue a través de I-TEC —el ministerio que Steve puso en marcha para ayudar a los indígenas no solo de Ecuador, sino de todo el mundo— que viajé a Ecuador, viví en la selva con algunos de los huaoranis durante unos días y conocí a Mincaye y Kimu, dos de los «asesinos de Palm Beach», mis hermanos en Cristo. (También en este viaje me encontré en una especie de reunión familiar maravillosa. Phil Saint, el hijo menor de Nate, había traído a su esposa, Karla, sus hijos Dan y Ben, sus esposas y sus hijos. Jaime Saint, hijo de Steve, dirigió el viaje. Me encantó estar en compañía de los Saint). De vuelta en casa, Steve compartió conmigo un delgado diario escrito por Rachel Saint en 1958, pero no me pasó los diarios de Rachel de su difícil relación en la jungla con Betty Elliot.

17. Steve Saint y Ginny Saint, *Walking His Trail* (Carol Stream, IL: Tyndale, 2007), 34-35.

18. Hech. 15:39

CAPÍTULO 35

1. EE a «Querida familia», 3 de diciembre de 1961.

2. Betty hacía referencia a un poema de William Butler Yeats.

3. Según Gary Tennant, un misionero que vive y trabaja no muy lejos de la actual Shandia.

4. https://www.britannica.com/place/SouthSudan/Sudanese -independence-and-civil
5. https://michelemorin.net/2018/06/04/the-missionary-faith -paradox/
6. https://hendricksonpublishers.blog/2018/02/21/a-leopard -tamed-a-book-fifty-years-too-early/
7. Diario de EE, 14 de febrero de 1963. «Yo y tú» hace referencia al libro del filósofo austríaco Martin Buber sobre la esencia de las relaciones humanas y la centralidad de la relación última con Dios.

CAPÍTULO 37

1. Elisabeth Elliot, *Through Gates of Splendor* (Carol Stream, IL: Tyndale, 2005), 267-72.

CAPÍTULO 38

1. Ver Éxodo 5:2.
2. Ver Éxodo 15:22-27.

CAPÍTULO 39

1. 2 Corintios 12:9-10.
2. Elisabeth Elliot, *A Lamp Unto My Feet* (Ann Arbor, MI: Servant Publications, 1985), Día 28, Identidad.
3. Elisabeth Elliot, *The Savage My Kinsman*, 140.
4. «*Wer bin ich?*», traducido del alemán por Thomas Albert Howard, https://www.patheos.com/blogs/anxiousbench/2014/09 /bonhoeffers-who-am-i/, énfasis añadido.

CAPÍTULO 40

1. Elisabeth Elliot citada en https://carolinerosekraft.com/do-the -next-thing-by-elisabeth-elliot/

CAPÍTULO 41

1. Ver Hebreos 5:8.
2. Elisabeth Elliot, *These Strange Ashes: Is God Still in Charge?* (Ann Arbor, MI: Servant Publications, 1998), 145.
3. https://womenofchristianity.com/hast-thou-no-scar-by-amy -carmichael/
4. Elisabeth Elliot, *The Savage My Kinsman* (Ann Arbor, MI: Servant Publishers, 1961), 147.

Créditos de las fotografías

Imágenes utilizadas con permiso de los Archivos Capa del International Center of Photography/Magnum Photos:

Imagen de portada, pág. 26, pág. 147, pág. 180, pág. 187, pág. 251.

Imágenes utilizadas con permiso de Mission Aviation Fellowship y la familia Saint:

pág. 5, pág. 129, pág. 164, pág. 172, pág. 175, pág. 201, pág. 238, pág. 239, pág. 256.

Imágenes utilizadas con permiso de la hija de Elisabeth Elliot, Valerie Shepard:

pág. 22, pág. 27, pág. 70, pág. 104, pág. 105, pág. 122, pág. 132, pág. 140, pág. 191, pág. 217, pág. 228.

Foto usada en la página de dedicación, tomada por Joe Summers.

La foto de la página 179 es del Departamento de Defensa de Estados Unidos. La aparición de información visual del Departa-mento de Defensa de EE. UU. (DoD) no implica ni constituye un respaldo del DoD.

DESCUBRE

EL MINISTERIO, LOS ESCRITOS Y LA ENSEÑANZA DE ELISABETH ELLIOT

Ahora todo en un solo lugar en

ElisabethElliot.org

La Fundación Elisabeth Elliot se creó a partir de la vida, el amor y el ministerio de Elisabeth y Jim Elliot. A través del sitio web ElisabethElliot. org y otras plataformas de medios, la Fundación reúne los escritos y ministerios de la familia Elliot en un repositorio en evolución de su trabajo, una colección de recursos de sus escritos y enseñanzas, y un lugar para honrar su legado. Sirve como un medio de alcance mundial para ayudar a promover la misión de la Fundación de dar:

Esperanza en el sufrimiento
Restauración en el conflicto
Alegría en la obediencia al Señor Jesucristo